珍藏本
纪念版

汉译世界学术名著丛书

纯粹经济学要义

或社会财富理论

〔法〕莱昂·瓦尔拉斯 著

蔡受百 译

2017年·北京

Léon Walras

ELEMENTS OF PURE ECONOMICS

or

The Theory of Social Wealth

汉译世界学术名著丛书
（120年纪念版·珍藏本）
出 版 说 明

2017年2月11日，商务印书馆迎来120岁的生日。120年前，商务印书馆前贤怀揣文化救国的理想，抱持“昌明教育，开启民智”的使命，立足本土，放眼寰宇，以出版为津梁，沟通中西，为中国、为世界提供最富智慧的思想文化成果。无论世事白云苍狗，潮流左右激荡，甚至战火硝烟弥漫，始终践行学术报国之志，无改初心。

逐译世界各国学术名著，即其一端。早在20世纪初年便出版《原富》《天演论》等影响至今的代表性著作，1950年代后更致力于外国哲学和社会科学经典的译介，及至1980年代，辑为“汉译世界学术名著丛书”，汇涓为流，蔚为大观。丛书自1981年开始出版，历时三十余年，迄今已推出七百种，是我国现代出版史上规模最大、最为重要的学术翻译工程。

丛书所选之书，立场观点不囿于一派，学科领域不限于一门，皆为文明开启以来，各时代、各国家、各民族的思想与文化精粹，代表着人类已经到达过的精神境界。丛书系统译介世界学术经典，引领时代思想，为本土原创学术的发展提供丰富的文化滋养，为推动中国现代学术和现代化进程做出了突出的贡献。

为纪念商务印书馆成立 120 周年，我们整体推出“汉译世界学术名著丛书”120 年纪念版的珍藏本，寄望既利于文化积累，又便于研读查考，同时向长期支持丛书出版的译者、编者和读者致以敬意。

两甲子后的今天，商务印书馆又站在了一个新的历史时间节点上。我们不仅要铭记先辈的身影和足迹，更须让我们的步伐充满新的时代精神。这是商务人代代相传的事业，更是与国家和民族的命运始终紧密相连的事业。我们责无旁贷，必须做好我们这代人的传承与创造，让我们的努力和成果不仅凝聚成民族文化的记忆，还能成为后来人可以接续的事业。唯此，才能不负前贤，无愧来者。

商务印书馆编辑部

2017 年 10 月

瓦尔拉斯的经济思想

——《纯粹经济学要义》中译本序言

杨 德 明

莱昂·瓦尔拉斯是19世纪晚期西方边际主义经济学的奠基人之一。《纯粹经济学要义》是瓦尔拉斯的代表作，也是西方边际主义经济学的一本经典著作，在西方经济学发展史上占有一席重要的地位。趁《纯粹经济学要义》中译本出版的机会，我们从西方边际主义经济学产生的时代背景及其一般特征、瓦尔拉斯经济理论的要点、瓦尔拉斯经济思想对当代西方经济学的影响三个方面，对瓦尔拉斯的经济思想作一扼要的论述。

西方边际主义经济学产生的时代背景及其一般特征

西方边际主义经济学产生和发展在19世纪70年代到20世纪初叶。在西方经济学发展史上，这一时期有"边际革命"时期之称，是西方经济学发展史上一个重要的阶段。

19世纪晚期到20世纪初叶是自由竞争资本主义向垄断资本主义过渡的时代，在这一时期，随着垄断资本主义制度的产生和确立，资本主义所固有的矛盾日趋尖锐。在19世纪六七十年代，以《资本论》的问世和巴黎公社的出现为标志，无产阶级革命运动在理论上和实践上都有了空前的发展。新起的垄断资产阶级迫切地要求西方经济学抵御马克思主义经济学在工人运动中日益扩大的影响，这是一方面。另一方面，随着自由竞争资本主义向垄断资本主义过渡，资本主义竞争也日趋激烈。为了在国内外竞争中立于不败之地，垄断资产阶级迫切地要求西方经济学加紧研究与市场机制有关的各种经济问题，以谋求垄断企业经济效益的提高。

在这种历史条件下，西方经济学根据垄断资产阶级在政治上和经济上的需要，以萨伊、西尼尔和约翰·穆勒的庸俗经济学理论为基础，吸收了当时心理学和数学发展的某些成果，将心理分析和数学分析引进经济学研究领域，对资本主义经济的某些微观经济问题进行了比较深入的研究，从而奠定了当代西方经济学特别是当代西方微观经济学的基础。

这一时期的西方经济学有两大基本特征，一是辩护性，二是实用性。所谓辩护性是指西方经济学家在政治上充当资产阶级的辩护士，用其经济理论反对工人阶级和其他劳动人民，维护资产阶级的利益。所谓实用性是指西方经济学家在经济上充当资产阶级的谋士，为资产阶级提高企业经济效益，攫取最大限度的利润献计献策。这两个特征都是为资产阶级利益服务的，都是资产阶级所需要的，因而具有统一的阶级性。

西方经济学的辩护性特征是随资产阶级庸俗经济学的产生而来并为一切资产阶级庸俗经济学所固有的基本特征，到了边际主义经济学时期，这一特征有了新的发展。一般地说，资产阶级庸俗经济学的辩护性特征有它的阶段性。从萨伊、马尔萨斯到19世纪30年代,辩护性特征仅仅为早期庸俗经济学所独有,而早期庸俗经济学只是当时资产阶级经济学的一个流派,并且是非主流派。19世纪30年代以后,由于古典经济学的解体和庸俗经济学上升到主流派地位,资产阶级经济学蜕变成统一的庸俗经济学,辩护性特征成为一切资产阶级经济学所共具的基本的特征。到了边际主义经济学时期,西方经济学的辩护性特征有了新的发展。如果说,在19世纪六七十年代以前,西方经济学的辩护性主要表现为庸俗经济学反对资产阶级古典经济学,那么,19世纪六七十年代以后,西方经济学的辩护性与其说表现为反对古典经济学,不如说更表现为反对马克思主义经济学。在这一时期,西方经济学以"边际革命"为旗帜,拼凑了一个以供求均衡价格分析为基本理论框架、以边际效用价值论和边际生产力分配论为主要内容的庸俗经济学体系,反对科学的劳动价值论和剩余价值论。

西方经济学的实用性特征是在边际主义经济学时期产生的新的特征。在这一时期,为了适应新兴的垄断资产阶级提高企业经济效益和资产阶级政府进行微观经济调节的需要,边际主义经济学家们对一系列与市场经济机制有关的具体经济问题进行了研究,建立了一套颇具实用性的微观经济理论概念和经济政策体系。

边际主义经济学所具有的这种一身二任的两重特征即辩护性和实用性,为西方经济学沿袭至今。20世纪二三十年代以后,由于新兴的社会主义制度的产生和发展壮大,西方经济学的辩护性特征注入了新的内容。它反对理论上的马克思主义经济学,更反对化为现实的马克思主义即新生的社会主义经济制度。另一方面,20 世纪二三十年代以后,随着一般垄断资本主义向国际垄断资本主义过渡,西方经济学的实用性特征也有了新的发展。这表现在为了适应资产阶级政府对国民经济进行宏观经济干预的需要,西方经济学加强了对宏观经济问题的研究,提出了一套具有很强的实用价值的宏观经济学理论概念和宏观经济政策体系。因此,在 20 世纪二三十年代以后,特别是第二次世界大战以后,在国家垄断资本主义迅速发展的新的历史条件下,当代西方经济学既空前地加强了它的辩护性,又空前地加强了它的实用性。

西方经济学的辩护性决定了西方经济学的庸俗性和反科学性,因为它为了辩护的需要,承袭和发展了早期庸俗经济学的基本理论体系和基本理论路线。西方经济学的实用性决定了西方经济学的某种程度上的科学性。因为西方经济学为了实用的目的,必须对某些具体经济问题进行实事求是的研究,并且采用某些合乎科学的研究方法和研究技术。辩护性和反科学性是基本的、第一位的;实用性和一定程度上的科学性是非基本的、第二位的。这两方面都是为垄断资产阶级服务,为垄断资产阶级所需要的。这是边际主义经济学的基本特征,也是当代西方经济学的基本特征。

瓦尔拉斯经济思想的要点

瓦尔拉斯的《纯粹经济学要义》一书共分八篇。第一篇为对象篇,阐述经济学对象。第二篇和第三篇为商品交换篇,研究消费品和消费服务的价格决定问题。第四篇为分配篇,主要研究生产资料的“生产服务”的价格决定问题。第五篇为再生产篇,研究新资本形成和固定资产的价格决定问题。第六篇为流通篇，研究流通资产亦即货币价格的决定问题。第七篇为发展篇，研究经济发展的决定因素。第八篇为非完全竞争篇，研究垄断和国家赋税对价格形成的影响。瓦尔拉斯本人将本书的研究课题分为四点，即交换理论、生产理论、资本形成理论和流通理论，研究的中心是价格，即通过对交换理论的研究确定消费品和消费服务的价格，通过对生产理论的研究确定原料和生产服务的价格，通过对资本形成理论的研究确定固定资产的价格，通过对流通理论的研究确定流通资本的价格。我们要着重加以阐述的是以下几点：1. 瓦尔拉斯对经济学对象论的论述；2. 瓦尔拉斯对边际效用价值论的论述；3. 瓦尔拉斯对一般均衡理论的论述；4. 瓦尔拉斯对边际生产力理论的论述；5. 瓦尔拉斯对数学方法在经济学中的应用的论述。

瓦尔拉斯论经济学研究对象

瓦尔拉斯认为，欲阐明政治经济学对象论，首先必须区分科学、技术和伦理学。人类面临着两类现象，自然现象和人类现象。科学分为两种，即狭义科学和应用科学。狭义科学的研究对象是自然现象，这是纯粹自然科学。应用科学也就是技术，其研究对象是工业，而工业则反映人与自然的关系。伦理学的研究对象是制度，而制度则是人与人的关系的总和。区分科学、技术和伦理学的标准是真、效用（即物质福利）和善（即公平）。科学所追求的是真，技术所追求的是效用，伦理学所追求的是善。

瓦尔拉斯认为，与科学、技术和伦理学这种区分相对应，经济学区分为纯粹经济学、应用经济学和经济伦理学。纯粹经济学也就是社会财富论，它的研究对象是商品交换和交换价值，其核心内容是价格分析。“纯粹经济学的本质是在完全自由竞争制度假设下确定价格的理论。”(本书第16—17页)其性质与物理学一类的自然科学相似。应用经济学也就是社会财富生产论，其核心内容是研究分工条件下的产业组织，是有关工业生产、农业生产和商业贸易的理论。应用经济学属于技术范畴，这里所谓的技术是广义的，因为应用经济学研究生产技术和生产管理两个方面。经济伦理学也就是财产理论，亦即社会财富的分配理论，其中心课题是研究公平，而公平的基本要义是“把个人所应有的归还给个人”。瓦尔拉斯又把经济伦理学称为社会经济学。在这里，瓦尔拉斯就应用经济学与经济伦理学的关系问题，着重论述了公平与福利亦即平等与效率的关系。他写道：

“财产理论所要确定的是伦理上的条件，可以在公道的前提下推断，而工业理论所要确定的是经济上的条件，可以在物质福利的前提下推断……这两套理论究竟是互相冲突还是互相支持的呢?”“这是一个伦理学与经济学之间的关系问题”。(本书第65页)瓦尔拉斯援引巴师夏的社会和谐论，对这个问题作了肯定的回答。

瓦尔拉斯依据上述观点，对重农主义者、亚当·斯密和詹姆斯·穆勒的经济学对象论作了批评。瓦尔拉斯认为，重农主义者将政治经济学归结为对社会自然秩序的研究，这种定义失之过宽，因为所谓社会自然秩序，与其说是政治经济学的研究对象，不如说是社会科学的研究对象。亚当·斯密将政治经济学的要义归结为富民和富君，即如何使人民和君主都富足起来。瓦尔拉斯认为亚当·斯密的定义不够完整，将经济学完全归结为应用经济学，取消了作为科学的经济学。所谓富民富君，“在我看来，严格地说，这并不是一门科学的目的。实际上，科学的一个主要特征是，在全然不计及成果好坏的情况下，不断追求纯粹的真理”（本书第31页）。詹姆斯·穆勒将政治经济学的研究对象归结为财富的生产、分配和消费。瓦尔拉斯认为这种三分法定义抹煞了人类的理性，是一种脱离社会伦理的经验主义和自然主义观点，其错误恰好与亚当·斯密的错误相反，亚当·斯密将政治经济学归结为技术，穆勒则将政治经济学归结为一种自然科学。

瓦尔拉斯论边际效用价值论

边际效用价值论是边际主义经济学最基本的理论概念，也是瓦尔拉斯经济思想的基础。边际效用价值论的基本内容有二，一是认为商品的价值实体是边际效用，即消费者消费最后一个商品单位获得的满足感；二是生产要素的价值决定于其参与制造的商品的价值。瓦尔拉斯对这些基本观点作了明确的表述。瓦尔拉斯认为，商品价值起源于商品的稀少性；稀少性有两层含义，“它一方面对我们有用，另一方面却只能以有定限的数量供我们利用”（本书第47页）。他给稀少性下的精确定义是：“稀少性——即满足了的最后欲望的强度——是消费量的一个下降函数。”（本书第21页）一切具有稀少性这一基本属性的物品有三大特征：可占有性、可交换性和可生产性。他还明确指出，生产资料的价值决定于其所生产的产品的价值，并认为这种观点与古典派价值论正相反。古典派认为不是产品价值决定生产资料的价值，而是生产资料的价值决定产品的价值。

瓦尔拉斯叙述了边际效用价值论的发展源流。他将戈森、库尔诺、布拉马基和他自己的父亲老瓦尔拉斯奉为自己的理论前驱，同时指出他的同时代人，英国经济学家杰文斯和奥地利经济学家门格尔独立地提出了这一理论，而且在时间上比他略早。“由杰文斯、门格尔和我自己差不多在同时所倡导的、以价格对满足了的最后欲望的强度的比例(即最终效用程度或最终效用)为依据的交换理论，现在已构成经济学整个体系的基础。”(本书第22页)

瓦尔拉斯对劳动价值论和效用价值论提出了批评。他把劳动价值论曲解为劳动本身具有价值的理论，认为劳动之所以有价值是由于它具有稀少性，因此价值的本源不是劳动而是稀少性。他认为效用价值论者的错误在于他们不懂得单是效用不足以产生价值，一种物品要具有价值，除有用处以外，还必须是稀少的。瓦尔拉斯写道：

“经济学这门科学对价值起源问题提出了三种比较重要的解答。第一种是亚当·斯密、李嘉图和麦克库洛赫提出的，是英国学派的解答，把价值的起源归之于劳动。这种解答过于褊狭，因为它对事实上确有价值的那些物品，没有能给予价值。第二种解答是孔迪亚克和萨伊提出的，是法国学派的解答，把价值的起源归之于效用。这种解答过于广泛，因为它对事实上并没有价值的物品也给予了价值。最后第三种解答是布拉马基和我的父亲A. A. 瓦尔拉斯提出的，把价值的起源归之于稀少性。这才是正确的解答。”(本书第200页)

其实，边际效用价值论不过是一种披着边际分析外衣的效用价值论，在本质上同孔迪亚克和萨伊的效用价值论并无二致。它的理论错误有两点，一是将价值与使用价值混为一谈，二是将价值这一商品的客观属性曲解为一种主观心理现象。

瓦尔拉斯论一般均衡理论

一般均衡理论是瓦尔拉斯对西方经济学的独特的贡献，这一理论的提出使瓦尔拉斯成为西方经济学说史上不朽的人物。这一理论的中心课题是，在存在着无穷多商品种类的市场条件下，确定各种商品均衡价格形成的条件。

瓦尔拉斯区分了三类商品，即最终产品、服务和资本品。同时区分了三类市场，即产品市场、服务市场和资本品市场。经济主体共有四类，即地主、工人、资本家和企业家。地主、工人和资本家是服务的供给者，服务包括生产服务和消费服务。企业家是商品的提供者，商品包括最终产品、中间产品、原料和资本品即机器设备。产品市场的供给者是企业家，需求者有两类，一类是消费品需求者，即地主、工人和资本家，另一类是原料、中间产品的需求者，即企业家自己。服务市场的供给者是地主、工人和资本家，需求者分两类，一类是生产性服务需求者，即企业家，另一类是消费性服务需求者，即地主、工人和资本家。资本品市场的供给者是企业家，需求者也是企业家，但其资金来源于地主、工人和资本家的储蓄基金。实际上存在的是两类市场，即最终产品市场和生产要素市场。瓦尔拉斯运用供求分析法和线性代数分析法作为一般均衡分析的基本工具。他提出有效供给和有效需求两个概念，有效供给是指数量确定和价格确定的商品供给，有效需求是指数量确定和价格

确定的商品需求。瓦尔拉斯认为，三种市场中商品均衡价格形成的条件有二，一是每一种产品、每一种服务、每一种资本品的有效供给和有效需求相等，二是居民户（包括地主、工人和资本家）实现收支平衡和消费效用的最大化，企业家的产品价格和产品成本相等并实现利润最大化。

瓦尔拉斯论边际生产力理论

我们知道，边际主义经济学的边际生产力论包含着两层意思，一是边际生产力分析，二是边际生产力分配论。边际生产力分析的基本内容是报酬递减法则，即在不考虑技术发展的条件下，某一生产过程所使用的生产要素组合中的各生产要素使用量若不是依相同的比例增加，则所增加的生产要素的边际产量将由递增转为递减，最后为零为负数。边际生产力分配论是萨伊生产三要素价格分配论的翻版，所不同的是，它认为生产要素的报酬不是等于其平均产量的价格，而是等于其边际产量的价格。

瓦尔拉斯在其经济发展理论中论述了边际生产力论，而且无疑是这一理论的倡导者。瓦尔拉斯将经济发展定义为在一个人口增长的国家中降低制成品的稀少性。他区分了两种发展，即经济的发展和技术的发展。所谓经济的发展是指在生产技术不变的条件下，变动生产函数的生产系数的量值，降低土地服务的使用系数，提高资本服务的使用系数。所谓技术的发展是指，由于生产技术的发展，生产函数的系数性质有了变动，即增加了技术系数。瓦尔拉斯的经济发展理论抽象了技术因素，是前一种意义上的发展理论。他写道：

“发展的意义就是，跟人口的增加同时演进的制成品稀少性的降低。尽管土地的量不能增加而发展仍然是有可能的。这是由于狭义资本品的量的增加；但是这方面的增加必须先于人口的增加，并且在比例上超过人口的增加。”（本书第 411 页）

瓦尔拉斯是从土地、劳动和资本三大生产要素的比例关系的消长变动中研究经济发展的。他认为边际生产力法则在经济发展中有重大作用，因为边际生产力决定着企业家需求生产要素和提供产品的基本动机。瓦尔拉斯的边际生产力理论包含着生产要素实现最优配置和生产要素报酬等于其边际产量价值这两层含义。这一点不难从瓦尔拉斯的这样一段论述中看出：

“1. 自由竞争会促使生产成本下降到最低限度。

2. 在平衡状态下，生产成本与售价相均等时，服务的价格与其边际生产力、即生产方程的偏导数成比例。

把这两个论断合在一起，就构成了边际生产力理论。”（本书第 409 页）

瓦尔拉斯根据其关于经济发展的定义，演绎出这样一条结论，即随着经济的发展，劳动的价格即工资基本上保持不变，土地的价格即地租将显著上升，资本的价格即利息将显著下降。这是因为，土地数量是固定的，其稀少性越来越高；人口固然是增加的，但其增加慢于资本使用量的增加，故劳动的稀少性介于土地和资本之间。

在论述经济发展和边际生产力理论时，瓦尔拉斯对马尔萨斯人口论也做了颇为别致的评论。我们知道，马尔萨斯人口论有两个基本论点，其一是断言人口数量按几何级数增长，其二是认为食物的生产按算术级数增长。瓦尔拉斯赞同第一个论点，认为这一论点符合生物界繁殖的一般规律；反对第二个论点，认为这一论点没有考虑到技术发展对食物生产的影响。瓦尔拉斯认为，如果考虑到技术因素的作用，则食物生产和人口数量均按几何级数增长，但前者略慢于后者。

瓦尔拉斯论数学方法在经济学中的运用

正如瓦尔拉斯本人所指出的，在经济学中采用数学方法并非从瓦尔拉斯开始，他运用数学方法研究经济学是受到库尔诺的启发。但瓦尔拉斯无疑是在经济学中采用数学方法的最热诚的鼓吹者。瓦尔拉斯认为，经济学与物理学、天文学等精密自然科学一样，天然地具有数学的特征。经济学理论可以用通常的语言加以叙述，但其证明必须采用数学方法。他蔑视那些反对在经济学中运用数学方法的经济学家，他说，这些经济学家对数学一无所知，却认为不可能用数学来阐明经济学原理，其口实是“人类的自由意志决不容许被塑造成方程式”，“数学抹煞了摩擦，而摩擦是社会科学的一切的一切”。瓦尔拉斯对奥地利学派经济学家门格尔、庞巴维克等人也颇有微词，认为这个学派的经济学家没有运用数学分析方法研究边际效用价值论，是一大失策，是强行用非数学方法来研究纯数学课题，从而丧失了经济学中最有用的分析手段。瓦尔拉斯断言，在不久的将来，经济学就会跻身于精密科学的行列。瓦尔拉斯写道：

“现在已经十分清楚，经济学跟天文学和力学一样，既是经验科学，也是理性科学。……20 世纪已经相离不远，到那个时候，即

使在法国也会感到有必要把社会科学托付给有全面修养的人们，他们既习惯于演绎地进行思考，又习惯于归纳地进行思考，既精于推理，又熟悉经验。那时数理经济学就可以同数理天文学和力学并列”。（本书第27页）

瓦尔拉斯经济思想对后世西方经济学的影响

瓦尔拉斯经济思想对后世西方经济发展的影响是多方面的，但最重要、最深远的影响来自他的一般经济均衡理论。熊彼特曾经写道：

“经济均衡理论是瓦尔拉斯的不朽贡献。这个伟大理论以水晶般明澈的思路和一种基本原理的光明照耀着纯粹经济关系的结构。在洛桑大学为尊敬他而树立的纪念碑上只是刻着这几个字：经济均衡”。（熊彼特：《从马克思到凯恩斯十大经济学家》，商务印书馆1965年版，第79页）

熊彼特的这一论断是从西方经济学观点对瓦尔拉斯经济理论所作的最高评价，但这种评价显然是失之偏颇的。瓦尔拉斯本人也承认，他的《纯粹经济学要义》一书所要解决的基本课题是自由竞争市场条件下的价格决定问题，实际上是价值理论问题。他用庸俗的反科学的边际效用价值论来回答这个问题，从而与杰文斯、门格尔鼎足而立，成为西方庸俗经济学发展的一个新阶段——边际主义经济学——的奠基人。与此相联系，在经济学的另一个基本课题即分配问题上，瓦尔拉斯提倡边际生产力分配论，而边际生产力分配论不过是边际效用价值论的引申，正如萨伊的生产要素价格分配论是其效用价值论的引申一样。由此可见，作为边际主义经济学的创始人之一的瓦尔拉斯，在价值论和分配论这两个最基本的理论问题上，都站在古典经济学家和马克思的劳动价值论和剩余价值论的对立面，这是瓦尔拉斯经济思想最基本的一面，这一点决定瓦尔拉斯的经济思想从根本上说来是庸俗的、反科学的。瓦尔拉斯的一般均衡理论的基本课题是一般均衡价格的决定问题，其理论基础是边际效用价值论和边际生产力分配论，因而也逃不出庸俗经济理论的范围。另一方面，瓦尔拉斯的一般均衡论将市场经济体系作为一个具有内在联系的整体加以研究，力图把握经济体系各部分之间的相互关系，并且建立一套数学模式来描述这种关系，这在经济学说发展史上无疑是一个具有开拓性质的成就，带有一定程度的科学性。此外，瓦尔拉斯对经济学对象论、对经济发展理论、对马尔萨斯人口论、对数学方法在经济学研究中的运用问题所作的论述，也在不同程度上包含着某些合理的成分。

20 世纪 30 年代以后，西方经济学家的大多数都接受了瓦尔拉斯的一般均衡论，并且在理论和实用两方面加以发展。在第二次世界大战以后，西方一般均衡理论的发展尤其迅速。在理论方面，西方经济学家不仅从微观经济学而且从宏观经济学的角度对一般经济均衡理论作了探讨，研究了一般均衡理论的动态化问题、一般均衡体系的稳定性问题、一般均衡体系的存在性问题。在实用方面，西方经济学运用一般经济均衡原理，创立了最优分析法、博弈分析法、线性规划分析法、投入产出分析法、资源最优配置理论等多种具有高度实用价值的分析手段和经济理论。对一般均衡论持否定态度的代表人物是斯拉法。他主张抛弃一般均衡论,因为一般均衡论的基础是供求均衡价值论和主观价值论,他认为这种价值论是不科学的,主张代之以客观价值论,实质上是生产费用价值论。

目　　录

第二篇　论两种商品互相交换

第三篇　论多种商品互相交换

第四篇 论生产

第五篇　论资本形成和信用

第七篇　经济发展的条件和后果;纯粹经济学各理论体系的批判

英译者序言

书好不患没有识者，因此，莱昂·瓦尔拉斯的《纯粹经济学要义》，是没有为之作序加以介绍的必要的。同多数第一流经典作品一样，《要义》较多的是被人引证，而不是被人阅读。它的缺陷——假使可以这样说的话——不仅在于它的名声赫赫，令人望而生畏，而且在于不把全书首尾看过一遍，一点不漏，对它就无从作出允当的评价。瓦尔拉斯经济理论的特点是，它是全面性的，如果对它要加以充分理解，就得对它的概括性加以全面考虑。它的论证方式是渐进的，是循着预定的步骤逐步达到顶点，读者如果不跟着他的意向前进，就会迷途不知所返。由于他的理论，虽然基本上是用数学来表达，但方式是先用纯朴的数学，然后用有几分晦涩的文字来解释，读起来就显得更加吃力。

虽然如此，当瓦尔拉斯本人在世时，就使维尔弗雷德·帕累托、恩里科·巴罗内、纳特·威克赛尔、欧文·费希尔、亨利·勒德韦尔、穆尔和约瑟夫·熊彼特直接受到这本书的影响。在瓦尔拉斯时代以后，直接或间接受到这本书影响的经济学家或计量经济学家就更多了。虽然当瓦尔拉斯在世时，后来的所谓洛桑学派，实际上已经打下了坚实基础，但是此书的广大声誉，并不是一蹴而就的，而是从 19 世纪 70 年代此书第一版发行后逐渐形成的。瓦尔拉斯理论的出现并不是像一道闪光那样，一下子把阴暗、模糊的大地照得雪亮，而是像一锥光线，是特供专家使用的，是为他们服务的。

马利·埃弗普利特·莱昂·瓦尔拉斯①，1834年12月16日出生于法国厄尔区的埃夫勒。他的父亲安托万·奥古斯特·瓦尔拉斯，出生于蒙特皮勒，母亲路易丝·艾琳，原来在埃夫勒的圣博弗。他早年生活，在巴黎、里尔·凯恩和杜埃度过，他父亲本身就是个经济学家，从事于教授哲学和修辞学，并且是教育行政官员。莱昂·瓦尔拉斯两次投考理工学院，未被录取，乃投入一矿冶学校，暂作托身之处，从事于土木工程之类的学习和工作，这对他狂放不羁的气质是有些格格不入的。他不久即脱离了矿冶学校，转向于文学和新闻学；但是他首次出版的小说未能获得多大成就。1858年他接受父亲的劝告，把自己的一生贡献给作为一门科学的经济学的研究。于是开始了12年的长期艰苦斗争，从而实现了他自己和他父亲的愿望。在此以前，他当过新闻工作者、铁路局办事员、为合作社担任某银行的常务董事、报纸编辑、大众讲解员和他自己的银行被迫清理时不得不成为一个银行雇员——这些他早年经过的种种曲折和磨难，这里不及详述，由此可见，他的早期经历绝非完全是学术性的；他曾亲自尝过商界严酷现实的滋味。关于经济学，实际上他完全没有做过学术上的准备工作，在理论经济学方面，他只有一个老师——他的父亲。至于其他都是从自学获得

① 瓦尔拉斯已故的女儿阿莱因·瓦尔拉斯前曾告诉我，按正确的读法，Walras的S是发音的。

的。但是我们从这本书可以看到,他批评古典传统,只是为了完善和扩大它的科学结构,他的学术并没有离经叛道。由于他关于经济学的准备工作,没有获得任何公家方面的认可,这就部分说明了为什么他在法国始终未能获得一个教学职位。他在本国吃闭门羹,在瑞士却受到了欢迎。1860 年,他在那里宣读了一篇关于税制的论文,使在场者获得了深刻印象,10 年以后,洛桑学院的法学系新成立了一个经济学讲座,他被邀为第一个任职者。从那时起,他专心于在他理论上的精益求精,专心于教学和写作,直到他于 1910 年 1 月 5 日在相近于洛桑的克拉伦斯逝世。他对瑞士在他一生的最后 40 年间提供给他的从事独立科学研究的机会,深怀谢意,但他直到死仍是个法国公民。这里说的,只是关于莱昂·瓦尔拉斯教授生涯的简要轮廓;他的私生活富于人生经验,充满了私人间的悲剧,这对一个性格不够坚强的人说来,就难免要被这些遭遇压得粉碎。但是关于他私人生活的详情,仍有待于进一步了解。①

我们从《要义》的五个版本的扉页或封面的复制件中可以看出,自从第一个半卷本问世以来,距今已近 80 年,从他死后出版的最后定本②刊行以来,又已经过 25 年以上。可是在这么长的期

① 由于全优学术奖的援助,关于莱昂·瓦尔拉斯的一生经历及著述的原始资料,我已集成一册,在编写中。从这一较丰富的资料中可以看出,他是经过了何等艰苦的奋斗的,他在书目提要中所提到的写作,就有 129 条!他作出的某些比较重要的贡献,见于下面所译的《要义》第 4 版序言。

② 在最后定本(1926 年)内,载有瓦尔拉斯的一些事后的想法和 1900 与 1902 年间记录的一些纠正。我们与其说这是个新刊本,倒不如说是第 4 版的写定本。因此,我把 1926 年刊本看作第 4 版的简写本。

间,《要义》却从来没有被译成英文。瓦尔拉斯本人曾力劝他在英美的同道,不妨把他的作品择译数种,但是他于 1885 年从英国一个知名出版商得到的回答是,“有些在外国出版的书,不管它们的内容怎样高明,却很难获得英国群众的一顾”。1906 年,一位高水平的经济学家、瓦尔拉斯在美国的赞赏者说,“我可以有把握地说,您低估了您书的艰难程度,我怀疑人们是否具有足够的智慧来进行译述。”但是应着重指出,后一议论所涉及的并不是《要义》本身,而是由加斯顿·勒迪克、帕里斯、R. 皮琼、R. 杜兰德—阿乔安斯和 F. 鲁格于 1938 年所编的《纯粹经济学要义简写本》。直到今天,关于用英语译成的瓦尔拉斯著作,就所知的只是:(1)《关于英印货币问题的解决》,由赫伯特·萨默顿、福克斯韦尔教授于 1887 年 9 月 6 日译成后在英国科学促进协会宣读,由该协会发表于协会《学报》,伦敦,1888 年,第 849—851 页(参阅莱昂·瓦尔拉斯《略述英印货币问题》,载《政治经济学评论》,第 6 卷,第 1 号,1887 年 11—12 月份,第 633—636 页);(2)《确定价格的几何理论》,载《美国政治与社会学会会刊》,第 3 卷,第 1 号,1892 年 7 月份,第 45—64 页,此文是在欧文·费希尔教授的督察下进行译述的;(3)《瓦尔拉斯与戈森》,发表在亨利·威廉·施皮格尔教授所编《经济思想的发展——大经济学家即将出现》(纽约约翰威利公司和伦敦查普曼与霍尔公司出版,1925 年)一书中,载第 471—488 页,书中说明该篇是依据瓦尔拉斯原作《一位不知名的经济学家 H. H. 戈森》略加删节后的译本,该文最初载于《政治学家杂志》第 4 辑,第 30 卷,第 4 期,1885 年 4 月,第 68—90 页,并在随后出的 1885 年 5 月第 5 期内还载有一件对前文加以纠正的信。

在很久以前，我在跟一位现已去世的老友亨利·舒尔茨的一次闲谈中，我痛切地感到，从转手中得来的关于瓦尔拉斯理论的知识全不可靠，我从事翻译《要义》的念头，就是打这时起发生的。对此经进一步观察以后我还发现，时下第一流作家，于引证原著时，往往错会著者的真意。我感到很需要有一个完整的译本，于是不避冒昧，断然从事。有些人深知我曾经多年专心致志于此，却也许不知道，我在敢于提出这个供出版的本子以前，曾经多少次抛弃了我认为不够完善的稿子。“翻译与欺骗二者往往相辅而行”这句奚落人的话，时刻萦绕于我耳边，未能忘怀；我所希望的只能是，在这一译述中，对著者的思想经我准确阐明的，在数量上远远超过我在无意中违背了原意的地方。

译本的宗旨有二：为大量对法语所知过少的研究者，提供一个阅读原著的机会；为有意从事于经济史分析的学者提供一个研究工具。本书于结尾处所附的注释所涉及的是有关译文中的一些参考资料，这类文字均括在括号内。读者会发现，这类括号在书中随处可见，是译者所审慎插入，用以向读者有所陈述，其内容有些是一些有关的参考资料，有些所表明的是在译文中增入的字句，用以阐明原文中比较晦涩的部分。

我在译本中所提供的注释有两个类型：一种是译者提出的解释，用数字编号；一种是对版本的校勘，用字母编号。关于前者，我所提出的是否不简不繁，恰到好处，只有读者可以下断语，但是读者必须把约翰逊的一句名言时刻铭记在心：“对一个译注者来说，要做到在某些人看来不厌其多，在另一些人看又不嫌其少是不可能的。他只能做到凭他自己的经验来决定，何者应留，何者可删。

无论他经过怎样仔细的斟酌,总会有些博学之士,认为有些地方无须辞费,注释是完全多余的;而在那些比较无知的人看来,则会认为,有些需要译者帮助之处其注释不免过于简略。”关于版本的校勘,我认为凡是瓦尔拉斯研究者,都不会否认阿瑟·W.冯吉教授的意见,他说:“对瓦尔拉斯理论体系,要获得一个正确的理解,就得研究一下这一体系经过的种种变化,和《要义》以及瓦尔拉斯其他著作历次版本的改进和增益。”对此较好的办法无疑是编制一种完整的集注本,但是就一个译本来说,这显然是办不到的。任何人有幸觅到比较罕见的早期刊本,借助于我所提出的相应各节段,就可以很方便地查出某一节段的嬗变。在我所提供的版本校勘中,关于与早期刊本对照时所发现的一切变化,我没有一无遗漏地逐项举出,因为有些是微不足道的,纯属用字上的改动,而有些变动,在范围上那样广泛,除非出专册,将原文全部列出,否则即无法说明原委。我采取了一种折衷办法。对显属细微的变动一概置之不顾;对那些不那么繁重的变动,则将早期刊本的法文原文列出,俾便于与现在容易购得的法文新刊本进行对照;对一切范围广泛的变动,则仅仅加以说明。

这里除将原来的最后定本以及两个附录全部照译外,还附有只在1896年第三版中出现过一次的“附录三”。这一附录虽在以后续出的刊本中已被删去,但是,这一题名“关于威克斯蒂德先生对英国地租理论的批判”的附录,虽然在历次刊本中只是昙花一现,依我看,其间即使没有其他原因,单是由于它所激起的一番争论,从而构成了有关边际生产力论在历史上一次引人注目的重大事件,也值得予以录存。

译本中增加了索引，但删去了原本中列于每章之首的摘要。索引不是按原文照译的，而是按照译本的需要改编的，俾与译本的编制相配合。

译本中的几何图形，系按列于原刊本第 4 版之末的图版复制（按最后出的定本中的图版复制，不够清晰）。这里对原来的图形曾略加改动。瓦尔拉斯所制的图形，大概为了节省地位，往往把许多曲线挤在一起，使他能利用一个图形来说明几个不同的论据。按照这里的安排，将适应几个论据的图形分开，每个图形只与它最贴近的那个论据相适应。我并为各图标明了轴线。

原来的丰富多彩的代数结构原封未动，用埃奇沃思的警句来说：

“坐下来且审度一番，

不管它表面上怎样纷纭复杂，

要紧的是专心注意真实事物。”

在数学用号上的少许变动，是印刷上避免不了的。

不但在数字表现上，而且在正文的翻译上，我也没有试图将此书加以现代化。我曾尽可能地将书中文字用与瓦尔拉斯同时代的英语译出。如果用我们当前通行的英语来译述《要义》，就可能把读者导入歧途，从而引起误解。在这一译述工作的最后阶段，我获得了我妻奥利夫·卡罗琳·贾菲的有力支援。她尽管从来没有读过关于经济学的任何篇章，对许多艰难复杂的字句，却提供了极其恰当的对应措词。还有，在校核过程中，是她将全部译文与原文作了对照，逐节加以核实。在某一必要的意义上说来，未尝不可把她看作一个合译者，虽然，在这一译述中存在的任何瑕疵，应由我完全负责。

研究经济学的几位同道，向我提出了许多宝贵意见和帮助：如西北大学的研究院、社会科学研究委员会和美国哲学学会的几位同道在整个方案和设计方面提出了许多建议；如某些后辈在我底稿的拟制方面，在文字的抄录方面的协助，都使我铭感不忘。我的同事美国经济协会秘书詹姆斯·华盛顿·贝尔，对我说来，他所给予的支援，无异路易斯·鲁叔内特之于瓦尔拉斯，我对他格外要表示我的深切谢意。当我锐进之气受到挫伤时，是他一番友好和出自内心的敦促，使我得以鼓起勇气，继续前进。西北大学文科学院院长西米恩·E.利兰，由于他不懈的努力，为我取得在国内外继续从事研究的机会，我是非常感激的。C.奥斯瓦德·乔治博士，现在是英国商务部的首席统计工作者，在我工作的初期，对我提供了非常宝贵的批评意见和建议，使我获益匪浅。在我工作的后期，我得到了我的同事、在伊利诺斯州埃文斯顿的罗伯特·H.斯特罗茨教授的许多得力帮助，在巴黎，得到了应用经济学会（弗朗斯瓦·佩罗克斯是该会会长）G.托马斯·吉鲍德先生和其他会员的有益帮助。我还要对洛桑大学图书馆管理者琼·查尔斯·比奥戴和该馆手写本管理者查尔斯·罗斯先生表示我深切的谢忱，通过他们的协助，使我得以查阅与瓦尔拉斯有关的科学通信和论文。罗斯先生对我含有多种语言的记录，作了不厌其烦的校对。最后，我对西北大学经济部门的所有同事对我所抱的合作态度，感到有必要表示我的深切谢意。

瓦尔拉斯先生在生前虽然没有看到他重要著作的英译本，但是我倒认为，他在九泉之下得知他《要义》的译本，在皇家经济学会

和美国经济学会的共同赞助下,已终底于成,即将问世的消息,他也会像1892年听到美国经济学会因他对"政治经济学作出的杰出贡献"而选他为荣誉会员时那样,感到欣喜。

威廉·贾菲

瑞士洛桑,1953年6月16日

第四版序言

《纯粹经济学要义》的第四版是最后定本。[①] 前于1874年6月曾为第一版撰写一篇序言，其中以下几段觉得有加以引录的必要：

沃州参议院为了要为洛桑学院法学系新设的政治经济学科招聘一位教授，担任讲座，于1870年举行了一次竞争考试。由于这一开明措施，特别是由于教育和宗教部部长、瑞士参议院议员鲁叔内特先生对我的信任和推重——他自从邀请我参与我现在所担任的这一职位的竞争考试以来，对我进行善意的督促鼓励，始终不懈——才使我今天得以发表关于政治经济学和社会经济学要义的一个专论；这是在新的设计下构思的，是在独创的方式下钻研出来的，我敢说，它在好几个方面跟时下的经济科学不同。

这个专论由下列三卷组成，各成一册，分两期出版。

第1卷：纯粹经济学要义，或社会财富论。第1期内容：第1篇，政治经济学和社会经济学的目的和分类；第2篇，数学的交换理论；第3篇，关于金钱与货币。第2期内容：第4

① 当本册排版已就即将付印时，我只是在第327节和362节各插入了一个注释（其日期与这一注释的日期相同，都是1902年），由于这个关系，在正文内也作了些细小的改动。

篇，财富的生产与消费理论；第5篇，经济发展的条件和后果；第6篇，社会各种经济制度的自然效应和必然效应。

第2卷：应用经济学要义，或农业、工业和商业的财富生产理论。

第3卷：社会经济学要义，或通过财产和赋税的财富分配理论。[①]

这里提供的是第1册的第1期；内容是关于确定现期价格问题的一个数理解法，以及对于在不论多少种商品的互相交换下的供求律的科学表述。我充分意识到，其间所使用的一些数学符号，初看起来会显得有些繁重；但是我请求读者不要为此而感到沮丧，因为这是问题中所固有的，从而构成了一些困难。要晓得，掌握了这些数学符号之后，就大体上了解了经济现象的规律。

当这一册的前半部已经写成，已经差不多印刷就绪，并且已经将这一即将出版的刊物内所阐述的理论的基本原则写成一篇论文，[②]提交巴黎的伦理学与政治学学院的时候，在一个月之前，我看到属于同一题材的一本著作，叫做《政治经济学原理》，1871年麦克米伦公司出版，作者是在曼彻斯特的政治经济学教授W.斯坦利·杰文斯。杰文斯先生将数学解析应用到纯粹经济学，特别是交换理论，其方式跟我的极其类似；

① 后来把第2卷和第3卷改成两个专册：《社会经济学研究》(1896年)和《应用政治经济学研究》(1898年)；为了使我的工作尽可能接近于完整，我不得不作出这样的变更。

② 见《学院会议和工作报告》，1874年1月；或者是《经济学家》杂志，1874年4月号和6月号。

并且,的确值得惊奇的是,他将数学应用到经济学时所依据的他叫做交换方程的一个基本公式,跟我作为我的出发点的那个我叫做最大满足的条件的公式极其类似。

杰文斯先生的主要目的是在于为这一新方法提出一个概括的、哲理的解释,还在于,不但为将这一方法应用于交换理论打下基础,而且为将这一方法应用于劳动、地租和资本的理论打下基础。至于我在这半部书中所全力以赴的是,关于交换的数学理论作极其详尽的叙述。因此,唯一的正当办法是,就杰文斯先生的公式说,我承认他的居先,可是关于我自己的某些重要推断,我也不放弃首创的权利要求。这里不打算列举细节,高明的读者一眼就可以看出。我只须补充一点,在我看来,杰文斯先生的大作和拙著,决不是在任何有害的意义下互相竞争,而实在是可以高度地互相支持、补充和加强的。这是我经过考虑后的意见;为此我愿意把这位杰出的英国经济学家的优秀作品推荐给一切还没有读到这部书的人们。

第一版的第二期出版于 1877 年。在这一期里,我提出了确定生产服务(工资、地租和利息)价格的理论和确定净收入率的理论,两者都与杰文斯的这类理论有很大差别。①

① 我曾将《纯粹经济学要义》的第一部分概括成两篇论文:《交换的数学理论原则》和《交换方程》;前一篇于 1873 年 8 月提交巴黎伦理学与政治学学院,后一篇于 1875 年 12 月提交洛桑的沃州自然科学学会。第二部分在出版之前也曾经把它概括成两篇论文:《生产方程》和《资本形成方程和信用方程》,两篇都提交沃州自然科学学会,提交的日期前者是 1876 年 1 月及 2 月,后者是同年 7 月。这四篇论文均经译成意大利文和德文,前者于 1878 年出版,后者于 1881 年出版。

于1879年，杰文斯——其时他已是伦敦大学院教授——发表了他的《政治经济学原理》第2版。他在这一版的序言的第35—42页里说明，把开始发现数理经济学的优先权部分地让给一位德国人戈森，而在我则如上面所说的那样，已经把这个优先权让给杰文斯。关于戈森，我曾经写过一篇文章，题名《赫尔曼—海因里希·戈森，一位不知名的经济学家》，载《经济学家》1885年4月号和5月号；在那篇文章里，我叙述了他的身世和著作，其间对两位先驱者的贡献作了适当估计之后，并试图确定余下的作为我自己的贡献的是哪些。[①] 在本书第16章的末了一段，读者会看到，我重新提到了这一事件。我在那一段里说明，维也纳大学经济学教授卡尔·门格尔，早于1872年就再度发现并强调在交换理论中研究稀少性这一点的重要意义，他的这一研究是独立进行的，与我们三个人都无关系。

我完全承认，关于效用曲线，戈森的论述在我之先，关于交换中最大效用的方程，杰文斯的论述在我之先。但这些经济学家的论著都不是我思想的根源。我的关于经济学说的一些基本原则，系得自我父亲奥古斯特·瓦尔拉斯的教益；关于在这一学说的钻研中使用函数演算的观念，系出于奥古斯丁·库尔诺的启发。我在最初发表的文章里就公开承认这一事实，以后在适当的时候也总要提到这一点。这里想说明一下，在这一著作的先后出现的版本中，这一学说是怎样酝酿、发展和完成的。

关于交换、生产、资本形成和信用这些方面的方程的解答，自

① 这篇文章已经转载入拙著《社会经济学研究》。

从初次发表以来，虽然在好几处细节上作了些改进，但整个说，跟原来所提出的基本上相同。

在交换理论中，对商品最大效用定理的初步证明加以补充的是：(1)利用微积分的通常符号作出的可以适用于连续效用曲线的情况的证明，从而为新资本品最大效用定理的下一步证明作好准备；(2)可以适用于不连续曲线的情况的证明。

在生产理论中，关于向平衡的初步摸索前进，我不再按照它实际所发生的那样来表述，而是假定，这是通过票证(“Sur bons”)完成的，在全书中始终保持这一虚构情况。

在资本形成理论中，我不再根据经验制定储蓄函数，而是根据交换方程和最大满足来理性地推定这一函数；在一个新的定理中我建立了一个论点——一致的净收入率的条件也是有关于新资本品的最大效用的条件。我发表本书的第一版时，有关新资本品服务的最大效用的两个问题中我只认识到一个，即，在资本品数量的自然确定或随机确定的假设下，个人收入在其各种欲望之间的分配的问题。我把这个叫做商品的最大效用问题，这个问题的数学解答所依据的是资本品服务的稀少性对其价格的比例。只是在第二版的编制过程中，我才发现另一个问题，这就是当我试图确定与各种新资本品的服务的最大有效效用相适应的各该资本品的数量时所发生的问题，与这个问题有关的是，就整个经济说来收入对消费的超过量在种种新的投资机会中的分配。我把这个叫做新资本品的最大效用问题，这个问题的数学解答所依据的是资本品本身的稀少性对其价格的比例。这就表明，当服务的价格跟资本品的价格成比例时，就达到了双重最大值。其间只受到一个条件的限制——只是出于自由竞争的作用，才会发生这样的结果。

经过了最显著的变化的，主要是我的货币理论，这是我于1876到1899年间对这一问题的研究结果。[①]《要义》的第一版和第二版内关于货币各章，其内容部分是纯粹理论，部分是应用理论；在第三和第四版内已将后一部分删去，所载的以前一部分为限，特别是这一理论的基本观念，即货币价值问题的解答。在第一版里，这一解答所依据的是"有待于清算的流通"的想法，这是从别的经济学家那里模仿得来的。但是在第二版和以后各版内这一解答所依据的概念是"理想的现金余额"；前在《货币论》(1886年)里已经使用这个概念。然而，在第二版和第三版，跟第一版一样，关于货币的供给和需求的方程，我仍然跟别的方程分开来写，是经验地决定的。在这一版里，这个方程却是理性地推定的，所依据的是交换方程及最大满足方程以及表示流通资本品在供求之间的均等的方程。这样，就使流通与货币的理论跟交换、生产、资本形成与信用的理论一样，不仅设定了而且解答了有关的方程系。这个理论分成六章叙述，由此，就为纯粹经济学的第四个大问题，即流通问题，提供了解答。

为了把这四个问题的因果关系表示得更清楚些，我将本书的

① 这类研究论文，有些是属于纯理论范围的，已经包括在本书内；这些论文是《复本位制数学理论》、《论货币本位价值不变》(分别载《经济学家》，1881年5月号和1882年10月号)和《流通方程》(载《沃州自然科学学会会刊》，1899年)。其他一些论文属于应用理论范围，已载入拙著《应用政治经济学研究》；这些论文是《货币价值变动时的调整方式》(1885年)、《货币论》(1886年)和《货币问题》(1887—1895年)。

主要各篇，在数目、次序和标题方面，都略微作了些改动；特别是将流通理论紧接在资本形成之后，在流通理论之后的一篇的内容是关于经济发展和纯粹经济学各理论体系的研究。在最后一篇引进了边际生产力理论，这是确定生产系数的理论，从这时起，我把这类系数看成是问题中的未知量而不是已知量。

经这样改动之后，本版的内容如次：

纯粹经济学要义或社会财富理论

第1篇　政治经济学和社会经济学的目的和分类

第2篇　论两种商品互相交换

第3篇　论多种商品互相交换

第4篇　论生产

第5篇　论资本形成和信用

第6篇　论流通和货币

第7篇　经济发展的条件和后果；纯粹经济学各理论体系的批判

第8篇　价格规定；独占；赋税

附录1　关于确定价格的几何理论

附录2　对奥斯皮茨和利本的价格理论原则的评论

附录3　关于威克斯蒂德先生对英国地租理论的批判

前已说明，虽然经过了如上述的改动，这一版只是我于1874—1877年发表的本书的一个最后定本。我的意思是说，我的学说，今天的跟当初的并没有什么两样。只有少数数学家同时又是经济学家充分了解这个学说。其内容概括如次。

纯粹经济学本质上是，在完全自由竞争制度[①]假设下确定价格的理论。对一切物质的和非物质的事物所以能设定一个价格，是由于它们是稀少（就是说，既有用而数量又有定限）的；这些事物的总和构成了社会财富。因此，纯粹经济学也就是社会财富论。

我们必须把构成财富的事物分成两大类：一类是资本品或耐用品，可以经多次使用；还有一类是收入品或非耐用品，不能作一次以上的使用。构成资本品的是土地、个人的能力和狭义资本品。构成收入品的，不仅是消费品和原料，这些大都是物质的；还有对资本品的连续使用，即，它们的服务，这些大都是非物质的。凡是具有直接效用的资本品服务叫做消费服务，应与消费品列入同类。凡是只具有间接效用的资本品服务叫做生产服务，应与原料列入同类。在我看来，这是整个纯粹经济学的关键。如果不作出资本品与收入品之间的区别，特别是如果不将资本品的非物质服务跟物质的收入品列入社会财富的同一类，就不可能产生确定价格的科学理论。如果作出了如上的区别和分类，这就有可能不断地获得下列成就：(1)通过交换理论确定消费品和消费服务的价格；(2)通过生产理论确定原料和生产服务的价格；(3)通过资本形成理论确定固定资本品的价格；(4)通过流通理论确定流通资本品的价格。以下说明这是怎样完成的。

① 指的是这样一种自由竞争：在这一制度下，服务的各卖者之间互相压低价格，产品的各买者之间互相抬高价格。我在本书第 188 节里说明，在企业家之间，自由竞争并不是促使售价与生产成本趋于均等的唯一手段。至于自由竞争是否处处说来总是最完美的方法，那是应用经济学所研究的问题。

首先让我们设想一个市场，在这个市场中买卖的，也就是说进行交换的，只是消费品和消费服务，任何服务的售出，是通过资本品的出租来完成的。所有这些商品和服务的价格或交换比率，在以所选出的其中之一作为通货的依据下，一经随机喊出，各个交换参与者就会按照这类价格，提供他认为已有存量比较过多的那些商品或服务，需要就某一期间的消费说，他感到过少的那些商品或服务。各种事物的有效需求和有效供给的数量既然是这样确定的，那些求过于供的事物的价格就会上升，那些供过于求的事物的价格就会下降。新的价格既经喊出，各个交换参与者就会提供和需要新的数量。这时价格就又会上升或下降，直到各种商品和各种服务的需求和供给趋于均等。这时的价格就是现时平衡价格，将有效地发生交换。

我们提出生产问题时的方式是，扩大交换问题的范围，使它包括这一事实：消费品不是单单出于生产服务的结合的产品就是将这些服务应用到原料后的产品。为了要考虑到这一事实，就得把地主、工人和资本家看成生产服务的卖者和消费品及消费服务的买者，跟他们相对的是产品的卖者和生产服务及原料的买者。后一类的卖者和买者是企业家，他们所追求的是将生产服务转变成产品后的利润；构成这些产品的，或者是他们之间互相出售的原料，或者是他们卖给地主、工人和资本家——生产服务就是从这些人购入的——的消费品。这时如果假定有两个市场而不是一个市场，对于所考虑的现象就可以使我们了解得更加清楚。假定一个是服务市场，服务的提供者完全是地主、工人和资本家；服务如果是供直接消费的，则其需求者仍然为地主、工人和资本家，服务如果是生产性的，则其需求者为企业家。假定还有一个是产品市场，产品的提供者完全是企业家；产品如果是原料，则其需求者仍然为企业家，产品如果是消费品，则其需求者为地主、工人和资本家。在这两个市场内随机喊出的价格下，站在消费者立场上的地主、工人和资本家将提供服务，要求消费品和消费服务，目的在于取得在所考虑的时期内效用的尽可能大的总和。另一方面，站在生产者立场上的企业家将提供产品，要求在同样时期内交付的生产服务或原料，其要求以属于生产服务形式的生产的系数所需要的为限。无论什么时候，只要产品的售价高于在其生产中所需要的生产服务的成本，这些企业家就会扩大产量；只要这类生产服务的成本高于售价，他们就会缩减产量。在不论哪个市场上，只要需求超过供给，价格就会上升，只要供给超过需求，价格就会下降。所谓现时平衡价格是这样的：在这类价格下，各种服务或产品的供求相等，各种产品的售价相等于生产成本，即相等于所使用的生产服务的成本。

要说明资本形成问题就得假定，有些地主、工人和资本家是进行储蓄的，就是说，他们所需要的消费品和消费服务的值并不等于他们所提供的服务的总值，而是将总值的一部分用于对新资本品的需求。我们还得假定，与产生储蓄的那些人相对的是一些企业家，这些企业家所生产的不是原料或消费品，而是新资本品。因此，假定一方面有某一数额的储蓄，另方面有某一数量的新制出的资本品，这些储蓄和这些新资本品是在资本品市场进行交换的，则在适合竞争结构的情况下，交换比率将取决于资本品所产生的消费服务和生产服务的价格，而这些价格却是在交换理论和生产理论的依据下确定的。因此我们会有某一收入率，对各种资本品说来会有某一售价，这一售价相等于其服务的价格对收入率之比。新资本品的制造者跟那些消费品制造者一样，随着售价高于生产成本还是生产成本高于售价，会扩大或缩小他们的产量。

我们既然从资本品得出了收入率，就可以不仅求得新制出的固定资本品的价格，而且还可以求得旧有的固定资本品（即土地、个人能力和已经存在的狭义资本品）的价格，其方式是用收入率除资本品服务（即地租、工资和利息）的价格。这时尚待解决的只是如何求得流通资本的价格，还要考察的是，当金钱同时也就是货币时，所有这些价格会发生什么样的结果。这是流通与货币问题的研究对象。

我们在这个第4版里会看到，引进了“理想的现金余额”这一概念之后，怎么会使我们有可能在静态结构的范围内，在与解答前几个问题时完全相同的依据和完全相同的方式下，来表述和解答这个问题。我所做的只是，首先把流通资本看成是提供了以实物计或以货币计的贮藏服务的；然后把所有这类服务的供给看成是完全来自资本家。如果这类服务是消费服务，则其需求来自地主、工人和资本家，他们的目的在于追求最大满足；如果这类服务是生产服务，则其需求来自企业家，其需求以属于贮藏服务形式的生产的某些系数所需要的为限。因此，确定这类服务的现时价格的方式，与确定所有其他服务的价格的方式完全相同。此外，流通资本的价格和货币的价格，结果系按照其贮藏服务的价格对收入率的比率确定，就货币的立场说的货币的价格系按照其数量的反函数确定。

这一整套理论是数学的。理论虽然可以用通常语言叙述,但理论的证明必须用数学表达。证明是完全以交换理论为根据的;而交换理论则全部可以用下面市场平衡的双重条件概括起来:第一,各个交换参与者应取得最大效用;第二,对每一种商品说来,所有参与者的需求总量应相等于供给总量。只有借助于数学,我们才能懂得最大效用的条件的意义是什么;因为,为各个交换参与者设定一个相对于各种消费品或服务的方程或曲线,从而表明稀少性——即满足了的最后欲望的强度——是消费量的一个下降函数时,借助于数学就可以使我们看出,如果某个参与者所需求或供给的商品是属于这样一个数量,在这个数量下,当某些价格喊出时,于交换完成之后,这些商品与其价格是成比例的,那么这个参与者就会获得他的欲望的尽可能大的满足。如果不用数学,我们就不会懂得,当服务、产品和新资本品求过于供时提高它们的价格,在相反情况下降低它们的价格,为什么就会不但在交换中,而且在生产、资本形成和流通中,达到现时平衡价格,也就不会懂得怎样会达到这个价格。数学使这一切都成为可以理解的。这首先是由于,根据稀少性所推定的,不仅是表示服务的供给和服务、产品和新资本品的需求的函数(目的是在于使欲望的满足达到最大限度),还有表示这类服务、产品和新资本品的供求之间的均等的方程。其次是由于,使这些方程和其他方程——表示产品及新资本品的售价与生产成本之间的均等的方程,和表示出于一切新资本品的收入率的一致性的方程——结合了起来。最后是由于,借此证明了:(1)上述交换、生产、资本形成和流通问题是有决定意义的

问题，意思是说，所需要的方程的数目恰恰相等于未知量的数目；(2)市场价格的向上和向下的变动，以及继之而起的企业家由亏本企业流向有利企业，只是对有关这些问题的方程求解时的一个摸索前进的方式。

这就是我在本书提出的一个理论体系，所列举的一些证明是我在尽可能小心翼翼的情况下拟出的。这个体系已经在由四篇文章组成的《社会财富的数学理论》(1873—1876 年)里和《纯粹经济学要义》的第 1 版(1874—1877 年)里发表，并加以论证。我既经掌握了我的整个理论的基本原则，就感到有向巴黎的伦理学与政治学学院作一汇报的必要，为此草拟了上述四篇文章中的第一篇。在那篇文章里，我列举了两种商品以实物互相交换的事例，同时说明了为什么对各个交换参与者说来欲望的最大满足问题的解答，须取决于满足了的最后欲望的强度对交换价值的比例，为什么确定两种商品各自的现时价格这一问题，通过当求过于供时提高价格、当供过于求时降低价格的方式，就可以获得解答。这篇文章受到了该学院极其恶劣的、令人沮丧的待遇。我为这一学术团体感到惋惜。我敢说，它在授奖给坎纳德而轻视库尔诺这一双重不幸的事件发生之后，为了它自己的利益，大可以借此机会挽回一点它在经济学术上的威信。就我个人来说，该学院对我的冷淡待遇实际上倒是件好事，因为我在 27 年前所提倡的学说，至此不论在形式或内容上，都已获得了广泛认可。

由杰文斯、门格尔和我自己差不多在同时所倡导的、以价格对满足了的最后欲望的强度的比例(即最终效用程度或最终效用)为依据的交换理论，现在已经构成了经济学整个体系的基础。任何精通此道的人都晓得，在英国、奥地利、美国以及纯粹经济学在发展和传授中的不论何处，上述交换理论已成为这门科学的一个主要部分。

交换理论的原则在经济学科获得了一个地位之后，生产理论的原则随即会跟着出现，这是势所必然的。杰文斯在他《政治经济学原理》的第二版里发觉了他在第一版所没有看到的一点，这就是：如果最终效用程度是确定了产品的价格的，它也就必然会确定生产服务，即地租、工资和利息的价格，因为在自由竞争制度下，产品的售价会与生产这些产品时所使用的服务的成本趋于均等。他于 1879 年 5 月，在他第 2 版序言结束时，写下了非常值得注意的 10 页(第 48—57 页)，在那里他明确表示，必须把英国学派——至少是李嘉图和穆勒的学派——的公式颠倒过来，因为确定生产服务价格的是它的产品的价格，而不是可以反过来说的。这一富有意义的见解在英国当时没有被接受，事实上起初对它还引起了一种反感，而对李嘉图的生产成本理论则表示支持。然而奥地利的经济学家却从他们的交换价值理论中无所依傍地得出了边际效用这一概念，还在生产理论中将这一概念导向合理的结果。他们所建立的产品价值与生产资料价值之间的关系，跟我所建立的产品价值为一方、原料和生产服务的价值为另一方、这两者之间的关系完全相同。

但是关于资本形成理论，我们双方的见解却不是完全一致的。门格尔对这个问题在《国民经济与统计年鉴》第 17 卷发表了一篇文章，叫做《现代资本理论》。门格尔的见解，由因斯布鲁克的一位教授庞巴维克在他的著作《资本与利息》(1884—1889 年)

里加以引申，他是从现货价值与期货价值之间的差异来推断利息这一现象的。[①] 我必须直言，庞巴维克和我在这一点上的意见是有分歧的；这里应当简括地说明，为什么我不能接受他的理论。但是，要作出这样的说明就不得不牵涉到数学表述，即使所涉及的不是这方面的整个理论，也至少是与之有关的确定利息率理论。[②]

我们一接触到企业金融就会看到，一件事物，如果即期交付时其价值为 A，于 n 年后交付，假定周年利息率为 i，其价值只是

$$A'=\frac{A}{(1+i)_n}$$

但是，如果打算以这一公式作为确定利息率的经济理论依据，那么首先就得知道 A 是怎样确定的，其次还得了解在与上述方程适合的情况下从 A' 推定 i 的市场。我始终找不到这样一个市场。这就是为什么我坚决要从方程

$$\frac{D_k p_k+D_{k'} p_{k'}+D_{k''} p_{k''}+\cdots}{i}$$

$$=F_c(p_t\cdots p_p\cdots p_k,p_{k'},p_{k''}\cdots p_b,p_c,p_d,\cdots i)$$

求得 i 的原因——关于折旧和保险这里姑且不计。上面的

① 门格尔的那篇文章和庞巴维克的那部书，在《政治经济评论》1888 年 11—12 月号和 1889 年 3—4 月号有极其细致的评论。

② 下面一段系转录自我于 1889 年 5 月所写的第 2 版序言，未加以任何改动。从中可以看出，我在那一版里写出的储蓄函数，虽则仍然是经验给定的，但即使在那个时候，我也已经在序言里注意到，如何把它合理地确定为一个净收入率不断上升或下降的函数。

p_k，$p_{k'}$，$p_{k''}$，即资本品（K），（K′），（K″）…的服务的价格，系取决于交换理论和生产理论；D_k，$D_{k'}$，$D_{k''}$…，即这类新资本品的制出量，系取决于其售价与其生产成本之间的均等的条件，或者是取决于收入率的一致性的条件（也就是其最大效用的条件）；最后，

$$F_c(p_t \cdots p_p \cdots p_k, p_{k'}, p_{k''} \cdots p_b, p_c, p_d \cdots i),$$

即储蓄的总量，系取决于各个储蓄者以服务和产品的现时价格为依据，在即时消费的对他说来为 l 的效用和年年不断地消费的对他说来为 i 的效用之间作出的比较。方程的右边所构成的是对于以金钱计的新资本品的需求，这是 i 的一个函数，当 i 提高时，它先增长，后减退。需求者或者是储蓄者自己，或者是以货币资本形式借入储蓄的企业家。随着需求是高于还是低于供给，通过 i 的降低或提高，使新资本品的价格上升或下降；方程的两边就在这一升降过程中达到均等。机警的读者会立即看出，这正是证券交易所中在市价涨落下所发生的情况，在那里，新资本品的财产所有权是在与其收入成比例的价格下与储蓄进行交换的。他还会看到，我的资本形成理论——让我再提一提，这一整个理论是以照理应当居先的交换理论和生产理论为依据的——正应当是这样一种理论，这就是说，它对现实世界中的事实既作了抽象表述，也作了合理解释。既然谈到这个问题，这里不妨再谈一谈，我的新资本品最大效用定理，究竟使我的纯粹经济学整个理论体系进一步确定到什么程度。很明显，我们说，将资本从产生较小利益的用途中收回，以便把它投入产生较大利益的用途，就使

社会获得了效用上的增进，这并不是什么了不起的发现；但是在我看来，用数学来证明这样活跃、甚至这样明显的真理，就有力地证明了使这一真理得以表达的一些定义和分析方法的优点。

这一论争必须让数学家来作出最后决定。即使在今天，对我说来，真正知音者也只有少数几个。杰文斯的理论和我自己的理论发表后不久，即被译成意大利文，跟休厄尔和库尔诺的早先的文章一样。在德国还有戈森的著作，起先没有受到注意，后来也和屠能及曼戈特的已经成名的作品相提并论。从那个时候起，在德国、奥地利、英国、意大利和美国出现了大量的关于数理经济学的书刊。[①] 逐渐形成的这一学派当不难辨别，在这许多理论体系中，究竟哪个体系是足以构成科学的。有些经济学家对数学一无所知，甚至根本不懂得数学的意义是什么，却采取这样的态度，认为没有可能用数学来阐明经济学原理，他们喋喋不休地说什么“人类的自由意志决不容许被塑造成方程式”，“数学抹煞了摩擦，而摩擦是社会科学一切的一切”，以及其他同样有力同样瑰丽的辞藻。这尽可以各听其便。他们决不能阻止在自由竞争下确定价格的理论成为一个数学理论。因此，他们将始终不得不面临着二者必居其一的选择：或者是完全避开这方面的锻炼，从而钻研出一个不依靠纯粹经济学理论的应用经济学理论；或者是在没有必要的工具的情况下解答纯粹经济学的问题，从而造成不但是糟透的纯粹经济学，而

① 这类刊物和属于同一题材的早期著作，曾被编入欧文·费希尔教授的《数理经济学书目提要》，并作为一个附录，列入库尔诺的《财富理论中数学原理的研究》的培根先生的译本。译本发表于美国的经济学古典著作丛刊。

且是糟透的数学。读者翻到第 40 章就会看到这类理论的样本，这类理论跟我的理论同样是数学的，不同之处只是在于这一点：我认为必须严格遵守的是，在我的问题中有多少方程就得有多少未知量，而在第 40 章里所举示的那些理论的几位有名的作家却无视于这一点，他们有时用两个方程来确定同一个未知量，有时用一个方程来为两个、三个甚至四个未知量求解。看来这类做法未必会——至少我希望如此——永远阻碍着一种方式的演进，这种方式有可能把纯粹经济学转化成精密的科学。

无论如何，经济学得以成为一门精密科学的或迟或早，不在我们手里，不必我们担心。现在已经十分清楚，经济学跟天文学和力学一样，既是经验科学，也是理性科学。要使我们这门科学成为既是理性的又是经验的，却花费了异常之久的时间；关于这一点，没有人能够埋怨。从克普勒的天文学变成牛顿和拉普拉斯的天文学，以及从伽利略的力学变成达朗贝和拉格兰奇的力学，中间须经过 100 年到 150 年或 200 年的时间。另一方面，从亚当·斯密著述的发表，到库尔诺、戈森、杰文斯和我自己作品的发表，经过的时间还不到一个世纪。因此，我们站在自己的岗位上，是完成了我们的任务的。19 世纪的法国是新科学的发源地，如果它完全没有顾到上述任务，过失是在于资产阶级的狭隘思想，把教育分成了两个各不相关的领域，一个所造就的是数学人才，关于社会学、哲学、历史或经济学的不论什么，都一无所知，还有一个所培养的是文学家，缺乏关于数学的任何观念。20 世纪已经相离不远，到那个时候即使在法国也会感到有必要把社会科学付托给有全面修养的人们，他们既习惯于演绎地进行思考，又习惯于归纳地进行思考，既

精于推理，又熟习经验。那时数理经济学就可以同数理的天文学和力学并列；到了那一天，我们的工作就会得到公平的评价。

莱昂·瓦尔拉斯

洛桑，1900 年 6 月

第一篇

政治经济学和社会经济学的目的和分类

第一章　政治经济学的定义——亚当·斯密；J. B. 萨伊

1. 政治经济学教程或论文，在开头时的第一步就是要给这门科学下个定义，说明它的目的、分类、性质和范围。我并不想推卸这个责任，但是必须指出，这比一般所设想的要费时和困难些。政治经济学还没有一个令人满意的定义。到目前为止，所有已经提出的定义，还没有一个能得到普遍和最后的认可，而这样的认可却是确定的科学真理的标志。这里准备将这类定义中最有代表性的几个列举出来检查一下，然后试提出我自己的定义。同时还准备提到应当说明的某些人名、书名和日期。

2. 魁奈和他的门徒们形成了经济学家最初的一个重要派别。他们具有共同的论点，因此构成了一个学派。他们自称其学说为重农主义，其含义即社会的自然秩序，因此现在通称他们为重农主义者。主要的重农主义者，除魁奈（著有《经济表》，1758 年）外，还有利维尔（著有《政治社会团体的自然基本秩序》，1767 年），奈木尔（著有《重农主义，或对人类更为有利的政府的自然结构》，1767—1768 年），鲍杜和勒·特洛奈。杜尔哥则属于另一范畴。总之，从上述著作的一些标题上就可以显然看出，重农主义者是扩大而不是缩小了这门科学的范围。所谓社会自然秩序学说，与其说是政治经济学，不如说是社会科学。这样看来，重农主义者所下的定义，其内容未免过于广泛。

3. 亚当·斯密在他1776年出版的《国民财富的性质和原因的研究》里，首先努力把政治经济学的题材组织起来成为一门确定的科学，他在这一点上获得了卓越成就。但是，直到他写到了这部书的第四卷《关于政治经济学的体系》的绪论时，他才想到给这门科学下一个定义，他在那里提出的定义是：

> 政治经济学，作为政治家或立法者的一门科学时，所企图达到的有两个不同的目的：第一，是要为人民提供丰富的收入或生活，或者说得更确切些，是要使他们能够为自己提供这样的收入或生活；第二，是要使政府或联邦获得足够为公众服务的收入。总之，政治经济学所谋划的，是如何使人民和君主都富足起来。

这个出于大名鼎鼎的“政治经济学的开山祖师”的定义，值得仔细研究，特别是因为他不是在开头时写下，而是在全书已写成将近一半、对于主题已经完全掌握时才写下的。关于我在这方面的观察，想提出两个要点来谈一谈。

4. 为人民提供丰富的收入并使政府获得充裕的岁入，这无疑都是最崇高的目的。如果政治经济学有助于完成这样的双重目的，它是作出了巨大贡献的。但是在我看来，严格地说，这并不是一门科学的目的。实际上科学的一个主要特征是，在全然不计及成果好坏的情况下不断追求纯粹的真理。例如，几何学家会说，等边三角形同时也是等角的，天文学家会说，行星循着椭圆轨道各环绕着一个焦点运行，这些焦点之一是太阳，这些都是他们在严格的科学意义上的表述。这两个真理中的第一个可能同几何学的一切其他真理一样,对木工业、石工业以及一切类型的建筑或建设事业来说,都会产生难以估量的价值;上述第二个真理可能同整个天文学的真理一样,对航海会有极大的帮助。然而,不论是木工、石工、建筑师或航海者,甚至不论是关于木工、石工、建筑或航海各种技术的理论建立者,都仍然不是严格意义下的科学家或科学的创立者。要晓得,类似于亚当・斯密所说的那两类活动的,并不是上述几何学家和天文学家的活动,而是建筑师和航海者的活动。因此,如果政治经济学只是像亚当・斯密所说的那样而没有什么别的,那将肯定是个极有兴趣的题材,但并不是在严格意义下的科学。必须指出,政治经济学并不是完全如亚当・斯密所设想的那样。经济学家的首要任务并不是如何为人民提供丰富的收入或为政府提供适当的岁入,而是在于追求和掌握纯粹的科学真理。举例来说,经济学家会作出这样的论断:当一件事物的需求量增加或供给量减少时,它的价值就会提高,处于相反情况时,它的价值就会降低;在发展的经济中利息率会下降;对地租应纳的税完全由地主负担时,就不会影响到土地上产物的价格——作为一个经济学家,进行这样的分析正是他的本分。当他作出这类的陈述时,他所从事的是纯粹科学。亚当・斯密本人曾经做了些这类的工作。他的门徒马尔萨斯和李嘉图还做得更多些——前者的代表作是《人口原理》(1798 年),后者的代表作是《政治经济学及赋税原理》(1817 年)。由此可见,亚当・斯密的定义是不完整的,因为他没有把严格地作为一门科学的政治经济学的目的说出来。实际上,把政治经济学的目的说成是为人民提供丰富的收入以及为政府提供适当

的岁入时，就同把几何学的目的说成是为了建筑高楼大厦，把天文学的目的说成是为了要在大海中安全航行一样。总之，这种办法是以一门科学的应用为出发点，然后在这样的依据下为这门科学下定义。

5. 关于亚当·斯密的定义，我在上面提出的是有关科学的目的的意见。这里还要提出有关科学的性质的同样重要的另一点意见。

为人民提供收入和为政府提供充裕的岁入是属于同等重要、同样费力的两种活动，但在性质上彼此相差很大。第一种活动在于如何把农业、工业和商业放在这样或那样的决定性条件之下。随着这些条件的是否有利，农工商业的产量会有余，也会不足。例如，我们曾看到过去在行会、贸易限制和价格规定的制度下，工业会陷于萎缩和停滞状态。现在很明显，在与上述相反的企业自由和贸易自由的制度下，工业就会发展和繁荣起来。对早期情况的缺点和目前组织的优点不管说些什么，我们的判断总是以物质利益方面的考虑为唯一依据，这里不会在任何方式下引起公道问题。至于为政府提供充裕岁入的问题却完全属于另一情况。实际上这一活动的内容是从个人收入中扣除构成公共收入时所必要的数额。不论在好的或不好的条件下，情形总是这样。这些条件的性质如何，不但须取决于政府收入是否充裕，并须取决于个人是否受到公平待遇。如果各自按比例地献出他的一份，待遇就是公平的；如果有些人受到牺牲，而另一些人则享有特权，那就不是公平待遇。过去有些阶级的纳税义务可以免除，而由另一些阶级负担全部责任，在今天看来，这样的制度是极度不公平的。因此为人民提供丰富收入时,目的在于如何求其切实可行;而为政府提供充裕岁入时,目的在于如何求其公平合理。切实可行和公平合理,或者说,物质福利和公平待遇,是属于截然不同的两个思想范畴。亚当·斯密应当强调这一差别,例如他不妨这样说:政治经济学的目的首先是提出足以产生丰富的社会收入的条件,其次是提出使这一收入在个人和国家之间获得公平的分配条件。这样的定义要算是一种改进,但是仍然没有顾到政治经济学真正科学的一面。

6. J.B.萨伊是亚当·斯密的直接继承者中最著名的一位,他谈到他前辈作出的定义时说:"在我宁可说,政治经济学的目的在于说明财富的生产、分配和消费的方式。"萨伊的著作命名《政治经济学,或财富的构成、分配和消费的方式简述》,第一版发行于1803年,由于被官方查禁,其第二版于法兰西第一帝国崩溃后才问世。这个定义和由此而来的对题材的分类,受到了经济学家广泛的赞扬,并被普遍接受,因此已经可以把它看成是标准的说法。然而,正是由于这一定义获得了如此成就,使我敢于提出反对意见。

7. 只要一看就可以明白,萨伊的定义不仅与亚当·斯密的不同,而且从某种观点看来是恰恰相反的。按照亚当·斯密的观点,整个政治经济学是一种技术而不是科学(见第4节);而按照萨伊的观点,则又完全是一门自然科学。根据萨伊的定义,似乎财富的生产、分配和消费,即使不是自然地发生,也至少是在一种与人们意志无关的方式下发生的;因此政治经济学就好像是完全在于对生产、分配和消费的这一方式作出简单的说明。

经济学家们对于这个定义所以这样欣赏,又同时引起这样的误解，其原因恰恰就在于在这个定义下把整个政治经济学看成单纯的自然科学这一特点。这样一个观点，对他们在和社会主义者的论战中特别有用。对于重新组织生产或重新分配财富的一切建议，这就可以任意地、实际上不经任何讨论地加以拒绝。这并不是由于这类计划与经济福利或社会正义不相容，而只是由于它们是人为的设施，是要用来代替自然的安排。还有一层，这个自然主义观点是萨伊从重农主义者那里继承得来的，是受到概括了关于工业和商业的重农主义论点的自由放任主义信条的启发的。促使蒲鲁东把宿命论者这一雅号送给这个学派的，就是这种态度。这一派经济学家，从这一态度出发，把他们的结论引申到了令人难以置信的程度；要充分了解这方面的情况，不妨读一读《政治经济学词典》里的几篇文章，例如科克林的关于《竞争》、《政治经济学》和《工业》那几篇，或者是柯丘特的关于《伦理学》那一篇，其中很有些写得露骨的地方。

不幸的是，采取这个观点虽然方便，却是错误的。如果人类不过是一种高等动物，就同一群蜜蜂本能地在一起生活和工作的情形一样，那就可以肯定，不论是一般地对社会现象的表述和解释，还是专门对财富的生产、分配和消费的表述和解释，总是一门自然科学。实际上这就成了博物学的一个分科，是研究人类的博物学，是研究蜜蜂的博物学的继续。但情况完全不是这样。人类是有理性、有自由观念的生物，是具有创造力和要求进步的精神的。关于财富的生产和分配，以及一般地关于社会组织的一切事项，其间孰优孰劣，人类是要有所选择的，并且越来越倾向于取长弃短。这样，人类就从行会、贸易限制和价格规定的制度进展到工业和商业自由的制度,也就是自由放任主义制度。人类从奴隶制进展到农奴制,又从农奴制进展到了工资制。上述各种组织形式的后来居上,并不是由于后者具有较大的自然性(不论旧制新制都是人为的,新制的人为性并且更加显著,因为新制只是凭了取代旧制的方式才成立的),而实在是由于它进一步适应物质福利和公平原则。这一适应性显然是坚持自由放任主义政策的唯一理由。并且,对于社会主义组织形式如果能够确实证明它同物质福利及公平原则不相适应,那就应当拒绝。

8. 因此,萨伊的定义是不正确的,它比亚当·斯密的定义还要差,后者不过是不够完整而已。并且,还必须指出,按照萨伊的定义,对题材的分类是单纯的经验主义的。虽然财产论和赋税论不过是人类社会中财富分配这一理论的两个方面,但前者把社会看成是由各个个人组成,而后者则把社会看成是在国家形式下的一个集体;虽然财产论和赋税论都是那样密切地关联到伦理学原则,但萨伊却把两者分开,把前者和生产论混在一起,把后者和消费论混在一起,都单纯地根据经济学观点来讨论。另一方面,交换价值论带有那样明显的自然科学特征,却被萨伊包括在他的分配论之内。诚然,萨伊的门徒们对于这种任意的分类看得并不十分认真,有些人也同样任意地把交换价值论列入生产论,还有一些人则把财产论列入分配论。今天在流行和传授着的就是这种政治经济学。难道这还不足以充分证明内部的结构已经被破坏,外表的门面不过是骗人的;在这样情况下,作为一个经济学家,应当认真仔细地整理出一套科学的原理,这难道不是他的正当权利,不是他的首要任务吗?

9. 萨伊的弟子们虽然隐约地看到了他的定义的缺点，但一点没有加以纠正。

布朗基写道：

> 德国和法国的经济学家，在今天为政治经济学设定的真正领域之外走得最远。有的把政治经济学说成是一门无所不包的科学；有的则企图把它局限在极其狭小的范围之内。目前在法国这两个对立的学派所争的在于这一点：应当把政治经济学看成是对已有情况的一种解释呢，还是对应有情况的一种打算？换句话说，政治经济学究竟是一门自然科学呢，还是一门精神科学？依我看来，两者都是……。

这就表明，布朗基据以赞许萨伊定义的理由，也正是可据以指责这个定义的理由。

过后，加尔尼写道：

> 政治经济学是一门自然科学，同时也是一门精神科学。从这两个观点出发，随着自然的趋势，并且与公道观念相一致，它应说明现有的情况怎样，应有的情况怎样。

于是他作出了一点补充，企图对萨伊的定义有所改进。他这样说：

> 政治经济学是关于财富的科学；它所要确定的是，为了个人的利益，并且为了整个社会的利益，财富事实上怎样并且应当怎样尽可能合理地（自然地、公平地）来进行生产、交换、分配和加以利用。

加尔尼在这里作了一次认真的、极其值得赞扬的努力，要想把他的学派从已经陷入的泥坑里拔出来。奇怪的是他竟没有立即看出，要把这样两个各不相关的定义捏合在一起，结果是多么牵强、多么荒唐。这是一个奇特的例子，说明有些法国经济学家缺乏冷静的态度，这就抵消了、抹杀了他们许多智力上的优点，其中最显著的是说理的清楚和精确。政治经济学怎样有可能同时既是自然科学又是精神科学呢？试问，怎样来理解这样的一种科学呢？一方面我们有精神科学，其目的是确定财富应当怎样尽可能公平地进行分配。另方面我们有自然科学，其目的是确定财富是怎样在尽可能自然的情况下生产的。总之，萨伊的定义显然使我们回到了亚当·斯密的定义（见第5节），通过这一切的讨论，我们对自然科学的真正概念，仍然茫无头绪。

我们准备自己来负起寻求真理的责任。必要时，我们准备把政治经济学划分成自然科学、精神科学和技术。为此，我们准备首先将科学、技术和伦理学辨别一下。

第二章　科学、技术与伦理学的区别

10. 几年以前，科克林——有名的《信用与银行论》的作者，《政治经济学词典》的最活跃、最受推崇的撰稿人之一——在那部词典的《政治经济学》项目下说明，政治经济学的定义还有待于拟定。他为了说明这一见解，不仅引证了我在上面谈到的亚当·斯密和萨伊的定义，还列举了西斯蒙第、斯托希和罗西的定义。他指出各家定义的差别之后断言，其间并没有一个曾获得最后认可。

他甚至这样说:这些定义的作者,在他们自己的作品里就首先违背了这些定义。然后他提出了很高明的见解,认为给政治经济学下定义之前必须先问一问,政治经济学究竟是一种科学还是一种技术,还是两者都是。他一上来先把科学与技术两者清楚地加以区分。他在这一点上的讨论非常恰当。由于问题提出以后依然停留在原处未获解决,我们不妨先引用一段他的原文:

> 构成一种技术的是必须遵守的一套技术方案和法则;而构成一种科学的是经观察到的或发现的关于某些现象或关系的知识……。技术从事的是定法则、下忠告和进行指导;科学从事的是观察、表述和解释。一位天文学家观察和表述天体的运动时,他做的是科学工作;但是当他从观察的结果推求出航海的法则时,他是在创立一种技术。总之,对真实现象的观察和表述是科学,而技术方案和法则的建立是技术。

11. 科克林在一条脚注里还有所补充,澄清了这一区别,值得引证:

> 我们对科学与技术作出的真正区别和理论与实践之间的区别(不管作出的区别是对的还是错的)毫无关系。有技术的理论,正同有科学的理论一样,但只是对前者才可以说,它有时会与实际相抵触。技术所制定的法则是一般通则,因此有理由可以假定,这些法则无论怎样完善,也许在特殊情况下会与实际相矛盾。但是对科学就不能这样说,科学不制定法则,它无所告诫,也没有技术方案,它只是进行观察和解释。试问科学又怎么会与实际相抵触呢?

12. 科克林这样地区分了技术与科学之后,清楚地指出了两者各自的作用及其相对重要性：

人们会根据建立在精密观察和审慎推断的基础上的科学真理来推求日常生活中的行为准则；我们对这种情况一点也不会感到遗憾或觉得奇怪。让科学真理呆在那里、一无结果，并不是件好事，要使真理有用的唯一方法是使它成为技术的基础。上面已经提到，科学与技术之间有着密切关系。科学以它丰富的知识启发技术，使技术得以改进，使它获得前进的方向。没有科学的帮助，技术只能在黑暗中摸索，寸步难移。但是从另一观点来看，没有技术，科学所发现的真理就会一无结果；使科学真理能够获得成果的是技术。作为一个科学工作者，其主要推动力大都是这一点：他的发现能够获得在实际上的应用。人们很少会单是为了求知的满足而孜孜不倦地研究，通常总有一个实利主义的目的存在心头，而这样的目的只有借助于技术才能实现。

13. 尽管这样，科克林仍然主张在科学与技术之间必须划出一条界线。为了证明他的论点，他继续有所发挥，这也值得转录：

更加重要的是应当着重我们在上面作出的科学与技术之间的区别，因为两者之间不论有多大的共同之处，却不是处处一致的。任何一门科学的贡献，有时能在多种技术中得到应用。例如，几何学这一门关于空间关系的科学，可以启发并指导工程师、测量员、炮兵、领航员、造船技师、建筑师等等的工作。化学不仅有助于药剂师，也有助于印染师以及许多其他行业。反过来说，任一种技术也未尝不能利用好几门科学所提供的知识。这里只须举出一个例子，医学就不得不依靠解剖学、生理学、化学、物理学、植物学等等方面的贡献。

14. 总之,科克林要竭力表明的是,将技术与科学的区别应用到政治经济学的定义及其主要内容的分类时,是多么恰当、多么有效。他又说:

> 那么,今后是不是打算分别为技术与科学另取新名,使两者之间的界线划分得更加明确些呢?不。只要我们认清两者之间确有区别就够了。通过时间,通过对问题的进一步了解,会使其余的一切得到解决的。

这种在推论中的半途退缩是令人惊异的。奇怪的是,一位作家已经提出了这样高明的见解,而竟然会自甘放弃沿着这条推理路线追究到底时会享有的那种愉快和光荣。更加奇怪的是,科克林在关于政治经济学真正目的的讨论过程中,当认真从事于经济技术与经济科学的划分时,却会完全失败——使他自己的一番表白跟他在这里的分析完全相反。他竟失败得那样惨,结果不但没有廓清他自己曾促使人们注意的那种混淆,反而加深了混淆。这是由于他把技术的要素误认为科学的要素,并且由于他坚持着受了过深的自然主义与重农主义观点的影响的一种工业现象概念。这种自然主义与重农主义观点,我于评述萨伊定义时(见第7节)曾加以谴责;萨伊的信徒们始终没有能摆脱这种观点。显然,科克林已经陷入了一片混乱中。他问:经济科学是研究财富的呢,还是研究财富的根源——工业的?他又问:为什么把财富而不把人类工业作为政治经济学的主题?这个错误的后果如何?最后他断言,经济科学的确定特征是这一点:它是人类博物学的一个分科。尽管他煞费苦心地作了一番事前的戒备,但终于走上了错误的道

路，而且走得不能再远了。

15. 由此势必导向这样的结论：技术与科学的区别这个想法本身，就不及从它表面上看起来那样地适合我们的目的。然而，这个区别对政治经济学还是完全适应的。这里有财富论，即交换和交换价值理论，这是科学；还有财富生产论，即农业、工业和商业理论，这是技术。这一点一经指出以后，任何没有宗派偏见的人只要想一想就会深信不疑。但是这里得赶快补充一点，这个区别固然正确、却并不完整，因为没有提到财富的分配。

只要回忆一下布朗基的见解就可以立即看到这一点，因为他认为是可以把政治经济学看成既是对已有情况的解释也是对应有情况的打算的。要晓得，我们应当根据或者是切实可行或物质福利的观点或者是公道或公平合理的观点来考虑应有情况。在物质福利的观点下看应有情况，是应用科学或技术的任务；而在公道的观点下看应有情况，却是精神科学或伦理学的任务。布朗基和加尔尼显然是在公道观点下考虑应有情况的，因为他们把政治经济学说成是一种精神科学，关于财富的分配，他们所全神贯注的是正义和公道，是公平合理（见第 9 节）。可是科克林显然误解了这个观点，因为他虽然注意到在技术与科学之间作出区别，却没有能指出在技术与伦理学之间作出区别的必要性。我们站在自己的立场上，却不要有任何疏略。让我们来全面处理这一整个问题，把其间的区别合理地、全面地和明确地追究到底。

16. 我们必须在科学、技术和伦理学之间作出区别。换句话说，我们必须概述一下科学的一般原理，从而求得政治经济学和社会经济学的特有原理。

很久以前，柏拉图哲学就指出了一个真理：科学所研究的并不是物质的实体，而是表现为这些实体的一般观念。物质的实体倏来倏去，而一般观念则永久存在。一般观念，及其关系，及其定律，是一切科学研究的对象。并且各种不同的科学只能在题材上或者是所研究的事实上有所不同。因此，要将科学加以分类，就得将事实加以分类。

17. 现在要首先注意到，我们可以把宇宙间的事实分成两类：一类是由自然界无目的的、难以避免的动力的作用所造成；还有一类是由人类意志——这是自由的、有认识力的一种动力——的运用所造成。第一类事实发现于自然界，因此叫做自然现象。第二类事实发现于人类，因此叫做人类现象。有一种自觉的、独立的动力，与宇宙间许多无目的的、难以避免的动力同时存在，这就是人类的意志。也许这种动力并不完全像它自己所设想的那样地具有自觉性和独立性。这只有在对人类意志作一番研究以后才能断定。就我们目前的目的说，这类研究是次要的。主要的一点是，至少在某一限度之内，人类意志是自觉的、独立的。只是由于这一点，才会使它的作用与其他动力的作用有那样深切的差别。很明显，人们对于自然动力的表现所能做的只是加以鉴定、证实和解释；而对于人类意志，则不但有可能加以鉴定、证实和解释，而且还能由此再进一步加以控制。显然是由于这一点：自然动力的动作是完全不自觉的，动作时除它所实际表现的方式外也不可能有任何其他方式；而人类意志的动作是自觉的，并且可以在种种方式下动作。自然动力的作用构成了所谓纯粹自然科学或严格意义下的科学的题材。至于人类意志的作用所构成的，首先是所谓纯粹精

神科学或历史的题材,其次——我们随即会看到——是另一种学科的题材,这一学科的名称或者是技术,或者是伦理学。这样,用不着再深入探讨,我们就使科克林对科学与技术作出的区别(见第10节)得到了根据。技术从事的是"定法则、下忠告和进行指导",因为它所应付的是发端于人类意志的运用和各种现象,而人类意志至少到某一限度止是自由的,有认识力的,是能够接受劝告,能够为它规定这样或那样的行动方针,能够服从指导的。科学从事的是"观察、表述和解释",因为它所应付的是发端于自然动力的作用的各种现象,而自然动力的作用是无目的的,难以避免的,除加以观察、表述和解释以外,是什么都不服从的。

18. 这样,我们对科学与技术之间的区别就有了新的了解,这和科克林经验主义的了解不同,是对人类意志自由的、有认识力的本质加以考虑以后的有系统的了解。我们下一步的工作是对技术与伦理学作出区别。进行时仍然从人类意志自由的、有认识力的本质的考虑出发,或者至少从这种自由和认识力的一些后果的考虑出发,由此求得一个原则,在将人类现象划分为两个范畴的依据下,导向技术与伦理学之间的区别。

人类意志是有认识力的和自由的,根据这一点,就使我们有可能把宇宙间的一切实体划分为两大类:人和物。不论什么,凡是其本身是不自觉的,不是它自己的主宰,都是物。不论什么,只要是其本身是自觉的,是自己的主宰,就是人。人类既是自觉的,又是自我支配的,所以与物不同。除人以外,矿物、植物和其他动物都是物。

从理性论的观点来看,物的意向是在人的意向的支配之下的。

由于物既不是自觉的，又不是自我支配的，所以对于它的目的的追求或命运的决定，它自己不能负责。它既不能作恶，也不能为善，它始终是完全无辜的，因此可以比作纯粹的机械结构。在这一点上，动物和矿物及植物并没有什么两样；动物的本能是一种无目的的、难以避免的动力，与任何其他自然动力相似。但是人，正因为他是自觉的，是他自己的主宰，所以对于他的目的的追求和命运的决定是要负责的。如果他获得了成就，那是有功劳的；否则就得自负其咎。因此，他有无限特权，使物的意向从属于他自己的意向。这种特权彻头彻尾地带有一种特殊性质。它不仅是一种精神力量，而且是一种权利。这就是人对物的权利基础。

一切物的意向在一切人的意向的支配之下，但是从来没有一个人的命运是从属于任何别一个人的命运的。如果世界上只有一个人，他就会是一切物的主宰。由于情况并不是这样，只要世界上每个人都和任何别一个同样地是个人，对各自目的的追求和命运的决定同样地负有责任，那么这一切的目的就得互相配合。这就是人与人之间权利与义务的交互作用的根源。

19. 从上面可以看出，在人类现象的范围内，必须作出一个基本区别。我们必须把属于人类意志的表现的那些现象，即关系到自然动力的人类活动的表现的那些现象列入一类。这一类所包含的是人与物之间的各种关系。我们必须把由人类的意志或活动影响到别人的意志或活动时所引起的那类现象列入另一类。这个第二类所包含的是人与人之间的各种关系。这两类现象的规律是根本不同的。以人类意志去影响自然动力的目的，也就是人与物之间的关系的目的，是在于使物的意向从属于人的意向。至于以人类意志去影响别人的意志的目的，也就是人与人之间的关系和目的，是在于使人类命运得以互相配合。

如果要将这种区别以适当定义的形式来表达，那就可以把第一类现象的总和叫做工业，第二类现象的总和叫做制度。工业的理论叫做应用科学或技术，制度的理论叫做精神科学或伦理学。

因此，如果要把任何现象列入工业项下，要把这种现象的理论说成是这一种或那一种技术，则其必要与充分的条件是，这种现象须发端于人类意志的运用，构成其内容的是人与物之间的关系，其目的则在于使物的意向从属于人的意向。应当看到，在上面举示的一些例证中提到的所有各种技术，不管是建筑、造船还是航海，这个特征是共同存在的。据此，建筑业要建造房屋就得使用木材和石料；造船业制造绳索就要想到使用大麻，造船时就要想到使用木材和钢铁；航海术则从事于指示、整理和操纵风帆的方法。海承载着船，风鼓动着帆，而天空中的星星则给航海者指出方向。

此外，如果要把任何现象列入制度项下，要使这种现象的理论构成伦理学的一个分科，则其必要与充分的条件是，这种现象也须发端于人类意志的运用，并且构成其内容的是人与人之间的关系，其目的则在于使有关的人们的命运得以互相配合。例如，关系到婚姻与家庭问题时，确定丈夫与妻子、父母与子女的任务和地位的是伦理学。

20. 这些就是科学、技术与伦理学的主要特征。它们各自的标准是真、效用（指的是物质福利）和善（指的是公道）。现在我们要问一下，在财富及其有关现象的综合研究中，其题材所涉及的，究竟是只有在上面学术探讨中提到的三类中的一类呢，还是兼有两类，还是三类都有。在下一章关于财富概念的分析中，将研究这个问题。

第三章　社会财富；稀少性的三个后果；交换价值与纯理论经济学

21. 所谓社会财富，我的意思指的是只要是稀少的、不论是物质或非物质的一切物质（是哪一类物质，在这里无关紧要）。这就是说，它一方面对我们有用，另方面却只能以有定限的数量供我们利用。

这是一个基本定义，因此对于其间的一些专门名词要仔细考察一下。

一件物品，不论什么时候，只要可以供作任何一种用途，或者是，只要看来可以满足一种欲望，这里就把它说成是有用的。在日常语言中，对一件物品的是否有用，形容时有分得很细的种种层次——从必需到有用，从有用到适用，从适用到可用可不用；关于这些，这里都没有考虑的必要。就这里的研究目的说，所谓必需、有用、适用、可用可不用，这些说法，其意只是在不同程度上有用而已。还有一层，关于任一件有用物品，用以适应或满足任何欲望时是否合乎道义这一点，我们不必关心。一种药品，是一位医师要用来治病救人的呢还是一个凶手要用来谋害他的家属，这从别的观点来看是一个极其严重的问题；但从我们的观点来看，是全然无关的问题。就我们来说，在两种情况下药品都有用，而且在后一种情况下也许更加有用。

上面所说物质只是以有定限的数量供我们利用，意思是说某物质并不存在着那样大的数量、使我们每个人可以随手取之不尽，从而完全满足每个人的要求。世界上有种种有用的物质，当它存在时是无限量地供我们利用的。诸如空气，太阳的光和热，以及江海湖泊中人人可以在其近边取之不尽的水。这些物质虽然有用，一般说来并不是稀少的，因此不列入社会财富项目；不过在特殊情况下也可能变成稀少，在那个时候它们却确实是社会财富的一部分。

22. 从这里可以看出，我们是在什么意义下来使用稀少和稀少性这类词的。这类词正同力学中的词速度和物理学中的词热一样，在这里是具有科学意义的。数学家和物理学家并不像在日常用语中那样，将速度这个词与缓慢相对，或将热这个词与冷相对。对数学家说来，缓慢的意思只是较低的速度；对物理学家说来，冷的意思只是较少量的热。在科学语言中，一个物体只要是在动着，就有了速度；只要有温度，就有了热。同样情况，稀少与丰富在这里并不是相对的。在政治经济学中，一种物质不管它怎样丰富，只要它有用并且在数量上有定限，就是稀少的；这正同在力学中一样，一个物体只要在某一时间内移动了某一段距离，它就有了速度。那么，这是不是说稀少是效用对数量的比率（也就是按单位数量计的效用）就同速度是经过的距离对经过这一距离时所需要的时间的比率(也就是按单位时间计的经过的距离)的情形一样呢?这个问题暂时且搁一下,因为随后还要讨论到这一点。目前要注意的是,由于有用物质数量的有定限或稀少而引起的三种后果。

23. (1)有限量的有用物质是可以占有的。无用的物质是不会被占有的,因为决不会有人想去占有不能供作任何用途的物质。至于无限量的有用物质也不适合于占有。首先,即使有人想做这件事,不管他的愿望怎样热烈,也不可能把这种物质全部据为己有而加以控制,因为存在的数量太大了,无法把它从公共领域内全部夺取过来。其次,把这样一种事物内的一小部分留着又有什么用呢?因为剩下的还是个更大的部分,而这个部分是人人可以自由支配的。假使有人想就其所留着的部分从中牟利,那么对这个部分的需求将从何而来?因为各个人对其余部分始终是可以自由取用,从而充分满足其欲望的。假使他打算把他占有的部分留着给自己随后使用,那么,把他将来要多少就始终一定可以取得多少的这样一件物品囤积着,又有什么意思呢?又有谁会把空气(就通常情况说)贮存起来?因为他决不会有机会把这件东西转送给任何人,而当他自己要呼吸时是一吸即得的。另一方面,只存在有限数量的有用物质是可以被占有的,事实上也是被占有着的。首先,这类物质可以被掠夺和控制;因为由若干个人把它的全部存量蓄积起来,使它在公共领域内不再有剩余,这是在实际上有可能的。其次,这样做可以取得双重利益:不但使他们自己确实掌握了这类物质,可以留给自己使用,满足自己的欲望,而且对于原有存量如果自己不愿意或无法全部消费,还可以把不需要的剩余部分去交换他们所要消费的其他稀少的有用物质。沿着这一思路再追究下

去，将引申到与我们这里无关的一些问题。目前所要注意的只是这一点：占有（因此也就是财产所有权，这是合法的占有或合乎公道的占有），适用于一切社会财富，而且只适用于社会财富。

24. （2）我们刚才已经提到，有限量的有用物质是有价值的和可以交换的。一切可以被占有的物质（即一切稀少物质而不是别的），一经被占有以后，这些物质彼此之间就有了一种关系，这种关系是基于这样一个事实，即各种稀少物质，除了各有其特有效用以外，还带有一种特殊属性，那就是可以按某一确定比率与别的稀少物质相交换。一个个人拥有任一种这类稀少物质时，就可以通过转让，从而取得他所缺乏的其他稀少物质。他只是在转让他所有的一些稀少物质的条件下，才能取得他所没有的稀少物质。如果他没有可供交换的物质，他就得在缺乏他所需要的物质的情况下过下去。这就是交换价值的现象，同财产的现象一样，适用于一切社会财富，而且只适用于社会财富。

25. （3）有限量的有用物质是能够通过工业来生产和增多的物质。换句话说，这是能够再生产的物质。我的意思是说，这些物质是值得在有规律、有系统的努力下来进行生产并尽可能地增加其数量的。除这些物质之外，世上还存在着某些无用物质（且不说那些有害物质），例如对人类没有用处的杂草和某些动物。人类对于这类无用物质，除从事于有系统的努力来寻求其特性、使它们从无用变为有用之外，一般就无须采取什么行动。此外还有某些有用物质，其数量却是无限的。应当肯定的是我们确在利用这类物质，但显然无须费心费力去增加它们的数量。最后还有有限量的有用物质，这就是稀少物质。很明显，只是对于最后一类物质，为了降低它们在数量上的有限程度，需要加以探讨并采取行动；同样明显的是，对于这一类内的一切物质，一无例外地我们都能够并且应该加以探讨并采取行动。根据上面得出的定义，以社会财富作为稀少物质的总和时，我们现在可以说，工业生产即工业，同占有和交换价值一样，适用于一切社会财富，而且只适用于社会财富。

26. 由此可见，交换价值、工业和财产是由物质在数量上的有定限或其稀少性引起的三种一般的现象，或三类特有的事实。三者都是同整个社会财富而不是同什么别的结合在一起的。现在我们可以看出，如果像罗西在他关于政治经济学开头的一段里所说的那样，把政治经济学的目的说成是研究社会财富，这该是多么浮泛、笼统，多么缺乏理性，并且甚至可以说是错误的。那么，我们应当根据什么观点来研究政治经济学呢？是不是应当根据交换价值的观点——即，以社会财富要受到购入与售出的影响为根据的观点——来研究呢？否则，是不是应当根据工业生产的观点——即，以足以促进或阻碍社会财富数量的增长的那些条件为根据的观点——来研究呢？再不然，是不是应当根据以社会财富为对象的财产的观点——即，以足以使社会财富的占有成为合法或不合法的那些条件为根据的观点——来研究呢？我们必须作出决定。尤其要注意的是，我们必须非常小心，不要同时从所有三个观点或同时从其中的任何两个观点来研究社会财富；因为，我们随后会看到，再没有比这样的做法更荒谬的。

27. 我们已经在演绎推断下看到，稀少物质如何在一经被占有以后就取得了交换价值（见第 24 节）。现在我们只须向围周看一下，就可以在归纳推断下确定交换是一般现象这一事实。

我们在日常生活中，总是要通过一系列特有动作——通称购入与售出——来进行交换的。有些人出售土地或土地使用权，或由此获得的产物，有的出售房屋或房屋使用权，有的零星出售原来所整批购入的工业品或其他商品，有的出售咨询服务、诉讼服务，有的出售艺术品，有的则出售按日计或按小时计的劳动力。出售以后得到的报酬都是货币。我们就用这项货币从事购入。购入的，时而是粮食、酒和肉，时而是被服，时而是住房，时而是家具、首饰和车马，时而是原料或劳动力，时而是准备转售的商品，时而是土地，时而是各行各业的股票或债券等等。

交换是在市场中进行的。进行任何特种交换的地方就被认为是特种市场。因此就有了欧洲市场、法国市场、巴黎市场等等的说法。勒阿弗尔是棉花市场，波尔多是酒类市场，公共市场是买卖水果、蔬菜、小麦和其他谷物的，证券交易所是买卖工业证券的市场。

试以小麦市场为例。假定在某一时刻，5 公石小麦可换 120 法郎，即纯度0.900的白银 600 克。这时我们就说："1 公石小麦值 24 法郎。"交换价值的现象就是这样出现的。

28. 1 公石小麦值 24 法郎。首先我们可以看到，这一事实是部分地含有自然现象特征的。以货币计的小麦的这一价值，即小麦的这一价格，既不是由于买者的意志或卖者的意志的结果，也不是由于双方之间任何协议的结果。卖者即使希望以较高的价格卖出也办不到，因为小麦的价值并不高于这个价格。并且，如果他拒绝按 1 公石 24 法郎的价格卖出，买者就可以随时找到许多别的愿意按这个价格卖出的卖者。一方面买者难道不乐于以较低的价格买进，但是办不到，因为小麦的价值并不低于这个价格。并且，如果他拒绝按 1 公石 24 法郎的价格买进，卖者就可以随时找到许多别的愿意按这个价格买进的买者。

这样看来，任何交换价值一经确定以后，就部分地含有自然现象的特征，它的根源是自然的，它的表现是自然的，它的本质也是自然的。如果小麦和白银当真有些价值，那是因为它们都是稀少的，就是说，它们都既有用又数量有限；而这两个条件都是自然的。如果小麦和白银相互之间有着一定的价值，那是因为它们各自具有若干程度上的稀少性，就是说，它们都是在若干程度上有用而又数量有限；这仍然是上面所说的两个自然条件。

这并不是说我们无法控制价格。重力是自然现象，是服从自然规律的；但不能因此就断定我们所能做的只是呆着看它发挥作用。我们对重力可以加以抗阻，也可以让它自由发挥作用，我们要怎样就怎样，但是无法改变它的本质或它的规律。据说我们不能支配自然，只能服从自然。对价值来说也是这样。就小麦的例子说，我们可以用销毁其部分的供量的办法来提高其价格，也可以用稻米、土豆或其他食品来代替小麦作为粮食的办法来降低其价格。我们甚至还可以用法令将小麦的价格规定为每公石 20 法郎而不是 24 法郎。在上述第一种情况下，我们是要对价值现象的起因发挥作用——用一种自然价值来代替另一种自然价值。在第二种情况下，我们是要直接对现象本身发挥作用——用人为价值来代替自然价值。在一种极端情况下，甚至还有可能用取消交换的办法来彻底取消价值。但是，如果确实发生了交换，那么，在供给与需求的自然的一定条件下，也就是在稀少性的一定条件下，我们就无法阻止它产生或倾向于产生某种交换价值。

29. 1公石小麦值24法郎。现在我们还看到，这个现象也具有数学特征。小麦以货币计的价值，或小麦的价格，在昨天是22或23法郎，在不久以前是23法郎50生丁或23法郎75生丁，随后又是24法郎25生丁或24法郎50生丁，而明天将是25或26法郎。但是在今天的这一时刻的价格是24法郎，不多也不少。这个现象既然如此明显地具有数学特征，因此我们准备立即着手用一个方程来说明，使这个现象可以获得精确的表达。

以公石作为小麦的计量单位，以克作为白银的计量单位，我们就可以极度准确地说：如果5公石小麦可以换600克白银，意思就是"5公石小麦和600克白银具有同样价值"，或者是"5公石小麦的交换价值相等于600克白银的交换价值"，也就是说，"1公石小麦的交换价值的5倍相等于1克白银的交换价值的600倍"。

因此，假定v_b是1公石小麦的交换价值，v_a是纯度0.900白银1克的交换价值，使用一般的数学记法，即得出如下方程：

$$5v_b = 600v_a,$$

方程的两边各用5除，则

$$v_b = 120v_a. \quad (1)$$

就这里举以为例的这个假设的市场说，如果我们同意遵守常规，因此用来作为价值的计量单位的不是白银1克的交换价值，而是纯度0.900白银5克叫做法郎的交换价值，这就是说，如果我们假定

$$5v_a = 1\text{ 法郎},$$

则

$$v_b = 24\text{ 法郎}. \quad (2)$$

这个方程的第(1)式完全和第(2)式一样，都是"1公石小麦值

24 法郎”这句话的正确说明，说得更确切些，是这一事实的科学的表述。

30. 由此可见，交换价值是一个量值，现在我们已经看到，这个量值是可测的。如果一般说来数学的目的是在于研究这种量值，那么，交换价值论就实在是数学的一个分科，不过数学家一向没有注意，以致这一分科迄今没有获得发展。

读者从上面的讨论中一定会看出，我并不认为这就构成了经济学的全部内容。力和速度也是可测的量，但是力和速度的数学理论并不是力学的全部内容。尽管如此，肯定应当先有纯粹力学，而后有应用力学。同样的道理，假定有纯粹经济学理论，那就必须先有它，而后有应用经济学；纯粹经济学理论是一门科学，在一切方面都和物理数学相似。这个论断是创见的，也许会显得有些奇特；但是我方才已经证明这是千真万确的，下面对证明还将加以仔细阐发。

如果经济学纯粹理论或交换及交换价值理论，也就是就其本身来考虑的社会财富理论，是同力学或水力学一样的一门物理数学科学，那么经济学家就不应当害怕使用数学的方法和语言。

数学方法不是实验方法，而是推理方法。在严格意义下的自然科学，究竟是以对自然的单纯表达为限的呢，还是要越出经验的范围的？这个问题且留待自然科学家来回答。不过这一点是肯定的，即物理数学科学，同狭义下的数学科学一样，当它从经验中汲取它的类型概念时，它在事实上就越过了经验的范围。这类科学从现实类型概念抽出经它下定义的理想类型概念，然后以这类定义为基础，在演绎推理下构成其定理和证明的整个体系。然后它又回到经验，但不是借此证实它的结论而是要应用它的结论。凡是学过一点几何学的人都完全懂得，只是在抽象的、理想的情况下，同圆的半径才个个相等；只是在抽象的、理想的三角形中，内角之和才等于二直角之和。虽然现实只能近似地证实这些定义和论证，但是在现实中这类推断却获得了极其广泛、极有成效的应用。按照同样程序，纯粹经济学理论也应当从经验中取得某些类型概念，如交换、供给、需求、市场、资本、收入、生产服务、产品等等。然后就应当从这些现实类型的概念中抽出理想类型的概念，为之下定义，并据以进行推论。直到科学的推论完成以后，才应当回到现实，但那时也只是为了实际上的应用。因此，我们在理想市场中有理想价格，而与这类理想价格保持着密切关系的是理想需求和理想供给。如此等等。这些纯粹真理是不是经常可以得到应用呢？当然，学者是有权为研究科学而研究科学的，正如几何学家有权（这个权力实际上他每天在使用）研究几何图形的极其奇特的性质，不管它怎样怪诞离奇，只要由此激起了他的好奇心，他就可以这样做。但是我们会看到，纯粹经济学的真理能够解决应用经济学和社会经济学中一些极其重要的问题——一些引起了很大争论而被了解得很不够的问题。

至于使用数学语言的问题，我们的看法是：当同样的事物，用数学语言可以作出简洁、精确而清楚得多的表达时，为什么一定要像李嘉图经常所做的那样，或者像J. S. 穆勒在《政治经济学原理》中一再所做的那样，用日常语言，在极其笨拙并且不正确的方式下来解释这些事物呢？

第四章　工业与应用经济学；财产与社会经济学

31. 工业可以生产的只是那些有用而又有限量的物品；工业所生产的一切物品都是稀少的(见第25节)。实际上我们可以肯定，工业的作用只是在于生产稀少物品，并且力求生产一切的稀少物品。

工业生产的这一现象，现在有必要加以比较详细的阐述。有用而又有限量的物品，除了在量上有限制这个缺陷(正是因为这样，才使它成为有用物品)以外，有时还存在着另一不利情况——它只具有间接效用而没有直接效用。羊毛无疑是一种有用物品，但是在人们能够用来满足一种需要——例如衣服上的需要——以前，必须经过工业上两种准备程序，必须先把羊毛制成毛织品，然后把毛织品制成衣服。我们一想就会明白，毫无疑问，像这样有限量而只是在间接意义上有用的物品，种类非常繁多。这就表明，工业具有双重目的：其一是增加仅以有限数量存在的有用物品的量；其二是将间接效用转变成直接效用。

这样，对于工业的目的我们就有了一个清晰的观念。这在前面已经提到，概括地说就是，要使物品的意向服从人类的意向这一人与物之间的关系的实现。很明显，人类所以接触一切物品，为的是要利用它们；同样明显的是，这类接触的固定目的是促使社会财富作量的增加和质的转变。

32. 人类于追求上述两重目的时，须进行两类不同的活动。

(1)构成第一类活动的是狭义下的工业或产业活动，即技术上的活动。例如，农业的作用是增加供衣食用的动物和植物的量，采矿工业的作用是增加用以制造器械和工具的矿产品的量，制造业是把各种织物纤维制成麻织品、毛织品和棉织品，把矿产品制成机器，土木工程则从事于建设工厂和铁路等等。很明显，从狭义和具体的意义上来说，这类活动的目的是促成对社会财富的量的增加和质的转变，但是它还具有使物品的意向服从人类意向这一人与物之间的关系的明确特征。这类活动构成了工业现象的第一类，即属于应用科学或技术的第一类，也就是工业技术研究的目的。

(2)第二类活动严格说来是有关工业的经济组织的那些活动。

这里面对着我们的是这样一个重要事实，即人类对于分工的生理特性——要不是为了这一点，上述第一类活动就足以构成工业的整个内容，就会成为一切工业技术的唯一目的。如果一切人们在满足其欲望的努力中，注定是要在互不相关的情况下进行的，那么各个人对于他所需要而又不是无限量存在的那些有用物品，就得自己动手来增加其数量，就得自己动手把物品的间接效用转变成直接效用，以适应他自己的需要。每个人为了满足他自己的需要，就得同时成为一个种地的，纺纱织布的，制面包的，缝衣服的，等等。在这种情况下，人类的处境和野兽就不会有多大区别；因为这时在狭义下的工业，即技术性工业，既不能取得由分工而来的发展，就会陷于极端的原始状态。可以设想的是，这时也许还可以存在第一类的或技术意义上的工业，但不会是经济意义上的工业。

上述的那种个人孤立的状态，在现实生活中并不存在。人类不仅具有关于分工的生理特性，而且我们随后会看到，这一特性是人类生存和获得给养的一个不可缺少的条件。在满足欲望的追求中，人类的命运决不是互相独立而是联结在一起的。但是这里不准备探索分工的性质和起源。目前我们所注意的只是这一现象的存在，就同我们在上面所注意到的人类精神上的自由和伦理上的人格的存在情形一样。这一现象是确实存在的，因为我们并不只是为了自己的需要而各自从事于增加稀少物质的数量，也并不只是在各自所需要的程度上把物质的间接效用转变成直接效用，而是把这项任务分化成种种专职来进行的。有些人以耕种为专业而不做别的工作，还有些人则以纺织为专业而不做别的工作，等等。让我们再说一遍，这就构成了分工的本质。这种现象在人类社会中的存在是一目了然的。只是由于这一现象，才会产生经济意义上的工业。

33. 这里发生了两个问题。第一，不管是否存在任何分工，工业不但要有丰富的产量，而且必须在适当的比例下生产。必须避免的是，某些稀少物质生产过多，而别的一些却生产过少。还得避免的是，将某些物质的间接效用转变成直接效用时规模过大，而对其他一些物质的同样活动则规模过小。如果各自为了适应他自己的需要，而同时在干着农民、工人和工程师的工作，他就会在他认为适当的那个程度上和那个方式上进行各种行业的工作。但是，如果各种工作都变成了专业，那就要防止，比方说，工人过多而农民过少的现象。

第二，不管是否存在任何分工，社会财富在社会成员之间的分配一定要公平。社会混乱和经济混乱是同样要避免的。假使各自所消费的是他自己所生产的全部，他自己所不生产的他就无所消费，那时他就不但会按照他自己的需要来调整他的生产，而且他的消费量也将以他所生产的为限。但重要的一点是，职业的专门化不应当有造成这样一种结果的可能——使生产少的人消费得多，而生产多的人却消费得少。

这两个问题的重要意义极其明显，对这些问题所采取的各种解决方式的方针何在，也是众所周知的。行会制度的目标显然是在于要保证生产的适当分配。据说贸易自由和企业自由的制度——所谓自由放任制度——足以使分配和富足两者获得调和。我们准备考察一下情形是不是这样。早期的奴隶制和农奴制强迫社会中某些阶级为另一些阶级的利益服务，显然有它的缺点。一般认为我们现在的私有财产和赋税制度，完全结束了这种人对人的剥削。我们对这一问题随后也要加以探索。

34. 目前我们只须认识这两个问题，可以于明确其目的以后再考察其性质。不管科克林和他那一派的经济学家怎么说，在我们看来，社会财富的生产问题跟它的分配问题一样，要把它包括在自然科学范围之内是绝对不可能的。人类的意志可以自由改变社会财富的生产，也可以自由改变社会财富的分配。其间唯一的差别是，在分配问题上指导着人们的意志的是公道方面的考虑，而在生产问题上指导这一意志的是物质福利方面的考虑。还有一层，我们在前面所阐述的技术生产和经济生产，两者在本质上并没有什么不同。这两个现象实际上是密切关联、相互补充的。它们不仅都是属于人，不是属于自然的，而且也都是工业现象，不是社会现象；因为经济生产和技术生产的目的，同样都是在于使事物的意向服从人类的意向这一人与物之间的关系的实现。

由此可见，社会财富的经济生产理论，也就是在分工制度下的工业组织理论，是一门应用科学。由于这个缘故，所以我们称它为应用经济学。

35. 我们已经看到，一切有限量的有用物质，也只有这类物质，是可以占有的(见第 23 节)。根据日常生活中的观察，这一点极其明显。无用的物质是不在话下的，有用而存量无限的物质是遗留在公共领域之内的，只有稀少物质才从公共领域中退出，使先到的人不再能予取予求。

稀少物质或社会财富的占有是出于人类创造的现象，不是自然现象。它的起源是出于人类意志的发挥和人类的行为，而不是出于自然力量的作用。

要使人们可以占有无限量的有用物质，或者要使人们不能占有有限量的有用物质，这当然都是我们力量所达不到的。但是，占有的条件一经自然地满足以后，这种占有究竟应当按照这一方式还是那一方式来进行，要从中作出决定是我们力量所达得到的。很明显，这个力量并不分别属于各个人，而是总的说来属于我们全体。这里说的人类现象，并不是由各个人的单独意志所形成，而是由整个社会的集体活动所形成。事实上，人类的开创力对于占有现象在不断地发挥力量，目的是在于有所修改，以适合其自己的目的，这种力量始终存在，并且将永远存在。在早期社会中，在分工制下发生的对社会财富的占有或分配,是通过武力、诡诈和机运来实现的,但也并不是完全无理性的。社会中最勇敢、最强横、最机警和最交运的那些人获得了最大的部分,而其他的人所得到的只是些剩余,为数很有限,甚至简直没有。但是财产的历史跟政治的历史一样,人类从原始的混乱状态,逐渐地、稳固地发展到了最后的、有原则的体系。总之,使物质有可能被占有的是自然力量,而决定占有、执行占有的是人。

36. 还有一层,人类对物质的占有,或者说在社会人群中对社会财富的分配,是伦理现象,而不是工业现象。这是人与人之间的关系。

当然,我们和稀少物质接触是为了要进行占有;而且往往要经过长期不断的努力才能达到这个目的。这是在前面已经提到的问题的一个方面,现在要讨论的不是这个方面,而是社会财富分配本身的问题,既不涉及前述的情况,也与现象的自然条件无关。举一个例子就可以把我的意思说清楚。

我们可以想象,某处有个蛮族,同时在其左近山林中有一只鹿。鹿是一种有限量而又有用的物质,因此须加以占有。这一点一经认可,关于这方面就无须再说什么。诚然,总须先经过捕捉和杀害,然后才能实际占有这只鹿。但是问题的这个方面也无须深究;至于取得这只鹿以后需要加以割切、烹调而由此引起的一些相关问题,更不必考虑。然而,与人类对这只鹿的关系的所有这些方面全然无关,还有另一个需要注意的问题;因为不论这只鹿是依然欢快地跑在山林中,还是已经被处死,问题是:谁应当享有这只鹿?这就是我们考虑占有问题时所要根据的观点;因为这样来看占有问题，才能看出其间所涉及的人与人之间的关系。这里只须把我们的说明再推进一步，就可以把问题说清楚。部落中一个年轻力壮的成员会这样叫嚣："谁动手打死的，这只鹿就应归谁所有！"他还要多一句嘴："谁叫你们这样懒，打得这样不准确，你们没有份是活该！"一个年纪大些、体格差些的成员回说："不！这只鹿我们都有份，应当大家均分。如果树林里只有一只鹿，碰巧被你第一个看到，为什么我们这些人就应当挨饿。"显然，我们在这里遇到的根本是一种社会现象，由此引起了公道问题，或人类命运互相配合的问题。

37. 由此可见，占有的方式取决于人类的决定，占有方式的好坏要看人类作出的那些决定时的好坏而定。如果方式是好的，就会出现人类命运的相互配合，公道就会占上风。如果方式不好，有些人的命运就会屈从于别一些人的命运，不公正就会占上风。那么什么样的占有方式才算是好的、公道的呢？什么样的占有方式才会获得理性的认可，才会被认为合乎伦理道德的要求呢？这是个财产的问题。财产在乎公平与合理的占有，或合法的占有。占有本身固然是一个单纯的客观事实，但财产却是要牵涉到公道概念的一个现象，它是一种权利。在客观事实与权利之间是存在着伦理上的讨论余地的。这是一个基本观念，在这一点上不容许存有误解。如果在占有的自然条件上去挑剔，或者把整个历史上在不同地点、不同时间的人类分配社会财富的不同方式列举出来，那都是完全不对头的。正当的办法是，根据发端于人类伦理道德的公道观点，或者根据平等与不平等的观点，来仔细审查种种不同的分配制度，来研究一下所有过去的以及现在的这类制度在哪些方面存在着缺点，然后对唯一的优良制度加以阐述。

38. 从人类社会一开始，从社会财富初次出现，财富的分配就一直是一个人们所争论不休的问题。讨论是一直在正确的水准（公道的水准）上进行的，现在仍然应当在这个水准上进行。就已经想出的所有各种分配制度来说，其中最显著的是共产主义分配制度和个人主义分配制度；分别作为两种制度的拥护者的是古代两位最伟大的人物——柏拉图和亚里士多德。我们要问一问，这两种制度所主张的是什么？共产主义的说法是这样："财物应当归集体占有。大自然把财物给予一切人们——不仅给予今天活着的人们，也给予后代的人们。将财物在个人之间进行分配，就是擅自割让社会遗产，就是对后代进行掠夺。这就使在财物被分配以后出生的人处于这样一种不利的境地；他们会发现，原来是上帝给予他们的那份资源却被别人所侵占，使他们在目的的追求和命运的决定这些方面都受到了阻挠。"另一方面，个人主义的反驳是这样："财物应当归各个人占有。人们的品格和才能在天赋上生来是不平等的。有些人既勤俭又能干，有些人既懒惰又无能；强迫前者把他们的劳动果实和积蓄跟大众的混在一起，是为后者的利益打算而以前者为牺牲。到那时，人们追求其自己的目的、决定其自己的命运时，所用的手段正当也好，不正当也好，不管是谁，这就不再负有任何责任。"这方面的争论就说到此为止。究竟是谁说的对——共产主义呢还是个人主义？会不会两方同时都既是对的又是不对的？对于这一争论，这里无须作出判断。目前我不准备对这两种对立的学说作更进一步的阐述而有所饶舌。在我意念中的只是要弄清楚，从最广泛、最概括的观点来考虑财产问题时，这个问题的

目的究竟是什么。目的主要是在于建立因社会财富的占有而引起的人与人之间的关系，从而实现合乎理性和公道的人类命运的互相配合。占有本质上是一种精神现象，因此财产理论也必然本质上是一门精神科学。所谓公道是把个人所应有的归还给个人。因此，任一门科学，如果其目的是在于“把个人所应有的归还给个人”，也就是说，如果是以公道作为其指导原则的，那就可以肯定，它必然是关于社会财富分配的科学；我们把这门科学叫做社会经济学。

39. 然而，还有不容易解决的一点，我想在这里提一提。

财产理论所要阐明的是关于占有社会财富的人与人之间所建立的相互关系，所要确定的是在同一社会内对社会财富作公平分配的条件。就这一点说，对人类是从伦理道德的立场来考虑的。另一方面，工业理论所要阐明的，是使社会财富数量增加、质量转变的那种人与物之间的关系，所要确定的是如何使同一社会内的生产丰富起来的条件。就这一点说，对人类是从作为专业化劳动者的立场来考虑的。财产理论所要确定的是伦理上的条件，可以在公道的前提下推断；而工业理论所要确定的是经济上的条件，可以在物质福利的前提下推断。在前一情况和在后一情况下一样，我们所要讨论的都是社会条件，也就是社会组织的一些指导原则。但是，这两套理论究竟是互相冲突还是互相支持的呢？如果，比方说，以公道为依据，财产理论和工业理论一致否认奴隶制，或一致否认共产主义，那就一切都不成问题。但是，如果这个理论以公道为依据，反对奴隶制或赞成共产主义，而那个理论以物质福利为依据，赞成奴隶制或反对共产主义；那时精神科学与应用科学之间就要发生冲突。这样的冲突有没有发生的可能？如果情况看来是这样，那又该怎么办？

我们以后还要回到这个问题上来，那时再给以应有的注意。这是一个伦理学与经济学之间的关系问题。当1848年前后，蒲鲁东和巴师夏，还有其他一些人，对这个问题辩论得非常热烈。蒲鲁东在他的《经济矛盾论》里表明，公道与物质福利两者之间是有冲突的；而巴师夏在他的《经济协调论》里所辩护的却是相反的论点。我认为两方都没有能证实其论点。我准备再度提出巴师夏的主张，而用另一方式来进行辩护。总之，财产理论是精神科学，工业理论是应用科学；如果问题确实存在，就必须加以解决而不能加以掩盖，使两种不同的科学论调混同起来。

第二篇

论两种商品互相交换

第五章　市场与竞争；两种商品互相交换的问题

40. 我们在简略的初步观察中（第 21 节），为社会财富下的定义是一切物质或非物质的稀少事物——有用而又有限量的事物——的总和。我们已经证明，一切稀少物质，也只有这类物质，是有价值的，是可以交换的。现在我们要换个方式来讨论这个问题。社会财富的定义是有价值并且可以交换的一切物质或非物质事物的总和；我们准备从这一点出发，从而证明一切有价值和可以交换的事物——任何其他事物均除外——都是有用的，并且是有限量的。到此为止，我们是在由因到果的方式下推论的，现在却要采取由果到因的方式来进行推论。很明显，稀少和交换价值两者之间的密切关系一经证明以后，推论不论从哪一端开始都可以。但是我认为，对于像交换价值这样一个概括现象要作出有系统的研究，应当先讨论其性质，然后再探索其根源。

41. 交换价值是财产，是某些物质所具有的，不是可以无代价地进行授受，而是要被买进和卖出的；就是说，取得和转让时，是要以在一定量的比例下的其他事物作为报酬的。一件物品的买者，就是在交换中所付出的那件物品的卖者。一件物品的卖者，就是在交换中所收入的那件物品的买者。换句话说，一件物品对另一件物品的每一次交换，都是由双重的购入和售出所构成。

有价值和可以交换的事物也叫做商品。市场是商品进行交换的场所。因此交换价值这一现象是出现在市场中的，我们要研究交换价值，就得求之于市场。

交换价值在任其自然的情况下，会由于竞争的结果而在市场内自然发生。商人作为买者时，为了有所需求，会互相抬高价格。商人作为卖者时，为了有所供应，会互相压低价格。因此，买者和卖者会合在一起的结果，会使商品产生某些交换价值，这些价值有时在上升，有时在下降，有时则不升不降。竞争越是能充分发挥作用，得出交换价值时的那种情况就越是生动有力。从竞争的角度来看，组织得最完善的是在拍卖方式下进行买卖的那类市场；由证券经纪人、商业掮客或拍卖者这类人居间，通过他们的协作，可以把交易这样地集中起来，使每一笔交易的成交价格都公开宣布，使卖者有机会降低他们的讨价，使买者有机会抬高他们的还价。在证券交易所、商业市场、谷物市场、鱼市场等等市场中的交易就是这样进行的。除这类市场外，还有其他一些如买卖水果、蔬菜和家禽等类的市场，虽然组织得没有这样完善，但也能相当有效、相当令人满意地发挥作用。城市里的大街上尽是些形形色色的商店——出售面包、肉类、衣服、靴鞋、杂货等等——像这样一类市场，虽然组织得不够完善，但竞争也能适当地发挥作用。毫无疑问，关于医生和律师的服务、音乐家和歌唱家的演奏等等，于决定其代价时，竞争也是其间的一个主要力量。实际上我们尽可以把整个世界看成是一个巨大、广泛的市场，由各种专门市场构成，社会财富就在那里进行买卖。因此，我们的任务就是要寻出在这类

买进和卖出中会被自动地遵守着的一些规律。为了要达到这个目的，我们假定市场中的竞争是完全的；就同我们在纯粹力学中一开始时假定机械是完全无摩擦的情形一样。

42. 现在我们要看一看，在组织完善的市场中，竞争是怎样发挥作用的。我们可以到像巴黎或伦敦那样大的投资中心的证券交易所里去看一看。这类市场里买卖的是社会财富中极其重要的以股份计的产权凭证，例如中央政府或市政府发行的公债，铁路、运河或冶金事业发行的股票，等等。我们踏进这样的一个交易所时，首先得到的印象是一片喧嚷和紧张忙乱的活动。但是，我们知道了这里进行着的是些什么以后，这种嘈杂和叫嚷就成为完全可以理解的了。

让我们以在巴黎证券交易所买卖的3厘法国公债为例，我们所注意的即以这一种交易为限。

假定这种通称为3厘公债的市价是60法郎。按照这个价格，经纪人接受了若干客户售出这项公债的委托，有的声明按60法郎的价格售出，有的则声明可以按稍低于60法郎的价格售出；经纪人就在这样情况下提供了某一数量的3厘公债，即某一数量的每纸可凭以按年向法国政府收取3法郎的那种证券。像这样一种形式的数量确定、价格确定的商品供给，我们把它叫做有效供给。另一方面，还有些经纪人接受了另一些客户的委托，有的声明按60法郎的价格买进，有的则声明可以按稍高于60法郎的价格买进；当市价为60法郎时，这些经纪人对3厘公债就有了一定数量的需求。像这样一种形式的数量确定、价格确定的商品需求，我们把它叫做有效需求。

随着需求是等于供给、高于供给还是低于供给的不同情况，可以作出三种假设。

第一种假设。在60法郎这一价格下，需求的量相等于供给的量。这就是说，这时每个经纪人所面临的情况是，他所要买进或卖出的，都与别一经纪人所要卖出或买进的，恰恰相等。就在这样情况下完成了交易。结果，60法郎这一价格没有变动。我们说，这时市场所处的是稳定状态或平衡状态。

第二种假设。负有买进委托的经纪人已经找不到负有卖出委托的经纪人。这一点显然表明，在60法郎这一价格下，3厘公债的需求量超过了供给量。照说交易就应当陷于停顿。但是，这时负有按60法郎5生丁价格买进或负有按较高价格买进的委托的那些经纪人，就会喊出60法郎5生丁这一价格。这就抬高了市价。

随着这一喊价而来的会发生两种结果：第一，愿按60法郎买进而不愿按60法郎5生丁买进的那些买者将裹足不前；第二，原来不愿按60法郎卖出而要按60法郎5生丁卖出的那些卖者将应声而出。这类买者或卖者，如果原来没有向他们的经纪人作出委托，这时他们就要这样做。于是由于两方面行动的结果，有效需求与有效供给之间的差异就有了缩减。如果有效供给与有效需求之间的均等得以恢复，价格的上升就会停止。否则价格将继续上升，从60法郎5生丁上升到60法郎10生丁，再上升到60法郎15生丁，直到供求相等为止。那时就会在一个较高的价格下达到新的稳定状态。

第三种假设。负有售出委托的经纪人已经找不到负有买进委托的经纪人。这一点显然表明，在60法郎这一价格下，3厘公债的供给量超过了需求量。交易要停顿了。但是，这时负有按59法郎95生丁价格卖出或负有按较低价格卖出的委托的那些经纪人，就会喊出59法郎95生丁这一价格。这就压低了市价。

两种结果将由此发生：第一，愿按60法郎卖出而不愿按59法郎95生丁卖出的那些卖者将裹足不前；第二，原来不愿按60法郎买进而要按59法郎95生丁买进的那些买者将应声而出。于是供求之间的差异有了缩减。在必要情况下，价格将下降，从59法郎95生丁下降到59法郎90生丁，再下降到59法郎85生丁，直到供求恢复均等为止。那时就会在一个较低的价格下达到新的平衡。

现在让我们假定，在3厘法国公债这样进行着交易的同时，还有其他证券——如英国、意大利、西班牙、土耳其、埃及等等国家发行的公债，铁路、运河、采矿等事业、煤气和其他工厂、银行和其他信用机构等等所发行的股票和债券——也在同样情况下进行着交易；假定交易进行时每次价格变动的范围，因各种证券价值的不同，分别以5生丁、25生丁、1法郎25生丁、5法郎或25法郎为准；并假定除现金交易外还有期货交易，有些期货交易在契约到期前得重新卖出或重新买回，有些是不能随意处理的。这样来看证券市场时，一片喧嚣就成了一曲真正的交响乐，每个演员在其间是各尽其职的。

43. 我们要研究的是在这样的竞争情况下发生的交换价值。一般说来，经济学家极容易犯的一个毛病是，从事于研究在特殊情况下的交换价值。他们所谈论的总是些什么金刚钻、拉斐尔的油画、著名歌唱家的演奏之类。J. S. 穆勒就曾引证过德·昆西的这样一段话:按照德·昆西的想象,“在苏必利尔湖的船上”有两位乘客,其中一个“手里有只八音盒”,还有一个则正要“前往离开文明世界800英里以外的荒野地区”。后者突然想到,“离开伦敦的时候”忘记置备这件东西,这种乐器具有“一种魔力……能够使你激动的心情平静下来”;“当警钟已经敲到最后一次,它告诉你,除非马上就把它买下,不然的话就永远买不到了”,于是他花了60几尼,向那位乘客买下了这个八音盒。当然,我们的理论应当包含一切的这类特殊情况。市场的普遍规律,对金刚钻市场,对拉斐尔油画的市场,以及对著名歌手演奏的市场,应当都可以适用。即使如德·昆西先生所想象的那个例子,在那里只有一个买者,一个卖者,一件商品,并且只有一分钟的时间可以做这笔交易——像这样一个市场,上述规律也应当可以适用。但是,出于逻辑的要求,我们应当先考虑一般情况,然后再考虑特殊情况,不应当把次序颠倒过来。试问有哪个天文学家会故意拣个阴云密布的夜晚而不去利用晴朗的夜晚去进行天文观察?

44. 上面为了对交换现象和竞争结构提出一个初步概念,以用金银在证券市场进行证券的买卖为例。但是,证券是具有很大特殊性的一种商品。况且,在交易中货币的使用这一点自有其特性,应当随后再去讨论,不要使它在一开头就和交换价值的一般现象混杂在一起。因此,让我们再退回一步,改用科学语言来表述我们的观察。为了举例说明,可以采取任何两种商品,比如说燕麦和小麦,或者说得更加抽象些,(A)和(B)。我特意把这两个字母用括号括起来,为的是表明它们所代表的并不是数量——那是在方程中可以使用的唯一事物——而是科或种类，用哲学上的名词来说是实质。

假定在一个市场里有若干人持有商品(A)，准备以一部分用于交换，以便取得商品(B)；而另有一些人持有商品(B)，准备用其中的一部分来换取商品(A)。讨价总得从这一点或那一点开始，因此假定由一个掮客居间，他表示愿意(比方说)按照上一天的最后交换比率，提供 n 单位的(B)，以易取 m 单位的(A)；这一提供符合于交换方程

$$mv_a = nv_b,$$

方程内 v_a 是(A)的一个单位的交换价值，v_b 是(B)的一个单位的交换价值(见第 29 节)。

这里不妨为价格下个定义，一般说来，这是交换价值之间的比率，或者是相对交换价值。现在让我们在一般情况下用 p_b 表示以(A)计的(B)的价格，用 p_a 表示以(B)计的(A)的价格。就我们目前讨论的这一例子说，如果用 μ 和 $\frac{1}{\mu}$ 分别表示 $\frac{m}{n}$ 和 $\frac{n}{m}$ 这两个比率的商，则从上述方程得出：

$$\frac{v_b}{v_a} = p_b = \frac{m}{n} = \mu,$$

$$\frac{v_a}{v_b} = p_a = \frac{n}{m} = \frac{1}{\mu};$$

由此二式得出：

$$p_b = \frac{1}{p_a}, \qquad p_a = \frac{1}{p_b}.$$

据此，价格或交换价值之比，相等于所交换的量的反比。

任何以别一商品计的某一商品的价格，是以第一种商品计的第二种商品价格的倒数。

如果(A)所代表的是燕麦，(B)是小麦，由一个掮客居间，他表示愿意以燕麦 10 公石易取小麦 5 公石，那么以燕麦计的小麦的讨价就是 2，以小麦计的燕麦的讨价是½。我们已经看到，每一次交换总是由双重售出和双重购入所构成，因此也就有一个双重价格。极其重要的是，要充分理解到在任何交换中存在的这两种价格之间的关系的不变的互为倒数这一性质；就这一点而论，代数符号的使用显得格外有效，因为这样就极其清楚地表明了这种互为倒数的关系。还有一层，我们可以看到，这类符号有个优点，它极其有助于对一般命题作出清楚、精确的表述。这就是我们要继续使用代数符号的理由。

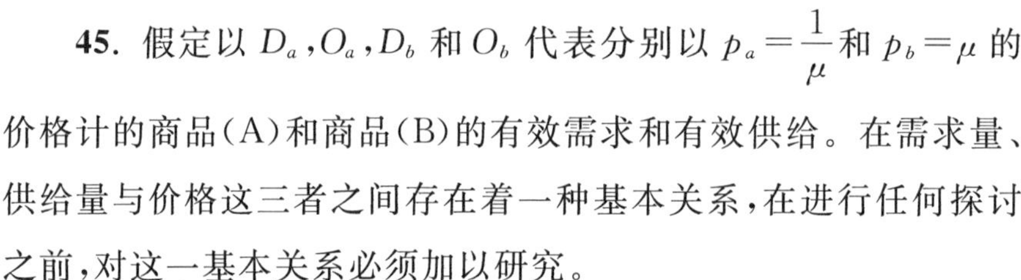

45. 假定以 D_a，O_a，D_b 和 O_b 代表分别以 $p_a=\frac{1}{\mu}$ 和 $p_b=\mu$ 的价格计的商品(A)和商品(B)的有效需求和有效供给。在需求量、供给量与价格这三者之间存在着一种基本关系，在进行任何探讨之前，对这一基本关系必须加以研究。

我们已经看到，有效需求和有效供给是对一种商品的某一数量在某一价格下的需求和供给。因此，我们说需求的是以价格 p_a 计的 D_a 量的(A)时，事实上就等于是说，供给的是相等于 $D_a p_a$ 的 O_b 量的(B)。例如，我们说需要的是以小麦为依据的½这一价格计的燕麦 200 公石时，单单根据这一事实，就等于是说供给的是小麦 100 公石。因此，一般说来，D_a，p_a 和 O_b 之间的关系可以用下列方程表示：

$$O_b = D_a p_a.$$

同样情况，我们说供给的是以价格 p_a 计的 O_a 量的(A)时，事实上就等于是说，需求的是相等于 $O_a p_a$ 的 D_b 量的(B)。例如，我们说供给的是以小麦为依据的½这一价格的燕麦 150 公石时，单单根据这一事实，就等于说需求的是小麦 75 公石。因此，一般说来，O_a，p_a 和 D_b 之间的关系始终可以用下列方程表示：

$$D_b = O_a p_a.$$

同样情况，这里可以证明，D_b，O_b，p_b，O_a 和 D_a 是按照下列方程联系起来的：

$$O_a = D_b p_b,$$

$$D_a = O_b p_b;$$

但这样做是多余的，因为这两个方程是由前面两个方程（连同方程 $p_a p_b = 1$）而来的。

据此：以一种商品交换另一种商品时的有效需求或有效供给，分别相等于以第一种商品计的第二种商品价格乘以第二种商品的有效供给或有效需求。

很明显，D_a，O_a，D_b 和 O_b 这四个量值内的任何两个，足以决定其他两个。目前我们要假定的是供给的量 O_b 和 O_a 分别取决于需求的量 D_a 和 D_b，而后者并不取决于前者。事实上，两种商品彼此以实物进行交换时，应当将需求看作主要事实，将供给看作从属事实。决没有人会单纯地为了供给而供给。人们所以要供给任何物品的唯一理由，只是在于假使无所供给，即不能有所需求。供给只是需求的一个结果。因此，在开头时我们所要研究的只是需求与价格之间所存在的直接关系，至于供给与价格，所要研究的只以其间的间接关系为限。当价格为 p_a 和 p_b 时，在需求方面的是 D_a 和 D_b，由此可以推断，在供给方面的是 $O_a=D_bp_b$，和 $O_b=D_ap_a$.

46. 既然是这样，如果假定

$$D_a=\alpha O_a,$$

那么我们就可以按照 $\alpha=1$，$\alpha>1$ 或 $\alpha<1$ 的不同情况而作出三者之中的任一假设。但是在研究这一点之前，且容我们提出一个最后定理。

如果将上述方程内的 D_a 和 O_a 用

$$D_a=O_bp_b$$

和

$$O_a=D_bp_b,$$

两个方程所得出的值代入，则得

$$O_b=\alpha D_b.$$

据此；在既有的两种商品下，任一种商品的有效需求对其有效供给之比，相等于还有一种商品的有效供给对其有效需求之比。

这一定理可加以推演如次：

$$D_a=O_bp_b,$$

$$D_b=O_ap_a,$$

$$D_aD_b=O_aO_b;$$

或者，在同样情况下：

$$O_a=D_bp_b,$$

$$O_b=D_ap_a,$$

$$O_aO_b=D_aD_b.$$

不论就哪一情况说，结果是

$$\frac{O_b}{D_b}=\frac{D_a}{O_a}=\alpha.$$

要看到，如果(A)的有效需求与有效供给相等，则(B)的有效供给与有效需求也相等。还可以看到，如果(A)的有效需求大于其有效供给，则(B)的有效供给将按比例地大于其有效需求。最后，如果(A)的有效供给大于其有效需求，则(B)的有效需求将按比例地大于其有效供给。这就是上述定理的意义。

47. 假定 $\alpha=1, D_a=O_a, O_b=D_b$；假定(A)和(B)两种商品，当其价格分别为 $p_a=\frac{1}{\mu}$ 和 $p_b=\mu$ 时，两者的需求量和供给量均各相等；并且假定每一个买者和卖者都能找到一个具有完全对等的需求和供给的对应卖者和对应买者。这时的市场即处于平衡状态。按照 $\frac{1}{\mu}$ 和 μ 这些平衡价格，$D_a=O_a$ 量的(A)将与 $O_b=D_b$ 量的(B)相交换，等到市场结束时，交易各方再各行其是。

48. 但是，假使 $\alpha\gtrless1, D_a\gtrless O_a, O_b\gtrless D_b$，那么两种商品各自的需求和供给怎样会达到均等呢？

我们一上来就会想到的是，不妨单纯地仿照我们原来讨论证券交易所内法国公债时所展开的那种推理方式进行。但是，那会造成极大的错误。我们在前一个例子里所看到的是证券交易所内法国公债的买者和卖者，他们所买卖的证券的价值取决于这类证券的特有收益和资本的一般收益率。我们随后会看到，公债价格上涨后唯一可能的结果是需求将减少，供给将增加；其价格下降后唯一可能的结果是需求将增加，供给将减少。在这里的例子里，商人所进行交换的没有别的，只是(A)和(B)，这类商品经假定是有直接效用的，是可以在市场内进行交换的唯一种类的商品。这就使一切情况都改了样。

诚然，当 D_a 大于 O_a 时，依然有必要提高 p_a（或降低 p_b）；在相反情况下，当 D_b 大于 O_b 时，也依然有必要提高 p_b（或降低 p_a）。还有，毫无疑问，我们在前面关于需求的推论，在这里也依然适用。价格既然上涨，需求就不会提高，只会减退。价格如果下跌，需求就不会减退，只会提高。但是，假定有个商人，持有小麦 12 公石，准备以其中的 5 公石交换燕麦 10 公石；或者换句话说，他需要的是，以小麦0.50价格计的燕麦 10 公石。按照以小麦计的0.50的燕麦价格，他原来可以买进燕麦 24 公石，但由于他自己对小麦也有需要，所以他对于燕麦的需要只能以 10 公石为限。当价格为0.60时，他至多可以买进燕麦 20 公石。这时我们必须看到，由于他自己对小麦的需要，对燕麦的需要就只能适可而止，充其量只能相等于（但多半还会稍低于）10 公石——这是他于情况比较有利时（价格较低时）所能买到的数量。据此，p_a 上升，也就等于说 p_b 下降，只会降低 D_a，提高 D_b；在相反情况下，p_b 上升，也就等于说 p_a 下降，此时只会降低 D_b，提高 D_a。但是 O_a 和 O_b 会发生些什么情况呢？这是无法了解的。O_a 等于以 D_b 与 p_b 相乘的积。要晓得，这两个因数内的不论哪一个，比方说 p_b，下降或上升时，结果别一个因数必然要上升或下降。同样情况，O_b 等于以 D_a 与 p_a 相乘的积。当 p_a 上升或下降时，结果 D_a 必然要下降或上升。试问，这时怎么能知道我们是否在走向平衡？

第六章 有效供给曲线和有效需求曲线;供给与需求间的均等的建立

49. 由于我们假定价格与有效供给之间的关系只是间接的或中间介入的,而价格与有效需求之间的关系则是直接的,非中间介入的,因此我们所注意的主要是后一关系。

为此可以研究一下假定下的一个小麦持有者的情况。假定这个人有的是小麦,却没有燕麦。他要留下某一数量的小麦供自己使用,把剩下的去换取燕麦,供作他养马的饲料。至于他要保留的和要提出交换的各自的数量是多少,须取决于燕麦的价格,还须取决于与燕麦价格有关的他对燕麦所需要的数量。现在让我们看一看,情况将怎样演进。如果价格是零,他取得1公石燕麦时须交出的是零公石小麦,换句话说,如果燕麦是可以免费取得的,那我们这位小麦持有者需要燕麦多少就会拿多少,这就是说,他不但要顾到现在的需要,还要为准备购入的马的饲料预先作打算,因为他已经看到,马的饲料是不费分文的。他于取得饲料时无须付出任何数量的小麦。但是,随着价格的逐步提高(这个小麦持有者需要付出$\frac{1}{100}$、$\frac{1}{10}$、$\frac{1}{5}$、$\frac{1}{2}$…公石的小麦以换取1公石燕麦时),他对燕麦的需要就会逐步缩减。随着价格的进一步提高(需要交出1、2、5、10公石或更多的小麦以换取1公石燕麦时),他的需要会进一步缩减。然而,他在交换中所提供的小麦数量,则始终相等于他所需要的燕麦数量乘燕麦价格。最后,当达到了相当高的某一价格时(譬如说,需要付出100公石小麦以易取一公石燕麦),他对燕麦会全然没有任何需要,因为在这一价格下,即使只养1匹马,他也已经无此能力或无此愿望。很明显,一旦达到了这样的价格,他就不会为交换燕麦提供任何小麦。由此可见,对燕麦的有效需求会随着价格的不断提高而逐渐减退。有效需求会从价格为零的某一数值开始,直到价格达到某一高度时而终于完全消失。至于小麦的对应有效供给则从零点开始,以后逐渐增长,至少会达到一个最大值,然后逐渐减退,终于回到零。

50. 一切小麦持有者在其出价中所表现的倾向都相类似,虽然不完全相同。对一切燕麦持有者那方面来说,情况也是这样。一般说来,每一个持有一种商品的人,当他有意于用他商品的一部分以易取某一数量的其他商品而来到市场时,在他的心头总存有一个虚拟或真实的商业计划(*trader's schedule*),这种计划是可以严格测定的。

让我们仍然用代数法来表示。假定持有者(1),持有 q_b 量的商品(B),来到了市场,准备以 o_b 量的(B)易取 d_a 量的(A)。这一交易符合下列方程:

$$d_a v_b = o_b v_b,$$

他离开市场时带回去的是 d_a 量的(A)和 y 量的(B),结果是 $y=$

$q^b - o_b = q_b - d_a \frac{v_a}{v_b}$。在任何情况下，量值 q_b，$\frac{v_a}{v_b}$ 或 p_a，d_a 与 y 的关系总是这样：

$$q_b = y + d_a p_a.$$

在我们考虑下的这个持有者知道他的 q_b 是多少，但是在到达市场之前，对于 $\frac{v_a}{v_b}$ 或 p_a 并无所知。不过他一到市场之后就肯定会发现。他弄清楚了 p_a 之后，即须当场决定 d_a 应当有多大，然后根据上列方程，y 将终于被确定。

如果这个持有者（q_b 的持有者）是亲自到场的，他的商业计划也许暂时是虚拟而不是真实的，这就是说，在他知道价格 p_a 之前，关于他的需求 d_a 是多少也许还没有打定主意。然而，即使处于这样情况，一种商业计划总是存在的。但是，如果他受到阻止，不能亲自到场，或者为了某种原因，不得不托朋友代办或托掮客代理时，他对于 p_a 的一切可能有的值，从零起直到无限大，就不得不有所预测，从而确定 d_a 的一切对应值，而且，关于后者他还得想出些表示的方法。学过一点数学的人都懂得，用数学来表示这种计划的方式有两种。

51. 假定有两个坐标轴，如图 1 所示：一个水平价格轴 Op 和一个垂直需求轴 Od. 在价格轴上，从原点 O 开始，截取线段 Op'_a，Op''_a…，用以表示以小麦计的燕麦或以(B)计的(A)的各种可能有的价格。在另一轴上，从同一原点 O 开始，截取线段 $Oa_{d,1}$，用以表示价格为零时这个小麦或(B)的持有者对燕麦或(A)的需求量。在通过 p'_a，p''_a…各点，与垂直需求轴平行的那些

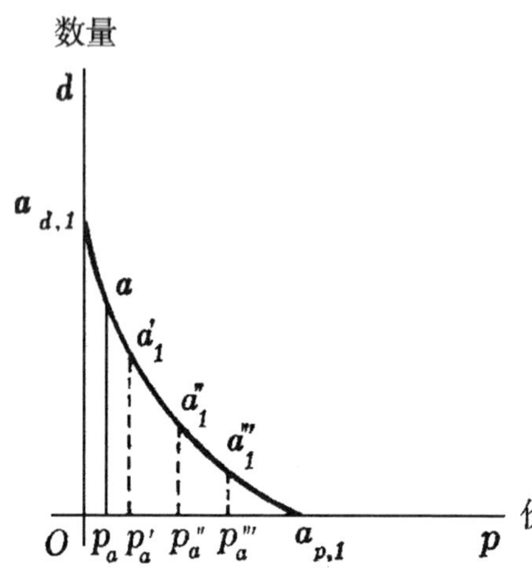

图　1

直线上，截取 $p'_a a'_1$，$p''_a a''_1$…各线段，用以分别表示当价格为 p'_a，p''_a…时对燕麦或(A)的需求量。线段 $Oa_{p,1}$ 所表示的是，当这个小麦或(B)的持有者根本不再需要任何燕麦或(A)时的价格。

这样，我们就可以或者利用几何学，以通过 $a_{d,1}$，a'_1，a''_1…$a_{p,1}$ 各点的曲线 $a_{d,1}a_{p,1}$ 来表示，或者利用代数学，以这个曲线的方程 $d_a=f_{a,1}(p_a)$ 来表示商品(B)的持有者(1)在思想上存在的需求计划。曲线 $a_{d,1}a_{p,1}$ 和方程 $d_a=f_{a,1}(p_a)$ 都是以经验为依据的。按照同样程序，我们可以得出曲线 $a_{d,2}a_{p,2}$，$a_{d,3}a_{p,3}$…(见图 2)或其对应方程 $d_a=f_{a,2}(p_a)$，$d_a=f_{a,3}(p_a)$…，从而分别用几何学或代数学表示(B)的一切其他持有者(2)、(3)…在思想上存在的需求计划。

52. 可以这么说，这时如果把所有这些部分(或个体需求)曲线 $a_{d,1}a_{p,1}$，$a_{d,2}a_{p,2}$，$a_{d,3}a_{p,3}$…相加起来，办法是把所有各与其横坐标对应的纵坐标互相接合在一起，就可以得出一条总(或集合需求)曲线 A_dA_p(见图 3)；这就是用几何学表示的将一切(B)持有者合起来看的需求计划。并且，如果把所有个体需求方程加起来，就可以得出集合方程

$$D_a=f_{a,1}(p_a)+f_{a,2}(p_a)+f_{a,3}(p_a)+\cdots=F_a(p_a),$$

这就是用代数表示的上述需求计划。这里得出的用(A)以易取(B)的需求曲线或需求方程是(A)以(B)计的价格的函数。在同样方式下，我们可以求得用(B)易取(A)的需求曲线或需求方程，作为(B)以(A)计的价格的函数。

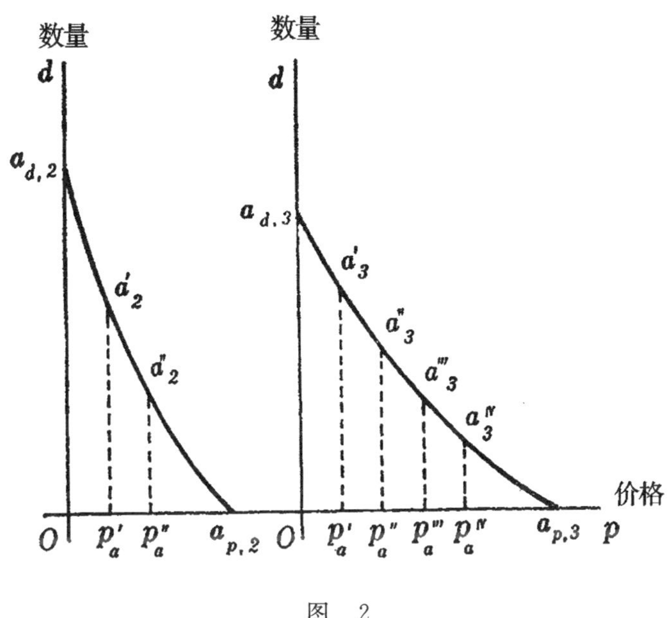

图 2

这里并不表明，个体需求曲线 $a_{d,1}a_{p,1}$ 等等或个体需求方程 $d_a=f_{a,1}(p_a)$ 等等是连续的；换句话说，这里并不表明，p_a 无穷小的增进会促使 d_a 作无穷小的减退。正相反，这些函数往往是不连续的。例如，就燕麦来说，于价格上升时，我们那位小麦的第一个持有者决不会逐渐降低他的需求，但是当他每次决定少养一匹马时，就会在间歇的方式下降低需求。实际上他的个体需求曲线在形式上是通过点 a 的一条阶梯曲线，如图 4 所示。一切其他的个体需求曲线，一般所表现的也是这一形式。然而，就一切实际目的来说，我们可以把集合需求曲线 A_dA_p（见图 3）看成是连续的，根据的是所谓大数定律。事实上，每逢价格有了细微的增长时，在许多(B)的持有者之中，至少有一个会达到不得不少养一匹马的境地，这样就会使(A)的总需求发生细微的减退。

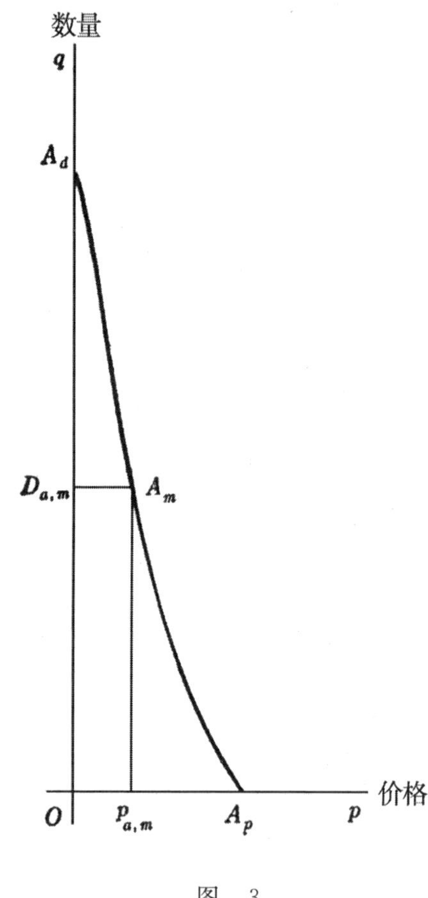

图　3

53. 在这类情况下，曲线 A_dA_p（见图 3）表明，(A)的有效需求量是(A)的价格的一个连续函数。例如，当价格为用点 A_m 的横标 $Op_{a,m}$ 表示的 $p_{a,m}$ 时，有效需求即为用同一点 A_m 的纵标 $OD_{a,m}$ 表示的 $D_{a,m}$。还有，在价格 $p_{a,m}$ 下，(A)（用以换取(B)）的有效需求为 $D_{a,m}$ 时，(B)（用以换取(A)）的有效供给实际上就是 $O_{b,m}=D_{a,m}p_{a,m}$（见第 45 节）——表示后一点的是矩形 $OD_{a,m}A_mp_{a,m}$ 的面积，其底为 $Op_{a,m}$，其高为 $OD_{a,m}$。这样，曲线 A_dA_p 就同时表明，(A)的有效需求和(B)的有效供给是(A)以(B)计的价格的函数。同样情况，曲线 B_dB_p（见图 5）同时表明，(B)的需求和(A)的供给是(B)以(A)计的价格的函数。

54. 假定 Q_b（这是与图 5 内矩形 $O\beta Q_bp_{a,m}$ 的面积在数值上相

等的一个量值）是市场内（B）持有者所掌握的（B）的总量；并假定通过点 Q_b，有一条以坐标轴为渐近线的等轴双曲线 $xy=Q_b$。假定延长直线 $p_{a,m}A_m$，让它与双曲线相交于 Q_b，作线段 βQ_b 平行于 x 轴或价格轴。Q_b 为矩形 $O\beta Q_b p_{a,m}$ 的面积，表示的是携入市

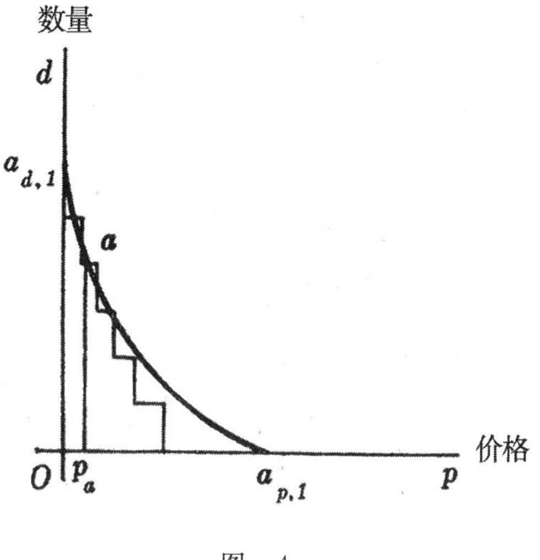

图　4

场的（B）的总量。$D_{a,m}$ 乘 $p_{a,m}$ 是矩形 $OD_{a,m}A_m p_{a,m}$ 的面积，表示的是在（A）的 $p_{a,m}$ 价格下，用以换取（A）的那部分（B）的总量。由此表明，$Y=Q_b-D_{a,m}p_{a,m}$——也就是矩形 $D_{a,m}\beta Q_b A_m$ 的面积——所表示的是，在上述（A）的 $p_{a,m}$ 价格下，（B）的原持有者在销售中所剩余的、并从市场收回的那个部分。还有一点，在一切情况下，量值 Q_b，p_a，D_a 和 Y 之间的互相关联，总不出于下列方程所示：

$$Q_b=Y+D_a p_a.$$

据此，当 $xy=Q_b$，也就是说，当经过点 Q_b 的曲线是（B）的现有总量双曲线时，则曲线 A_dA_p 就是，一部分是用以换取（A）的（B），另一部分是要根据（A）以（B）计的价格决定的从销售中收回的（B），这两个部分之间的界线。当然，在曲线 B_dB_p 与（A）现存总量双曲线 $xy=Q_a$（这是原来有可能在图 5 内绘出的）之间，也可以看到同样的一般关系。

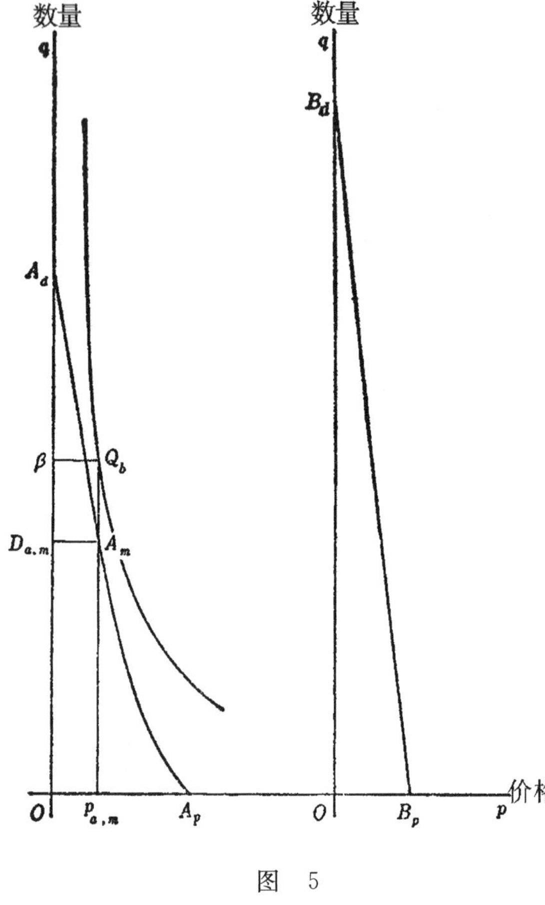

图 5

55. 由此可见，需求曲线是被现存总量双曲线包围着的。还可以附带提到一点，一般说来，需求曲线是和坐标轴相交，而不是渐近于坐标轴的。

需求曲线一般总是与需求轴相交的，因为即使价格是零，个人对任何商品所要取得的数量，一般总是有定限的。如果燕麦可以绝对免费取得，有的人就会养上10匹马，有的人会养上100匹马，可是决没有人会把他养的马扩大到无限数，因此对燕麦的需求，也就决没有人会扩大到无限量。结果，当价格为零时，各个的燕麦需求量的总和既然是各个有限量的总和，总和本身就必然是个有限的量。

需求曲线通常是相交于价格轴的，因为任何商品的价格，虽然不至于高到无限度，但在想象上未尝不可以达到那样的高度，以致即使对这一商品无限小的一个量，也再没有任何需求；但是，我们不能作出这样的绝对论断。这样一种情况的发生是完全有可能的——商品(B)的全部或其一部分,会无条件地在任何可以获得的代价下被出售。在这样情况下,需求曲线 A_dA_p 将与经过 Q_b 的双曲线或与某一比较接近坐标轴的其他双曲线全部或部分地相重合。因此,为了要顾到一切可能发生的情况,应当把需求曲线看作是能够在坐标轴与现存总量双曲线之间采取一切可能有的位置的。

56. 我们已经说明将一种商品的有效需求与以别一商品计的这一商品的价格联系起来的那种直接和非中间介入的关系的性质;接下去要做的是对这种关系提出数学的表达。

就商品(A)说,可以根据几何学以曲线 A_dA_p 表示这种关系,也可以根据代数学以这个曲线的方程(见第 52 节)

$$D_a = F_a(p_a)$$

表示这种关系。

就商品(B)说,可以根据几何学以曲线 B_dB_p 表示这种关系,也可以根据代数学以这个曲线的方程

$$D_b = F_b(p_b)$$

表示这种关系。

再者,我们也已经说明存在于以一种商品换取另一种商品时的有效供给量与以第一种商品计的还有一种商品的价格这两者之间的间接的和中间介入的关系的性质;对这种关系也得提出数学的表达。

就商品(A)说,上述关系在几何学上可以用内接于曲线 B_dB_p 的一系列矩形来表示,在代数学上可以用下列方程(见第 53 节)来表示：

$$O_a=D_bp_b=F_b(p_b)p_b.$$

就商品(B)说，这种关系在几何学上可以用内接于曲线 A_dA_p 的一系列矩形来表示，在代数学上可以用下列方程来表示：

$$O_b=D_ap_a=F_a(p_a)p_a.$$

我们很容易根据这些公式来推求其他公式，用以表示各种商品的有效供给与以另一种商品计的该商品的价格之间的关系。由于 $p_ap_b=1$，只须将上面两个方程内的价格 p_b 用$\frac{1}{p_a}$代入，价格 p_a 用$\frac{1}{p_b}$代入，就可以得出

$$O_a=F_b(\frac{1}{p_a})\frac{1}{p_a}$$

和

$$O_b=F_a(\frac{1}{p_b})\frac{1}{p_b}.$$

具备了所有这些元素以后，就可以着手解决两种商品互相交换的一般问题。问题是这样：已知两种商品(A)和(B)，以及这一商品以另一商品计的各自的需求曲线，或者是这些曲线的方程；求各自的平衡价格。

57. 从几何观点来看，问题在于在图 6 内的两条曲线 A_dA_p 和 B_dB_p 的内部分别作出两个内接矩形 OD_aAp_a 和 OD_bBp_b，要使它们的底(价格)各为彼此的倒数，并使它们的高处于这样的关系：第一个的高 OD_a 等于第二个的面积 $OD_b\times Op_b$，反过来说，第二个的高 OD_b 则等于第一个的面积 $OD_a\times Op_a$。这两个矩形的底 Op_a

和 Op_b 所表示的是平衡价格；因此，在这类价格下，由高 OD_b 表示的(A)的需求相等于由面积 $OD_b \times Op_b$ 表示的(A)的供给，由高 OD_b 表示的(B)的需求相等于由面积 $OD_a \times Op_a$ 表示的(B)的供给(见第 47 节)。

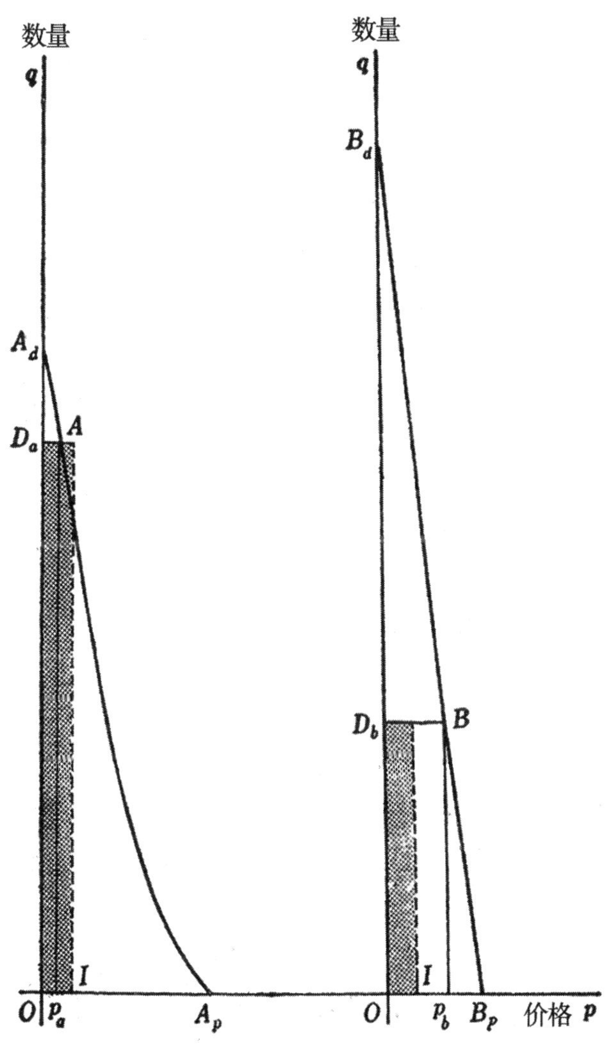

图　6

我说两个矩形的任一个的高等于另一个的面积，这样说时，未免把不是属于同性的两项作了同等看待。但在这里的情况下，同性并不是必要的，因为两个底互为倒数这个条件就已经含有预定的是一个共同单位的意思，这里的共同单位是 OI，在两条曲线的构成中用的都是它。为了把这一点说得再清楚些，不妨补充一下：各个矩形的高在长度上所含有的这种预定单位和别一矩形在面积上所含有的同样单位，其数应该相等；或者换个说法，各个矩形的面积，应该与以另一个矩形的高为高，而其底为一个单位长的矩形的面积相等。（见图 6 内的阴影部分。）根据问题的条件还可以推定，两个矩形内的任一个的底，都等于这一个的高对那一个的高的反比，并且都等于这一个的面积对那一个的面积的正比。

58. 从代数学观点来看，问题在于从下列两组方程之一求出两个根 p_a 和 p_b：

$$\begin{cases} F_a(p_a)=F_b(p_b)p_b \\ p_a p_b=1, \end{cases}$$

或

$$\begin{cases} F_a(p_a)p_a=F_b(p_b) \\ p_a p_b=1, \end{cases}$$

或者换个说法，问题在于从下列分别表示 D_a 与 O_a 相等和 D_b 与 O_b 相等的两个方程中求出两个根 p_a 和 p_b：

$$\begin{cases} F_a(p_a)=F_b(\frac{1}{p_a})\frac{1}{p_a} \\ F_a(\frac{1}{p_b})\frac{1}{p_b}=F_b(p_b). \end{cases}$$

59. 再进一步，我们可以将几何法和代数法合而为一。让我们分别地从已知曲线 A_dA_p 和 B_dB_p 或其方程

$$D_a = F_a(p_a)$$

和

$$D_b = F_b(p_b)$$

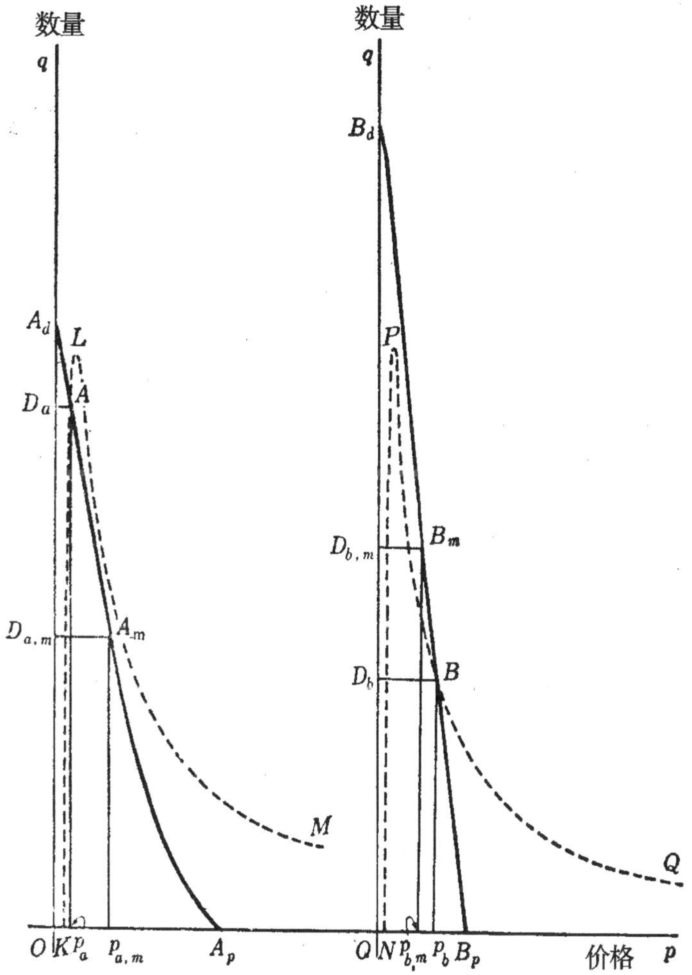

图　7

开始，绘出曲线 KLM 和 NPQ（见图 7），其方程为

$$O_a=F_b(\frac{1}{p_a})\frac{1}{p_a}$$

和

$$O_b=F_a(\frac{1}{p_b})\frac{1}{p_b}.$$

KLM 会在点 A 与 A_dA_p 相交，NPQ 则在点 B 与 B_dB_p 相交。这里所说的两个交点，也就是在上面（第 57 节）所说使我们得出平衡矩形的各点。

要说明点线 KLM 和 NPQ 的意义从而看出它们是怎样画成的，并没有什么困难。

第一条曲线 KLM 是（A）的供给曲线，现在不再被视同（B）的需求曲线。（B）的需求曲线是用坐标轴上作出的内接矩形的面积来表示（A）的供给为 p_b 的函数的。但是现在则用纵坐标来表明这一（A）的供给是 p_a 的函数。

曲线（在右方无限远处）从零（纵坐标）开始，这时所表示的是（A）以（B）计的无限大价格，与（B）以（A）计的无限小价格对应。换句话说，KLM 是渐近于价格轴的。当曲线（在右方无限远处）移向原点时，它将随着（A）以（B）计的价格的每一次下降，也就是随着（B）以（A）计的价格的每一次提高，而逐步上升。曲线在点 L 达到了（纵坐标）极大值，这一点的横坐标所表示的是这样一种（A）以（B）计的价格：其倒数 $p_{b,m}$——即以点 B_m 的横坐标 $Op_{b,m}$ 来计量的（B）以（A）计的价格——是当内接于 B_dB_p 的矩形为极大值时的价格。然后，当曲线 KLM（在 L 的左方）移向原点时，它将趋于下降，直到其纵坐标又成为零，这时（A）以（B）计的

价格系由长度 OK 表示，这一价格是(B)以(A)计的价格的倒数，以点 B_p(曲线 B_dB_p 在这一点上与价格轴相交)的横坐标 OB_p 计量。

同样情况，第二条曲线 NPQ 是(B)的供给曲线，现在不再被视同(A)的需求曲线。(A)的需求曲线是用坐标轴上作出的内接矩形的面积来表示(B)的供给为 p_a 的函数的。但是，现在则用纵坐标来表明这一(B)的供给是 p_b 的函数。

这一曲线(在右方无限远处)从零(纵坐标)开始，这时所表示的是(B)以(A)计的无限大价格，与(A)以(B)计的无限小价格对应。换句话说，NPQ 是渐近于价格轴的。当曲线(在右方无限远处)移向原点时，它将随着(B)以(A)计的价格的每一次下降，也就是随着(A)以(B)计的价格的每一次提高，而逐步上升。曲线在点 P 达到了(纵坐标)极大值，这一点的横坐标所表示的是这样一种(B)以(A)计的价格：其倒数 $p_{a,m}$——即以点 A_m 的横坐标 $Op_{a,m}$来计量的(A)以(B)计的价格——是当内接于 A_dA_p 的矩形为极大值时的价格。然后，当曲线 NPQ(在 P 的左方)移向原点时，它将趋于下降，直到其纵坐标又成为零，这时(B)以(A)计的价格系由长度 ON 表示，这一价格是(A)以(B)计的价格的倒数，以点 A_p(曲线 A_dA_p 在这一点上与价格轴相交)的横坐标 OA_p 计量。

很明显，曲线 KLM 及 NPQ 和曲线 B_dB_p 及 A_dA_p，在形态上是各自密切地联系着的。如果假定后一类曲线属于另一形态，则前一类曲线的形态也将完全不同。但是在一切情况下，就我们这里所讨论的图例(图 7)来说，当曲线 NPQ 向左从零纵标(在右方无限远处)移向最大纵标 P 而上升时，曲线 B_dB_p 在从左到右的下降过程中，将在与上升中的 NPQ 的某一点上相交之前经过点 B_m(在最大内接矩形的隅角)。同样情况，当曲线 KLM 向左从最大纵标 L 移向零纵标(在右方无限远处)而下降时，曲线 A_dA_p 在从左到右的下降过程中，将在与下降中的 KLM 的某一点上相交之后经过点 A_m(在最大内接矩形的隅角)。

60. 在这种情况下很明显，如果 A_dA_p 和 KLM 这两条曲线相交于点 A，则在这一点之右，曲线 A_dA_p 的位置在曲线 KLM 之下，在这一点之左，其位置在曲线 KLM 之上。同样明显的是，如果 B_dB_p 和 NPQ 这两条曲线相交于点 B，则在这一点之右，曲线 B_dB_p 的位置在曲线 NPQ 之下，在这一点之左，其位置在曲线 NPQ 之上。

由于根据假设，当价格为 $p_a=\dfrac{1}{\mu}$ 和 $p_b=\mu$ 时，$D_a=O_a$，$O_b=D_b$；因此，当(A)以(B)计的价格高于 p_a，也就是(B)以(A)计的价格低于 p_b 时，$O_a>D_a$，$D_b>O_b$. 在相反情况下，当(A)以(B)计的价格低于 p_a，也就是(B)以(A)计的价格高于 p_b 时，$D_a>O_a$，$O_b>D_b$。就前一情况说，只有使 p_b 增长，也就是使 p_a 减退，才能恢复平衡价格；就后一情况说，则只有使 p_a 增长，也就是使 p_b 减退，才能恢复平衡价格。

我们这就可以用下列措辞来说明，在两种商品互相交换下的有效供给和有效需求定律，或平衡价格确定(或出现)定律：在既有的两种商品下，要使有关这两种商品的市场处于平衡状态，或者要使两种商品彼此互计的价格处于稳定状态,其必要与充分条件是两种商品的有效需求与有效供给须各相等。如果不存在这一均等,则为了达到平衡价格,有效需求大于有效供给的商品的价格必然要上升,有效供给大于有效需求的商品的价格必然要下降。

前面作出对证券交易所的研究时(第 42 节),也未尝不可接下去提出这一定律;但于提出之前,必须经过严密的论证(第 48 节)。

61. 现在我们可以清楚地看出,市场竞争的结构是什么。这就是对于我们在前面提出了理论解法和数学解法的同样交换问题,通过价格的升降而得到的实际解法。但是要晓得,我们绝对无意于用一种解法来代替另一种解法。实际解法的迅速和可靠是没有改进余地的。这是我们的日常经验,即使在既没有掮客也没有拍卖人的大市场中,当时的平衡价格也可以在几分钟内决定,在这个价格下,大量的商品可以在半小时或三刻钟之内成交。事实上,理论解法几乎在任一种情况下都是绝对不切实用的。但是,如果反对我们的方法,只是说推求交换的经验的曲线或方程时的如何困难,这样的提法并不正确。当我们试图建立在某些情况下某一商品的需求曲线或供给曲线的全部或其一部分时,不管这样做究竟有什么好处,也不管这件事究竟做得到做不到;关于对这类问题的评判,我们全部保留。目前我们所要探索的是一般的交换问题;对我们说来,交换曲线的单纯(或抽象)的概念是能充分说明问题的,而且是不可缺少的。

第七章　两种商品互相交换问题解法的讨论

62. 把问题再提示一下：假定有两种商品(A)和(B)，假定使其有效需求及其有关价格联系起来的是下列方程：

$$D_a = F_a(p_a)$$

和

$$D_b = F_b(p_b);$$

其平衡价格则由方程

$$D_a v_a = D_b v_b$$

确定，或者根据上述头两个方程用 D_a 和 D_b 的值代入，由方程

$$F_a(p_a) v_a = F_b(p_b) v_b$$

确定。按照所要解答的是 p_a 还是 p_b，可以把方程写成

$$F_a(p_a) = F_b\left(\frac{1}{p_a}\right)\frac{1}{p_a} \qquad (1)$$

或

$$F_a\left(\frac{1}{p_b}\right)\frac{1}{p_b} = F_b(p_b). \qquad (2)$$

方程(1)表明的是 $D_a = O_a$，方程(2)表明的是 $O_b = D_b$.

在第59节里，已经提出了对上述方程(1)式和(2)式的几何解法,其方式是,使曲线 $D_a=F_a(p_a)$ 与曲线 $O_a=F_b(\frac{1}{p_a})\frac{1}{p_a}$ 相交,使曲线 $O_b=F_a(\frac{1}{p_b})\frac{1}{p_b}$ 与曲线 $D_b=F_b(p_b)$ 相交;但是对这个解法还得加以进一步阐明。

63. 我们不准备讨论一切可能情况的解法;这样做既冗长乏味,也嫌为时过早。这里只准备以上一章图 7 所描写的比较简单、概括的那类情况为限。在那个图解里经假定,曲线 A_dA_p 和 B_dB_p 是连续的;并且假定,当内接于曲线的矩形的右上隅角的坐标(p_a,D_a)和(p_b,D_b)各沿其曲线在商品价格为零起到商品需求降至于零止的各点之间移动时,其最大矩形,只能有一个。我们只须考虑各曲线的属于第一象限的那个部分;我们所要注意的,在一种情况下以点 A_d 与 A_p 之间的那一段为限,在另一情况下以点 B_d 与 B_p 之间的那一段为限。所以要这样,显然是由交换现象的性质所决定。在这样假定下,KLM 和 NPQ 必然是连续曲线,各自只有一个最大纵标。即使在这样严格规定下的情况,仍然有丰富资料,可供作饶有兴趣的讨论。

64. 我们所始终假定的是,两对相交曲线,其一为 A_dA_p 和 KLM,其二为 B_dB_p 和 NPQ,各自只有一个交点:在第一对的交点为点 A,在第二对的为点 B。但是首先必须注意,这些曲线也可能全然没有交点。例如,假使 B_dB_p 收敛于 N 点左方的价格轴,就不会和曲线 NPQ 相交。在这样情况下,曲线 KLM 将从 K 在价格轴上位于点 A_p 之右的一点开始,就不会与曲线 A_dA_p 相交。这就没有解。

这样的结果并不足奇。只要没有一个(B)持有者愿意以 A_p

单位的(B)换取1单位的(A)或以1单位的(B)换取$\frac{1}{A_p}$(=ON)单位的(A),而同时又没有一个(A)持有者愿意以$\frac{1}{A_p}$(=ON)单位的(A)换取1单位的(B)或以1单位的(A)换取A_p单位的(B),这样的情况就会发生。这时的情况显然是,尽管经过一番讨价还价,仍然无法成交。当然,在以(B)计的低于A_p的(A)的任何价格下,也就是以(A)计的高于$\frac{1}{A_p}$(=ON)的(B)的某一价格下,会有许多以(B)提供交换的(A)的需求者,但是没有人愿意以(A)换取(B)。同样情况,在以(A)计的低于$\frac{1}{A_p}$(=ON)的(B)的任何价格下,也就是以(B)计的高于A_p的(A)的某一价格下,会有许多以(A)提供交换的(B)的需求者,但是没有人愿意以(B)换取(A)。

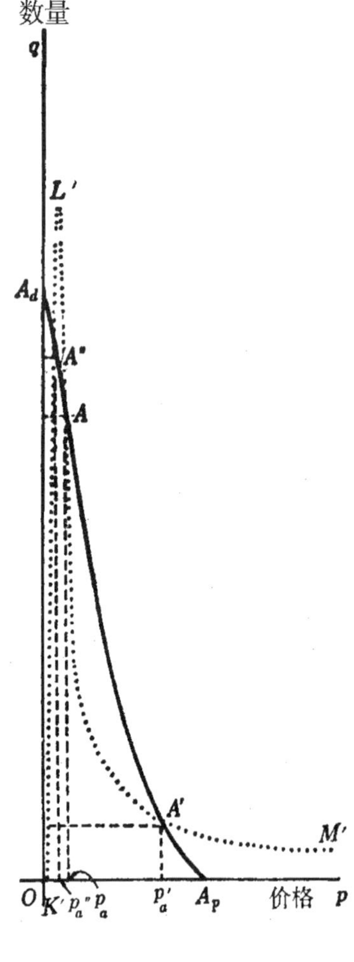

图　8(a)

65. 上述情况既经彻底探索,再对曲线的形状作一番仔细考察,就会发现进一步的可能演变:曲线可以有几个交点。例如,假使两种商品(A)和(B)处于这样情况:以(B)计的对(A)的需求仍然同以前一样,用曲线

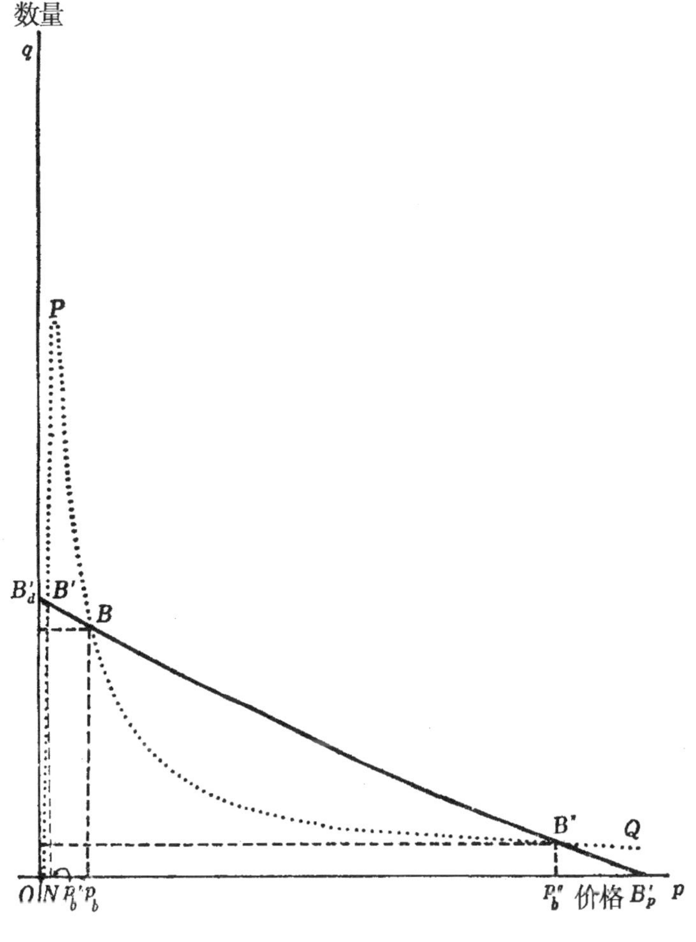

图　8(b)

A_dA_p 表示，而以(A)计的对(B)的需求则用曲线 $B'_dB'_p$ 表示(见图 8(b))，新曲线 $B'_dB'_p$ 就会与曲线 NPQ 相交于三点，B，B' 和 B''。在这样情况下，以前(A)的供给曲线 KLM 将由曲线 $K'L'M'$ 代替(见图 8(a))，将与曲线 A_dA_p 在三点上相交——A，A' 和 A''. 点 A 与点 B 对应，点 A' 与点 B' 对应，点 A'' 与点 B'' 对应。两种商品(A)和(B)的互相交换问题这就有了三个不同的解，因为这时有三组成对的矩形内接于曲线 A_dA_p 和 $B'_dB'_p$，其中任一对矩形彼此之间的关系都是这样：其底为另一个的底的倒数，其高则相等于另一个的面积。但是，所有三个解是不是具有同样重要意义呢？

66. 先看一看三对矩形内分别用 A' 及 B' 和 A'' 及 B'' 标明的那两对。我们发现这两者的情况，跟我们早先所述在图 7 内分别用 A 和 B 标明的只具有唯一解的那些矩形的情况（见第 60 节）完全相同。曲线 A_dA_p 与曲线 $K'L'M'$ 相交于点 A'；曲线 A_dA_p 在交点之右位于曲线 $K'L'M'$ 之下，在交点之左位于曲线 $K'L'M'$ 之上。同样情况，曲线 $B'_dB'_p$ 与曲线 NPQ 相交于点 B'，曲线 $B'_dB'_p$ 在交点之右位于曲线 NPQ 之下，在交点之左位于曲线 NPQ 之上。再者，曲线 A_dA_p 在点 A'' 之右位于曲线 $K'L'M'$ 之下，在点 A'' 之左位于曲线 $K'L'M'$ 之上；而曲线 $B'_dB'_p$ 也是在点 B'' 之右位于曲线 NPQ 之下，在点 B'' 之左位于曲线 NPQ 之上。

就上列两种情况说，在平衡点之右，上述商品的供给大于其需求，结果价格必然下降，就是说，结果必然要回到平衡点。再者，就上列两种情况说，在平衡点之左，上述两种商品的需求大于其供给，结果价格必然上升，就是说，结果必然要走向平衡点。这样一种平衡和悬置体的平衡完全一样，这时悬置体的重心笔直地位于悬点之下，如果重心离开了悬点下的垂直线，它就会通过重力作用，自动地回到原来位置。因此，这种平衡是稳定的。

67. 图 8 内点 A 和点 B 的情形却不是这样。曲线 A_dA_p 在点 A 之右位于曲线 $K'L'M'$ 之上，在点 A 之左位于曲线 $K'L'M'$ 之下。同样情况，曲线 $B'_dB'_p$ 在点 B 之右位于曲线 NPQ 之上，在点 B 之左位于曲线 NPQ 之下。因此，在这一情况下，在平衡点之右，上述商品的需求大于其供给，必然要引起价格上升，就是说，必然要离开平衡点越来越远。在同样情况下，在平衡点之左，上述商品的供给大于其需求，必然要引起价格下降，就是说，由此又将脱离平衡点。这一平衡与悬置体的平衡完全一样，这时悬点笔直地位于重心之下，因此，如果重心一旦离开了悬点上的垂直线，就不会自动复原，而是离开得越来越远，直到通过重力作用，才会达到垂直地在悬点之下的位置。这样的平衡是不稳定的。

68. 事实上，只有用 A'，B' 和 A''，B'' 标明的那些矩形才能给出问题的解，因为用 A，B 标明的那些矩形不过是为两个解的各自范围的划分规定了界限。在 $p_b=\mu$ 之右，(B)以(A)计的价格是向平衡价格 p''_b（这是点 B'' 的横标）的方向移动的；在 p_b 之左，(B)以(A)计的价格是向价格 p'_b（这是点 B' 的横标）的方向移动的。情形相反，在 $p_a=\frac{1}{\mu}$ 之左，(A)以(B)计的价格是向平衡价格 p''_a（这是点 A'' 的横标）的方向移动的；而在 p_a 之右，这一价格是向价格 p'_a（这是点 A' 的横标）的方向移动的。

很容易看出，与这一结果相应的情况是：两种商品的性质是这样的，有可能使在(A)以(B)计的低价下有需求的多量的(A)，与在(B)以(A)计的高价下有需求的少量的(B)具有同样价值的同时有可能的是，使在(A)以(B)计的高价下有需求的少量的(A)，与在(B)以(A)计的低价下有需求的多量的(B)具有同样价值。因此，要看喊价是从以(B)计的(A)的低价（也就是以(A)计的(B)的高价）开始，还是从以(A)计的(B)的低价（也就是以(B)计的(A)的高价）开始，从而决定终于达到的是两种平衡中的第一种还是第

二种。我们随后会看到，如果以“通货”(*numéraire*)和货币为媒介，有多种商品进行互相交换，是否也会发生这样的结果。

69. 到此为止，我们在讨论中假定的是，需求曲线 A_dA_p，B_dB_p 和 $B'_dB'_p$ 在两个坐标轴上都有截段。现在应当再研究一下需求曲线与现存总量双曲线重合，因此渐近于这些坐标轴的这一极端例子。

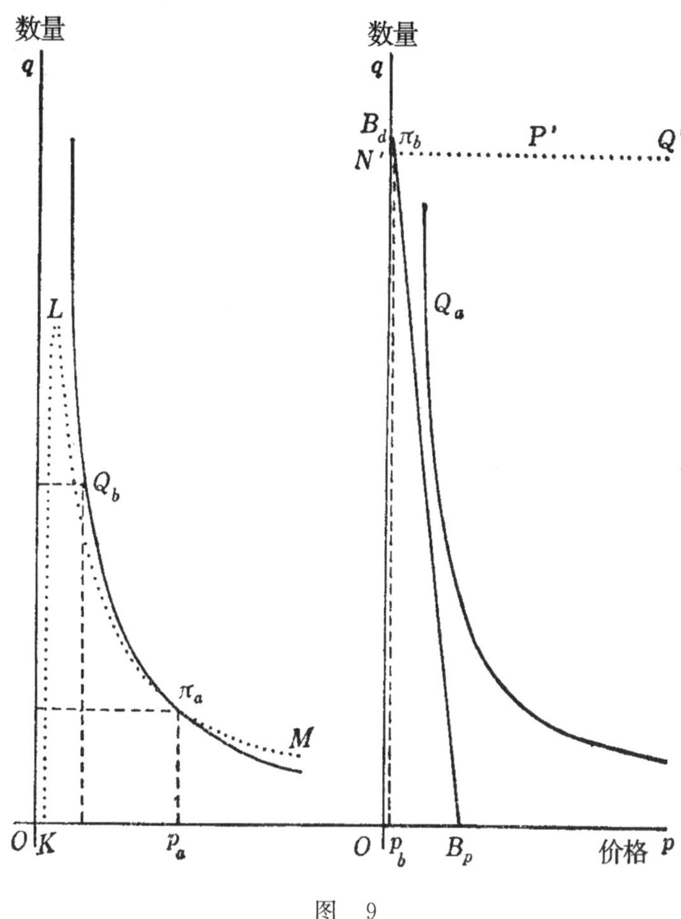

图　9

例如，如果 A_dA_p 与双曲线 $D_ap_a=Q_b$ 重合，从而全部商品

(B)是在任何可以获得的代价下无条件供应的,则方程(1)(见第62节)将变成

$$Q_b \frac{1}{p_a} = F_b\left(\frac{1}{p_a}\right)\frac{1}{p_a},$$

这个方程所表示的是,在图9内经过 Q_b 的双曲线和曲线 KLM 相交于点 π_a。这里不考虑方程 $\frac{1}{p_a}=0$ 或 $p_a=\infty$ 所给出的解。

在这样情况下,方程(2)(见第62节)将变成

$$Q_b = F_b(p_b),$$

这个方程所表示的是,曲线 B_dB_p 与平行于价格轴的直线 $N'P'Q'$ 相交于点 π_b,其距离为 $ON'=Q_b$。

70. 最后,如果两种商品都是在任何可以获得的代价下无条件供应的,则方程为

$$Q_b \frac{1}{p_a} = Q_a$$

和

$$Q_b = Q_a \frac{1}{p_b},$$

由此可以求得 p_a 和 p_b 的值如次:

$$p_a = \frac{Q_b}{Q_a}$$

和

$$p_b = \frac{Q_a}{Q_b}。$$

在这种情况下,两种商品互相交换时的比率恰好相等于现存总量的反比,所依据的是下列方程:

$$Q_a v_a = Q_b v_b\text{。}$$

再者，我们很容易看出，上述两种商品现存总量与交换量的相等，和两者的有效需求与有效供给的相等属于同样意义。

第八章　效用曲线或欲望曲线；商品最大效用定理

71. 关于交换的性质我们已经研究到目前这一步，这就可以考察一下这一现象的原因。如果价格事实上是由数学上的需求曲线而来的，那么构成或产生需求曲线的那些原因和主要条件，就也会构成或产生价格。

因此，让我们再回到以前谈过的个体需求曲线，以曲线 $a_{d,1}a_{p,1}$（见第 51 节内图 1）为例，这是用几何学表示的（B）持有者（1）对（A）的需求计划。首先让我们观察一下确定点 $a_{d,1}$ 的一些情况——曲线从需求轴下降是在这一点开始的。线段 $Oa_{d,1}$ 所表示的是，当价格为零时该持有者对（A）的有效需求量，就是说，所表示的是当商品（A）可以免费取得时他所要消费的量。但这个量一般是怎样决定的呢？这个量取决于商品的某种效用，我们称之为*广泛效用*；这是因为就所考虑的某一种财富而论，它可以满足欲望，这类欲望的广泛程度或众多程度参差不一，因感到有此欲望者人数的多寡和欲望的坚决程度而定——总之是因为，即使取得商品时无须付出任何代价，或多或少的该商品仍然会被消费。效用的这个第一属性是简单的，并且是绝对的；这是由于(A)的广泛效用除(A)的需求曲线外什么也不影响，(B)的广泛效用除(B)的需求曲线外什么也不影响。并且，广泛效用是个可测的量，因为这是当价格为零时人们要取得的量，而这个量是可测的。

72. 然而，广泛效用并没有说明效用的全部；这只是它的属性之一。我们一旦注意到足以确定曲线 $a_{d,1}a_{p,1}$ 的坡度的、因此也就是足以确定曲线与价格轴的交点 $a_{p,1}$ 的位置的那些情况时，就会立即发现另一个属性。曲线的坡度只是两个量——价格的提高和由此引起的需求的减退——的比率。这个比率一般是怎样决定的呢？这个比率取决于商品的另一类型的效用，我们称之为强烈效用；这是因为就这种类型的财富而论，它可以满足欲望，这类欲望的强烈或迫切程度参差不一，因不断感到有此欲望者人数的多寡和尽管商品代价很大而仍然感到有此欲望的各个人的坚决程度而定——总之是因为，取得商品时必须付出的代价的大小会影响商品的消费量。效用的这个第二属性与第一属性不同，是复杂的，并且是相对的；这是由于确定两种商品(A)和(B)各自的需求曲线的坡度的，既是(A)的强烈效用，也是(B)的强烈效用。因此，虽然可以把需求曲线的坡度用数学语言简单地下定义为需求减退和价格提高之比的极限，但对我们说来，它仍然是两种交换商品的强烈效用之间的一个复杂关系。

73. 要使(A)的需求曲线 $a_{d,1}a_{p,1}$ 的坡度受到影响的还有一个因素，那就是持有者(1)所有的商品(B)的原存量 q_b。一般说来，个体需求曲线位于个人的原存量的双曲线之下，与集合需求曲线

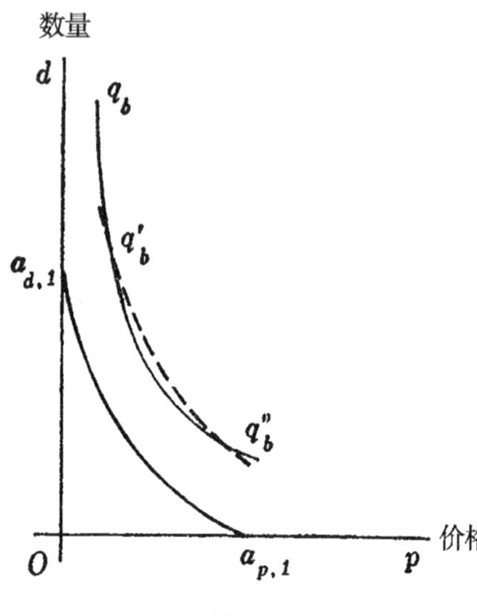

图　10

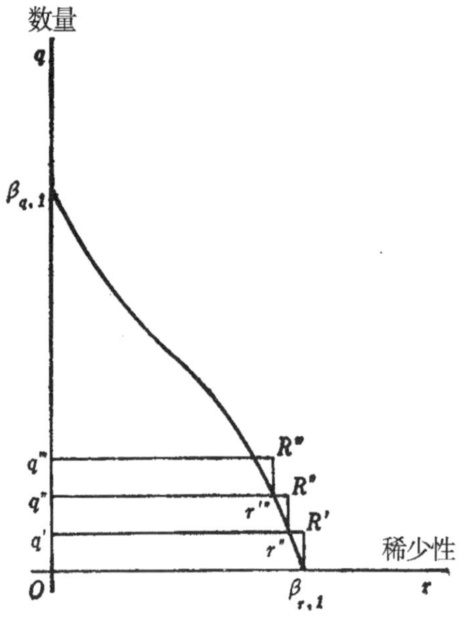

图　11

位于原存总量的双曲线之下的情形相同。当个人原存量双曲线走向或离开坐标轴的原点时，个体需求曲线会跟着它移动，会在强烈效用变动的影响下移动。图10如实地描绘了在各种情况下的这一必然性。

74. 以上的分析并不完整；骤然看来，似乎无法再追究下去，因为孤立地来看强烈效用时觉得它很难捉摸，它跟广泛效用和被占有的一种商品的量不同，与空间或时间并不存在直接的或可测的关系。但这种困难仍然不是无法克服的。只须假定这种直接的或可测的关系是存在的，关于广泛效用、强烈效用和原存量对价格的影响，就可以作出精确的数学上的说明。

因此，我假定欲望或强烈效用的强度存在着一个标准测度，这个测度不仅适用于同类财富的同样单位，而且适用于各种财富的不同单位。记住了这一点，然后让我们画两条坐标轴，一条直的是 Oq，一条横的是 Or，如图 11 所示。在直立轴 Oq 上从点 O 开始，截取连续线段 Oq'，$q'q''$，$q''q'''$…，表示的是，持有者（1）在某一段时间所连续消费的（B）单位——如果他有那么些单位可供其支配的话。现在假定，在这一期间，双方的不论是广泛效用或强烈效用都保持不变，这就可以将时间隐含在效用的表述中。如果不是这样，如果假定效用对时间的函数关系来说是个变量，那就不得不使时间明确地出现在问题中。那时我们将从经济静力学转向经济动力学。

持有者（1）所消费的（B）的一切连续单位，从满足他最迫切欲望的第一个单位起，到最后一个单位——其后饱和点即开始——止，对他说来是具有递减的强烈效用的。这里的问题是，如何为这种递减过程求得一个数学表达。如果（B）是这样一种商品，它生来是要按整个单位来消费的，如家具或成件的衣服，这就可以（如图 11 所示）在横轴 Or，并在通过点 q'，q''…与横轴平行的直线上，截取线段 $O\beta_{r,1}$，$q'r''$，$q''r'''$…，用以分别表示被消费的各个连续单位的强烈效用。然后作出矩形 $Oq'R'\beta_{r,1}$，$q'q''R''r''$，$q''q'''R'''r'''$…，从而求得曲线 $\beta_{r,1}R'r''R''r'''R'''$…，这是一条不连续曲线。否则，如果商品（B）是可以在被分成极其零碎的小量下来消费的，如食品，则强烈效用不仅会从这一单位减退到次一单位，而且会从各单位的最初部分减退到该单位的最后部分，这时不连续曲线 $\beta_{r,1}R'r''R''r'''R'''$…就会成为连续曲线 $\beta_{r,1}r''r'''\cdots\beta_{q,1}$. 同样情况，可以为商品（A）构成曲线 $\alpha_{r,1}\alpha_{q,1}$，如图 12 所示。不管曲线是连续的还是不连续的，这里假定强烈效用总是从被消费的最初单位或该单位的一个部分，减退到被消费的最后单位或该单位的一个部分。

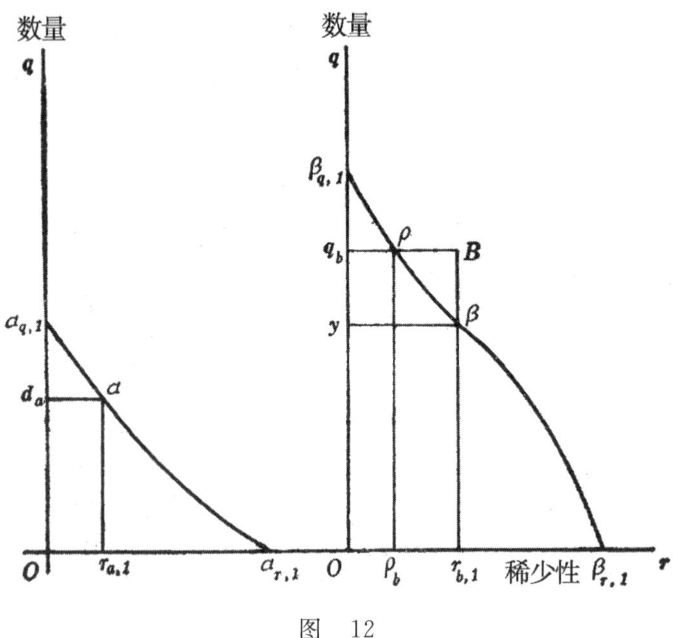

图 12

线段 $O\beta_{q,1}$ 和线段 $O\alpha_{q,1}$（见图 12）所分别表示的是，对持有者(1)说来商品(B)和商品(A)的广泛效用，即持有者(1)对商品(B)和商品(A)的欲望的限度。面积 $O\beta_{q,1}\beta_{r,1}$ 和面积 $O\alpha_{q,1}\alpha_{r,1}$ 所分别表示的是，对该持有者说来商品(B)和商品(A)的虚假效用，也就是以其广泛度和强烈度为依据的该持有者对(B)和(A)的欲望的总和。因此，曲线 $\alpha_{r,1}\alpha_{q,1}$ 和曲线 $\beta_{r,1}\beta_{q,1}$，是该持有者对商品(A)和商品(B)的效用曲线或欲望曲线。但这还不是问题的全部，因为还有待于研究的是这些曲线具有双重性。

75. 如果用有效效用这个词来表示通过商品的某一消费量而获得满足的欲望——那是同时用广泛度和强烈度来衡量的——的

总和，那么曲线 $\beta_{r,1}\beta_{q,1}$ 就成为该持有者个人的有效效用曲线——这里把它看成他的(B)消费量（就界限内面积说）的一个函数。例外，如果他所消费的是用线段 Oq_b 表示的(B)的量 q_b，则其有效效用就是用面积 $Oq_b\varrho\beta_{r,1}$ 所表示的。因此，如果用稀少性（*rareté*）这个词来表示通过商品的某一消费量而获得满足的最后需要的强度，那么曲线 $\beta_{r,1}\beta_{q,1}$ 就成为该持有者个人的稀少性曲线——这里把它看成他的(B)消费量（就纵坐标说）的一个函数。这就表明，如果他所消费的是用线段 Oq_b 表示的(B)的量 q_b，则其稀少性是 ϱ_b，这是用线段 $q_b\varrho = O\varrho_b$ 表示的。同样情况，曲线 $\alpha_{r,1}\alpha_{q,1}$ 同时既是有效效用曲线，也是稀少性曲线，两者都是(A)的消费量的函数。因此我把坐标轴之一叫做稀少性轴，把还有一个叫做数量轴。让我再提一提，这里必须假定，所占有的数量降低，则稀少性提高，反之也是一样。

从数学分析上说，如果根据方程 $u=\Phi_{a,1}(q)$ 和 $u=\Phi_{b,1}(q)$，从而假定有效效用是消费量的函数，则表示稀少性的是导数 $\Phi'_{a,1}(q)$ 和 $\Phi'_{b,1}(q)$。否则，如果根据方程 $r=\phi_{a,1}(q)$ 和 $r=\phi_{b,1}(q)$，从而假定稀少性是消费量的函数，则表示稀少性的是从 o 到 q' 的定积分：$\int_o^q \phi_{a,1}(q)dq$ 和 $\int_o^q \phi_{b,1}(q)dq$。关于 u 和 r，这就有了交互相关式

$$u=\Phi(q)=\int_o^q \phi(q)dq,$$

和

$$r=\Phi'(q)=\phi(q).$$

76. 以上述论点为依据，如果对于(B)持有者(1)说来的商品

(A)的广泛效用和强烈效用，在几何学上用连续曲线 $\alpha_{r,1}\alpha_{q,1}$ 来表示，在代数学上用这个曲线的方程 $r=\phi_{a,1}(q)$ 来表示，而对该持有者说来的商品(B)的广泛效用和强烈效用，则在几何学上用连续曲线 $\beta_{r,1}\beta_{q,1}$ 来表示，在代数学上用这个曲线的方程 $r=\phi_{b,1}(q)$ 来表示，并且假定用线段 Oq_b 表示的量 q_b 是该持有者所保有的(B)的初始量；然后让我们察看一下，是否能精密地确定他在任一价格下对(A)的需求。

根据我们建立欲望曲线的方式，并且根据我们对这类曲线所赋予的特性，可以推定，如果持有者(1)要把他所有的 q_b 单位的(B)全部留下供自己消费，则由面积 $Oq_b\varrho\beta_{r,1}$ 所表示的就是他所获得满足的欲望的总和。但他通常是不会这样做的；因为按一般情况说，如果他只消费他的(B)的一部分，而将其余部分按现期价格交换某一数量的(A)，他就可以满足欲望的一个更大的总和。例如，如果以(B)计的(A)的价格为 p_a，他只留下如图 12 内 Oy 所表示的 y 单位的(B)，而将由 yq_b 所表示的其余部分 $o_b=q_b-y$ 用以交换由 Od_a 所表示的 d_a 单位的(A)，则由两个面积 $Oy\beta\beta_{r,1}$ 和 $Od_a\alpha\alpha_{r,1}$ 所表示的将是他所能获得满足的欲望的总和，这可能大于以前的总和。如果假定他在交易中的目的是在于获得满足欲望的尽可能大的总和，那就可以肯定，在某一 p_a 下，决定 d_a 的条件是，两个面积 $Oy\beta\beta_{r,1}$ 和 $Od_a\alpha\alpha_{r,1}$ 的总和应当扩大到最大限度。而这一最大值的条件是：由量 d_a 和量 y 所满足的最后欲望的强度 $r_{a,1}$ 和 $r_{b,1}$ 之比，也就是于完成这一交换时各自的稀少性之比，应当相等于价格 p。

77. 假定这个条件可以满足，这就可以成立下列的联立方程：

$$o_b = q_b - y = d_a p_a,$$

$$r_{a,1} = p_a r_{b,1}.$$

消去 p_a，则得

$$d_a r_{a,1} = o_b r_{b,1},$$

关于 d_a，o_b，$r_{a,1}$ 和 $r_{b,1}$，如果分别用图 12 中表示这些量的与之对应的几何线段 Od_a，$q_b y$，$d_a\alpha$ 和 $y\beta$ 代替，则得

$$Od_a \times d_a\alpha = q_b y \times y\beta。$$

据此，两个矩形 $Od_a\alpha r_{a,1}$ 和 $yq_bB\beta$ 的面积是相等的。但是很明显，根据曲线 $\alpha_{r,1}\alpha_{q,1}$ 和曲线 $\beta_{r,1}\beta_{q,1}$ 的性质，一方面

$$\text{面积 } Od_a\alpha\alpha_{r,1} > Od_a \times d_a\alpha,$$

而另一方面，

$$q_b y \times y\beta > \text{面积 } yq_b\varrho\beta.$$

因此

$$\text{面积 } Od_a\alpha\alpha_{r,1} > \text{面积 } yq_b\varrho\beta.$$

显然，以 o_b 量的(B)去交换 d_a 量的(A)，对我们的(B)持有者说来是有利的，因为他由此获得满足的面积大于他所让与满足的面积。但这个说法不够完整，因为我们还得证明，这里考虑的这一交易，对我们的持有者说来，与需要让予小于或大于 o_b 量的(B)来换取(对应的)小于或大于 d_a 量的(A)的任何其他交易相比，更加有利。

78. 为此，让我们对需要以 o_b 量的(B)交换 d_a 量的(A)的整个交易加以这样的想象：这一整个交易就好像是由幅度相同的一系列 s 片断的交易所组成。当(B)持有者在逐次的 s 片断中不断

地卖出$\frac{o_b}{s}$的(B),买进$\frac{d_a}{s}$的(A)时,按照交换方程

$$\frac{o_b}{s}=\frac{d_a}{s}p_a,$$

他的(A)的稀少性会降低,他的(B)的稀少性会提高。在这样情况下,稀少性的比率开始是高于价格 p_a 的,就会变成与这一价格相等。这里首先要指出的是,在这样情况下,每一片断交易对他都是有利的;虽然从第一次交易到第 s 次交易,利益在不断减退中。

我们在图 13 内画出两个线段:一个是 Od'_a,在第一条曲线原点 O 之上的垂直线段 Od_a 上,还有一个是 q_by',在第二条曲线的点 q_b 之下的垂直线段 q_by 上,用以分别表示在第一次片断交易中

进行交换的$\frac{d_a}{s}$量的(A)和$\frac{o_b}{s}$量的(B)。于完成第一次交易时,稀少

性的比率虽然有所降低,但经假定仍然高于价格 p_a。用 r_a 和 r_b 来表示这类稀少性,则

$$r_a>p_ar_b,$$

基于前一方程,使我们得出

$$\frac{d_a}{s}r_a>\frac{o_b}{s}r_b。$$

将$\frac{d_a}{s}$,$\frac{o_b}{s}$,r_a 和 r_b 用对应线段 Od'_a,q_by',$d'_a\alpha'$ 和 $y'\beta'$ 代替,从而用几何学表示,则得

$$Od'_a\times d'_a\alpha'>q_by'\times y'\beta'。$$

但是从欲望曲线的性质可以看出,一方面

$$面积\ Od'_a\alpha'\alpha_{r,1}>Od'_a\times d'_a\alpha',$$

而另一方面

$$q_b y' \times y'\beta' > \text{面积 } y'q_b\varrho\beta'。$$

由此有充分理由可以推定,

$$\text{面积 } Od'_a\alpha'\alpha_{r,1} > \text{面积 } y'q_b\varrho\beta'.$$

因此,以$\frac{o_b}{s}$的(B)换取$\frac{d_a}{s}$的(A)的第一次片断交换,对我们的持有者是有利的。我们可以用同样方式证明,其次的 $s-2$ 片断交换也是有利的,因为经过每一次交易,稀少性的比率虽然在降低,但根据假设,比率仍然大于价格。显然,逐次交易对持有者(1)的有利程度是随着稀少性比率的降低而降低的。

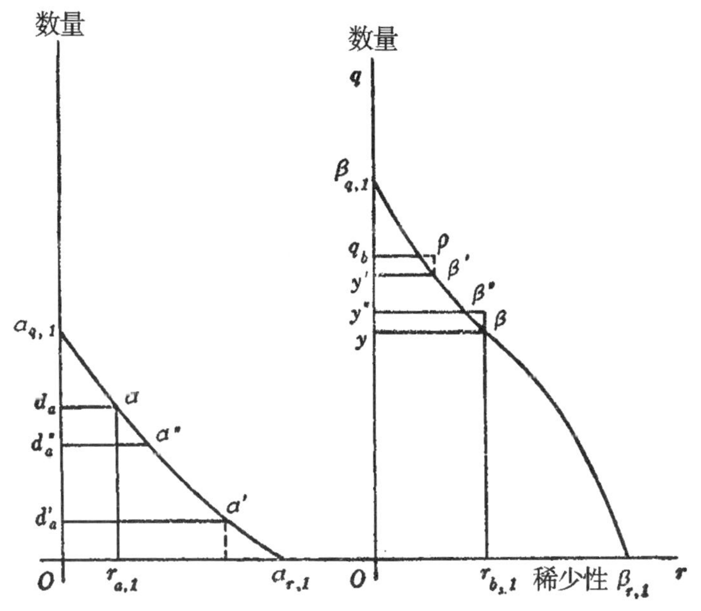

图 13

仍在图 13 内,现在让我们另画出两个线段:一个是 $d_a d''_a$,在第一条曲线直接处于点 d_a 之下的垂直线段 $d_a O$ 上,还有一个是

yy''，在第二条曲线直接处于点 y 之上的垂直线段 yq_b 上，用以分别表示与以前交换的量相同的$\frac{d_a}{s}$的(A)和$\frac{o_b}{s}$的(B)，但这次所指的是在最后一次片断交易中的。于完成这一末次交易时，经假定已降低的稀少性比率相等于价格，这就得出

$$r_{a,1}=p_a r_{b,1},$$

基于交换方程，使我们得出

$$\frac{d_a}{s}r_{a,1}=\frac{o_b}{s}r_{b,1}.$$

将$\frac{d_a}{s}$，$\frac{o_b}{s}$，$r_{a,1}$ 和 $r_{b,1}$ 用对应线段 $d_a d''_a$，yy''，$d_a\alpha$ 和 $y\beta$ 代替，从而用几何学表示，则得

$$d_a d''_a\times d_a\alpha=yy''\times y\beta.$$

但是从欲望曲线的性质可以看出，一方面

$$\text{面积 } d''_a d_a\alpha\alpha''>d_a d''_a\times d_a\alpha,$$

而另一方面

$$yy''\times y\beta>\text{面积 } yy''\beta''\beta.$$

所以

$$\text{面积 } d''_a d_a\alpha\alpha''>\text{面积 } yy''\beta''\beta.$$

因此，以$\frac{o_b}{s}$的(B)换取$\frac{d_a}{s}$的(A)的最后片断交易仍然对我们的持有者有利。由于 s 有多大可以由我们任意假定，因此，这一切片断交易，包括最后一次在内，不管它怎样小，总是有利的——虽然从第一次交易起到第 s 次交易止，利益在逐步减退中。结果是，(B)持有者(1)所提供的(B)不会少于 o_b，也就是说，所需求的(A)不会少

于 d_a。

79. 可以用同样方式证明,我们的(B)持有者所提供的(B)不会多于 o_b,也就是说,所需求的(A)不会多于 d_a,因为超过以 o_b 量的(B)换取 d_a 量的(A)这一极限之后,所有片断交易,即使是第一次片断交易,不管把它假定得怎样小,对他总是不利的,而且随着交易次数的增进,越来越不利。这一点的证明已经暗含在前一节作出的论证中。实际情况是,由稀少性比率与价格相等所划定的极限达到以后,如果以任何数量的(B)交换具有以(B)计的等值的数量(A),从而继续降低(A)的稀少性,提高(B)的稀少性,就会出现不等式

$$r_a < p_a r_b,$$

这也可以表示为

$$r_b > p_b r_a。$$

由上述论证可以推定,以某一数量的(A)交换某一数量的(B)时,会越来越接近于最大满足,终于达到

$$r_{b,1} = p_b r_{a,1},$$

或

$$r_{a,1} = p_a r_{b,1}。$$

80. 因此,在(A)以(B)计的价格 p_a 下,(B)持有者(1)所提供的将恰恰是(B)的 o_b 量,所需求的将恰恰是(A)的 d_a 量——如果这些量所具有的关系是 $r_{a,1} = p_a r_{b,1}$。

概括地说:假定市场上有两种商品,如果通过各该商品所满足的最后欲望的强度比率,也就是其稀少性比率,相等于价格,则两种商品持有者都获得欲望的最大满足或最大有效效用。直到上述

均等已经达到为止，对交换的一方说来，卖出其稀少性小于其价格乘另一商品的稀少性的积的那种商品，和买进其稀少性大于其价格乘第一种商品的稀少性的积的另一商品，都对他有利。

当然，交换的一方可能会认为对他有利的是，先将他所有的不论两种商品中的哪一种全部出售，或者是对另一种商品全然无所需求。随后我们当讨论这一点。

81. 在方程

$$r_{a,1}=p_a r_{b,1}$$

内，关于 $r_{a,1}$ 和 $r_{b,1}$，如果用它们的等值代入，则

$$\phi_{a,1}(d_a)=p_a\phi_{b,1}(y)=p_a\phi_{b,1}(q_b-o_b)$$
$$=p_a\phi_{b,1}(q_b-d_a p_a).$$

上述方程表明 d_a 是 p_a 的函数。如果我们假定就两个变量内的第一个解出方程，这一关系就简化为

$$d_a=f_{a,1}(p_a).$$

这是曲线 $a_{d,1}a_{p,1}$（见图 1）的方程，表示的是持有者(1)用(B)交换时对(A)的需求。如果方程 $r=\phi_{a,1}(q)$ 和方程 $r=\phi_{b,1}(q)$ 是可确定的，则上述方程也是在数学上可确定的。正是由于这两个方程是不可确定的，所以 $d_a=f_{a,1}(p_a)$ 仍然是经验方程。

现在可以把待解的问题陈述如次：假定有两种商品(A)和(B)，假定已知双方关于这些商品的效用曲线或欲望曲线，假定已知双方所保有的初始存量，确定需求曲线。

82. 我们不妨用微积分的惯常记法来重新表达这个解。

假定(A)以(B)计的价格为 p_a 时，d_a 为(A)的需求量，$o_b=d_a p_a$ 为(B)的供给量，并从而假定 q_b-o_b 为(B)的保留量，因此

$$d_a p_a + (q_b - o_b) = q_b, \tag{1}$$

其间 q_b 为某一持有者所保有的(B)的初始存量。

并且,假定 $u=\Phi_{a,1}(q)$ 和 $u\Phi_{b,1}(q)$ 这两个方程分别表示对该持有者说来的(A)和(B)的有效效用,是所消费的量的函数,因此可以假定

$$\Phi_{a,1}(d_a) + \Phi_{b,1}(q_b - o_b)$$

为扩大到最大限度的总有效效用。由于 Φ 函数的导数在性质上是下降函数,因此,当两种商品消费量方面效用的微增量的代数和各为零时,就会发现该持有者所追求的最大值。因为,如果假定这类增量是不均等的,并且在正负号上是相反的,那么该持有者就会看到对他有利的是,随着微增量是较大还是较小而需求较多或较少的商品,也就是说,随着微增量是较小还是较大而提供较多或较少的商品。欲望的最大满足条件,这就可以用下列方程表达:

$$\Phi'_{a,1}(d_a) dd_a + \Phi'_{b,1}(q_b - o_b) d(q_b - o_b) = 0。$$

要晓得,一方面是,关系到消费量的有效效用函数的导数,实在就是稀少性(见第 75 节);而另一方面是,根据上列方程(1),以两种商品之一计的该两种商品的价格与消费量的微分相乘的积的代数和等于零,这里的方程是

$$p_a dd_a + d(q_b - o_b) = 0。$$

由此得出

$$\phi_{a,1}(d_a) = p_a \phi_{b,1}(q_b - d_a p_a).$$

这里只是为那些不熟悉微积分的读者着想,对微分法作出了一些说明。其他的读者会立即看出,通过对 d_a 微分下列两式的任一式:

$$\Phi_{a,1}(d_a)+\Phi_{b,1}(q_b-d_a p_a)$$

或

$$\int_o^{d_a}\phi_{a,1}(q)dq+\int_o^{q_b-d_a p_a}\phi_{b,1}(q)dq,$$

则得

$$\phi_{a,1}(d_a)-p_a\phi_{b,1}(q_b-d_a p_a)=0$$

或

$$\phi_{a,1}(d_a)=p_a\phi_{b,1}(q_b-d_a p_a).$$

还可以迅即看出，与这一导出方程的根对应的总是一个最大值，而不是一个最小值，因为函数 $\Phi'_{a,1}(q)$ 或 $\phi_{a,1}(q)$ 和函数 $\Phi'_{b,1}(q)$ 或 $\phi_{b,1}(q)$ 本质上是下降函数，并且第二导数

$$\phi'_{a,1}(d_a)+p_a{}^2\phi'_{b,1}(q_b-d_a p_a)$$

必然是负的。

83. 在上述论证中已经预先假定效用曲线是连续的。现在可以考虑一下其间效用曲线之一或一个以上是不连续的那类情况。严格说来，有三种可能情况：其一，以具有连续效用曲线的商品交换具有不连续效用曲线的商品；其二，以具有不连续效用曲线的商品交换具有连续效用曲线的商品；其三，进行交换的两种商品都具有不连续效用曲线。但是，我们只须注意第一种情况，因为随后会看到，就所选择的商品来说，如果其他一切商品的值均以该商品的值为依据，如果购入其他一切商品时均须通过该商品，那么该商品就能够具有也必然具有连续效用曲线。

据此，同以前一样，假定 $\beta_{r,1}\beta_{q,1}$（见图 14）为(B)持有者(1)的商品(B)的效用曲线，q_b 为他的(B)的原存量；并且以经过点 a 和

a‴的一条阶梯曲线为该持有者的关于商品(A)的效用曲线。如果商品(A)只能按整个单位购入,如果 p_a 为(A)以(B)计的每单位价格,则商品(B)就只能按相等于 p_a 的货量出售。如果该持有者通过交换获得了最大满足,则线段 $d_a d''_a$ 和 $d_a d'''_a$ 所分别表示的就是(A)被购入的最后单位和(A)未被购入的最初单位。如果同时以线段 yy'' 和 yy''' 分别表示(B)被售出的最后货量和(B)未被售出的最初货量,这就产生了两个不等式:

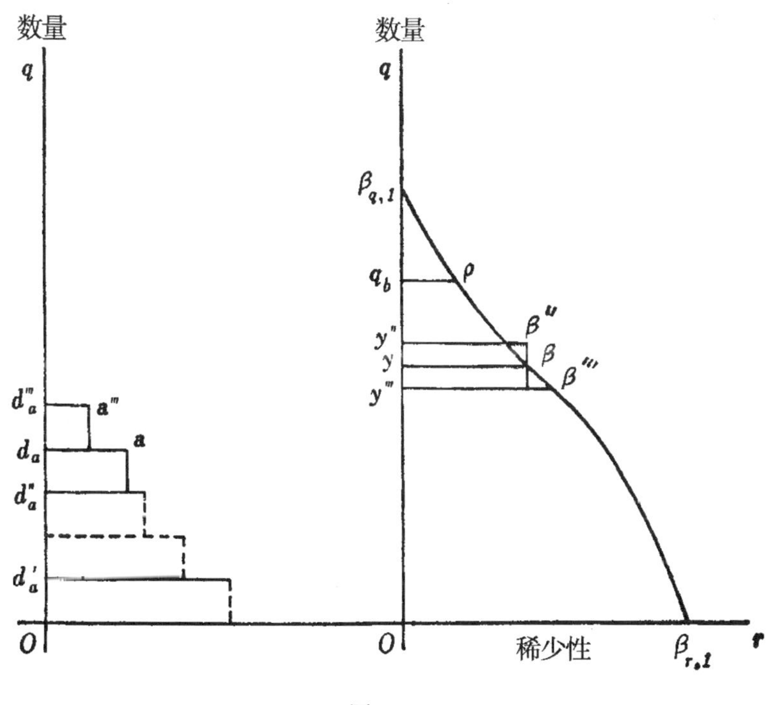

图　14

$$\text{面积 } yy''\beta''\beta < d_a \mathrm{a}$$

和

$$\text{面积 } yy'''\beta'''\beta > d'''_a \mathrm{a}'''.$$

假定用 m'' 和 m''' 表示两个中间线段，前者短于 $y\beta$ 但长于 $y''\beta''$，后者长于 $y\beta$ 但短于 $y'''\beta'''$；并且假定以线段 m'' 和 m''' 乘 $yy''=yy'''=p_a$ 时，即可获得分别相等于 $yy''\beta''\beta$ 和 $yy'''\beta'''\beta$ 的两个面积。这样，m'' 和 m''' 所分别表示的就是(B)被售出的最后货量的和(B)未被售出的最初货量的效用的平均强度。这就可以将上面两个不等式——两个合起来是可以确定对(A)的需求 d_a 的——表达如次：

$$d_a \mathrm{a} = p_a m'' + \varepsilon''$$

和

$$d'''_a \mathrm{a}''' = p_a m''' - \varepsilon'''.$$

根据这两个方程，可直接得出

$$\frac{d_a \mathrm{a} + d'''_a \mathrm{a}'''}{m'' + m'''} = p_a + \frac{\varepsilon'' - \varepsilon'''}{m'' + m'''}。$$

这里 $m''+m'''$ 差不多相等于 $2y\beta$，并且 $\frac{\varepsilon''-\varepsilon'''}{m''+m'''}$ 是极其小的。因此，上列最后一个方程极其近似于

$$\frac{\frac{d_a \mathrm{a} + d'''_a \mathrm{a}'''}{2}}{y\beta} = p_a。$$

据此，以具有连续效用曲线的商品交换具有不连续效用曲线的商品时，一经获得了最大满足，则由购入商品获得满足的最后欲望及未获得满足的最初欲望的平均强度，和由售出商品获得满足的最后欲望的强度，这两者之间的比率，同价格极其接近于相等。

上面说“极其接近”，这是因为，不但 $p_a \times y\beta$ 的积——换句话

说，即(A)以(B)计的价格与由(B)获得满足的最后欲望的强度相乘——和由(A)获得满足的最后欲望及未获得满足的最初欲望的平均强度，可能不相均等，而且还可能发生这样的情况，这个乘积会大于或小于两个平均量中的任一个。实际上，必然的是

$$\text{面积 } yy''\beta''\beta < p_a \times y\beta$$

和

$$d_a \mathrm{a} > \text{面积 } yy''\beta''\beta,$$

但不一定的是

$$d_a \mathrm{a} > p_a \times y\beta;$$

如果确实是

$$d_a \mathrm{a} > p_a \times y\beta,$$

则 $d_a\mathrm{a}$ 和 $d'''_a\mathrm{a}'''$(它是 $< d_a\mathrm{a}$ 的)两者都将小于 $p_a \times y\beta$。同样情况，必然的是

$$\text{面积 } yy'''\beta'''\beta > p_a \times y\beta$$

和

$$d'''_a \mathrm{a}''' < \text{面积 } yy'''\beta'''\beta,$$

但不一定的是

$$d'''_a \mathrm{a}''' < p_a \times y\beta;$$

如果确实是

$$d'''_a \mathrm{a}''' > p_a \times y\beta,$$

则 $d'''_a\mathrm{a}'''$ 和 $d_a\mathrm{a}$(它是 $> d'''_a\mathrm{a}'''$ 的)两者都将大于 $p_a \times y\beta$。

84. 让我们再回到两个不等式

$$\text{面积 } yy''\beta''\beta < d_a \mathrm{a}$$

和

$$\text{面积 } yy'''\beta'''\beta > d'''_a \mathrm{a}'''.$$

当 p_a 减小时，上面两个不等式的左边就都得减小。第一个不等式的符号是不变的，但在某一限度之后，第二个不等式的符号将倒转，d_a 将至少提高一个单位。当 p_a 增大时，上面两个不等式的左边都得增大。那时第二个不等式的符号将保持不变，但在某一限度之后，第一个不等式的符号将倒转，d_a 将至少提高一个单位。因此，(A)的需求曲线是下降的，并且是不连续的。

从数学分析上说，(A)以(B)计的某一价格 p_a 经喊出以后，上述持有者按照他所需求的是足以分别满足其强度为 $r_1, r_2 \cdots$ 的欲望的(A)的 1，2…单位，从而获得以同样量值 $r_1, r_2 \cdots$ 衡量的(A)的有效效用时，他所要保留的是量 $q_b - p_a, q_b - 2p_a \cdots$ 的(B)，所要让与的是用积分

$$\int_{q_b - p_a}^{q_b} \phi_{b,1}(q)dq, \quad \int_{q_b - 2p_a}^{q_b - p_a} \phi_{b,1}(q)dq \cdots$$

的数值衡量的(B)的有效效用。并且，足以产生最大满足的需求 d_a，系同时由下列两个不等式决定：

$$\int_{q_b - d_a p_a}^{q_b - (d_a - 1)p_a} \phi_{b,1}(q)dq < r_{d_a},$$

和

$$\int_{q_b - (d_a + 1)p_a}^{q_b - d_a p_a} \phi_{b,1}(q)dq > r_{d_{a+1}}.$$

这就可以在数学上确定关系到一切 p_a 值的 d_a，可以用一条下降而不连续的曲线来表示用以换取(B)时对(A)的需求是价格的一个函数。

第九章　需求曲线讨论;两种商品互相交换问题数学解的一般公式

85. 由于个体需求方程

$$d_a=f_{a,1}(p_a)$$

就 d_a 求解时就成为

$$\phi_{a,1}(d_a)=p_a\phi_{b,1}(q_b-d_ap_a),$$

因此可以就后一式讨论这个方程。

先假定 $p_a=0$。方程就简化为

$$\phi_{a,1}(d_a)=0,$$

其根为 $d_a=\alpha_{q,1}=Oa_{d,1}$(见图 15)。

结论:假定市场上有两种商品,如果其中之一的价格为零,则其他一种商品的各个持有者对这一商品所需求的量,相等于他对这一商品的一切欲望完全满足时所必需的量;就是说,相等于该种商品的广泛效用。

这是根据第 71 节必然要得出的结论。曲线 $a_{d,1}a_{p,1}$ 系以点 $\alpha_{q,1}$ 开始。

86. 否则,如果假定 $d_a=0$,则个体需求方程就变成

$$\phi_{a,1}(0)=p_a\phi_{b,1}(q_b),$$

其根为 $p_a=\frac{\phi_{a,1}(0)}{\phi_{b,1}(q_b)}=\frac{\alpha_{r,1}}{\varrho_b}=Oa_{p,1}$(见图 15)。

结论：市场中两种商品之一的持有者对其他一种商品的需求量会变为零——如果所需求的商品的价格，相等于或大于该持有者对需求商品最大欲望的强度与通过供给商品的保有量所能满足的最后欲望的强度两者之间的比率。

这也是一个必然要得出的结论；因为在这种情况下，持有者(1)所消费的(B)的最后货量，比方说$\frac{o_b}{s}$，使他获得的满足为$\frac{o_b}{s}\varrho_b$，如果将(B)的这一货量按价格 p_a 交换$\frac{d_a}{s}$的(A)，他所获得的满足也不会大于$\frac{d_a}{s}\alpha_{r,1}=\frac{o_b}{s}\frac{\alpha_{r,1}}{p_a}$，而后者是相等于或小于$\frac{o_b}{s}\varrho_b$ 的。

87. 以上已经说明了如果(B)持有者(1)全然不再需求任何的(A)时所必须满足的价格条件。现在让我们看一看，如果该持有者不打算保留任何的(B)，在这种情况下怎样说明必要的价格条件。这就必须将方程

$$\phi_{a,1}(d_a)=p_a\phi_{b,1}(q_b-d_ap_a) \tag{1}$$

加以改写，使

$$d_ap_a=q_b; \tag{2}$$

方程(1)这就变成

$$\phi_{a,1}(d_a)=p_a\phi_{b,1}(0), \tag{3}$$

其根为

$$p_a=\frac{\phi_{a,1}(d_a)}{\phi_{b,1}(0)}=\frac{\varrho_a}{\beta_{r,1}}.$$

结论：两种商品之一的持有者会提供全部他所保有的那种商品——如果在交换中所需求的商品的价格，相等于或小于需求商品所能满足的最后欲望的强度与供给商品所能满足的最大欲望的强度两者之间的比率。

这是再一次必然要得出的结论；因为就这里的研究情况说，持有者(1)可能会消费的(B)的最初货量，比方说$\frac{o_b}{s}$，使他获得的满足当不会大于$\frac{o_b}{s}\beta_{r,1}$，如果将(B)的这一货量，按价格 p_a 交换$\frac{d_a}{s}$的(A)，他所获得的满足将是$\frac{d_a}{s}\varrho_a=\frac{o_b}{s}\frac{\varrho_a}{p_a}$，而这是相等于或大于$\frac{o_b}{s}\beta_{r,1}$的。

88. 如果将方程(2)和(3)各就其两边相乘，再各除以 p_a，以便把它消去，则得

$$d_a\phi_{a,1}(d_a)=q_b\phi_{b,1}(0).$$

否则，如果使 q_b 和 $\phi_{b,1}(0)=\beta_{r,1}$ 分别由图 15 内所示与之对应的几何学上的线段 Oq_b 和 $O\beta_{r,1}$ 代替，则得

$$d_a\phi_{a,1}(d_a)=Oq_b\times O\beta_{r,1}。$$

这个方程所限定的条件可以说明如次：当两种商品之一的供给相等于它的保有量时，就必然有可能在需求商品的欲望曲线之内作出一个内接矩形，使其面积相等于另一矩形的面积，后者是这样构成的：其高用供给商品的保有量衡量，其底则用该商品的最大欲望的强度衡量。

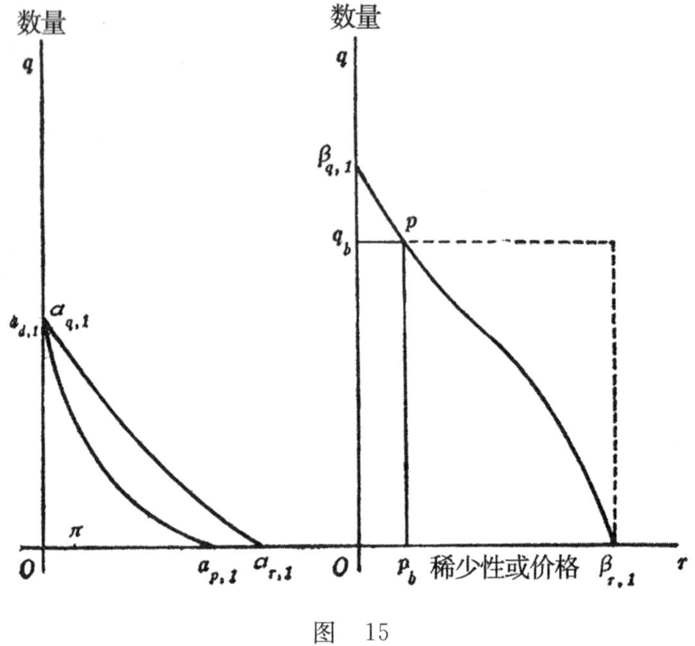

图　15

这个条件并不一定能满足；实际上在我们的例子里就没有能满足。但是可以用另一个条件代替。事实上方程(1)和(2)的解，是由(B)的保有量双曲线 $d_ap_a=q_b$ 与(A)的个体需求曲线 $d_a=f_{a,1}(p_a)$的交点表示的。但这两条曲线不一定相交；例如，就我们所考虑的那个持有者的商人计划的情况说，两条曲线并不是相交的(见图 10)。

89. 上面的观察使我们接触到极其重要的另一点。假定上述方程所规定的条件是满足了的，并且假定需求曲线(图 10 内的虚线)与保有量双曲线是相交于点 q'_b 和 q''_b 的。这时(B)的供给就相等于保有量 q_b，其价格即点 q'_b 和 q''_b 的横坐标所表示的以及在这两点之间所表示的一切价格。从这两个方程或两条曲线看来，在点 q'_b 与 q''_b 之间的横坐标所表示的价格下，似乎(B)的供给不得不超过(B)的保有量 q_b。但是，一个持有者既不能供给大于他所保有的量，这就必须加入一个制约因素：$q_b - d_a p_a$ 不可能是一个负量。为了要考虑到这个制约因素，可将条件重新说明如次：当两种商品之一的供给相等于它的保有量时，保有量双曲线与其他一种商品的需求曲线必然相交。在这两条曲线的那些交点之间，保有量双曲线就变成了需求曲线。

90. 如果假定图 15 内曲线 $\alpha_{r,1}\alpha_{q,1}$ 和曲线 $\beta_{r,1}\beta_{q,1}$ 是固定的，在这一假设下容许 q_b 降低，则 ϱ_b 将提高，因此$\frac{\alpha_{r,1}}{\varrho_b}Oa_{p,1}$将降低。如果 $q_b=0$，则 $\varrho_b=\beta_{r,1}$，比率$\frac{\alpha_{r,1}}{\varrho_b}$就变成与$\frac{\alpha_{r,1}}{\beta_{r,1}}=O\pi$ 相同。这时需求曲线 $a_{d,1}a_{p,1}$ 将与坐标轴上的线段 $a_{d,1}O$ 和 $O\pi$ 重合。

结论：就两种商品之一的某一持有者说来，如果假定这两种商品的效用曲线是固定的，所持有的那种商品的保有量如果容许其下降，则其他一种商品的需求曲线与价格轴相交之点会走向坐标轴的原点。如果所持有的商品的保有量是零，则其他一种商品的需求曲线将与坐标轴上的那些线段重合——构成那些线段的是数量轴上用以衡量需求商品的广泛效用的那个部分，和价格轴上其长度与两种商品的最大强烈效用的比率相等的那个部分。

91. 否则，如果 q_b 有所提高，则 ϱ_b 将下降，因此$\frac{\alpha_{r,1}}{\varrho_b}=Oa_{p,1}$将提高。如果 $q_b=\beta_{q,1}$，则 $\varrho_b=0$。比率$\frac{\alpha_{r,1}}{\varrho_b}$将变成无限大。这时点 $a_{p,1}$ 与点 O 之间的距离将变成无限大。

结论：就两种商品之一的某一持有者说来，如果假定这两种商品品的效用曲线是固定的，所持有的那种商品的保有量如果容许其提高，则其他一种商品的需求曲线与价格轴相交之点会离开坐标轴的原点。如果所持有的商品的保有量等于它的广泛效用，则其他一种商品的需求曲线将渐近于价格轴。

显然，这是必然的事理。并且可以清楚地看出，前在第55节内关于集合需求曲线的形式没有作出任何过早的论断，我们的这个办法是对的。现在我们可以肯定，这类曲线总是与需求轴相交的，因为没有一种商品会有无限的集合广泛效用。另一方面，我们可以把集合需求曲线对价格轴的渐近关系看作通常事态，因为在所有一种商品的持有者之中，只要有一个人完全满足了他对这一商品的欲望，这种情况就会发生。由此可见，集合供给曲线往往会从原点开始。①

92. 到此为止，经假定交换的任一方所持有的商品总不过是一种，或者是商品(A)，或者是商品(B)。现在要讨论的是一种特殊情况，即同一个人兼持有两种商品(A)和(B)，我们必须用数学来表达这样一个人的商业计划。实际上我们不得不这样做，因为从各方面考虑以后，这第二个情况实在是一般情况，而以前所研究的却是特殊情况，那是可以通过使一般情况中的保有量之一等于

① 关于需求曲线和供给曲线的讨论，这里应当通过根据效用曲线的负倾角推断出来的一个双重命题的论证而有所补充，这一双重命题即需求曲线始终具有负倾角而供给曲线则随着价格的提高从零到零(在无限远处)交替地上升和下降。前一点在第48节内经假定为一种必要前提，后一点则在第49节内系由前一点推断。关于这两点的论证随后将推广到一般情况，即不论多少种商品互相进行交换时的情况和就数种商品持有者说来的情况；见附录一“关于确定价格的几何理论”的第一部分“多种商品互相交换”。

零的方式成立的。我们研究两种商品互相交换的问题没有从比较一般的情况开始,因为这会使我们的推论过于复杂。但是借助于最大满足定理,现在对问题却可以得到一个简易的解决。

假定(B)持有者(1)对(A)和(B)的欲望与前相同;这可以用图16内欲望曲线 $\alpha_{r,1}\alpha_{q,1}$ 和 $\beta_{r,1}\beta_{q,1}$ 的方程 $r=\phi_{a,1}(q)$ 和 $r=\phi_{b,1}(q)$ 表示。他来到市场时,所持有的不再是零量的(A)和图12内用 Oq_b 表示的 q_b 量的(B),而是这里用 $Oq_{a,1}$ 表示的 $q_{a,1}$ 量的(A)和用 $Oq_{b,1}$ 表示的 $q_{b,1}$ 量的(B)。我们可以看一看,怎样表达作为价格 p_b 的一个函数的他对(B)的需求,和作为价格 p_a 的一个函数的他对(A)的需求。

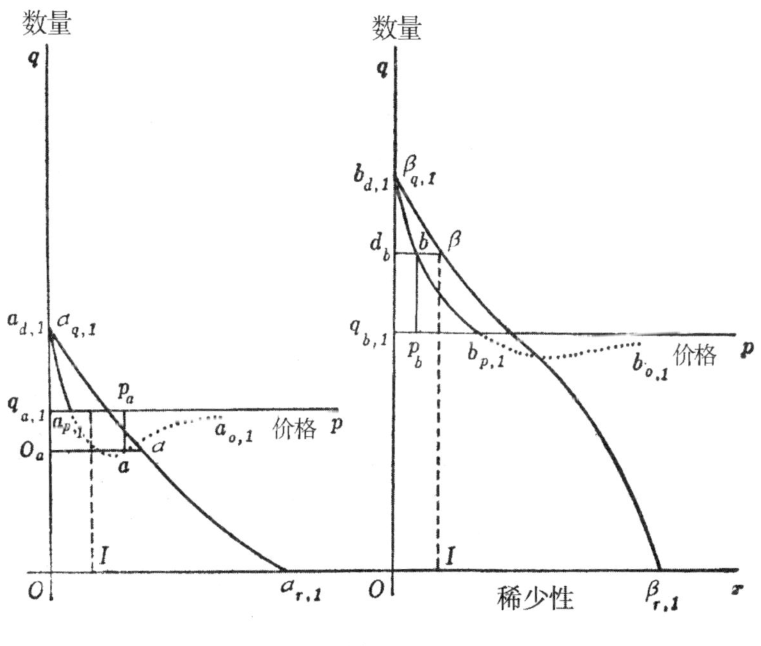

图　16

如果在用线段 $q_{b,1}p_b$ 表示的(B)以(A)计的价格 p_b 下,该持

有者所需求的是用线段 $q_{b,1}d_b$ 表示的 d_b 量的(B),他就得提供用线段 $q_{a,1}o_a$ 表示的 o_a 量的(A),因此,确定 p_b,d_b 和 o_a 之间的关系的是方程

$$o_a = d_b p_b.$$

在这一情况下,由(B)满足的最后欲望的强度是用线段 $d_b\beta$ 表示的 r_b,由(A)满足的最后欲望的强度是用线段 $o_a\alpha$ 表示的 r_a,基于最大满足定理(见第 80 节),我们得出

$$r_b = p_b r_a,$$

否则,如果用 r_b 和 r_a 的等值代入,则

$$\begin{aligned}\phi_{b,1}(q_{b,1}+d_b) &= p_b\phi_{a,1}(q_{a,1}-o_a)\\ &= p_b\phi_{a,1}(q_{a,1}-d_b p_b). \qquad (4)\end{aligned}$$

这就得出了以 $q_{b,1}q$ 和 $q_{b,1}p$ 为坐标轴的(B)的需求曲线 $b_{d,1}b_{p,1}$ 的方程,这是(B)以(A)计的价格的函数。

同样情况,如果在(A)以(B)计的价格 p_a 下,该持有者所需求的是 d_a 量的(A),他就得提供 o_b 量的(B),因此,确定 p_a,d_a 和 o_b 之间的关系的是方程

$$o_b = d_a p_a。$$

也就是

$$\begin{aligned}\phi_{a,1}(q_{a,1}+d_a) &= p_a\phi_{b,1}(q_{b,1}-o_b)\\ &= p_a\phi_{b,1}(q_{b,1}-d_a p_a)。 \qquad (5)\end{aligned}$$

这就得出了以 $q_{a,1}q$ 和 $q_{a,1}p$ 为坐标轴的(A)的需求曲线 $a_{d,1}a_{p,1}$ 的方程,这是(A)以(B)计的价格的函数。

93. 在(4)和(5)两个方程下可以有种种不同的假设,或价格为零,或需求为零,或供给量相等于保有量,或保有量有所增加或

减少等等;关于这些方面的讨论与以前作出的讨论(见第 85—91 节)完全相同。重复探讨是没有好处的,不过关于一个特殊的问题是例外,必须予以解决。

如果在方程(4)内使 $d_b=0$,这个方程就变为

$$\phi_{b,1}(q_{b,1})=p_b\phi_{a,1}(q_{a,1})。$$

我们还记得 $p_a p_b=1$,这就可以把方程写成

$$\phi_{a,1}(q_{a,1})=p_a\phi_{b,1}(q_{a,1});$$

如果在方程(5)内使 $d_a=0$,得出的也是这个方程。

结论:如果在某一价格下,两种商品之一的需求为零,则在以第一种商品计的第二种商品的对应价格下,其他一种商品的需求也为零。

94. 但这一推断不过是更加广泛的定理下的一个系定理。

要将表示(B)的需求为(B)以(A)计的价格的函数的方程(4),变换成表示(A)的供给为(A)以(B)计的价格的函数的方程,只须用 $o_a p_a$ 代 d_b,用$\frac{1}{p_a}$代 p_b。这就得出

$$\phi_{a,1}(q_{a,1}-o_a)=p_a\phi_{b,1}(q_{b,1}+o_a p_a),$$

这与方程(5)相同,不过是用$-o_a$ 代替了 d_a。这样,(A)的需求方程(5),就变成就 d_a 的负值说的(A)的供给方程。同样可以证明,(B)的需求方程(4),会变成就 d_b 的负值说的(B)的供给方程。价格既然生来是正的,因此,如果 d_b 是正的,则 $o_a=d_b p_b$ 也是正的,而 $d_a=-o_a$ 必然是负的;如果 d_b 是负的,则 $o_a=d_b p_b$ 也是负的,而 $d_a=-o_a$ 必然是正的。同样可以证明,如果 d_a 是正的,则 d_b 是负的,如果 d_a 是负的,则 d_b 是正的。

结论：如果在某一价格下，两种商品之一的需求是正的，则对其他一种商品的需求是负的，就是说，在以第一种商品计的第二种商品的对应价格下，其他一种商品的供给是正的。

事实上，两种商品的持有者，只能通过在交换中提供一种商品，才能对另一种商品有所需求。由此可以断定，如果他对这两种商品之一的任何数量既没有需求，也没有供给，则他对其他一种商品也就既不会有所供给，也不会有所需求。很容易看出，当两种商品稀少性的比率恰好相等于以那一种商品计的这一种商品的价格，从而最大有效效用可以立即实现时，所处的就是这样情况。

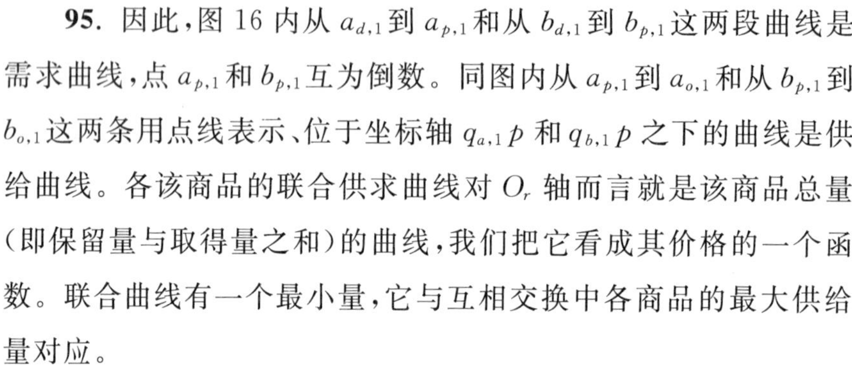

95. 因此，图 16 内从 $a_{d,1}$ 到 $a_{p,1}$ 和从 $b_{d,1}$ 到 $b_{p,1}$ 这两段曲线是需求曲线，点 $a_{p,1}$ 和 $b_{p,1}$ 互为倒数。同图内从 $a_{p,1}$ 到 $a_{o,1}$ 和从 $b_{p,1}$ 到 $b_{o,1}$ 这两条用点线表示、位于坐标轴 $q_{a,1}p$ 和 $q_{b,1}p$ 之下的曲线是供给曲线。各该商品的联合供求曲线对 O_r 轴而言就是该商品总量（即保留量与取得量之和）的曲线，我们把它看成其价格的一个函数。联合曲线有一个最小量，它与互相交换中各商品的最大供给量对应。

96. 总之，为简化起见，如果用 x_1 和 y_1 表示持有者(1)在考虑到价格的情况下、对于两种商品(A)和(B)的初始持有量 $q_{a,1}$ 和 $q_{b,1}$ 准备有所增益的这两种商品的正量或负量，则确定他的交换计划的，将为一个是属于交换、另一个是属于最大满足的下面两个方程：

$$x_1 v_a + y_1 v_b = 0$$

和

$$\frac{\phi_{a,1}(q_{a,1}+x_1)}{\phi_{b,1}(q_{b,1}+y_1)}=\frac{v_a}{v_b}。$$

根据上面两个方程，我们或者可以消去 y_1，解出作为 p_a 的函数的 x_1，或者可以消去 x_1，解出作为 p_b 的函数的 y_1. 这样得到的公式

$$\phi_{a,1}(q_{a,1}+x_1)=p_a\phi_{b,1}(q_{b,1}-x_1p_a)$$

和

$$\phi_{b,1}(q_{b,1}+y_1)=p_a\phi_{a,1}(q_{a,1}-y_1p_b),$$

是一般公式；如果要表示该持有者在数种商品互相交换的情况下的商业计划，只须就原式加以适当展开。

必须注意的是，当 p_a 的值会使任何负 x_1 在数值上大于 $q_{a,1}$ 时，上述两个方程内的第一个就必须用 $x_1=-q_{a,1}$ 代替，在这种情况下，y_1 的值系取决于方程 $y_1p_b=q_{a,1}$。同样情况，当 p_b 的值会使任何负 y_1 在数值上大于 $q_{b,1}$ 时，上述方程内的第二个就必须用 $y_1=-q_{b,1}$ 代替，在这种情况下，x_1 的值系取决于 $x_1p_a=q_{b,1}$.

97. 如果要就 x_1 和 y_1 解出这些方程，并加以适当修改以满足上述限制条件，则其形式为

$$x_1=f_{a,1}(p_a)\text{和 } y_1=f_{b,1}(p_b)。$$

在同样情况下，关于持有者(2)，(3)…的商业计划的表达式可以推演如次：

$$x_2=f_{a,2}(p_a)\text{和 } y_2=f_{b,2}(p_b)$$

$$x_3=f_{a,3}(p_a)\text{和 } y_3=f_{b,3}(p_b)$$

………… … …………

两种商品(A)和(B)各自的集合有效需求与集合有效供给之间的均等，可用下列方程中的任一个表示：

$$X=f_{a,1}(p_a)+f_{a,2}(p_a)+f_{a,3}(p_a)+\cdots=F_a(p_a)=0,$$

或

$$Y=f_{b,1}(p_b)+f_{b,2}(p_b)+f_{b,3}(p_b)+\cdots=F_b(p_b)=0.$$

例如，我们可以从这些方程内的第一个得出 p_a，然后从方程

$$p_a p_b=1$$

得出 p_b，这样求得的 p_b 的值必然满足上述方程内的第二个；因为很明显，

$$Xv_a+Yv_b=0,$$

由此可以断定，如果就 p_a 的某一值说来，$F_a(p_a)=0$，则就 $p_b(=\frac{1}{p_a})$ 的对应值说来，$F_b(p_b)=0$。

这个解是解析的。这也可以用几何学来表述。就 p_a 的某些值说来的各正 x 之和可以构成(A)的需求曲线；就 p_b 的某些值说来的各正 y 之和可以构成(B)的需求曲线。我们可以从这两条曲线求得表示两种商品的供给的曲线，这跟当做正的一些负 x 之和与负 y 之和是同样事物。确定现期价格的是这些需求曲线和供给曲线的交点。

98. 对我们的问题这就得出了一个数学解法。在市场中，求解的过程如次：

任何两个互为倒数的价格，比方说 p_a 和 p_b，一经喊出以后，$x_1, x_2, x_3 \cdots$ 和 $y_1, y_2, y_3 \cdots$ 就会自然地获得确定，而不必依靠数学计算；然而，在这样方式下，却能满足最大满足的条件。这就足以确定 X 和 Y。要晓得，如果 $X=0$，则与之相应的是 $Y=0$，这时的价格将是平衡价格。但一般情况是 $X\gtreqless 0$，因此 $Y\lesseqgtr 0$. 我们可以将

这里的第一个不等式写成

$$D_a \gtreqless O_a,$$

其间 D_a 表示各正 x 之和，O_a 表示作为正的各负 x 之和。现在的问题是怎样使 D_a 与 O_a 相等。

就 D_a 而论，当 $p_a=0$ 时它是正的，随着 p_a 的提高，它将无限制地下降，当 p_a 属于零与无限大之间的某一值时，它会变成零。另一方面，当 $p_a=0$，甚至当 p_a 为某些正值时，O_a 是零；然后它会随着 p_a 的提高而提高，但不会无限制提高，因为它至少会经历一个最大值，此后 p_a 继续提高时，它将终于下降，当 $p_a=\infty$ 时它会变成零。在这类情况下，除非 D_a 在 O_a 不是零之前并不下降到零、从而不可得解外，总存在着 p_a 的某一值，在这一值下 O_a 与 D_a 相等。要求得这个值，则 $D_a>O_a$ 时 p_a 必须提高，$D_a<O_a$ 时 p_a 必须降低。这里我们认识到了有效供给与有效需求定律。

第十章　稀少性——交换价值的起因

99. 说到底，构成确定现期价格或平衡价格的必要与充分的数据的是效用曲线和保有量。我们根据这类数据，先从事于个体需求曲线和集合需求曲线的数学上的推演；这是因为，各自所追求的总是他的欲望尽可能大的满足。然后根据个体的和集合的需求曲线，用数学求出现期平衡价格；因为在市场上只可能有一个价格，即总有效需求相等于总有效供给的那个价格，这是由于各个商人所付出的必然是跟他所收入的处于一定比率的一个数量，反过来也是一样。

据此：在完全竞争市场中，两种商品的互相交换是一种活动，通过这种活动，两种商品或两种商品之一的一切持有者，都可以获得他们欲望的尽可能大的满足，其间必须遵守的条件是，在整个市场中两种商品应按照完全相同的交换比率进行买卖。

社会财富论的主要目的在于将这个论点加以归纳，从而证明：第一，它既适用于多种商品互相交换，也适用于两种商品互相交换；第二，在完全竞争下，它既适用于生产，也适用于交换。社会财富生产论的主要目的在于证明，如何能把农业、工业和商业的组织原则断定为上述论点的必然结果。因此我们可以说，这个论点是包含了整个纯粹经济学与应用经济学的。

100. 假定以 v_a 和 v_b 表示商品(A)和(B)的交换价值，这就使两者之间的比率构成现期平衡价格；并且假定以 $r_{a,1}$，$r_{b,1}$，$r_{a,2}$，$r_{b,2}$，$r_{a,3}$，$r_{b,3}$…表示这些商品的稀少性，即持有者(1)，(2)，(3)…于交换后其最后欲望获得满足的强度，则基于最大满足定理，对持有者(1)说来是

$$\frac{r_{a,1}}{r_{b,1}} p_a \text{ 和 } \frac{r_{b,1}}{r_{a,1}} = p_b,$$

对持有者(2)说来是

$$\frac{r_{a,2}}{r_{b,2}} = p_a \text{ 和 } \frac{r_{b,2}}{r_{a,2}} = p_b,$$

对持有者(3)说来是

$$\frac{r_{a,3}}{r_{b,3}}=p_a \text{ 和 } \frac{r_{b,3}}{r_{a,3}}=p_b,$$

等等。由此可以推定，

$$p_a=\frac{r_{a,1}}{r_{b,1}}=\frac{r_{a,2}}{r_{b,2}}=\frac{r_{a,3}}{r_{b,3}}=\cdots,$$

又

$$p_b=\frac{r_{b,1}}{r_{a,1}}=\frac{r_{b,2}}{r_{a,2}}=\frac{r_{b,3}}{r_{a,3}}=\cdots,$$

这可以改写成

$$\begin{aligned}&v_a : v_b\\ ::\ &r_{a,1} : r_{b,1}\\ ::\ &r_{a,2} : r_{b,2}\\ ::\ &r_{a,3} : r_{b,3}\\ ::\ &\cdots\cdots\cdots\end{aligned}$$

应当看到，如果这些商品中的任一种是属于这样一种性质，它只能整个单位地被消费，因此其效用曲线是不连续的，则上列稀少性表内有几项就必然是比例项，须特别用画线表明(如我们在前面第 83 节所看到的那样)，这是获得满足的最后欲望的强度与未获得满足的最初欲望的强度的算术平均值的密切近似值。

还有可能的是，在一个或多个稀少性比率的两项中会缺少一项。例如，可能发生这样的情况，在价格 p_a 下，持有者(2)根本不需要任何的(A)。对持有者(2)说来，这时(A)就没有稀少性，因为他没有可以由(A)来满足的欲望。因此，项 $r_{a,2}$ 应当用 $p_a r_{b,2}$ 代替，后者应大于 $\alpha_{r,2}$，就是说，应大于持有者(2)对(A)的最初欲望的强度(见第 86 节)。还可能发生这样的情况,例如,在价格 p_a 下,持有者(3)需要在任何条件下可以取得的一切的(A),换句话说,他可以提供他所保有的(B)的全部。对持有者(3)说来,这时(B)就没有稀少性,因为他没有可以由(B)来满足的欲望。因此,项 $r_{b,3}$ 应当用 $p_b r_{a,3}$ 代替,后者应大于 $\beta_{r,3}$,就是说,应大于持有者(3)对(B)的最初欲望的强度(见第 87 节)。我们可以采用习见的办法,当 $p_a r_{b,2}$ 和 $p_b r_{a,3}$ 之类的项出现于上列表内时,把它们列入括号。这就等于是给稀少性下定义为被满足的或可能已被满足的最后欲望的强度。

以这两者为保留条件,下列推断就可以确定:

现期价格或平衡价格等于稀少性的比率。

换句话说:

交换价值与稀少性成正比。

101. 关于两种商品互相交换,现在已经达到了开始研究数学的交换理论时(第 40 节)我们自己定下的目标。我们要进行的是,从交换价值推论稀少性,而不是如我们在第一篇讨论政治经济学和社会经济学的目的和分类时所作的那样从稀少性推论交换价值。在第二篇为稀少性(*rareté*)下的定义是获得满足的最后欲望的强度,前在第 21 节里为稀少性(*scarcity*)下的定义系以效用和有限数量这两个极其类似的条件为依据;前后两者实际上完全是同一事物。如果没有欲望,就是说,如果一种商品既没有广泛效用,也没有强烈效用,那就是无用的,就不可能有获得满足的最后欲望。还有,如果具有效用曲线的一种商品,丰富到了其数量超过其广泛效用的程度——例如,如果其数量是无限的,所处的就是这样情况——则获得满足的最后欲望的强度将是零。这就表明，我们在这几章里所讨论的稀少性(*rareté*)和前几章里所讨论的稀少性(*scarcity*)具有同样意义。唯一的差别只是这一点：这里是把稀少性看成一个可测的量，它不仅是必然与交换价值结合在一起，而且必然与这个价值成正比，就跟重量与质量的关系一样。因此，如果稀少性和交换价值肯定是两个并存的和成比例的现象，则同样肯定，稀少性是交换价值的起因。

交换价值就像重量一样，是一种相对现象；而稀少性则像质量一样，是一种绝对现象。如果两种商品(A)与(B)之一成为无用事物，或者虽然有用而数量变成无限，那么这种商品就不再是稀少的，也就不再具有交换价值。在这种情况下，其他一种商品也将失去其交换价值，但不会失去其稀少性；这时只是对它的各个持有者说来，它是相当稀少的，并且具有确定的稀少性。

上面说的是"对这一商品各个持有者说来"的稀少性；这一点是我所要强调的。因为根本不存在诸如"商品(A)的稀少性或商品(B)的稀少性"或者是"(A)的稀少性对(B)的稀少性的比率或(B)的稀少性对(A)的稀少性的比率"这类事物；除了对商品(A)或(B)的持有者(1)、(2)、(3)……说来的这些商品的稀少性之外，别无其他稀少性，也只是对这些持有者说来，才会有(A)的稀少性对(B)的稀少性的比率或(B)的稀少性对(A)的稀少性的比率。稀少性是个人的或主观的；交换价值是真实的或客观的。只是关系到某一个人时，我们才能在有效效用和保有量的依据下为稀少性下定义，其情形和在经过距离与经过该距离所需时间的依据下为速度下定义的情形极其类似；因此，将稀少性下定义为有效效用对保有量的微商，就正好相当于将速度下定义为经过距离对经过该距离所需时间的微商。

如果要寻求的是，也许可以把它叫做商品(A)或商品(B)的稀少性的那类事物，那就得采用平均稀少性，这是交换的一切参与者于交换全部完成以后各该商品的稀少性的算术平均值。平均稀少性这个概念，同某一个国家的平均海拔或某国国民的平均寿命这类概念比起来，并不见得更加牵强。就某些方面说来，它也许比后者还更加有用。平均稀少性本身和对应的交换价值成比例。

102. 理论家提出其平衡价值定律时，当然可以假定，在他所选用的那个时期中，基本的价格决定因素不变。但是，他的提示既经完成以后，就应当想到，构成价格的基础的那些动力生来是可变的，因此他还得提出平衡价格变动定律。关于这一点，还有待于进行。幸好，后一定律可以直接从前一定律推断，因为构成价格确定的基础的动力，也就是构成价格变动的基础的动力——即，有关商品的效用和保有量。因此，这些动力是价格变动的主要起因和条件。

以前我们假定，(A)和(B)进行交换时的现期价格是(A)以(B)计的$\frac{1}{\mu}$和(B)以(A)计的μ。现在如果假定在同一市场内进行交换时的现期价格有了变动，其价格是(A)以(B)计的$\frac{1}{\mu'}$和(B)以(A)计的μ'，这就可以断定，价格的这种变动是出于以下四个原因内一个或几个的结果：

1. 商品(A)的效用有了变动。
2. 商品(A)的一个或多个持有者的保有量有了变动。

3. 商品(B)的效用有了变动。

4. 商品(B)的一个或多个持有者的保有量有了变动。

这些情况都是绝对的，可以在理想的条件下确定。当然，要加以确定时，实际上也许显得有些困难；但是没有理由认为在理论上不可能。问题也许可以通过直接调查解决；办法是向各个人逐个征询构成其个体需求曲线时所涉及的一些因素。可以设想的是会发生这样一种情况：使调查者认为价格变动原因中的某一个是在某种意义下说来的主要原因。例如，如果认为价格从 μ 上升到 μ' 是与商品(B)某一显著的新性能的发现同时发生，或者是与这一商品部分供应的灾害性毁灭同时发生，这就难免要把这两类事变之一同价格的上升结合起来。这类难以避免的推断并不是不可能的。价格变动的主要起因和条件往往借此得以确定。

103. 假定平衡已经建立，交换的若干参与者各保有必要的(A)和(B)的量，足以使他们在(A)以(B)计的 $\frac{1}{\mu}$ 和(B)以(A)计的 μ 的交互价格下获得最大满足。这时只要价格与稀少性的比率相等，最大满足的这一条件就可以保持；这一均等若被破坏，上述条件立即不复存在。既然是这样，我们就可以探索一下效用和保有量的变动是怎样干扰最大满足的条件的，就可以研究一下这种干扰的后果。

效用的变化可以在种种不同的情况下发生：可能是强烈效用有所提高和广泛效用有所降低，可能情形相反，等等。因此，在说明这方面的一般推断时，我们要格外小心。例如，效用提高和效用降低这类措辞，我们使用时只是以关系到足以使稀少性提高或降低的欲望曲线变动时为限，也就是以交易完成后获得满足的最后欲望的强度变动时为限。了解这一点以后，让我们假定(B)的效用有所提高，也就是说，由于(B)的欲望曲线的变动，导致了对某些参与者说来的(B)的稀少性的提高。这些人在维持现状的情况下，就不再能获得最大满足。因此在他们感到有利的是，按照现期交互价格$\frac{1}{\mu}$和μ，提供他们所保有的(A)的若干部分，用以换取(B)。在对某些商人说来的(B)的效用提高以前，在价格$\frac{1}{\mu}$和μ下，由于两种商品各自的供给和需求是相等的，这时在同样价格下，就(B)的情况说，需求将超过供给，就(A)的情况说，供给将超过需求，因此p_b将上升，p_a将下降。还可以推定的是，其他商人对他们说来的(B)的效用并没有提高，这时已不再能从原来决定的他们所消费的(A)和(B)的量获得最大满足。因此在他感到有利的是，当(B)的价格大于μ、(A)的价格小于$\frac{1}{\mu}$时，提供他们的(B)的若干部分，用以换取(A)。当两种商品的需求与供给，在高于μ的(B)的新价格和低于$\frac{1}{\mu}$的(A)的新价格下彼此相等时，平衡就得以重新建立。据此，如果对某些持有者说来的(B)的效用有所提高，就终于会使(B)的价格上升。

如果(B)的效用降低，就显然会使(B)的价格下降。

只须约略看一看欲望曲线，就可以看出，保有量的增加或减少会导致稀少性的降低或提高。并且，我们刚才已经看到，价格是随着稀少性的降低或提高而下降或上升的。因此，保有量变动的影响和效用变动的影响恰恰相反。现在可以把我们所寻求的定律用下面的措辞说明：

假定在市场内处于平衡状态的有两种商品，如果一切其他情形都不变，而对某一人或某几个参与者说来的这两种商品之一的效用有所提高或降低，则相对于其他一种商品的这一商品的价值，将上升或下降。

如果一切其他情形都不变，而在某一个或某几个持有者手里的两种商品之一的数量有所增加或减少，则这种商品的价格将下降或上升。

但是在进一步讨论之前应当指出，虽然价格变动势必意味着构成这类价格基础的动力的变动，但并不由此表明，价格稳定就必然意味着处于这类价格之后的动力的稳定。实际上无须作进一步论证，我们还可以提出以下两个推断：

假定有两种商品，如果在某一个或某几个商人或持有者手里的这两种商品之一的效用和数量有了这样的变化，结果是其稀少性依然不变，则相对于其他一种商品的这一商品的价值，也就是它的价格，就不会变动。

如果在某一个或某几个参与者或持有者手里的两种商品的效用和数量有了这样的变化，结果是其稀少性的比率依然不变，则两种商品的价格就不会变动。

第 三 篇

论多种商品互相交换

第十一章 多种商品互相交换问题；全面平衡定理

104. 现在我们准备从两种商品(A)与(B)互相交换的研究，转到多种商品(A),(B),(C),(D)…互相交换的研究。这里要做的仍然是先从参与交换的各方只持有一种商品的情况说起，然后再将我们的公式适当地加以推广。

从现在起，假定以$D_{a,b}$表示在换取(B)时(A)的有效需求，以$D_{b,a}$表示在换取(A)时(B)的有效需求，以$p_{a,b}$表示(A)以(B)计的价格，以$p_{b,a}$表示(B)以(A)计的价格。我们有两个有效需求方程，用以表示这四个未知量$D_{a,b}$，$D_{b,a}$，$p_{a,b}$和$p_{b,a}$的关系：

$$D_{a,b}=F_{a,b}(p_{a,b}),$$

$$D_{b,a}=F_{b,a}(p_{b,a}),$$

还有两个方程，用以表示有效需求与有效供给之间的均等：

$$D_{b,a}=D_{a,b}p_{a,b},$$

$$D_{a,b}=D_{b,a}p_{b,a}.$$

我们已经知道，在几何学上前面两个方程可以用两条曲线来表示，后面两个方程表示时可以在曲线内作两个内接矩形，使各自的底相等于其高与另一矩形的高的反比，或者是相等于其面积与另一矩形的面积的正比(见第57节)。

105. 现在且把两种商品(A)和(B)的问题搁开,谈一谈三种商品(A),(B)和(C)的情况。假定有一些商品(A)持有者来到了市场,他们打算用一部分换取商品(B),用另一部分换取商品(C);另一些来到同一市场的商品(B)持有者,则打算用一部分换取商品(A),用另一部分换取商品(C);还有一些商品(C)持有者,则打算用一部分换取商品(A),用另一部分换取商品(B)。

在这一假设下,我们且以持有者之一、比方说(B)持有者为例,然后按照早先在第 50 节里的推论方式展开,使之适应新的情况。我们会看到,这一持有者的商业计划仍然可以精密地确定。

事实上,来到市场的其数量为 q_b 的商品(B)各持有者,如果打算按照交换方程

$$d_{a,b}v_a=o_{b,a}v_b,$$

用(B)的某一数量 $o_{b,a}$ 换取(A)的某一数量 $d_{a,b}$,并且打算按照交换方程

$$d_{c,b}v_c=o_{b,c}v_b,$$

用(B)的某一数量 $o_{b,a}$,换取(A)的某一数量 $d_{a,b}$,并且打算按照交换方程

$$d_{c,b}v_c=o_{b,c}v_b,$$

用(B)的某一数量 $o_{b,c}$ 换取(C)的某一数量 $d_{c,b}$,则从市场上取去的将是 $d_{a,b}$ 量的(A),$d_{c,b}$ 量的(C)和 y 量的(B),等于

$$q_b-o_{b,a}-o_{b,c}=q_b-d_{a,b}\frac{v_a}{v_b}-d_{c,b}\frac{v_c}{v_b}$$

一般说来,量 q_b,和 $\frac{v_a}{v_b}$ 或 $p_{a,b}$,$d_{a,b}$,和 $\frac{v_c}{v_b}$ 或 $p_{c,b}$,$d_{c,b}$,和 y,其关系始

终可以用下列方程表示：

$$q_b = y + d_{a,b} p_{a,b} + d_{c,b} p_{c,b}.$$

这个商人在到达市场之前，并不知道$\frac{v_a}{v_b}$或 $p_{a,b}$是多少，也不知道$\frac{v_c}{v_b}$或 $p_{c,b}$是多少；但他一到市场就肯定会发现。他一发现 $p_{a,b}$和 $p_{c,b}$是多少时，就会据以决定量 $d_{a,b}$和 $d_{c,b}$，从而根据上述方程，产生 y 的某一值。当然，我们必须看到，除非已知 $p_{c,b}$以及 $p_{a,b}$，否则就不可能确定 $d_{a,b}$；除非已知 $p_{a,b}$以及 $p_{c,b}$，否则就不可能确定 $d_{c,b}$。同时我们也得承认，如果 $p_{a,b}$和 $p_{c,b}$两者都是已知的，这一了解本身就使 $d_{a,b}$和 $d_{c,b}$的确定有了可能。

106. 现在再容易也没有的是，用数学来表示 $d_{a,b}$和 $d_{c,b}$（即于换取(B)时(A)和(C)的有效需求）对 $p_{a,b}$和 $p_{c,b}$（即这些商品的价格）的直接关系。这个关系相当于我们所考虑的该持有者的商业计划，可以用两个方程 $d_{a,b}=f_{a,b}(p_{a,b}, p_{c,b})$和 $d_{c,b}=f_{c,b}(p_{a,b}, p_{c,b})$严格限定。我们可以在同样情况下求得方程，用以表示打算换取(A)和(C)的一切其他(B)持有者的多个商业计划。然后，只须把这些个体需求方程加起来，就可以求得两个总需求方程

$$D_{a,b} = F_{a,b}(p_{a,b}, p_{c,b}),$$

$$D_{c,b} = F_{c,b}(p_{a,b}, p_{c,b});$$

这两个方程表示的是，把所有(B)持有者合起来看的商业计划。

同样情况，我们可以求得下列两个总需求方程，用以表示把所有(C)持有者合起来看的商业计划：

$$D_{a,c} = F_{a,c}(p_{a,c}, p_{b,c}),$$

$$D_{b,c} = F_{b,c}(p_{a,c}, p_{b,c})。$$

最后，使用同样方式，我们可以求得下列两个总需求方程，用以表示所有(A)持有者的商业计划：

$$D_{b,a}=F_{b,a}(p_{b,a},p_{c,a}),$$

$$D_{c,a}=F_{c,a}(p_{b,a},p_{c,a})。$$

107. 此外，我们还有以(B)换取(A)和以(B)换取(C)的两个方程：

$$D_{b,a}=D_{a,b}p_{a,b},$$

$$D_{b,c}=D_{c,b}p_{c,b}。$$

我们还有以(C)换取(A)和以(C)换取(B)的两个方程：

$$D_{c,a}=D_{a,c}p_{a,c},$$

$$D_{c,b}=D_{b,c}p_{b,c}。$$

最后，我们还有以(A)换取(B)和以(A)换取(C)的两个方程：

$$D_{a,b}=D_{b,a}p_{b,a},$$

$$D_{a,c}=D_{c,a}p_{c,a}。$$

这样，我们就有了十二个方程，有关的是下列十二个未知量：各以其他两种商品计的三种商品的六个价格，和互相交换的三种商品的六个总量。

108. 现在让我们假定，在一个市场里有 m 种商品：(A)，(B)，(C)，(D)…。很容易看出，在这一情况下，使用跟我们先在两种商品情况下后在三种商品情况下进行的完全相同的推论——这里无需重述——就可以立即写出首先是在换取(A)时(B)，(C)，(D)…的 $m-1$ 个有效需求方程：

$$D_{b,a}=F_{b,a}(p_{b,a},p_{c,a},p_{d,a}\cdots),$$

$$D_{c,a}=F_{c,a}(p_{b,a},p_{c,a},p_{d,a}\cdots),$$

$$D_{d,a}=F_{d,a}(p_{b,a},p_{c,a},p_{d,a}\cdots),$$

$$\cdots\cdots\cdots\cdots$$

其次是在换取(B)时(A),(C),(D)…的 $m-1$ 个有效需求方程:

$$D_{a,b}=F_{a,b}(p_{a,b},p_{c,b},p_{d,b}\cdots),$$

$$D_{c,b}=F_{c,b}(p_{a,b},p_{c,b},p_{d,b}\cdots),$$

$$D_{d,b}=F_{d,b}(p_{a,b},p_{c,b},p_{d,b}\cdots),$$

$$\cdots\cdots\cdots\cdots$$

其次是在换取(C)时(A),(B),(D)…的 $m-1$ 个有效需求方程:

$$D_{a,c}=F_{a,c}(p_{a,c},p_{b,c},p_{d,c}\cdots),$$

$$D_{b,c}=F_{b,c}(p_{a,c},p_{b,c},p_{d,c}\cdots),$$

$$D_{d,c}=F_{d,c}(p_{a,c},p_{b,c},p_{d,c}\cdots),$$

$$\cdots\cdots\cdots\cdots$$

其次是在换取(D)时(A),(B),(C)…的 $m-1$ 个有效需求方程:

$$D_{a,d}=F_{a,d}(p_{a,d},p_{b,d},p_{c,d}\cdots),$$

$$D_{b,d}=F_{b,d}(p_{a,d},p_{b,d},p_{c,d}\cdots),$$

$$D_{c,d}=F_{c,d}(p_{a,d},p_{b,d},p_{c,d}\cdots),$$

$$\cdots\cdots\cdots\cdots$$

等等。我们一共有 $m(m-1)$ 个方程。

109. 此外,不必再作解释,我们显然可以写出用(A)换取(B),(C),(D)…的 $m-1$ 个交换方程

$$D_{a,b}=D_{b,a}p_{b,a},\quad D_{a,c}=D_{c,a}p_{c,a},\quad D_{a,d}=D_{d,a}p_{d,a}\cdots,$$

用(B)换取(A),(C),(D)……的 $m-1$ 个交换方程

$$D_{b,a}=D_{a,b}p_{a,b},\quad D_{b,c}=D_{c,b}p_{c,b},\quad D_{b,d}=D_{d,b}p_{d,b}\cdots,$$

用(C)换取(A),(B),(D)…的 $m-1$ 个交换方程

$$D_{c,a}=D_{a,c}p_{a,c},\quad D_{c,b}=D_{b,c}p_{b,c},\quad D_{c,d}=D_{d,c}p_{d,c}\cdots,$$

用(D)换取(A),(B),(C)…的 $m-1$ 个交换方程

$$D_{d,a}=D_{a,d}p_{a,d},\quad D_{d,b}=D_{b,d}p_{b,d},\quad D_{d,c}=D_{c,d}p_{c,d}\cdots$$

等等。这就一共又有了 $m(m-1)$ 个方程。

这些 $m(m-1)$ 个交换方程,和 $m(m-1)$ 个有效需求方程在一起,共计是 $2m(m-1)$ 个方程。这些方程把恰恰是 $2m(m-1)$ 个未知量联系起来,因为就 m 种商品每次考虑两种时,就有了 $m(m-1)$ 个价格和 $m(m-1)$ 个交换总量。

110. 在两种商品互相交换的特殊情况和三种商品互相交换的特殊情况下,问题都能或者用几何学或者用代数学来求解,因为在两种情况下,需求函数都能用几何学表示。就前一特殊情况说,需求函数是一个变量的函数,可以用两条曲线来表示;就后一情况说,需求函数是两个变量的函数,可以用空间的六个平面来表示。就前一情况说,我们只是在曲线内作出内接矩形来求得平衡问题的几何解;而就后一情况说,我们是在通过六个平面与平面相交得来的曲线内作出内接矩形来求得几何解的。

但就一般情况说,需求函数是 $m-1$ 个变量的函数时,由于为数过多,难以在空间表示。因此,当问题被推广到一般化时,看来只能用代数法而不能用几何法来说明和求解。[①] 应当想到,本书内始终在我们意念中的,并不是把所研究的问题看作好像是某一具体情况下的一个真实问题来提出和求解的,而只是对于

① 但是,我仍然在其标题为"关于确定价格的几何理论"的附录 1 内提出了一个几何解。

市场中实际发生的、凭经验解决的那些问题的性质，科学地加以说明。在我们看来，不但代数解并无异于几何解，而且甚至可以说，采用的既然是用数学表达的解析方式，这就是最概括、最科学的方式。

111. 多种商品互相交换的问题，现在似乎已经解决。但实际上只解决了一半。在上述情况下，就每次采取商品的两个价格而论，在市场中确实会有某种平衡；但这是一种不完全平衡。除非任何两种商品的这一种以那一种计的价格，相等于这两种商品以任何第三种商品计的价格比率，否则我们就不会有完全或全面的平衡。这一点还有待于证明。让我们先从全体内选出三种商品，假定说(A)，(B)和(C)，并且假定价格 $p_{c,b}$ 大于或小于 $p_{c,a}$ 对 $p_{b,a}$ 之比，可以看一看这会发生什么情况。

为了使我们有个明确的观念，可以作这样的设想，假定将作为一切商品(A)，(B)，(C)，(D)…互相进行交换的市场的场所，划分成每两种商品各自进行交换时所需要的那么多的部门。这就有了 $\frac{m(m-1)}{2}$ 个特种市场，各自挂牌标明进行交换的两种商品名称，以及其价格或交换率——这是按照上面列出的方程系用数学确定的。例如，我们会看到的是："以(A)换取(B)和以(B)换取(A)的互换价格为 $p_{a,b}$ 和 $p_{b,a}$"；"以(A)换取(C)和以(C)换取(A)的互换价格为 $p_{a,c}$ 和 $p_{c,a}$"；和"以(B)换取(C)和以(C)换取(B)的互换价格为 $p_{b,c}$ 和 $p_{c,b}$"。在这样假定下，如果需要(B)和(C)的各个(A)持有者，以(A)换取(B)和(C)时，只是在上述特别指定的头两个市场内进行，需要(A)和(C)的各个(B)持有者，以(B)换取(A)和

(C)时，只是在上述第一和第三个市场内进行，需要(A)和(B)的各个(C)持有者，以(C)换取(A)和(B)时，只是在上述后两个市场内进行，则平衡将保持不变(即使 $p_{c,b}$ 也许大于或小于 $p_{c,a}$ 对 $p_{b,a}$ 之比)。但是，很容易看出，不论是(A)，(B)或(C)的持有者，决不会在这样方式下进行交换。他们会设法采取对他们更加有利的方式。

112. 像以前一样，让我们假定

$$p_{c,b}=\alpha\frac{p_{c,a}}{p_{b,a}},$$

或者是

$$\frac{p_{c,b}p_{b,a}p_{a,c}}{\alpha}=1,$$

这里先假定 $\alpha>1$。

从这个方程可以推断，(C)以(B)计的真实价格不会是 $p_{c,b}$，而是$\frac{p_{c,b}}{\alpha}$；这是因为，就$\frac{p_{c,b}}{\alpha}$个单位的(B)说，可以先在(A，B)市场按(A)以(B)计的价格 $p_{a,b}=\frac{1}{p_{b,a}}$取得$\frac{p_{c,b}p_{b,a}}{\alpha}$个单位的(A)，然后用这$\frac{p_{c,b}p_{b,a}}{\alpha}$个单位的(A)在(A，C)市场按(C)以(A)计的价格 $p_{c,a}=\frac{1}{p_{a,c}}$换取$\frac{p_{c,b}p_{b,a}p_{a,c}}{\alpha}=1$ 个单位的(C)。

还可以推断，(B)以(A)计的真实价格不会是 $p_{b,a}$，而是$\frac{p_{b,a}}{\alpha}$；这是因为，就$\frac{p_{b,a}}{\alpha}$个单位的(A)说，可以先在(A，C)市场按(C)以

(A)计的价格 $p_{c,a}=\frac{1}{p_{a,c}}$ 取得 $\frac{p_{b,a}p_{a,c}}{\alpha}$ 个单位的(C)，然后用这 $\frac{p_{b,a}p_{a,c}}{\alpha}$ 个单位的(C)在(B,C)市场按(B)以(C)计的价格 $p_{b,c}=\frac{1}{p_{c,b}}$ 换取 $\frac{p_{b,a}p_{a,c}p_{c,b}}{\alpha}=1$ 个单位的(B)。

最后还可以推断，(A)以(C)计的真实价格不会是 $p_{a,c}$，而是 $\frac{p_{a,c}}{\alpha}$；这是因为，就 $\frac{p_{a,c}}{\alpha}$ 个单位的(C)说，可以先在(B,C)市场按(B)以(C)计的价格 $p_{b,c}=\frac{1}{p_{c,b}}$ 取得 $\frac{p_{a,c}p_{c,b}}{\alpha}$ 个单位的(B)，然后用这 $\frac{p_{a,c}p_{c,b}}{\alpha}$ 个单位的(B)在(A,B)市场按(A)以(B)计的价格 $p_{a,b}=\frac{1}{p_{b,a}}$ 换取 $\frac{p_{a,c}p_{c,b}p_{b,a}}{\alpha}=1$ 个单位的(A)。

113. 我们不妨借助于具体数字来阐明这个论点。假定 $p_{c,b}=4$，$p_{c,a}=6$，$p_{b,a}=2$，则由此使 $\alpha=1.33$。根据方程

$$\frac{4\times 2\times \frac{1}{6}}{1.33}=1,$$

我们可以看出，(C)以(B)计的真实价格不会是 4，而是 $\frac{4}{1.33}=3$；这是因为，就 3 个单位的(B)〔打算用来最后购入(C)的〕说，可以先在(A,B)市场取得 $3\times 2=6$ 个单位的(A)，因为在那里的(A)以(B)计的价格为 $\frac{1}{2}$，然后用这 6 个单位的(A)在(A,C)市场换取 $6\times\frac{1}{6}=1$ 个单位的(C)，因为在那里的(C)以(A)计的价格为 6。

根据上列方程还可以看出，(B)以(A)计的真实价格不会是2，而是$\frac{2}{1.33}=1.50$；这是因为，就1.50个单位的(A)〔打算用来最后购入(B)的〕说，可以先在(A,C)市场取得$1.50\times\frac{1}{6}=\frac{1}{4}$个单位的(C)，因为在那里的(C)以(A)计的价格为6，然后用这$\frac{1}{4}$个单位的(C)在(B,C)市场换取$\frac{1}{4}\times 4=1$个单位的(B)，因为在那里的(B)以(C)计的价格为$\frac{1}{4}$。

最后还可以看出，(A)以(C)计的真实价格不会是$\frac{1}{6}$，而是$\frac{1}{6\times 1.33}=\frac{1}{8}$；这是因为，就$\frac{1}{8}$个单位的(C)〔打算用来最后购入(A)的〕说，可以先在(B,C)市场取得$\frac{1}{8}\times 4=\frac{1}{2}$个单位的(B)，因为在那里的(B)以(C)计的价格为$\frac{1}{4}$，然后用这$\frac{1}{2}$个单位的(B)在(A,B)市场换取$\frac{1}{2}\times 2=1$个单位的(A)，因为在那里的(A)以(B)计的价格为$\frac{1}{2}$。

114. 显然，没有一个(A)，(B)或(C)的持有者会不愿意寻找方便——用(A)对(B)的直接交换来代替(A)对(C)和(C)对(B)的间接交换，或者用(B)对(C)的直接交换来代替(B)对(A)和(A)对(C)的间接交换，或者用(C)对(A)的直接交换来代替(C)对(B)和(B)对(A)的间接交换。这种间接交换叫做套购(*arbitrage*)。

至于交换者通过套购所赚到的利得，他们会按照各自不同的需要随意加以分配，会多买些这一商品或那一商品，目的是在于取得满足的尽可能大的总和。不妨指出，这一最大值的条件是，获得满足的最后欲望的强度的比率，应当相等于通过套购活动产生的真实价格。但是关于这一点现在不打算深究，这里只需指出，由套购活动而来的附带需求，当处于下述情况时，是主要需求的一个组成部分——(A)持有者宁可以(A)换(C)，再以(C)换(B)，决不直接以(A)换(B)；(B)持有者宁可以(B)换(A)，再以(A)换(C)，决不直接以(B)换(C)；(C)持有者宁可以(C)换(B)，再以(B)换(A)，决不直接以(C)换(A)。结果，在(A,B)市场势必只有(A)的需求和(B)的供给，而没有(B)的需求和(A)的供给；因此 $p_{b,a}$ 将下降。在(A,C)市场势必只有(C)的需求和(A)的供给，而没有(A)的需求和(C)的供给；因此 $p_{c,a}$ 将上升。最后，在(B,C)市场势必只有(B)的需求和(C)的供给，而没有(C)的需求和(B)的供给；因此 $p_{c,b}$ 将下降。

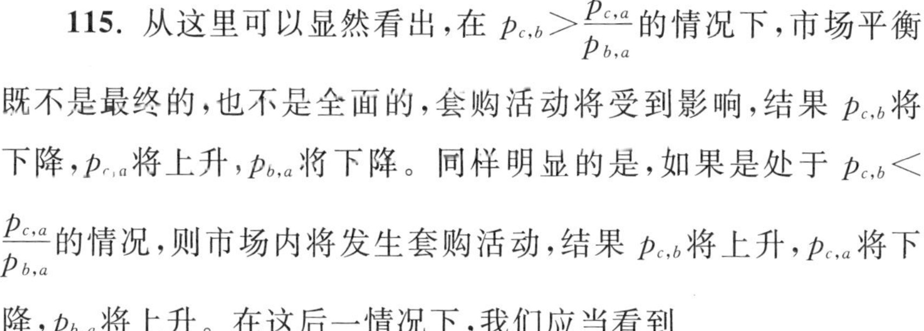

115. 从这里可以显然看出，在 $p_{c,b}>\frac{p_{c,a}}{p_{b,a}}$ 的情况下，市场平衡既不是最终的，也不是全面的，套购活动将受到影响，结果 $p_{c,b}$ 将下降，$p_{c,a}$ 将上升，$p_{b,a}$ 将下降。同样明显的是，如果是处于 $p_{c,b}<\frac{p_{c,a}}{p_{b,a}}$ 的情况，则市场内将发生套购活动，结果 $p_{c,b}$ 将上升，$p_{c,a}$ 将下降，$p_{b,a}$ 将上升。在这后一情况下，我们应当看到

$$p_{c,b}=\alpha\frac{p_{c,a}}{p_{b,a}},$$

或

$$\alpha p_{b,c} p_{a,b} p_{c,a} = 1,$$

这里 $\alpha<1$，由此得出的结果是：如果以(C)换(A)，再以(A)换(B)，则(B)以(C)计的真实价格为 $\alpha p_{b,c}$；如果以(B)换(C)，再以(C)换(A)，则(A)以(B)计的真实价格为 $\alpha p_{a,b}$；如果以(A)换(B)，再以(B)换(C)，则(C)以(A)计的真实价格为 $\alpha p_{c,a}$。显然，关于(A)，(B)和(C)的价格，以上所述的对三种商品任一种的价格都同样正确。因此，我们如果要撇开套购活动，而将关于市场中成对商品所建立的平衡加以普遍化，就得加入这样一个条件，即，经随机选择的任何两种商品内的任一种以其他一种商品计的价格，应当相等于这两种商品各自以任何第三种商品计的价格的比率。换句话说，下列方程必须得到满足：

$$p_{a,b} = \frac{1}{p_{b,a}}, \quad p_{c,b} = \frac{p_{c,a}}{p_{b,a}}, \quad p_{d,b} = \frac{p_{d,a}}{p_{b,a}} \cdots$$

$$p_{a,c} = \frac{1}{p_{c,a}}, \quad p_{b,c} = \frac{p_{b,a}}{p_{c,a}}, \quad p_{d,c} = \frac{p_{d,a}}{p_{c,a}} \cdots$$

$$p_{a,d} = \frac{1}{p_{d,a}}, \quad p_{b,d} = \frac{p_{b,a}}{p_{d,a}}, \quad p_{c,d} = \frac{p_{c,a}}{p_{d,a}} \cdots$$

…………

我们一共应有 $(m-1)(m-1)$ 个全面平衡方程，其中暗含 $\frac{m(m-1)}{2}$ 个表示价格之间的互易关系的方程。一切其他商品据以表示其价格的那种商品是“通货”(numéraire)(即标准商品)。

116. 不用说，既然转变到了 $(m-1)(m-1)$ 个条件，我们以前列出的需求方程和交换方程系，其方程数就得同样减少。这正是由一个总市场代替多个特种市场(见第 111 节)时要导致的减少。

方程的代替是这样的——原来是,表示以各种其他商品为依据并与之分别进行交换的各种商品供求之间的均等的交换方程,现在要用来代替的是,表示以所有其他商品为依据并与之共同进行交换的各种商品供求之间的均等的下列交换方程:

$$D_{a,b}+D_{a,c}+D_{a,d}+\cdots=D_{b,a}p_{b,a}+D_{c,a}p_{c,a}+D_{d,a}p_{d,a}+\cdots$$
$$D_{b,a}+D_{b,c}+D_{b,d}+\cdots=D_{a,b}p_{a,b}+D_{c,b}p_{c,b}+D_{d,b}p_{d,b}+\cdots$$
$$D_{c,a}+D_{c,b}+D_{c,d}+\cdots=D_{a,c}p_{a,c}+D_{b,c}p_{b,c}+D_{d,c}p_{d,c}+\cdots$$
$$D_{d,a}+D_{d,b}+D_{d,c}+\cdots=D_{a,b}p_{a,d}+D_{b,d}p_{b,d}+D_{c,d}p_{c,d}+\cdots$$
$$\cdots\cdots\cdots\cdots$$

一共是 m 个方程。但是 m 个方程将减少到 $m-1$ 个方程。如果将全面平衡方程得出的价格的值记入,然后只是用 p_b,p_c,p_d…表示以(A)计的(B),(C),(D)…的价格,则上列方程就变成

$$D_{a,b}+D_{a,c}+D_{a,d}+\cdots=D_{b,a}p_b+D_{c,a}p_c+D_{d,a}p_d+\cdots$$
$$D_{b,a}+D_{b,c}+D_{b,d}+\cdots=D_{a,b}\frac{1}{p_b}+D_{c,b}\frac{p_c}{p_b}+D_{d,b}\frac{p_d}{p_b}+\cdots$$
$$D_{c,a}+D_{c,b}+D_{c,d}+\cdots=D_{a,c}\frac{1}{p_c}+D_{b,c}\frac{p_b}{p_c}+D_{d,c}\frac{p_d}{p_c}+\cdots$$
$$D_{d,a}+D_{d,b}+D_{d,c}+\cdots=D_{a,d}\frac{1}{p_d}+D_{b,d}\frac{p_b}{p_d}+D_{c,d}\frac{p_c}{p_d}+\cdots$$
$$\cdots\cdots\cdots\cdots$$

现在,上列 m 个方程内的第一个方程除外,将余下的 $m-1$ 个方程内的第一个的两边各乘以 p_b,其第二个的两边各乘以 p_c,其第三个的两边各乘以 p_d…,然后将这些方程加起来,消去总和的两边的相同项,最后得出的就是上列 m 方程系内的第一个方程。因此可以将第一个方程略去,整个方程系这就减为余下的 $m-1$ 个方

程。这样，我们就终于有 $m-1$ 个交换方程，再加上 $m(m-1)$ 个需求方程和 $(m-1)(m-1)$ 个全面平衡方程，一共是 $2m(m-1)$ 个方程（见第 111 节）；这些方程的根是，m 种商品的互为依据的 $m(m-1)$ 个价格，和互相进行交换的 m 种商品的 $m(m-1)$ 个总量。据此，在既有的需求方程下，价格就可以用数学确定。现在还有待于证明的只是这一点——这是主要的一点——即，上面从理论上予以解决的交换问题，是与通过自由竞争结构在市场上凭经验解决的完全相同的问题。但是，在从事于这一论证之前，还得研究一下，参与交换者投入市场时各持有多种商品的那一情况。这是有别于特殊情况的一般情况，根据最大满足定理，使我们能够极其简单方便地来讨论这个问题。

第十二章　多种商品互相交换问题数学解的一般公式；商品价格确定定律

117. 在多种商品互相交换的情况下，跟两种商品互相交换的情况一样，个体有效需求方程在数学上决定于欲望的最大满足条件。这个最大满足条件究竟是什么？这个条件的关键始终在于，任何两种商品稀少性之比与以那一商品计的这一商品的价格的能够获得均等；因为，否则就会有利于将这两种商品作进一步的互相交换(见第 80 节)。如果参与交换者各自只持有一种商品,并且,为了要给套购交易提供机会,如果喊出 m 种商品的 $m(m-1)$ 个价格时,系以一次交换两种商品的交换比率为依据而不计及全面平衡条件,那么,当所需求的多种商品的稀少性与原来持有的那种商品的稀少性之间的比率,不是与其最初的喊价相等,而是与通过套购所得出的真实价格相等时,各个参与者就获得了最大满足。但是,如果参与者各持有多种商品,并且,在这一情况下,为了要防止发生套购活动,如果喊出 m 种商品的 $m(m-1)$ 个价格时,系以被挑选出来作为金钱的第 m 种商品为依据,那么,假使 m 种商品中任何成对商品之一的以其他一种商品计的价格,相等于它们以金钱计的价格的比率,那就很明显,当不用来作为金钱的那些商品的稀少性与用来作为金钱的那种商品的稀少性的比率,相等于喊出的价格时,各个商人就获得了最大满足。

118. 现在假定,参与者(1)持有 $q_{a,1}$ 量的(A),$q_{b,1}$ 的(B),$q_{c,1}$ 的(C),$q_{d,1}$ 的(D)…。假定 $r=\phi_{a,1}(q)$,$r=\phi_{b,1}(q)$,$r=\phi_{c,1}(q)$,$r=\phi_{d,1}(q)$…是某一期间他对商品(A),(B),(C),(D)…的效用方程或欲望方程。假定 p_b,p_c,p_d…分别为商品(B),(C),(D)…以(A)计的价格。并且假定 x_1,y_1,z_1,w_1…分别为这个参与者在价格 p_b,p_c,p_d…下、于原持有量 $q_{a,1}$,$q_{b,1}$,$q_{c,1}$,$q_{d,1}$…之外要增加的(A),(B),(C),(D)…的量。这类增量也许是正的,所表示的就是需求量;否则也许是负的,所表示的就是供给量。就各个商人说,如果不提供具有等值的某一数量的其他商品作报偿,就不可能对任一种的这类商品有所需求。因此可以肯定,如果量 x_1,y_1,z_1,w_1…,其中有些是正的,则其他就必然是负的,这就表明,这些量之间的下列关系将始终保持：

$$x_1+y_1p_b+z_1p_c+w_1p_d+\cdots=0.$$

如果假定最大满足已经获得，则上述各量之间的关系显然可由下列方程系表示：

$$\phi_{b,1}(q_{b,1}+y_1)=p_b\phi_{a,1}(q_{a,1}+x_1),$$
$$\phi_{c,1}(q_{c,1}+z_1)=p_c\phi_{a,1}(q_{a,1}+x_1),$$
$$\phi_{d,1}(q_{d,1}+w_1)=p_d\phi_{a,1}(q_{a,1}+x_1),$$
$$\cdots\cdots\cdots\cdots$$

一共构成 $m-1$ 个方程，连同前一个方程，使我们有了一共是 m 个方程的方程系。我们可以假定，m 个未知量内的 $m-1$ 个未知量 $x_1,y_1,z_1,w_1\cdots$ 会一个接着一个地从这些方程中被消去，结果只剩下一个表明以第 m 个未知量为价格的函数的方程。这时我们就应当有对参与者(1)说来的(B)，(C)，(D)…的需求或供给的下列方程：

$$y_1=f_{b,1}(p_b,p_c,p_d\cdots)$$
$$z_1=f_{c,1}(p_b,p_c,p_d\cdots)$$
$$w_1=f_{d,1}(p_b,p_c,p_d\cdots)$$
$$\cdots\cdots\cdots\cdots$$

而他对(A)的需求或供给，则由下列方程表示：

$$x_1=-(y_1p_b+z_1p_c+w_1p_d+\cdots)。$$

同样情况，就参与者(2)，(3)…说来，可以得出(B)，(C)，(D)…的需求或供给的下列方程：

$$y_2=f_{b,2}(p_b,p_c,p_d\cdots)$$
$$z_2=f_{c,2}(p_b,p_c,p_d\cdots)$$

$$w_2 = f_{d,2}(p_b, p_c, p_d \cdots)$$

…………

$$y_3 = f_{b,3}(p_b, p_c, p_d \cdots)$$

$$z_3 = f_{c,3}(p_b, p_c, p_d \cdots)$$

$$w_3 = f_{d,3}(p_b, p_c, p_d \cdots)$$

…………

而他们各自对(A)的需求或供给则由下列方程表示:

$$x_2 = -(y_2 p_b + z_2 p_c + w_2 p_d + \cdots)$$

$$x_3 = -(y_3 p_b + z_3 p_c + w_3 p_d + \cdots)$$

…………

这样,各个人的商业计划就都可以从各种商品对他的效用和他的关于这类商品的原存量来推断。但是,在接下去讨论之前,这时还得从事于一项极其重要的观察。

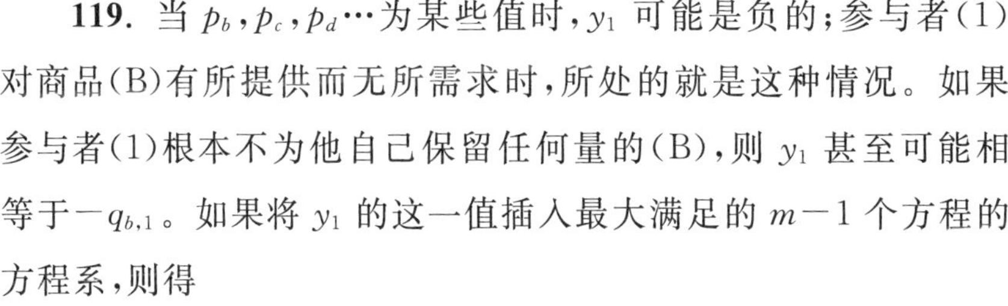

119. 当 $p_b, p_c, p_d \cdots$ 为某些值时,y_1 可能是负的;参与者(1)对商品(B)有所提供而无所需求时,所处的就是这种情况。如果参与者(1)根本不为他自己保留任何量的(B),则 y_1 甚至可能相等于 $-q_{b,1}$。如果将 y_1 的这一值插入最大满足的 $m-1$ 个方程的方程系,则得

$$\phi_{b,1}(0) = p_b \phi_{a,1}(q_{a,1} + x_1),$$

$$\phi_{c,1}(q_{c,1} + z_1) = p_c \phi_{a,1}(q_{a,1} + x_1),$$

$$\phi_{d,1}(q_{d,1} + w_1) = p_d \phi_{a,1}(q_{a,1} + x_1),$$

……

将上述方程中得出的 $p_b, p_c, p_d \cdots$ 的值代入方程

$$x_1 + z_1 p_c + w_1 p_d + \cdots = q_{b,1} p_b,$$

则得

$$x_1\phi_{a,1}(q_{a,1}+x_1)+z_1\phi_{c,1}(q_{c,1}+z_1)+w_1\phi_{d,1}(q_{d,1}+w_1)+\cdots$$
$$=q_{b,1}\phi_{b,1}(0)。$$

这个方程表示了一个条件，可以说明如次：要使商品之一的供给相等于该商品的保有量，就必须有可能，在围绕着刚好位于一些有界面积（这些面积所表示的是通过需求中的商品保有量所已经获得满足的欲望）之上的那些面积的各段效用曲线之内，作出一些内接矩形，使这些内接矩形的面积之和等于另一个矩形的面积——后一矩形的高所表示的是准备供给的商品的原存量，其底所表示的是这一商品的欲望的最大强度。

这个条件也许可以满足，也许得不到满足。如果是满足了的，则在某些情况下，参与者(1)的(B)的供给也许等于他在开始时持有的量 $q_{b,1}$。不管怎样，供给决不能大于这个量。由此得出的一个要点是，就(B)的需求方程或供给方程内使 y_1 为负并且大于 $q_{b,1}$ 的 $p_b, p_c, p_d\cdots$ 的一切的值来说，这一方程必须用 $y_1=-q_{b,1}$ 代替。

120. 但是问题还不止于此。首先，就那些使 $z_1, w_1\cdots$ 为负并且大于 $q_{c,1}, q_{d,1}\cdots$ 的 $p_b, p_c, p_d\cdots$ 的值来说，同样结论也适用于(C)，(D)…的需求方程或供给方程。其次，正是由于这些方程不得不用 $z_1=-q_{c,1}, w_1=-q_{d,1}\cdots$ 代替，才使(B)的需求方程或供给方程不得不跟着改变。

例如，如果 $z_1=-q_{c,1}$，则确定参与者(1)的(B)的需求或供给的将是下列方程系：

$$x_1+y_1p_b+w_1p_d+\cdots=q_{c,1}p_c,$$

$$\phi_{b,1}(q_{b,1}+y_1)=p_b\phi_{a,1}(q_{a,1}+x_1),$$

$$\phi_{d,1}(q_{d,1}+w_1)=q_d\phi_{a,1}(q_{a,1}+x_1),$$

…………

这里一共是 $m-1$ 个方程,据此可以假定,$m-2$ 个未知量,如 x_1,w_1…将一个接着一个地被消去,结果只剩下表示以 y_1 为 p_b,p_c,p_d…的函数的一个方程。在 $w_1=-q_{d,1}$…的情况下,处理方式也相同。这里无须作进一步论证就很容易看出,同样的处理不仅适用于商品(C),(D)…之一的供给相等于其保有量时的情况,而且适用于就这些商品中的两种、三种、四种……或任多少种说来这一均等仍然保持时的情况。

121. 到此为止,我们并没有说到关于商品(A)即通货的需求方程或供给方程,因为这个方程带有一种特殊形式。显然,就那些使 x_1 为负并且大于 $q_{a,1}$ 的 p_b,p_c,p_d…的值说来,这个方程也必须用 $x_1=-q_{a,1}$ 代替。并且,在那样情况下,确定参与者(1)的(B)的需求或供给的将是下列方程系:

$$y_1p_b+z_1p_c+w_1p_d+\cdots=q_{a,1},$$

$$p_b\phi_{c,1}(q_{c,1}+z_1)=p_c\phi_{b,1}(q_{b,1}+y_1),$$

$$p_b\phi_{d,1}(q_{d,1}+w_1)=p_d\phi_{b,1}(q_{b,1}+y_1),$$

…………

同以前一样,一共是 $m-1$ 个方程,据此可以假定,$m-2$ 个未知量,如 z_1,w_1…将一个接着一个地被消去,结果只剩下表示以 y_1 为 p_b,p_c,p_d…的函数的一个方程。

122. 当然,要提出这样一种符合上述种种限制的需求方程与供给方程是有些困难的;但是仍然可以肯定——而这却是个要点——(B),(C),(D)…以(A)计的某些价格,比方说 p'_b,p'_c,p'_d…,一经喊出以后,所有该项商品的供给量和需求量是完全确定的,即使顾到供给也许会与保有量相等这一事实,情形也还是这样。这是我们所必须证明的一点。

假定 $q=\psi_{a,1}(r)$,$q=\psi_{b,1}(r)$,$q=\psi_{c,1}(r)$,$q=\psi_{d,1}(r)$…为参与者(1)的商品(A),(B),(C),(D)…的效用方程,现在要解这些方程是求数量而不是求稀少性。完成了所有这些交换以后,基于交换量是相等的这一条件和最大满足条件(见第 118 节),我们不仅有方程

$$
\begin{aligned}
q_{a,1}+x'_1&=\psi_{a,1}(r'_{a,1}),\\
q_{b,1}+y'_1&=\psi_{b,1}(r'_{b,1}),\\
q_{c,1}+z'_1&=\psi_{c,1}(r'_{c,1}),\\
q_{d,1}+w'_1&=\psi_{d,1}(r'_{d,1}),\\
&\cdots\cdots\cdots\cdots
\end{aligned}
$$

而且有方程

$$
\begin{aligned}
q_{a,1}+p'_bq_{b,1}+p'_cq_{c,1}+p'_dq_{d,1}+\cdots&=\psi_{a,1}(r'_{a,1})\\
&+p'_b\psi_{b,1}(p'_br'_{a,1})+p'_c\psi_{c,1}(p'_cr'_{a,1})+p'_d\psi_{d,1}(p'_dr'_{a,1})+\cdots
\end{aligned}
$$

解上列最后一个方程就能够求出 $r'_{a,1}$. 知道了 $r'_{a,1}$ 就知道了 $r'_{b,1}$,$r'_{c,1}$,$r'_{d,1}$…,因此也就知道了 x'_1,y'_1,z'_1,w'_1…。要留下或取得的唯一商品是,有待于获得满足的最初欲望的强度大于价格与 $r'_{a,1}$ 的乘积的那类商品。

如果 $r'_{a,1}$ 大于参与者(1)对(A)的最初欲望的强度,他就既不会需要也不会保留任何数量的用来作为金钱的那种商品。

123. 我们根据假设,已经适当地提出了符合上述限制的关于

参与者(1),(2),(3)…的(A),(B),(C),(D)…的需求方程或供给方程。现在假定以 $X, Y, Z, W\cdots$ 分别表示各 $x_1+x_2+x_3+\cdots$, $y_1+y_2+y_3+\cdots$, $z_1+z_2+z_3+\cdots$, $w_1+w_2+w_3+\cdots$ 之和,以 F_b, F_c, $F_d\cdots$ 分别表示各函数 $f_{b,1}$, $f_{b,2}$, $f_{b,3}\cdots f_{c,1}$, $f_{c,2}$, $f_{c,3}\cdots f_{d,1}$, $f_{d,2}$, $f_{d,3}$之和。由于在我们现在所讨论的一般情况下,(A),(B),(C),(D)…的需求与供给之间的均等这一条件,是由方程 $X=0$, $Y=0, Z=0, W=0\cdots$ 表示的,因此,关于现期平衡价格的确定,我们有下列方程:

$$F_b(p_b, p_c, p_d)=0,$$
$$F_c(p_b, p_c, p_d)=0,$$
$$F_d(p_b, p_c, p_d)=0,$$
$$\cdots\cdots\cdots\cdots$$

一共是 $m-1$ 个方程。并且,由于 $p_d, p_c, p_b\cdots$ 本质上是正的,这就很明显,如果上述方程得到满足,就是说,如果 $Y=0, Z=0$, $W=0\cdots$ 则我们还可以得出

$$X=-(Yp_b+Zp_c+Wp_d+\cdots)=0.$$

124. 据此,如果下列三个条件得到满足,则 m 种商品内 $m-1$ 种商品的 $m-1$ 个价格,就可以根据用来作为金钱的第 m 种商品用数学来确定。这三个条件是:第一,交易的每个参与者都获得他欲望的最大满足,因此他的稀少性比率相等于价格;第二,每个参与者让出的数量和收入的数量保持着一定的比率,反过来也是一样,其间各个商品只有以金钱计的一个价格,即总有效需求相等于总有效供给的那个价格;第三,没有进行套购交换的机会,因为任何两种商品的这一种以那一种计的平衡价格,等于

这两种商品以任何第三种商品计的价格的比率。现在让我们检查一下，我们刚才给以科学解答的这个多种商品互相交换的问题，在哪些方面表明，它也就是通过竞争结构在市场中凭经验解决的问题。

125. 首先，在市场中实际发生的是，m 种商品的彼此互计的 $m(m-1)$ 个价格，通过通货的使用，减少为 m 种商品内 $m-1$ 种商品以第 m 种商品计的 $m-1$ 个价格。这个第 m 种商品就是通货。其余商品的彼此互计的 $(m-1)(m-1)$ 个价格，经假定，在符合全面平衡的条件下，是相等于以通货计的商品价格的比率的。假定(B)，(C)，(D)…以(A)计的 p'_b，p'_c，p'_d…，就是这样喊出的 $m-1$ 个价格。各个交换参与者就按照这些价格，决定他对(A)，(B)，(C)，(D)…的需求或供给。这些经过相当考虑但没有经过精密计算而作出的决定，就好像是在根据适当制约的情况下，通过需求和供给的以及最大满足的方程系的数学解答而得出的。假定以不管是正的或负的 x'_1，x'_2，x'_3…y'_1，y'_2，y'_3…z'_1，z'_2，z'_3…w'_1，w'_2，w'_3…，表示与价格 p'_b，p'_c，p'_d…对应的个人需求或个人供给。如果每种商品的总需求都相等于其总供给，换句话说，如果我们直接地有了 $Y'=0$，$Z'=0$，$W'=0$…，结果是 $X'=0$，则交换将在这些价格下进行，问题将得到解决。但一般说来，每种商品的总需求不会都相等于其总供给，因此 $Y'\gtrless 0$，$Z'\gtrless 0$，$W'\gtrless 0$…，结果是 $X'\gtrless 0$。这时市场上会发生什么情况呢？任一种商品，如果其需求大于供给，则其以金钱计的价格将上升；如果供给大于需求，价格将下降。这时怎样来证明，理论解答完全相同于市场上作出的解答呢？这很简单，我们只需说明，供给和需求的方程系的解，是

通过摸索（*tâtonnement*）的过程，由价格向上的和向下的变动得出的。

126. 让我们回想一下前面有过的方程

$$X'+Y'p'_b+Z'p'_c+W'p'_d+\cdots=0,$$

这可以改写作

$$D'_a-O'_a+(D'_b-O'_b)p'_b+(D'_c-O'_c)p'_c+(D'_d-O'_d)p'_d+\cdots=0,$$

这里 $D'_a,D'_b,D'_c,D'_d\cdots$ 分别表示所有各个正的 x,y,z,w 之和，$O'_a,O'_b,O'_c,O'_d\cdots$ 分别表示将所有各个负的 $x,y,z,w\cdots$ 取为正值时之和，其对应价格为 $p'_b,p'_c,p'_d\cdots$。我们可以看到，由于 $p'_b,p'_c,p'_d\cdots$ 本质上是正的，因此，如果量 $X'=D'_a-O'_a$，$Y'=D'_b-O'_b,Z'=D'_c-O'_c,W'=D'_d-O'_d\cdots$ 内中有些是正的，则其他将是负的；反之，如果内中有些是负的，则其他将是正的。这就是说，在 $p'_b,p'_c,p'_d\cdots$ 价格下，如果某些商品的总需求大于（或小于）其供给，则某些其他商品的供给必然大于（或小于）其需求。

127. 现在让我们考虑一下不等式

$$F_b(p'_b,p'_c,p'_d\cdots)\gtrless 0,$$

试把它改写成下式：

$$\varDelta_b(p'_b,p'_c,p'_d\cdots)\gtrless\Omega_b(p'_b,p'_c,p'_d\cdots),$$

这里函数 $\varDelta_b$ 是各个正的 y 之和，或者是 D_b；函数 Ω_b 是各个负的 y 之和，或者是 O_b。且把 $p_c,p_d\cdots$ 放在一边，因为经假定，这些价格是已经确定了的，这样，有待于确定的就只有 p_b；现在让我们看一下，p_b 在零与无限大之间应当如何调整，才能使（B）的需求相等于其供给。虽然函数 F_b 和函数 $\varDelta_b$ 及 Ω_b 都是未知的，但是根据上面关于交换的研究，仍然可以获得这里所需要的足够的资料，借此来说明，怎样才能够得出一个 p_b 的值——假使这个值当真存在的话——由此使函数 F_b 等于零，或者使 $\varDelta_b$ 与 Ω_b 两个函数彼此相等。

128. 现在从函数 $\varDelta_b$ 谈起，这是在换取(A)，(C)，(D)…时(B)的需求函数。我们晓得，当 $p_b=0$，即(B)以(A)，(C)，(D)…计的价格为零时，它是正的。实际上，在这类零的价格下，(B)的总有效需求会等于(B)的总广泛效用对(B)的总保有量的超过量；并且，如果(B)是稀少的，是构成了社会财富的一个部分的，则这将是一个正的超过量。如果让 p_b 作这样的提高，结果使(B)以(A)，(C)，(D)…计的各种价格都作等比例的上升，则函数 $\varDelta_b$ 将下降，因为它是一些下降函数的总和。实际上，相对于商品(A)，(C)，(D)…的商品(B)会变得越来越昂贵；在这一假设下，不可能设想(B)的需求会有所增加。它只会减少。并且，我们始终可以假定，p_b 的值，即(B)以(A)，(C)，(D)…计的价格会那样地高，如果必要的话，简直是无限大的，从而使(B)的需求成为零。

其次谈函数 Ω_b，这是在换取(A)，(C)，(D)…时(B)的供给函数。我们晓得，当 $p_b=0$，甚至当 p_b 为某些正值时，就是说，当价格为零，甚至当(B)以(A)，(C)，(D)…计的价格为某些正的价格时，这个函数也是零。正同我们可以假定(B)以(A)，(C)，(D)…计的价格会那样地高，以致使(B)的需求为零的情形一样，我们也可以作出这样的设想：(A)，(C)，(D)…以(B)计的价格会那样地高，以致使这些商品的需求成为零，这时(B)的供给也必然是零。如果让 p_b 作这样的提高，结果使(B)以(A)，(C)，(D)…计的各种价格都作等比例的上升，则函数 Ω_b 将先上升而后下降，因为它是先上升而后下降的一些函数的总和。在这种情况下，相对于商品(B)的商品(A)，(C)，(D)…会变得越来越低廉，对这些商品的需求将随着(B)的供给的逐步变动而变动。但是这一供给不会无限地增加；它至少得经过一个最大值，这个值不可能大于总保有量。到那个时候(B)的供给势必减少；如果 p_b 是无限大的，就是说，(A)，(C)，(D)…是可以免费取得的，则供给将回到零。

129. 在这些情况下存在着 p_b 的某一值，在这一值之下，D_b 与 O_b 相等，除非是 O_b 开始上升到零以上时 D_b 已经下降到零，在那样情况下问题就无解。但是，只要有些参与者持有的商品不止一种，这样的情况就不会发生。要求得 p_b 的平衡值，则每逢 $Y'>0$，即每逢在这一价格下 $D'_b>O'_b$ 时，p'_b 就得上升，每逢 $Y'<O$，即每逢在这一价格下 $O'_b>D'_b$ 时，p'_b 就得下降。由此得出方程

$$F_b(p''_b, p'_c, p'_d \cdots)=0.$$

这一运算一经作出，不等式

$$F_c(p'_b, p'_c, p'_d \cdots) \gtreqless 0$$

就变成

$$F_c(p''_b, p'_c, p'_d \cdots) \gtreqless 0;$$

但是，如果随着在这一价格下 $Z \gtreqless 0$(即 $D'_c \gtreqless O'_c$)的情况而提高或降低 p'_c，就可以使这个不等式成为

$$F_c(p''_b, p''_c, p'_d \cdots)=0.$$

以同样方式,可以得出方程

$$F_d(p''_b, p''_c, p''_d \cdots)=0,$$

等等。

130. 这类运算完成以后,就可以得出

$$F_b(p''_b, p''_c, p''_d \cdots)\gtreqless 0\,\text{•}$$

还有待于证明的是,这个不等式比我们开头时提出的不等式

$$F_b(p'_b, p'_c, p'_d \cdots)\gtreqless 0$$

更加接近于等式。如果我们想到以下的情况,这一点就会显得是很近情的:使上面的不等式化为等式的从 p'_b 到 p''_b 的变动,至少就(B)的需求而论,必然朝着均等的方向发生直接影响;而使上面的不均等离开均等更远的从 p'_c 到 p''_c,从 p'_d 到 p''_d…的继起的变动,至少就(B)的需求而论,则将发生间接影响,这类影响有些朝着均等的方向,有些则朝着相反的方向,结果,这类变动会在某一程度上相互抵消。因此,价格的新体系 p''_b, p''_c, p''_d…比价格的旧体系 p'_b, p'_c, p'_d…更加接近于平衡;只需沿着同一路线让这一过程继续下去,就可以使体系越来越接近于平衡。

现在可以就以金钱为媒介的多种商品互相交换的情况,提出平衡价格确定定律如次:假定有多种商品,以金钱为媒介,互相进行交换;要使市场处于平衡状态,也就是,要使每一种商品以通货计的价格稳定,则必需的和充分的条件是,在这类价格下,每种商品的有效需求应等于其有效供给。如果不存在这一均等,要获得平衡价格,就得使有效需求大于其有效供给的那些商品的价格上升,使有效供给大于其有效需求的那些商品的价格下降。

第十三章　商品价格变动定律

131. 从前面的讨论可以明显地看出，正同在两种商品的情况下一样，在多种商品情况下确定现期或平衡价格必需的与充分的数据是：(1)商人关于商品的效用方程或欲望方程，一般是能够用曲线表示的；(2)商人保有商品的初始量。我们可以始终根据这些组成要素用数学来推断：(1)各个个人的以及所有个人合起来看的需求方程或供给方程；(2)现期价格或平衡价格。然而，除了最大满足和任何两种商品的价格应与它们彼此之间的总需求及总供给的均等相一致这两个条件之外，还必须有价格的全面平衡条件。

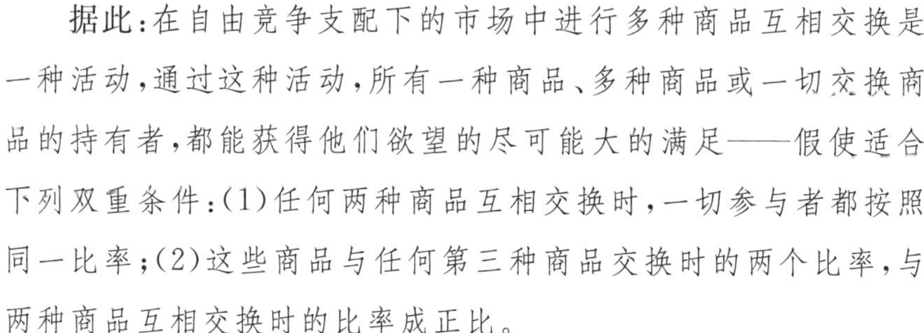

据此：在自由竞争支配下的市场中进行多种商品互相交换是一种活动，通过这种活动，所有一种商品、多种商品或一切交换商品的持有者，都能获得他们欲望的尽可能大的满足——假使适合下列双重条件：(1)任何两种商品互相交换时，一切参与者都按照同一比率；(2)这些商品与任何第三种商品交换时的两个比率，与两种商品互相交换时的比率成正比。

132. 如果喊价都以金钱为依据，这一事实本身就满足了全面平衡条件。否则就须借助于套购交易来达到全面平衡。因此须研究一下套购交易的确切结果。

假定参与者(1)是(A)的持有者,参与者(2)是(B)的持有者,参与者(3)是(C)的持有者。假定 $r_{a,1}, r_{b,1}, r_{c,1}, r_{d,1} \cdots r_{a,2}, r_{b,2}, r_{c,2}, r_{d,2} \cdots r_{a,3}, r_{b,3}, r_{c,3}, r_{d,3} \cdots$ 表示的是对这三个参与者说来的(A),(B),(C),(D)…的稀少性。并且暂时假定这类稀少性是变量,与变动的价格对应。如果假定将套购的可能除外,则最大满足的条件就可以这样表达:

$$p_{b,a}=\frac{r_{b,1}}{r_{a,1}}, \qquad p_{c,a}=\frac{r_{c,1}}{r_{a,1}}, \qquad p_{d,a}=\frac{r_{d,1}}{r_{a,1}} \cdots$$

$$p_{a,b}=\frac{r_{a,2}}{r_{b,2}}, \qquad p_{c,b}=\frac{r_{c,2}}{r_{b,2}}, \qquad p_{d,b}=\frac{r_{d,2}}{r_{b,2}} \cdots$$

$$p_{a,c}=\frac{r_{a,3}}{r_{c,3}}, \qquad p_{b,c}=\frac{r_{b,3}}{r_{c,3}}, \qquad p_{d,c}=\frac{r_{d,3}}{r_{c,3}} \cdots$$

现在假定,仍以三种商品(A),(B),(C)和三个参与者(1),(2),(3)为例,但套购却成为是可能的。基于价格之间的互易关系,在套购之前我们已经得出

$$\frac{r_{b,1}}{r_{a,1}}=p_{b,a}=\frac{1}{p_{a,b}}=\frac{r_{b,2}}{r_{a,2}},$$

$$\frac{r_{c,1}}{r_{a,1}}=p_{c,a}=\frac{1}{p_{a,c}}=\frac{r_{c,3}}{r_{a,3}},$$

$$\frac{r_{c,2}}{r_{b,2}}=p_{c,b}=\frac{1}{p_{b,c}}=\frac{r_{c,3}}{r_{b,3}}.$$

现在由于套购活动的结果,关于全面平衡我们得出

$$\frac{r_{b,2}}{r_{a,2}}=p_{b,a}=\frac{p_{b,c}}{p_{a,c}}=\frac{r_{b,3}}{r_{a,3}},$$

$$\frac{r_{c,1}}{r_{a,1}}=p_{c,a}=\frac{p_{c,b}}{p_{a,b}}=\frac{r_{c,2}}{r_{a,2}},$$

$$\frac{r_{c,2}}{r_{b,2}}=p_{c,b}=\frac{p_{c,a}}{p_{b,a}}=\frac{r_{c,1}}{r_{b,1}}。$$

我们一旦理解到以上关于三种商品(A),(B),(C)和三个参与者(1),(2),(3)的论证,可以推广并应用到不论多少种商品和不论多少个交换参与者时,就可以得出结论:当市场处于全面平衡状态,任何两种商品稀少性的比率都相等于这两种商品之一以其他一种商品计的价格时,这个比率对这两种商品的一切持有者说来都相同。

133. 如果以 $v_a, v_b, v_c, v_d \cdots$ 表示商品(A),(B),(C),(D)…在交换中的值,以 $r_{a,1}, r_{b,1}, r_{c,1}, r_{d,1} \cdots r_{a,2}, r_{b,2}, r_{c,2}, r_{d,2} \cdots r_{a,3}, r_{b,3}, r_{c,3}, r_{d,3} \cdots$ 表示对参与者(1),(2),(3)…说来的这些商品的稀少性,则于交易完成后

$$p_b=\frac{r_{b,1}}{r_{a,1}}=\frac{r_{b,2}}{r_{a,2}}=\frac{r_{b,3}}{r_{a,3}}=\cdots$$

$$p_c=\frac{r_{c,1}}{r_{a,1}}=\frac{r_{c,2}}{r_{a,2}}=\frac{r_{c,3}}{r_{a,3}}=\cdots$$

$$p_d=\frac{r_{d,1}}{r_{a,1}}=\frac{r_{d,2}}{r_{a,2}}=\frac{r_{d,3}}{r_{a,3}}=\cdots$$

…………

这也可以改写成下列形式:

$$\begin{aligned} & v_a : v_b : v_c : v_d : \cdots \\ :: & r_{a,1} : r_{b,1} : r_{c,1} : r_{d,1} : \cdots \\ :: & r_{a,2} : r_{b,2} : r_{c,2} : r_{d,2} : \cdots \\ :: & r_{a,3} : r_{b,3} : r_{c,3} : r_{d,3} : \cdots \\ :: & \cdots\cdots\cdots \end{aligned}$$

到此为止,关于交换方程的列出和求解都是在这样的假设下进行的:所考虑的商品可以按无限小的量消费,其欲望曲线或效用曲线是连续的。但是,我们也得考虑一下那些生来要按整个单位消费的商品,它们的欲望曲线或效用曲线是不连续的。就家具、衣服等等说,情况就往往是这样。在第一张床、第一套衣服、第一顶帽子或第一双鞋子的效用强度与同样商品的第二个单位的效用强度之间,总存在着相当差别,就第二个单位与第三个单位说,情形也是这样,以下可以类推。就某些情况说,这种差别会非常显著。例如,一个跛子的第一副拐杖,近视者的第一副眼镜,或者是职业音乐家的第一把小提琴,是实际上必不可少的;而第二副拐杖,第二副眼镜,或第二把小提琴,就可以说是可有可无。在所有这类情况下,对多种商品都需要采取与两种商品同样的方式,都需要在我们的稀少性表内加入经适当校正的项,并用画线表明,就各个情况说,这些项大致相等于获得满足的最后欲望的强度与未获得满足的最初欲望的强度的平均值。

这里也可能发生这样的情况,某一个商人的稀少性的 r 项中会缺少一项或多项。只要这个商人对某种商品既无所有,也不愿按现期价格买进,或者是,他每逢有了这种商品即全部提供出售时,就会发生这种情况。富裕者就是这样一种人,他所获得满足的最后欲望为数繁多,但强度不大;而贫困者的情况则恰恰相反,他所获得满足的欲望为数无几,但强度很大。这里对多种商品也可以采取与两种商品同样的方式,在上列稀少性表内加进某些项,列入括号,表明这些项系在各个情况下,用尚未被消费的某种商品的价格与某种其他商品的稀少性相乘后求得,价格系以后一种商品的依据。

以这两者为保留条件，就可以提出下列推断：交换价值与稀少性成正比。

134. 一方面，假定(A)，(B)和(D)为可以按无限小的量消费的商品；并因此假定图 17 中的 $\alpha_{r,1}\alpha_{q,1}$，$\alpha_{r,2}\alpha_{q,2}$，$\alpha_{r,3}\alpha_{q,3}$，$\beta_{r,1}\beta_{q,1}$，$\beta_{r,2}\beta_{q,2}$，$\beta_{r,3}\beta_{q,3}$，$\delta_{r,1}\delta_{q,1}$，$\delta_{r,2}\delta_{q,2}$，$\delta_{r,3}\delta_{q,3}$ 为对参与者(1)，(2)和(3)说来的这些商品的对应的欲望曲线或效用曲线。另方面，假定(C)为生来要按整个单位消费的商品，因此它的对参与者(1)，(2)和(3)说来的对应的欲望曲线或效用曲线 $\gamma_{r,1}\gamma_{q,1}$，$\gamma_{r,2}\gamma_{q,2}$，$\gamma_{r,3}\gamma_{q,3}$ 是不连续的。假定 2，2.5 和 0.5 分别为(B)，(C)和(D)以(A)计的价格。

在图 17 说明的例子里，参与者(1)是个有钱的人，他消费了(A)7 个单位，(B)8 个单位，(C)7 个单位，(D)6 个单位，这样就使这些商品对他来说的稀少性分别处于 2，4，6，1 的低水平。他享有相当大的有效效用总和，表示这个总和的是面积 $Oq_{a,1}r_{a,1}\alpha_{r,1}$，$Oq_{b,1}r_{b,1}\beta_{r,1}$，$Oq_{c,1}r_{c,1}\gamma_{o,1}$ 与 $Oq_{d,1}r_{d,1}\delta_{r,1}$，之和。(A)，(B)和(D)的稀少性，即 2，4 和 1，恰好与以(A)计的价格 1，2 和 0.5 成正比。(C)的稀少性 6，得用画线数字 $\underline{5}=2\times2.5$ 代替，这是处于通过(C)获得满足的最后欲望的强度 6 与未获得满足的最初欲望的强度 4 的中间的。参与者(2)是个贫穷的人，他消费了(A)3 个单位和(D)2 个单位，因此这些商品对他说来的稀少性分别处于 6 和 3 的高水平。他享有相当小的有效效用总和，表示这个总和的是面积 $Oq_{a,2}r_{a,2}\alpha_{r,2}$ 和 $Oq_{d,2}r_{d,2}\delta_{r,2}$ 之和。但是他无法享有(B)和(C)，因为应当出现在他那一列稀少性之内的数字 $12=6\times2$ 和 $15=6\times$

2.5，大于可以通过(B)和(C)获得满足的最初欲望的强度 8 和 11(如图 17 中线段 $O\beta_{r,2}$ 和 $O\gamma_{r,2}$ 所示)。最后，参与者(3)是个处于中等境况的人，他消费了(A)5 个单位，(B)4 个单位，(D)3 个单位，因此这些商品对他说来的稀少性分别处于 4，8，2 的通常水平。他享有的有效效用总和用面积 $Oq_{a,3}r_{a,3}\alpha_{r,3}$，$Oq_{b,3}r_{b,3}\beta_{r,3}$ 和 $Oq_{d,3}r_{d,3}\delta_{r,3}$ 之和表示。但是他无法享有(C)，因为应当出现在他那一列稀

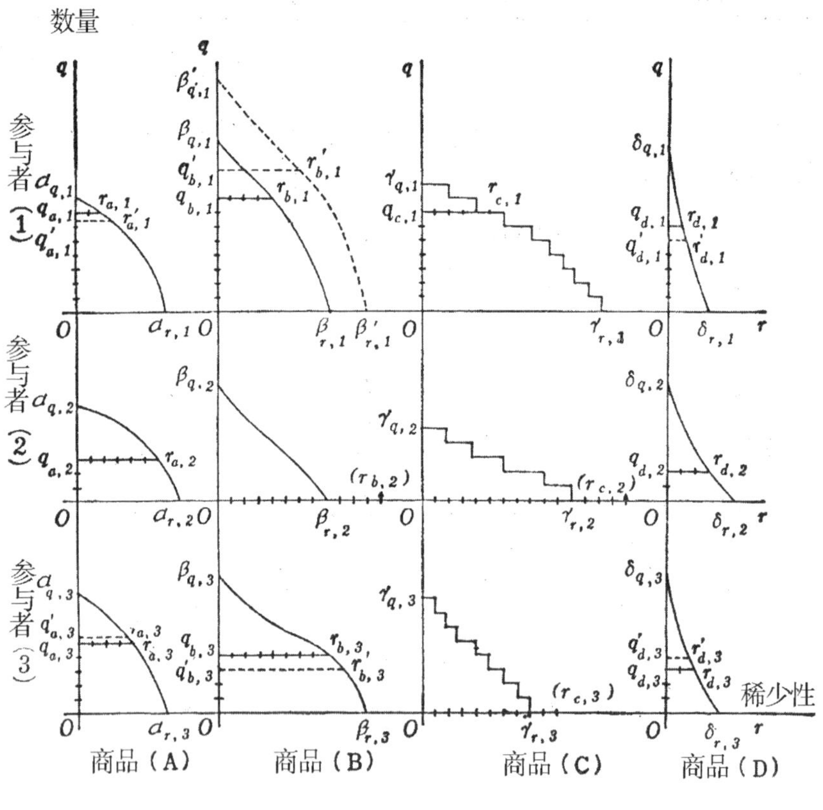

图　17

少性之内的数字 10＝4×2.5，大于可以通过这一商品获得满足的最初欲望的强度 8(如图 17 中线段 $O\gamma_{r,3}$ 所示)。将这些对应于虚

假稀少性而不是有效稀少性的经按比例校正的数字列入括号，就可以得出如下的表：

1∶2∶2.5∶0.5

∷2∶4∶5∶　1

∷6∶(12)∶(15)∶3

∷4∶8∶(10)∶2

135. 我们晓得，平均稀少性比率应与个人稀少性相互间的比率相同。于计算这些平均值时，必须计入不论是画线的或列入括号的那些按比例校正的数字。在这样情况下，我们可以用 R_a，R_b，R_c，R_d…来表示(A)，(B)，(C)，(D)…的平均稀少性，将下列方程

$$p_b=\frac{v_b}{v_a},\quad p_c=\frac{v_c}{v_a},\quad p_d=\frac{v_d}{v_a}\cdots$$

用

$$p_b=\frac{R_b}{R_a},\quad p_c=\frac{R_c}{R_a},\quad p_d=\frac{R_d}{R_a}\cdots$$

来代替，这些方程对经济学一些主要问题的解决具有决定性意义。

136. 特别是涉及多种商品的如此复杂的交换价值现象，终于现出了它的真相。v_a，v_b，v_c，v_d…是什么？它们实际上不过是些不确定的任意项，只是在其相互的比例关系中才有其意义。这种关系完全对应于一切商品相互间的稀少性的比例，当市场处于全面平衡状态时，对一切参与者说来这类比例是共有的、一样的。因此，只有成对的 v_a，v_b，v_c，v_d…之间的比率，相等于对应的对任何参与者说来的成对的稀少性之间的比率时，才能求出其数值。这

样看来，交换价值根本不过是一种相对现象，这是由唯一的绝对现象稀少性引起的。[①] 但依然存在的事实是，由于在有 m 种商品的市场中，对各个商人说来，不可以有 m 个以上的稀少性，因此至多只能有 m 个不定 v 项，用以表示当市场处于全面平衡状态时 m 种商品的交换价值。这些项，每两个一次，共计产生 m 种商品的彼此互计的 $m(m-1)$ 个价格。这就使我们有可能，在某些情况下，将任意项本身而不将其比率列入我们的计算。人们甚至想再略进一步，由此推定：在全面平衡状态下，一种商品只有一个相对于市场中一切其他商品的交换价值。但是这样的提法，也许很容易被误解为指的好像是绝对值；因此比较妥当的办法还是以全面平衡定理（见第 111 节）为依据，或者是以交换的解析的定义（见第 131 节）为依据，来说明这一现象。

137. 我们已经看到，效用和保有量是确定价格的根本原因和条件，由此可以推定，这两者也是价格变动的根本原因和条件。

现在假定要树立平衡，商人们各拥有（A），（B），（C），（D）…的必要数量，使他们按照（B），（C），（D）…以（A）计的价格 p_b，p_c，p_d…可以获得最大满足。并且假定，同以前一样，关于效用增加和减少这类措辞，使用时以下列的情形为限，即，在交换完成后，由于稀少性增加或减少，或者是由于获得满足的最后欲望强度的增加或减少而引起的欲望曲线的变动。记住了这一点，然后让我们假定（B）的效用有了增加；换句话说，由于对某些参与者说来的

① 交换价值是相对的和客观的，而稀少性是绝对的和主观的；这一区别是对交换价值与使用价值之间的差异的一个精确表述。

(B)的稀少性有所增加,而引起了(B)的欲望曲线变动。这时这些参与者在保持现状的情况下,就不会再享有最大满足。但是他们会看到,这时对他们有利的是,按照价格 p_b,p_c,p_d…提供部分的(A),(C),(D)…,从而取得(B)。由于在对某些商人说来的(B)的效用增加以前,在价格 p_b,p_c,p_d…下,商品(A),(B),(C),(D)…每一种的供给都是相等于其需求的,现在在同样价格下,就(B)的情形说,需求将超过供给,就(A),(C),(D)…的情形说,供给将超过需求。因此 p_b 将上升。由此可以推定,其他商人的对他们说来的(B)的效用并未增加,这就不再能从他们所消费的、原来所决定的(A),(B),(C),(D)…的量享有最大满足。他们会看到对他们有利的是,在(B)以(A)计的价格大于 p_b 时提供部分的(B),用以换取(A),(C),(D)…。当所有商品(A),(B),(C),(D)…的供求再度相等时,平衡将再度实现。据此,对某些个人说来的(B)的效用有了增加,就会使(B)的价格提高,并且也会使(C),(D)…的价格发生变动。但是,市场上除(B)外如果有种类非常之多的别的商品,因此用以换取(B)的各个商品数量很小,则上述的从属效应就不会有主要效应那样显著。况且,我们无法预知(C),(D)…的价格将上升还是下降,甚至也无法预知其价格究竟是否会变动。试考虑一下在从属交易完成时新的平衡树立以后稀少性的情况,就可以明确地看到这一点。由于上述买卖活动的结果,就市场中一切参与者说来的(B)稀少性对(A)稀少性的比率,势必提高。有些参与者的(B)的效用曲线并没有变动,当 p_b 上升时他们卖出了部分的(B),买回了一些(A),(C),(D)…,从而增加了他们的(B)的稀少性,减少了他们的(A)的稀少性;有些参与者的(B)的效用

曲线首先有了向上变动，从而买进了一些(B)，卖出了部分的(A)，(C)，(D)…，使他们的(A)的稀少性有所增加，但同时使他们的(B)的稀少性有了更大的增加。由此可见，上述(B)稀少性对(A)稀少性比率的提高，不但对这里的前一类参与者说来是这样，对后一类参与者说来也是这样。就(C)，(D)…稀少性对(A)稀少性的比率而论，有些会变得大些，有些会变得小些，还有些则保持不变。对(C)，(D)…价格的影响是，有些会上升，有些会下降，还有些则保持不变。总之我们看到的是，对一切参与者说来的(B)的稀少性必然增加，因此(B)的平均稀少性不得不增加。另一方面，(A)，(C)，(D)…的稀少性，对某些参与者说来将增加，而对别的一些参与者说来将减少，因此平均稀少性的变化不大。假使我们认为有必要的话，也可以用图来表示这些现象，在各个范畴内各就一个参与者来考虑。例如，就图 17 说，参与者(1)看到(B)对他的效用有所提高时，他就买回了一些(B)，卖出了部分的(A)和(D)。参与者(2)无所举动。参与者(3)卖出了部分的(B)，买回了一些(A)和(D)。这些就是(B)的效用增加的结果。(B)对参与者(1)的效用下降时，显然将发生相反的效应，即(B)的价格将下降，而(C)，(D)…的价格则不会有多大变化。

看一看效用曲线就可以使我们明白，如果保有量有了增加，稀少性就会减少，保有量减少，稀少性就会增加。我们刚才并且已经看到，稀少性和价格向同一方向变动，是共同上升，共同下降的。因此，保有量变动的影响，同效用变动的影响恰恰相反。现在可以将我们所寻求的定律陈述如次：假定一个有多种商品的市场，处于全面平衡状态，交易是借助于金钱来进行的，如果商品中之一对一个或多个参与者说来的效用有了增加或减少，一切其他情形不变，则这一商品以通货计的价格将上升或下降。

如果在一个或多个持有者手里的商品之一的数量有了增加或减少，一切其他情形不变，则这一商品的价格将下降或上升。

应该看到，虽然价格的任何变动必然意味着该项价格的一些决定因素的变动，但并不由此表明，价格稳定就必然意味着其决定因素的稳定。事实上无须作进一步论证，就可以提出下列的双重推断：

假定有多种商品，如果在一个或多个参与者或持有者手里的商品之一的效用和数量有了这样的变化，结果是稀少性依然不变，则这一商品的价格不变。

如果在一个或多个参与者或持有者手里的一切商品的效用和数量有了这样的变化，结果是稀少性的比率依然不变，则任何价格都不会变动。

138. 这就是平衡价格变动定律。把这个定律跟平衡价格确定定律（第 130 节）合在一起，我们就有了经济学中通称供求定律的科学表述。向来关于这一基本定律的说法，不是内容有错误就是缺乏意义。例如，往往有这样的说法，“事物的价格取决于供给与需求之间的比率”，这应当是用来说明价格的确定的；又往往有这样的说法，“事物的价格随着需求作正向的变动，随着供给作反向的变动”，这应当是用来说明价格变动的。现在首先是，对这两个说法如果要赋予任何意义——两者实在是合二而一的——就得为供给和需求下定义。其次是，不管为这些专门名词怎样下定义，或者把供给说成是相等于有效供给，或保有量，或现存量，或者把需求说成是相等于有效需求，或广泛效用，或强烈效用，或广泛效用和强烈效用，或者甚至虚假效用；只要我们为比率这个词确定了它的“商”的数学意义，那就可以肯定，价格既不是需求对供给的比率，也不是供给对需求的比率，它既不随着需求作正向的变动或随着供给作反向的变动，也不随着供给作正向的变动或随着需求作反向的变动。因此我敢断言，直到现在，经济学的这一基本定律既没有被证明，甚至也没有被正确地提出。我甚至认为，如果没有给有效需求和有效供给下定义，从而证明两者对价格的关系，如果没有给稀少性下定义，从而同样证明稀少性对价格的关系，那就既不可能提出，也不可能证明供求定律，或构成这个定律的两个定律。我们要做到这一点，只有依靠数学的语言、方式和原理。因此我断言，在纯粹经济学的表述中，数学的使用不仅是可能的，而且是必要的，决不可少的。我并且相信，凡是和我共同一直研究到这里的读者，对这一结论的正确，是没有一个会存有丝毫疑问的。

第十四章　商品持有量等值再分配定理；关于量度标准和交易媒介

139. 假定参与者(1)，(2)，(3)…关于商品(A)，(B)，(C)，(D)…所保有的量分别为 $q_{a,1}$，$q_{b,1}$，$q_{c,1}$，$q_{d,1}$ …，$q_{a,2}$，$q_{b,2}$，$q_{c,2}$，

$q_{d,2}\cdots,q_{a,3},q_{b,3},q_{c,3},q_{d,3}\cdots$，则这些商品的现存总量为

$$Q_a=q_{a,1}+q_{a,2}+q_{a,3}+\cdots$$
$$Q_b=q_{b,1}+q_{b,2}+q_{b,3}+\cdots$$
$$Q_c=q_{c,1}+q_{c,2}+q_{c,3}+\cdots$$
$$Q_d=q_{d,1}+q_{d,2}+q_{d,3}+\cdots$$
$$\cdots\cdots\cdots\cdots$$

在既定的如上的所有权分配下，在通过欲望方程或效用方程确定的虚假效用的某些条件下，这些商品将按照全面平衡价格 p_b，p_c，$p_d\cdots$互相交换。

现在假定，同样的商品(A)，(B)，(C)，(D)⋯，在同样的参与者(1)，(2)，(3)⋯之间的分配有了变动，但各个参与者的新保有量 $q'_{a,1}$，$q'_{b,1}$，$q'_{c,1}$，$q'_{d,1}\cdots q'_{a,2}$，$q'_{b,2}$，$q'_{c,2}$，$q'_{d,2}\cdots$，$q'_{a,3}$，$q'_{b,3}$，$q'_{c,3}$，$q'_{d,3}\cdots$之和，在价值上仍然与原来保有量之和相同，这就得出

$$
\begin{aligned}
&q_{a,1}+q_{b,1}p_b+q_{c,1}p_c+q_{d,1}p_d+\cdots\\
&\quad=q'_{a,1}+q'_{b,1}p_b+q'_{c,1}p_c+q'_{d,1}+p_d+\cdots\\
&q_{a,2}+q_{b,2}p_b+q_{c,2}p_c+q_{d,2}p_d+\cdots\\
&\quad=q'_{a,2}+q'_{b,2}p_b+q'_{c,2}p_c+q'_{d,2}p_d+\cdots \qquad (1)\\
&q_{a,3}+q_{b,3}p_b+q_{c,3}p_c+q_{d,3}p_d+\cdots\\
&\quad=q'_{a,3}+q'_{b,3}p_b+q'_{c,3}p_c+q'_{d,3}p_d+\cdots\\
&\cdots\cdots\cdots\cdots
\end{aligned}
$$

并且假定，(A)，(B)，(C)，(D)⋯的现存总量，在所有权的重新分配下，与原来分配下的相同，因此

$$Q_a=q'_{a,1}+q'_{a,2}+q'_{a,3}+\cdots$$
$$Q_b=q'_{b,1}+q'_{b,2}+q'_{b,3}+\cdots$$

$$Q_c = q'_{c,1} + q'_{c,2} + q'_{c,3} + \cdots \qquad (2)$$
$$Q_d = q'_{d,1} + q'_{d,2} + q'_{d,3} + \cdots$$
$$\cdots\cdots\cdots\cdots$$

我要说明的一点是，所有权分配经过这样的变动之后，只要虚假效用的原来情况保持不变，原来的价格 $p_b, p_c, p_d \cdots$，不论在理论上或实际上，就仍然是平衡价格。

140. 试以参与者(1)为例，假定他按照上述价格买进商品(A)，(B)，(C)，(D)…，其数量分别为 $x'_1, y'_1, z'_1, w'_1 \cdots$，结果是

$$\begin{aligned} q'_{a,1} + x'_1 &= q_{a,1} + x_1, \\ q'_{b,1} + y'_1 &= q_{b,1} + y_1, \\ q'_{c,1} + z'_1 &= q_{c,1} + z_1, \\ q'_{d,1} + w'_1 &= q_{d,1} + w_1, \\ \cdots\cdots&\cdots\cdots \end{aligned} \qquad (3)$$

参与者(1)这就获得了他的欲望的最大满足；下列方程系显然是被满足了的：

$$\begin{aligned} \phi_{b,1}(q'_{b,1} + y'_1) &= p_b \phi_{a,1}(q'_{a,1} + x'_1), \\ \phi_{c,1}(q'_{c,1} + z'_1) &= p_c \phi_{a,1}(q'_{a,1} + x'_1), \\ \phi_{d,1}(q'_{d,1} + w'_1) &= p_d \phi_{a,1}(q'_{a,1} + x'_1), \\ \cdots\cdots&\cdots\cdots \end{aligned}$$

参与者(2)，(3)…，如果按照上述价格买进商品(A)，(B)，(C)，(D)…，其数量分别为 $x'_2, y'_2, z'_2, w'_2 \cdots x'_3, y'_3, z'_3, w'_3 \cdots$，结果是

$$\begin{aligned} q'_{a,2} + x'_2 &= q_{a,2} + x_2, \\ q'_{b,2} + y'_2 &= q_{b,2} + y_2, \end{aligned} \qquad (4)$$

$$q'_{c,2}+z'_2=q_{c,2}+z_2,$$
$$q'_{d,2}+w'_2=q_{d,2}+w_2,$$
…………

$$q'_{a,3}+x'_3=q_{a,3}+x_3,$$
$$q'_{b,3}+y'_3=q_{b,3}+y_3, \qquad (5)$$
$$q'_{c,3}+z'_3=q_{c,3}+z_3,$$
$$q'_{d,3}+w'_3=q_{d,3}+w_3,$$
…………

则他们的欲望也将获得最大满足。

此外还有待于证明的是:(1)在既定情况下,这些参与者是能够作出按照这样数量的需求或供给的;(2)在同样情况下,各种商品的总有效需求相等于其总有效供给。

141. 我们可以从方程系(1)立即求得

$$q_{a,1}-q'_{a,1}+(q_{b,1}-q'_{b,1})p_b+(q_{c,1}-q'_{c,1})p_c+(q_{d,1}-q'_{d,1})p_d+\cdots=0,$$

根据方程系(3),这可以改写成

$$x'_1-x_1+(y'_1-y_1)p_b+(z'_1-z_1)p_c+(w'_1-w_1)p_d+\cdots=0.$$

由于我们已经得出

$$x_1+y_1p_b+z_1p_c+w_1p_a\cdots=0,$$

由此可以推定,

$$x'_1+y'_1p_b+z'_1p_c+w'_1p_d+\cdots=0.$$

出于同样理由,

$$x'_2+y'_2p_b+z'_2p_c+w'_2p_d+\cdots=0,$$

$$x'_3+y'_3p_b+z'_3p_c+w'_3p_d+\cdots=0,$$

$$\cdots\cdots\cdots\cdots$$

因此，在上面规定的情况下，参与者(1)，(2)，(3)…所需求的商品(A)，(B)，(C)，(D)…的总数，在价值上相等于这些参与者所供给的这些商品的总数。

142. 现在如果将方程系(3)内关于商品(A)的相应方程加起来，则得

$$x'_1+x'_2+x'_3+\cdots=q_{a,1}+q_{a,2}+q_{a,3}+\cdots$$
$$-(q'_{a,1}+q'_{a,2}+q'_{a,3}+\cdots)+x_1+x_2+x_3+\cdots。$$

由于我们已经知道

$$X=x_1+x_2+x_3+\cdots=0,$$

并且知道

$$q'_{a,1}+q'_{a,2}+q'_{a,3}+\cdots=q_{a,1}+q_{a,2}+q_{a,3}+\cdots,$$

由此推定

$$X'=x'_1+x'_2+x'_3+\cdots=0。$$

同样情况，

$$Y'=y'_1+y'_2+y'_3+\cdots=0,$$
$$Z'=z'_1+z'_2+z'_3+\cdots=0,$$
$$W'=w'_1+w'_2+w'_3+\cdots=0,$$
$$\cdots\cdots\cdots\cdots$$

因此，就每一种商品说，其总有效需求相等于其总有效供给。

143. 据此，从理论上说，于所有权分配有了变更之后，p_b，p_c，p_d…仍然跟以前一样地是平衡价格。并且，由于市场中的竞争结构不过是要在实践中得出这些用数学求得的价格的一种手段，因

此可以推定：假定在处于全面平衡状态的一个市场中有多种商品，只要各个参与交换者保有量的总和的价值不变，不管这些商品的各个数量的所有权在各个参与者之中有了什么样的再分配，这些商品的现期价格仍然不变。

144. 我们在这一讨论中始终假定 Q_a，Q_b，Q_c，Q_d…是不变的。因此，如果任一个参与者——比方说参与者(1)——所持有的商品(A)，(B)，(C)，(D)…的数量，在他所保有商品的价值始终不变的那个条件限定范围内，有了增加或减少，这就很明显，如果市场中各种商品的数量保持不变，则其他一个或多个参与者——比方说参与者(2)或参与者(3)——所持有的这些商品的数量，必然在同样限度以内对应地减少或增加。这是我们可以深信的，如果市场中一切商品都数量很大，参与的商人人数众多，则任一个商人所持有的各种商品的数量有了变动时，在他的总持有量价值不变的条件下，即使没有其他商人持有量的补偿变动，对价格也不会发生显著影响，可以认为由此并没有改变该参与者独自的情况，也没有改变市场的一般情况。这里举示的是适应大数定律的一个例子，在某些情况下，也许由此可以得出意义深远的结论。但就目前的情况说，我们宁可局限在严格的数学范围之内。在这一范围内，要断定价格绝对没有变动的唯一方式是，假定以下两个条件同时获得满足：各个持有者保有量的价值不变，和市场中现存总量不变。

145. 市场中全面平衡的定理，可用下列措辞说明：

当市场处于全面平衡状态时，实际上决定支配着从 m 种商品中抽出的一切可能有的成对商品进行交换时的 $m(m-1)$ 个价格的，是支配着这些商品的任何的 $m-1$ 种商品与第 m 种商品进行交换时的 $m-1$ 个价格。

因此，将一切商品的价值与其中任何某一特种商品的价值联系起来，就可以完全确定处于全面平衡状态的市场情况。这个特种商品叫做通货（或标准商品）；这一商品量的一单位叫做标准单位。如果使（A），（B），（C），（D）…的值都与（A）的值联系，就可以得出如下的一系列价格：

$$p_{a,a}=1,\quad p_{b,a}=\mu,\quad p_{c,a}=\pi,\quad p_{d,a}=\varrho.$$

如果不使这些值与（A）的值联系，而使之与（B）的值联系，就会得出如下的一系列价格：

$$p_{a,b}=\frac{1}{\mu},\quad p_{b,b}=\frac{\mu}{\mu},\quad p_{c,b}=\frac{\pi}{\mu},\quad p_{d,b}=\frac{\varrho}{\mu}。$$

据此，从一种通货转换到另一种通货时，只须以旧通货计的新通货价格，除用旧通货表示的价格。

146. 关于上述方程系，假定（A）为白银，其单位置为 5 克，纯度0.900；并假定（B）为小麦，其单位量为 1 公石。在处于全面平衡状态的市场中，1 公石小麦当时可换 24 个重 5 克、纯度0.900的白银；我们可以用下列方程表示这一事实：

$$p_{b,a}=24。$$

关于这一方程应当作这样的解释，“以白银计的小麦价格为 24”；或者以量的单位为依据，说成是“1 公石小麦的价格为 24 个重 5 克、纯度0.900的白银”；或者说，“每公石小麦值 24 个重 5 克、纯度0.900的白银”。这里的说法，跟我们在早先的讨论中（见第 29 节）根据日常习惯的说法“1 公石小麦值 24 法郎”是有区别的。区别在于用法郎这个词代替了重5克、纯度0.900的白银这个措辞。这一点需要仔细考虑。

在多数人的心目中，法郎这个词跟米、克、升等等是类同语。要晓得，米这个词表示着两件事，一方面是地球子午线某一部分的长度，另方面是长度的一个固定不变的单位。同样情况，克这个词也表示着两件事：在最高浓度下的蒸馏水的某一定量的重量，和重量的一个固定不变的单位。升这个词对容量的关系也能这么说。而从普通人的眼光看来，法郎也是这样。他们觉得这个词指着两件事：第一，属于某一定量和某一纯度的白银的价值；第二，价值的一个固定不变的单位。

根据这个见解，对以下两个说法必须加以区别：第一，法郎这个词表示着重5克、纯度0.900的白银的价值；第二，这个价值一经被采用作一个单位之后是固定不变的。第二个说法是没有一个经济学家会犯的明显错误。任何懂得一点经济学的人都会同意，在米和法郎之间是有本质上的差别的，因为米是长度的一个固定不变的单位，而法郎是价值的一个单位，它决不是固定不变的，是因时因地而异的，至于其间的原因一般的看法大致相同，这里无须详细剖析。

上述第二点已经解决，让我们再回到第一点，即法郎是重5克、纯度0.900的白银的价值，这跟米是地球子午线四千万分之一的长度属于同一意义。经济学家采取了这一见解以后认为，法郎虽然是可变的，但仍然是个计量标准。即使由于一切物体的收缩和膨胀，使一切长度无例外地都处于不断变化状态中，因此只能在指定情况下从事测量，但在这样情况下，长度仍然可以测量。当然，一切价值都处于不断变化过程中，这是大家都知道的。这只是说，我们不能就不同地点或不同时间将价值作任何比较，但并不由此使我们不能将属于某一地点和某一时间的价值进行相互比较和加以衡量。这就是我们所听到的关于衡量价值的一些条件。

在这种情况下，如果以(A)表示白银，其计量单位计重 5 克，纯度为0.900，并以(B)表示小麦，其计量单位为公石，据说就可以写出方程

$v_a=1$ 法郎；

然后为了表示在市场中 1 公石小麦当时可以换到 24 个重 5 克、纯度0.900的白银这一事实，就可以写出方程

$v_b=24$ 法郎，

其意义就是“1 公石小麦值 24 法郎”。

第二个说法跟第一个一样地错误，因为价值与长度、重量或容量都没有类似之处。于衡量任一个长度，例如建筑物的一个门面的长度时，得考虑到三点：门面的长度，地球子午线四千万分之一的长度，和前一长度与后一长度的比率，这个比率就是门面的测度。要使价值与长度之间的类似得以成立，要使我们衡量某一价值——比方说，在某一时间和某一地点的 1 公石小麦的价值——时，有可能同衡量长度时的情形一样，就同样必须考虑到三点：1 公石小麦的价值，重 5 克、纯度0.900的白银的价值，和前一价值与后一价值的比率，这个比率就是所需要的测度。但是就这三点说，其中的两点、第一点和第二点并不存在，只有第三点是存在的。我们的分析已经完全证明，价值本质上是相对的。当然，在相对价值

后面,有一些事物是绝对的,即获得满足的最后欲望的强度,也就是稀少性。这类稀少性的确是绝对的而不是相对的,然而却是主观的或个人的,不是物质的或客观的。稀少性存在于我们之间,不存在于事物之间,所以不可能用来代替交换价值。因此,我们并没有这样的事物——重5克、纯度0.900的白银的稀少性或价值;法郎这个词(指价值的一个标准)是一种事物的名称,而这种事物并不存在。萨伊曾清楚地看到这一点,我们的科学研究决不容忽视这一真理。

147. 这并不是说我们就无法衡量价值或财富。这只是说,我们的测度标准必然是某一商品的某一定量,而不是某一商品的这个定量的价值。

假定仍以(A)表示通货,以某一定量单位的(A)作为标准。就价值而论,那是自行衡量的,因为这些价值的比率可以从交换商品数量之间的反比直接求出。因此,根据用以换取一个单位的(B)、一个单位的(C)、一个单位的(D)…时的(A)单位的数目——即(B),(C),(D)…以(A)计的价格——(B),(C),(D)…的价值对(A)的价值的比率可以立即看出。

既然是这样,假定以 $Q_{a,1}$ 为(A)的数量,这个数量在价值上相等于参与者(1)所保有的(A),(B),(C),(D)…数量的总和;因此,如果以 p_b, p_c, p_d…分别表示(B),(C),(D)…以(A)计的价格,则得

$$Q_{a,1}=q_{a,1}+q_{b,1}p_b+q_{c,1}p_c+q_{d,1}q_d+\cdots.$$

根据商品量等值分配定理,我们可以容许 $q_{a,1}, q_{b,1}, q_{c,1}, q_{d,1}$…任意变动。假使该参与者所保有的新数量仍然满足上列方程(假使各

种商品的总量保持不变)，则他在市场上就始终能够按照价格 p_b，p_c，p_d…获得同样数量的(A)，(B)，(C)，(D)…，从而使他在这类价格下获得最大满足。这里的 $Q_{a,1}$ 所表示的，不仅是各种商品一切的上述数量，而且是最大满足的数量，因此，它是参与者(1)所保有的财富的量的表述。

以同样方式，假定

$$Q_{a,2}=q_{a,2}+q_{b,2}p_b+q_{c,2}p_c+q_{d,2}p_d+\cdots$$

$$Q_{a,3}=q_{a,3}+q_{b,3}p_b+q_{c,3}p_c+q_{d,3}p_d+\cdots$$

…………

这里 $Q_{a,2}$，$Q_{a,3}$…是参与者(2)，(3)…所分别保有的财富的量。这些量可以与 $Q_{a,1}$ 比较，也可以互相比较，因为它们系由同性单位组成。

假定以 Q_a，Q_b，Q_c，Q_d…表示市场中(A)，(B)，(C)，(D)…的现存总量，并且假定

$$\begin{aligned}Q_a&=Q_{a,1}+Q_{a,2}+Q_{a,3}+\cdots\\&=Q_a+Q_bp_b+Q_cp_c+Q_dp_d+\cdots\end{aligned}$$

这里 Q_a 所表示的就是市场中财富的现存总量；这个量与 $Q_{a,1}$，$Q_{a,2}$，$Q_{a,3}$…以及与 Q_a，Q_bp_b，Q_cp_c，Q_dp_d…都是能通约的。

148. 这就说明了价值与财富的测度标准的真正任务。但是一般说来，用来作为硬币的商品也可以用来作为货币，起着交换媒介的作用。因此，价值的测度标准就成为货币标准。但两者的职能是有区别的——即使同一商品具有这两种职能。我们已经解释了两种职能的第一种(即硬币的职能)，现在得解释第二种(即货币的职能)。

假定用来作为货币媒介的商品仍然是(A)；并且同以前一样，假定 $p_b=\mu, p_c=\pi, p_d=\varrho\cdots$。与这些平衡价格对应，根据最大满足条件，我们可以假定具有下列一些在各个情况下与有效供给量相等的有效需求量：在分别换取(B)，(C)，(D)…时(A)的 $M, P, R\cdots$，在分别换取(A)，(C)，(D)…时(B)的 $N, F, H\cdots$，在分别换取(A)，(B)，(D)…时(C)的 $Q, G, K\cdots$，在分别换取(A)，(B)，(C)…时(D)的 $S, J, L\cdots$，等等。如果一切交换都是直接的，则交换将按照下列方程进行：

$$Nv_b=Mv_a, \quad Qv_c=Pv_a, \quad Sv_d=Rv_a\cdots$$

$$Gv_c=Fv_b, \quad Jv_d=Hv_b, \quad Lv_d=Kv_c\cdots.$$

149. 否则，如果在这些交换中插进了货币——这是比较接近现实的假设——结果就会不同。假定(A)为白银，(B)为小麦，(C)为咖啡，等等。在现实生活中，小麦生产者会出售小麦以换取白银，咖啡生产者也会照样做。前者会用白银买咖啡，后者则用白银买小麦。总之，这就是我们假定他们所要做的。(A)的持有者起的是一个中间人的作用，因为他们有用来作为货币的那种商品。(B)的持有者如果愿意按照价格 μ 出售他们的(B)，他们将全数售给(A)的持有者，由此可以使他们按照价格 π 买进所需要的(C)，按照价格 ϱ 买进所需要的(D)，等等。这类交易可以用下列方程表示：

$$(N+F+H+\cdots)v_b=(M+F\mu+H\mu+\cdots)v_a,$$

$$(F\mu=G\pi)v_a=Gv_c, \quad (H\mu=J\varrho)v_a=Jv_d\cdots.$$

(C)持有者、(D)持有者……所完成的类似的交易可以用下列方程表示：

$$(Q+G+K+\cdots)v_c=(P+G\pi+K\pi+\cdots)v_a,$$

$$(G\pi=F\mu)v_a=Fv_b,\quad (K\pi=L\varrho)v_a=Lv_d\cdots$$

$$(S+J+L+\cdots)v_d=(R+J\varrho+L\varrho+\cdots)v_a,$$

$$(J\varrho=H\mu)v_a=Hv_b,\quad (L\varrho=K\pi)v_a=Kv_c\cdots.$$

150. 我们在这一阶段的论证中所假定的是，买进并再卖出作为交换媒介的(A)时，对商品(A)的价格并不发生任何影响，在现实世界中则情况完全不同。每个商人都保留着若干货币，以备交换方面的不时需要；既然是这样，用一种商品作为货币时，就肯定要影响这种商品的价值，至于发生影响时的方式，我们随后再研究。但是，在接触到问题的这一方面之前，我们至少可以暂时注意到一点，即货币的居间与通货的居间，有其十分类似之处。正同我们可以从两个方程

$$\frac{v_b}{v_a}=\mu \qquad 和 \qquad \frac{v_c}{v_a}=\pi$$

开始，从而得出

$$\frac{v_c}{v_b}=\frac{\pi}{\mu}$$

的情形一样，我们也可以从两个方程

$$(F\mu=G\pi)v_a=Gv_c\ 和 (G\pi=F\mu)v_a=Fv_b,$$

开始，从而得出

$$Gv_c=Fv_b.$$

我们只须抽去通货这一概念，就能够任意地从间接价格转变到直接价格；正同这个情形一样，我们只须抽去货币这一概念，就能够任意地从间接交换转变到直接交换。

第十五章　购买曲线和销售曲线；商品价格曲线

151. 从我们的交换方程的解（见第127—130节）可以看出，指定一种商品作为通货时，可以使全面平衡现期价格的确定趋于简化，由此可以使我们在某种程度上将多种商品互相交换的情况和两种商品互相交换的情况等同起来。我们必须再一次注意到这个简化手段，这不仅在纯粹理论与应用理论中有其重要意义，在实践中也有其重要意义。由于使用通货这一假设可以使我们进一步接近现实生活，因此强调这一点就显得格外重要。

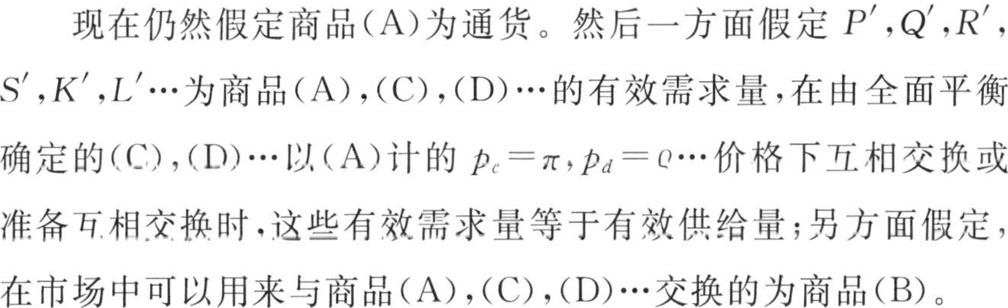

现在仍然假定商品（A）为通货。然后一方面假定 P'，Q'，R'，S'，K'，L'…为商品（A），（C），（D）…的有效需求量，在由全面平衡确定的（C），（D）…以（A）计的 $p_c=\pi$，$p_d=\rho$…价格下互相交换或准备互相交换时，这些有效需求量等于有效供给量；另方面假定，在市场中可以用来与商品（A），（C），（D）…交换的为商品（B）。

在这样的假定下，让我们就（B）的许多持有者之一来考虑。按照（B）以（A）计的任何价格——比方说 p_b，它始终与等于 $\frac{1}{p_b}$ 的（A）以（B）计的价格对应——，如果该（B）持有者提供的是 o_b 量的（B），则他所换回的将是 $d_a=o_b p_b$ 量的（A）。并且，由于我们假定他是知道(C),(D)…以(A)计的价格的,因此,他会获得关于(A)的这一数量在(A),(C),(D)…之中怎样分配时所必要的一切情报。这就是说,他知道已经确定的价格 $\pi,\varrho\cdots$,但是不知道 p_b,后者还有待于确定。然而,他对于这个未知的价格可以假定其一切可能有的值,并且用一条绘成作为 p_b 的函数的它的(B)的供给曲线,或者换个方式,用一条绘成作为$\frac{1}{p_b}$的函数的它对(A)的要求曲线 $a_d a_p$,来表示他在这些假设的各个价格下的商业倾向(见图18)。

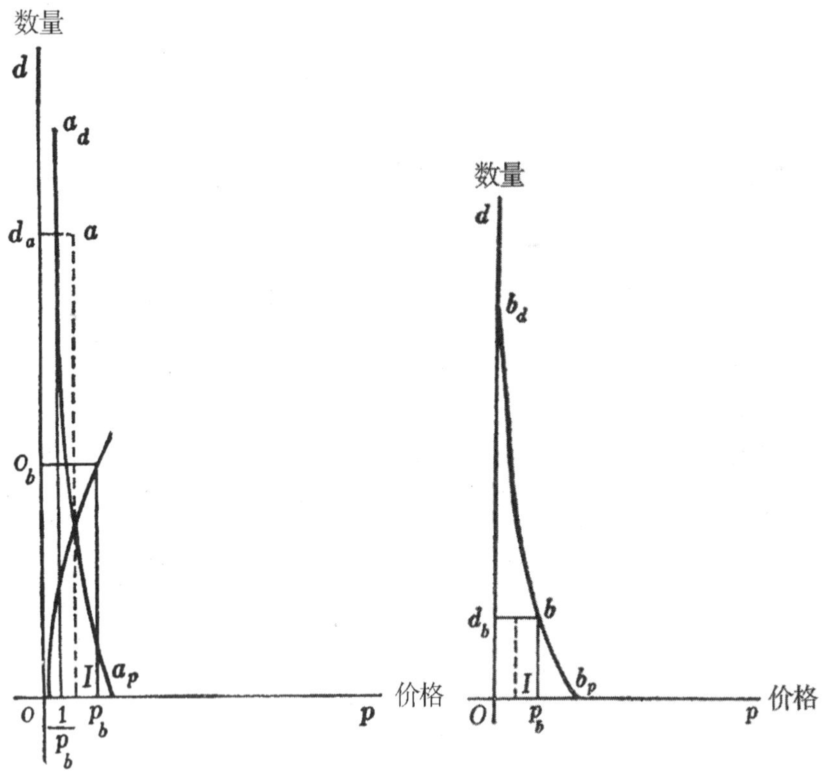

图　18　　　　图　19

这就是事态发生的实在情况。当一种新商品投入市场时，其持有者会根据价格调整他们的供给，其方式是决定对这一商品打算让出多少，对其他商品想要取得多少。

让我们以同样方式考虑一下(A)，(C)，(D)…的持有者。如果在(B)以(A)计的价格 p_b 下，这个持有者所需求的是 d_a 量的(B)，他就不得不让出在价值上等于 $o_a=d_bp_b$ 的量的(A)，(C)，(D)…作为交换。由于我们假定他也是知道(C)，(D)…以(A)计的价格的，因此他会获得关于决定怎样从(A)，(C)，(D)…之中组成这一 o_a 量的(A)时所必要的一切情报。换句话说，他知道已经确定的价格 π，ϱ…，但是不知道 p_b，后者还有待于确定。然而，他对于这个未知的价格可以假定其一切可能有的值，并且用一条绘成作为 p_b 的函数的他对(B)的需求曲线 b_db_p，来表示他在这些假设的各个价格下的商业倾向(见图 19)。

这也是现实世界中事态演进的实际情况。当一种新商品投入市场时，其他商品的持有者会根据新商品的价格调整他们的需求，其方式是决定对新商品打算取得多少，关于其他商品愿意让出多少。

我们还没有提到一个参与者同时持有(B)和(A)，(C)，(D)…的情况。两种商品互相交换理论在这里也适用。关于这样一个参与者需作出两条曲线：一条曲线表示在某些价格下对(A)的需求，否则表示(B)的供给；还有一条曲线表示在这些价格的倒数下对(B)的需求，否则表示(A)的供给(见第 94 节)。这两条曲线的位置相傍于上述的曲线。

将这些个体需求曲线垂直地加起来，就可以求得总需求曲线

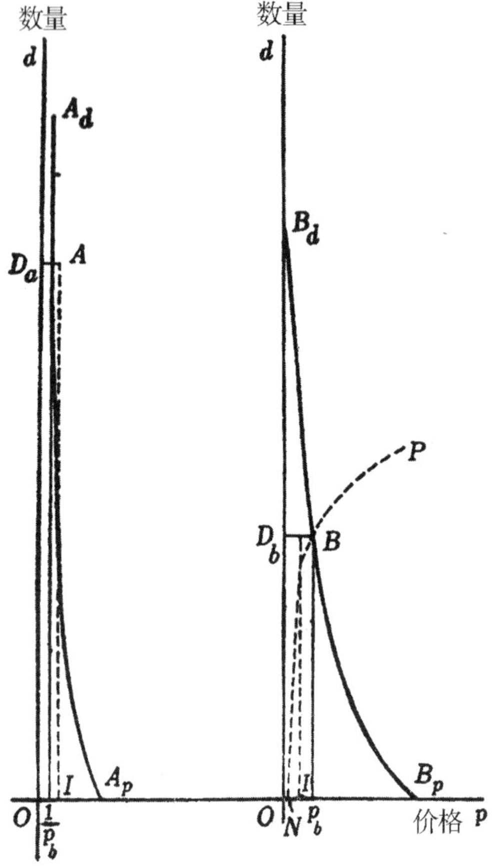

图　20

A_dA_p 和 B_dB_p（见图 20）。我们可以根据(A)的需求曲线 A_dA_p，或者用更加直接的办法，将(B)的各个供给曲线垂直地加起来，从而求得(B)的供给曲线 NP。不断下降的曲线 B_dB_p 是在换取通货时(B)的需求曲线，可以称为购买曲线；而曲线 NP 先从零上升，然后再（在无限远的距离上）下降到零，是在换取金钱时(B)的供给曲线，可以称为销售曲线。这两条曲线的相交处点 B 确定了价格 $p_b=\mu$。

152. 这个最初结果会不会是最后结果呢？现在我们碰到的是，在两种商品互相交换的关系中没有发生的问题。当市场在(B)出现以前处于全面平衡状态时，价格 π，ϱ…与按照这类价格进行交换的量 P'，Q'，R'，S'，K'，L'…之间保持着下列关系：

$$P'=Q'\pi\,,\qquad R'=S'\varrho\,,\qquad K'\pi=L'\varrho\cdots.$$

(B)在市场上出现以后，要使这种平衡得以继续保持，不但必须取得价格 μ，π，ϱ…与数量 M，N，P，Q，R，S，F，G，H，J，K，L…之间

的下列关系（见第 148 节；事实上，从 μ 被确定的情况中就有了这种关系）：

$$M=N\mu,\qquad F\mu=G\pi,\qquad H\mu=J\varrho\cdots,$$

而且还需取得这样的关系：

$$P=Q\pi,\qquad R=S\varrho,\qquad K\pi=L\varrho\cdots.$$

将后一组方程和前一组合并起来，就可以很容易地得出

$$\frac{P}{Q}=\frac{P'}{Q'},\qquad \frac{R}{S}=\frac{R'}{S'},\qquad \frac{K}{L}=\frac{K'}{L'}\cdots.$$

据此：如果一种新商品出现于已经处于全面平衡的市场，并且这一新商品的价格系由它相对于金钱的供求之间的均等所确定，那么，要使市场的全面平衡继续保持，不受干扰，要使新产品的价格保持不变，就必须使新产品投入市场以后旧有商品互相交换的数量之间的比率，与新商品投入市场以前的这一比率相同。

在一种新商品投入市场的情况下，正同在一种旧有商品价格上升的情况一样，都未必能绝对地在每个细节上完全满足这些条件。因为(B)的需求和供给一旦在价格 μ 下相均等，(A)，(C)，(D)…的需求和供给就在价格 $\pi,\varrho\cdots$ 下失去了平衡。这就立即使我们想到前面讨论过的一般情况；在那个情况下，有些商品的价格会由于需求大于供给而不得不上升，而其他一些商品的价格则由于供给大于需求而不得不下降（见第 130 节）。在这样情况下，新的全面平衡会终于达到，那时(B)的价格将略微不同于 μ。

还有个更加使上述条件难以完全满足的原因。假定情况是这样：新商品(B)是旧有商品——比方说，(C)或(D)——的一种

极好的代用品，于是前者在市场上出现，就会使后者的价格大大下降。这是很寻常的事情。但是，我们还可以谈一谈另一种情况。假定(B)是一种独特的商品，或者是，假定我们只就那些和(B)没有直接竞争关系的旧有商品来考虑，这就很容易看出，如果这些旧有商品种类繁多，数量巨大，则由上述(B)的购买曲线和销售曲线的交点所确定的价格 μ，或者是极其相近于 μ 的一个价格，就会是最后价格。这里发生的实际情形是这样：准备用以换取(B)的(A)，(C)，(D)…的数量，在多种这类商品的每一种内，所占的只是那样小的一个部分——每一种商品的数量越大，所占的这个部分就越小——因此对于任一种这类商品的数量与所交换的其他这类商品的数量两者之间的原来比率，不可能发生任何显著影响。

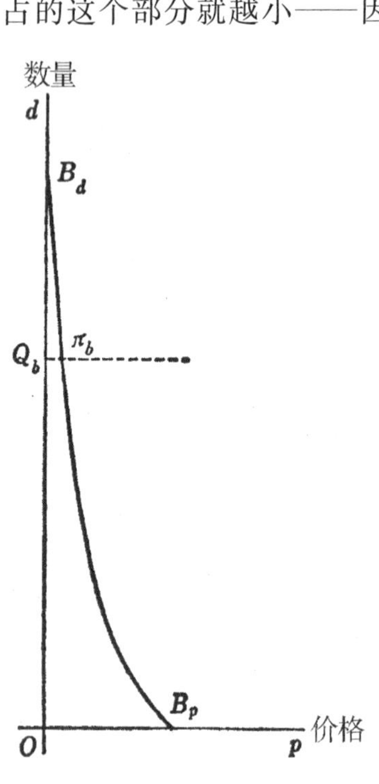

图　21

153. 关于这里讨论的问题，还有个极其简单而值得仔细考虑的特殊情况。情况是这样：新商品的一切持有者，不论所持有的只是这种商品还是兼有其他商品，都准备无条件地在可以取得的任何价格下，将他们所有的这种新商品，即新商品的现存总量，全部出售。假定这种商品系全部一次售出，则议价时就会采取拍卖形式。这时的现期价格，如图 21 所示，在数学上是由购买曲线 B_dB_p 和通过 Q_b 与价格轴平行的一条直线 $Q_b\pi_b$ 的交点 π_b 确定的，从原点起到 Q_b 的距离 OQ_b 表示(B)的现存总量。这条直线结果就是销售曲线。像这样的简单情况在现实社会中是极其寻常的事；因为多数商品是为了要提供出售而生产的，生产者一般的情形是将其产量全部出售，或将其中的绝大部分出售，留下极其细微的一个部分供自己使用。在这样情况下，购买曲线就产生了新的、真正值得注意的重要意义：它变成了价格曲线，这里价格是现存总量的函数，因为由这一曲线的横坐标所表示的商品价格，是由纵坐标所表示的现存总量的函数。

154. 我们原来是先假定(A)，(C)，(D)…已经建立了初步平衡，然后使(B)加入体系，从而确定 p_b；但是也未尝不可先假定(A)，(B)，(D)…已经建立了初步平衡，然后使(C)加入，从而确定 p_c；或者是先假定(A)，(B)，(C)…已经建立了初步平衡，然后使(D)加入，从而确定 p_d，等等。由此可见，每种商品都可以认为有一条购买曲线，并且可以把这条曲线看成价格曲线——假使，第一点，这一商品的供给相等于现存总量；第二点，根据大数定律，可以不计及由于该种商品的加入而引起的交换数量比率的变动。被看成购买曲线的这一曲线的典型方程是 $D=F(p)$；但是，把这一曲线看成价格曲线时，则其典型方程是 $Q=F(p)$，否则，如果解出方程以求价格，也可以写作

$$p=F(Q)。$$

这就是库尔诺在《财富理论中数学原理的研究》(1838 年版)一书中所推定的方程，他把这个方程叫做需求方程或销售方程，这是有广泛的应用范围的。

155. 一方面是购买曲线和销售曲线，另方面是交换方程，两者之间的关系可以说明如次：

假定以(A)为通货。然后，一方面假定(A)，(C)，(D)…为按照(C)，(D)…以(A)计的预定的全面平衡价格 $p_c=\pi, p_d=\varrho\cdots$ 进行互相交换或打算进行互相交换的商品；在另一方面假定(B)为加入市场后与商品(A)，(C)，(D)…进行交换的商品。

照理论上说，(B)在市场上出现之后，就应当有必要建立一套新的方程(见第123节)，其中含有一个新的未知量 p_b 和一个附加方程

$$F_b(p_b, p_c, p_d\cdots)=0。$$

同以前一样(见第127和128节)，用函数 $\varDelta_b$ 表示各个正的 y 之和(或 D_b)，用函数 Ω_b 表示各个负的 y 而被看成是正值时之和(或 O_b)，这就可以把上述方程改写成

$$\varDelta_b(p_b, p_c, p_d\cdots)=\Omega_b(p_b, p_c, p_d\cdots)。$$

但是，对于(B)投入市场以前就已经确定的在价格方面和有效需求及有效供应方面的一切变动，如果一概置之不顾，而把它们看做常数，则这一方程的左边

$$\varDelta_b(p_b, \pi, \varrho\cdots)$$

就变成单变量 p_b 的一个下降函数。这个函数在几何学上可以用如 B_dB_p(见图20)那样的购买曲线来表示。同样情况，方程的右边

$$\Omega_b(p_b, \pi, \varrho\cdots)$$

就变成该变量 p_b 的一个函数，它先从零上升，然后再(在无限远的距离上)回到零。这个函数可以用如 NP(见图20)那样的销售曲

线来表示。两条曲线 B_dB_p 和 NP 的交点 B，至少可以大致确定价格 $p_b=\mu$。

我们随后将以同样方式说明价格曲线与生产方程之间的关系。

156. 在结束这一论题时，关于前面曾提到的一个论点还作出一些解释。如果市场上商品种类极其繁多，则各种商品的销售曲线，即使实际上未必与表示现存总量的那条平行线全部地或部分地重合，就多数价格说来，也必然接近于这一平行线，至少就极端高价与极端低价之间的那些价格说来是这样。因此，如我们在第68节里看到的那类多重的现期平衡价格，在两种商品互相交换的情况下是完全有可能的，但在多种商品互相交换的情况下，一般说来是不可能的。

第十六章　对亚当·斯密和萨伊交换价值起源学说的分析和批判

157. 经济学这门科学对价值起源问题提出了三种比较重要的解答。第一种是亚当·斯密、李嘉图和麦克库洛赫提出的，是英国学派的解答，把价值的起源归之于*劳动*。这个解答过于褊狭，因为它对事实上确有价值的那些物质，没有能给予价值。第二种解答是孔狄亚克和萨伊提出的，是法国学派的解答，把价值的起源归之于效用。这个解答过于广泛，因为它对事实上并没有价值的物质也给予了价值。最后第三种解答是布拉马基和我的父亲 A. A. 瓦尔拉斯提出的，把价值的起源归之于稀少性。这才是正确的解答。

158. 亚当·斯密在《国民财富的性质和原因的研究》第 1 卷第 5 章里，发表他的论点如次：

> 一切物品的真正价格，也就是要取得这些物品的人所真正耗费的，是取得这些物品时的辛劳和麻烦。一切物品，对于已经取得它的和要把它出售或用以换取别的物品的那个人来说，所以真正具有价值，在于使他自己能够由此节省并且能够由此加之于别人的那份辛劳和麻烦。用钱或用货物换得的，就同用我们自身的辛劳取得的一样，都是用劳动换来的。这些钱或这些货物的确是我们节省了这份辛劳。它们含有某一定量的劳动的价值，我们就用来交换当时认为含有等量价值的一些物品。劳动是最初价格，是用以偿付一切物品的原始代价。最初用以购入世界上一切财富的，并不是黄金或白银，而是劳动；对占有财富的那些人和要想用以交换别的新产品的那些人说来，这项财富的价值恰恰相等于使他们能够用以买进或自由使用的那一定量的劳动。

这个理论所受到的批评多半是不恰当的。理论的主要精神在于断言：具有价值和可以交换的一切物品都是这一形式或那一形式的劳动，因此，只有劳动构成了整个社会财富。批评亚当·斯密的那些人指出，还有某些不是从劳动得来的物品，它们也具有价值，可以交换，从而构成了社会财富。这是一种肤浅的批评。问题不在于劳动是社会财富的全部还是一部分。我们要问，不论处于哪一情况，为什么劳动会有它的价值？为什么它是可以交换的？这才是当前的问题。这个问题亚当·斯密既没有提出，也没有答复。可以断言，如果劳动是有价值的和可以交换的，那是因为它既有用又数量有限，就是说，因为它是稀少的（见第101节）。这就表明，价值是从稀少性而来的。劳动以外的事物，只要是稀少的，就同劳动本身一样地具有价值，一样地可以交换。因此，把价值的起源归之于劳动的这个理论，与其说是过于褊狭，不如说是缺乏意义，与其说是不能接受，不如说是理性不足。

159. 关于第二个解答，可以用萨伊在他的著作《政治经济学问答》第二章里的一段话来说明：

> 为什么物品的效用会使物品具有价值？
>
> 因为物品有了效用就值得争取，就会促使人们为了要加以占有而付出代价。没有人会愿意用任何物品去换取全然无用的物品；但是谁都会让出他已经占有的某一数量的物品（例如某一数量的钱币），以便换取他所需要的物品。这就使这一物品有了价值。

这里至少是作了一次提出证明的尝试，虽然是一次不成功的尝试。“物品有了效用就值得争取。”这是无可置疑的！“就会促使人们为了要加以占有而付出代价。”啊，那就要看情形了。因为，只是别无其他方法去取得某一事物时，才会促使人们付出代价。“没有人会愿意用任何物品去换取全然无用的物品。”说得真对！“谁都会让出他已经占有的某一数量的物品，以便换取他所需要的物品。”这可得根据一个条件：不拿出一些物品作交换，他就无

法取得这一物品。因此,单是效用并不足以产生价值。一种物品要具有价值,除有用之外,还必须是稀少的,就是说,并非无限量地存在的。事实证实了这个推论。我们呼吸的空气,在海上使风帆满张,在陆上使风车转动的风力,给我们光和热、使庄稼得以成熟的日光,水和从热水得来的蒸汽,以及许多别的自然界的力量,对我们说来不但有用,而且是必不可少的。但这些却并不具有价值。为什么?因为它们在量上是无限的,只要是存在着,人人都可以如其所需地尽量取得,而不必出让任何物品或付出任何代价。

孔狄亚克和萨伊在其研究过程中都碰到了这个障碍;而他们各有各的应付方式。孔狄亚克把空气、日光和水看做极有用的物质;然后他试图证明,这些物质实在是要使我们有所花费的。花费些什么呢?取用这些物质时的麻烦。他认为,呼吸的动作,看到日光时把眼睛睁开的动作,向河中取水时弯下腰去的动作,就是我们为这些物质付出的代价。他对于这样一种穿凿附会的说法,曾一再加以引申,津津乐道,但是终不能自圆其说。可以断言,如果要把这类动作称为经济上的代价,则对于与严格意义上的价值结合在一起的那类代价,我们还得另找一个名词。我到肉店里去买肉,到服装店去买一套衣服,把这些东西带回家,在这一动作上我费了一些力,也可以说是付出了一些代价;但是我还得付出另一属于极端特种形式的代价,那就是我还得从衣袋里掏出些钱来交给商人。

萨伊对待这个问题则从另一个方式着手。他告诉我们,空气、阳光和河流中的水是有用的,因此具有价值。这些物质事实上是那样地有用，那样地不可缺少，因此其价值非常巨大，简直是无限大的。而这恰恰就是为什么我们可以不费分文地取得这些物质的理由。我们不付代价，因为这个代价是我们所绝对付不起的。这个解释是巧妙的，但就论证说来不幸的是，我们对于空气、阳光和水，有的时候的确是要付代价的——例如，当它们是稀少的时候。

160. 以上所引，是亚当·斯密和萨伊著名的、富有代表性的两段论述；但是无可否认，这两位作家实际上只接触到了交换价值起源问题的表面，而且，不论是亚当·斯密或萨伊，对于这类不恰当的理论于论证时都没有能谨守其范围。萨伊在我们所引证的那一段的不过几行之下，就从他的效用理论转向到劳动理论，在其他场合却又似乎转变到了稀少性理论。至于亚当·斯密，对他自己说来有幸的是，他自相矛盾地将土地以及劳动一并纳入了社会财富范畴。巴师夏独自承担了将英国学派理论加以体系化的任务；他接受了——并且还要劝别人接受——那些与现实生活中的事实全然相反的论断。

161. 现在谈一谈这里最后的一个理论——稀少性理论。布拉马基在《天赋权利要义》第3部分第11章里有一段很高明的叙述，引录如次：

> 固有的和内在的价格的根据之一是，事物所具有的可以适应我们的需要、方便和生活享受的能力，换句话说，是这类事物的效用。还有一个根据是这类事物的稀少性。

这里的所谓效用，指的不仅是真实效用，还有只是出于主观的或假想的效用，例如珍珠宝石的效用。大家都知道，绝对无用的物质是谈不上价格的。

不过，单是效用，不管它怎样真实，还不足以使物质有一个价格。此外，还得考虑到物质的稀少性——就是说，取得这类物质时的困难，因此没有人可以轻易地尽量取得他所需要的这类物质。

单凭需要是决不足以确定物质的价格的。日常的经验表明，人类生活上需要最大的那些物质代价最低——例如通常用的水。

单是稀少性，也不足以使物质具有价格；物质还必须是有用的。

这些因素是物质的价格的真正根据，它们在时而这一方式时而那一方式的结合下，还会促使价格上升或下降。

一种物质，不论过去的价格如何高昂，如果已经过时，喜欢的人少了，价格就会低落。另一方面，一种普通的、平凡的物质，原来价格很低，甚至不值分文，一旦变成稀罕的物质之后，价格就会立即上升，有时甚至非常高昂。例如在旱地，在某些特殊或意外环境下（如处于长途海程中，或被困的危城中，等等），关于水的情况就是这样。

总之，使物质博得高价的一切特殊情况，都可以用“稀少”这个总的原因来解释。所谓特殊情况，这里可以举几个例子，如一种物品制造时的艰难，或其特有的错综复杂的性质，或者是制造这一物品的手艺人所独享的盛名，等等。

有些是所谓带有感情作用或涉及特殊爱好的价格，例如，借此使某人得以逃脱一次严重危难的某一物质，或者是，对某人说来是其生活中某一奇遇的纪念品或荣誉的标志等等的一类特殊物品，因此，由于他个人的原因，在他看来，这类物品的价格就格外高——逢到这样的情况时，就会出现这类价格，上面的解释也同样适用于这类价格。

这就是稀少性理论。杰诺维西于18世纪中叶在那不勒斯教的是这个，西尼尔于1830年左右在牛津大学教的也是这个。但是使这个理论成为经济学的一个主要部分的，实际上是我的父亲。他在《财富的性质和价值的起源》（巴黎1831年版）那部书里用他特有的方式提出了这个理论，并加以充分发挥。[①] 他利用日常事实进行推理；就这一点而论，是没有人能胜过他的。如果要把理论再推进一步，那就得使用数学解析方法，如我所做的那样。

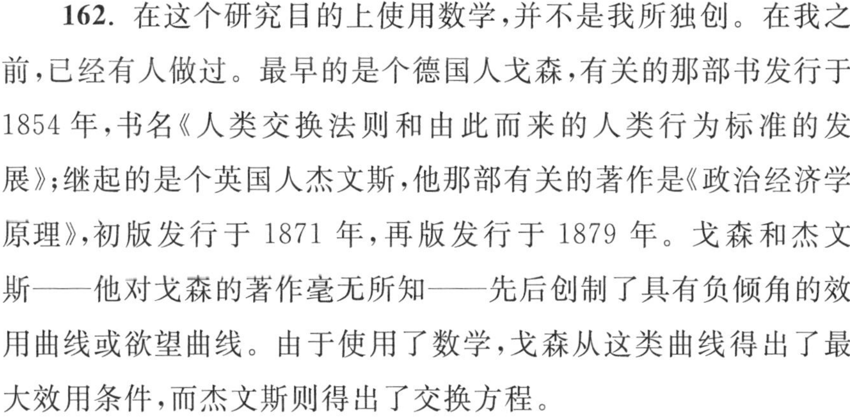

162. 在这个研究目的上使用数学，并不是我所独创。在我之前，已经有人做过。最早的是个德国人戈森，有关的那部书发行于1854年，书名《人类交换法则和由此而来的人类行为标准的发展》；继起的是个英国人杰文斯，他那部有关的著作是《政治经济学原理》，初版发行于1871年，再版发行于1879年。戈森和杰文斯——他对戈森的著作毫无所知——先后创制了具有负倾角的效用曲线或欲望曲线。由于使用了数学，戈森从这类曲线得出了最大效用条件，而杰文斯则得出了交换方程。

① 参阅特别是该书第3章第41页，第16章第234页，第18章第279页（上述各段，见该书巴黎1938年新版本第95—96、236—237和267页，该版本由勒迪克教授加注，列入西密安编《主要经济著作丛刊》内发行）。

戈森是这样来说明最大效用条件的："交换程序完成以后，两种商品在两个商业参与者之间必须作这样的分配，使经过交换的各该商品的最小部分，对这一方或那一方说来都具有同等价值。"如果用我们自己的方式来表达这个说法，就得把两种商品称为(A)和(B)，两个参与者称为(1)和(2)。假定 $r=\phi_{a,1}(q)$ 和 $r=\phi_{b,1}(q)$ 是就参与者(1)说来两种商品(A)和(B)的效用曲线的方程。假定 $r=\phi_{a,2}(q)$ 和 $r=\phi_{b,2}(q)$ 是就参与者(2)说来的对应方程。假定 q_a 为参与者(1)持有的(A)的初始量，q_b 为参与者(2)持有的(B)的初始量，d_a 和 d_b 分别为(A)和(B)的交换量。戈森的理论这就可以用下列方程表示：

$$\phi_{a,1}(q_a-d_a)=\phi_{a,2}(d_a),$$

$$\phi_{b,1}(d_b)=\phi_{b,2}(q_b-d_b),$$

这些方程所确定的是就参与者(1)和(2)说来的 d_a 和 d_b。很明显，用这样方式得出的最大效用并不是自由竞争下的相对最大效用，与一切参与者在一个共同的、一致的交换率下自由买卖两种商品这一条件也不相适应。这实在是一个绝对最大值，它并未计及整个市场价格一致和在这一价格下有效供给与有效需求之间的均等这个双重条件。结果是，它撇开了私有财产。①

163. 另一方面，杰文斯提出的交换方程是这样的："任何两种商品的交换比率，是交换完成后可供消费商品量的最终效用程度的比率的倒数。"(见第二版，第 103 页。)假定以(A)与(B)为两种商品，(1)与(2)为两个参与者，ϕ_1 与 ψ_1 为就参与者(1)说的商品

① 参阅拙著《社会经济学研究》(第 209—213 页)，"财产论"第 4 节。

(A)与(B)的效用函数符号，ϕ_2 和 ψ_2 为就参与者(2)说的对应符号，a 为参与者(1)所保有的(A)的初始量，b 为参与者(2)所保有的(B)的初始量，x 与 y 为(A)与(B)的交换量，杰文斯的理论就可以用下列方程表示：

$$\frac{\phi_1(a-x)}{\psi_1 y}=\frac{y}{x}=\frac{\phi_2 x}{\psi_2(b-y)}.$$

按照我们的记数法，该项方程应写成

$$\frac{\phi_{a,1}(q_a-d_a)}{\phi_{b,1}(d_b)}=\frac{d_b}{d_a}=\frac{\phi_{a,2}(d_a)}{\phi_{b,2}(q_b-d_b)},$$

由此就可以确定 d_a 和 d_b。这种表述方式在两个方面和我们自己的不同。第一，我们引用的是价格，其定义为交换商品量的比率的倒数；而杰文斯引用的是交换比率，他对这个比率所下的定义是交换量的正比，这是始终由这些比率中的两项 d_a 和 d_b 之间的关系得出的。第二，杰文斯认为，只要就两个参与者说来的问题已经解决，他的问题就完全获得了解决。他只是为自己保留了作出假设的权利，把这类参与者（“商业团体”）的组成分子看作是一群个人，相同于整个大陆的一切居民，或某一国内某一种工业的一切生产者（第95页）。他承认，在这样的假设下他脱离了现实世界而走向“虚构式”的世界（第97页）。但是我们愿意仍然处于现实世界的范围之内，因此只能把杰文斯的公式看作，仅仅在两个个人之间进行交换的情况下有效。就这一有限制的情况说，杰文斯的公式跟我们的相同，不同之处只是在于他用的是交换量，而我们用的是价格。除两方进行交换的情况外，还得考虑的是许多人共同参与交换的一般情况，先假定互相交换的只有两种商品，然后假定

互相交换的有多种商品。杰文斯是无法这样进行的，因为他坚持着一种不切实际的想法，要用交换量而不用价格作为问题中的未知量。

164. 大致在杰文斯的《政治经济学原理》(1871—1872 年)初版问世的时候，维也纳大学的门格尔教授的《国民经济学原理》出版了。这是在一种独立的、崭新的方式下奠定新交换理论的基础的、在我的作品之前出版的第三部书。门格尔教授沿着跟我们相同的路线发展了效用理论。他从需要随着消费量的增加而减少这一定律出发，从而在这一假设下得出了交换理论。他使用的是演绎研究法而反对数学方法；虽然，他即使没有使用函数或曲线，至少是使用了表示效用或需求的算术表式的。这就使我无法像批评戈森和杰文斯的理论那样，用几句话来简要地批评他的理论。关于门格尔以及他的门徒维塞尔和庞巴维克，我想说的只是这一点：在我看来，他们对于本质上是一个数学的课题，于讨论时却不愿意干脆地使用数学的方法和语言，这就使他们失去了不仅有用而且是不可缺少的一套工具。尽管如此，但是必须承认，这几位作家使用的虽然是欠完善的方法和语言，对交换问题却提出了极其精密的分析。他们的稀少性——他们叫做最终效用——理论，深切地引起了经济学家的注意；至少在这一点上他们肯定是有成就的。这一理论，就其在我们的科学中目前的发展情况看来，似乎效果很好。我由此得出了以通货为依据的抽象的商品价格理论。我在下面要继续进行推论的是：(1)关于同时确定产品的价格和土地服务、人力服务及资本服务的价格的理论；(2)关于确定净收入率以

及土地资本、人力资本与狭义资本的继起价格的理论；(3)关于确定以货币为依据的价格的理论。所有这些理论显然都是抽象的；但是通过有系统的综合过程，使这些理论不断地互相包摄，就会使我们顺利地投入到现实中。①

① 为了避免误解，感到有必要在这里说明一下，本章的最后三段初次刊载于本书的第2版。在1874年发行的第一版内，所以没有提到在本书之前出版的上述三种著作，只是由于当时我对于这三部书的存在还绝无所知。

第四篇

论 生 产

第十七章　资本和收入；三种服务

165. 任何现象，无论怎样复杂，只要能始终遵守由简入繁、循序渐进这一通则，就能作出科学的研究。我们在表述数学的交换理论时，是先从两种商品互相交换开始，然后转向到以通货为媒介的多种商品互相交换。但是到此为止，有一点我们还未加考虑，即，商品是产品，是生产要素土地、人力和资本品配合起来的结果。现在已经到了必须考虑这一事实的研究阶段。我们研究了用数学确定产品价格的问题以后，就可以提出用数学确定并探讨生产服务价格的问题。我们对交换问题作出的解答，可以由此获得供求定律的科学表述。对生产问题作出的解答，可以由此获得生产成本定律或成本价格定律的科学表述。虽然，说到底不过是再一次显示经济学两个有名的基本定律，但是进行时与一般的方式有所不同；我并不把这两者看作在价格的确定上是互相抵触、互相矛盾的，我要证明的是，产品价格的确定系以上述第一个定律为依据，而生产服务价格的确定系以上述第二个定律为依据，从而确定两个定律各自的应有职能。这是久已为经济学家所公认的一个真理，即，在某些正常的和理想的情况下，商品的售价相等于其生产成本——这一点我并没有完全忘记，我这样说时，希望人们对我能信得过。在这样正常的或理想的情况下——这实在就是交换与生

产处于平衡的情况——一瓶售价5法郎的酒的生产成本,会相当于租金2法郎、工资2法郎和利息支出1法郎之和。即使是这样,依然有待于了解的是:究竟是由于付出了租金2法郎、工资2法郎和利息1法郎才使这瓶酒的售价为5法郎的呢,还是由于这瓶酒的售价为5法郎,才付出了租金2法郎、工资2法郎和利息1法郎的。换句话说,我们仍然不得不追问,究竟是如通常所说的那样由生产服务价格来确定产品价格的呢,还是如我们所看到的那样,由在供求定律的作用下已经确定的产品价格,来确定在生产成本定律或成本价格定律的作用下的生产服务价格的。这就是我们现在要进行研究的问题。

166. 生产的基本要素一共有三个。多数作家列举这些要素时所使用的名词是:土地、劳动和资本。但是用这些名词作为纯理论推断的基础时还不够精确。劳动是人类能力的服务或人力的服务。因此,不可将劳动同土地与资本并列,而应当同土地所提供的土地服务与资本品所提供的资本服务并列。由于我将在极其严谨的意义下来使用这些名词,因此不得不格外审慎地给它们下定义。为此,我准备先给资本和收入下个定义,这个定义的含义比通常的定义狭窄,甚至比我自己以后所使用的还要狭窄,在定义内容有变更时自当随时说明。

167. 与我父亲在《社会财富论》(1849年版)里所提出的一样,我给固定资本即一般资本所下的定义是一切耐用品,是根本不会用光或者只是经过一段时间以后才会用光的一切类型的社会财富,也就是,数量有定限而一次使用后还可以继续使用或者是可以作多次使用的一切效用,例如一所住宅或一件家具。所谓流通资本或收入，我的意思指的是一切非耐用品，是立即可以用光的一切类型的社会财富，也就是，一次使用后即不能再用或者是只能使用一次的一切稀少物质，例如面包或肉。收入所包含的，不仅是供私人消费的物品，还有农业和工业的原料，如种子、织物等等。我们在这里所说的耐用性并不是物质上的耐用，而是使用上的耐用或经济上的耐用。例如织物织成衣料后，虽然在物质上依然存在，但是作为原料已经不复存在，它一经织成衣料，就不能再作为原料来使用。另一方面，建筑物和机器是资本项目，不是收入项目。还有一层，社会财富的性质种种不同，有些生来是资本，有些则在本质上是收入，还有多种多样的财富，要看它们的使用目的是什么或者所执行的是什么样的任务而定，既可以是资本，也可以是收入。例如树木，当它们结果子的时候是资本，砍下来供作燃料或木材时是收入。动物也是这样，当它们供人使用或产乳、生蛋时是资本，被屠宰后充作食品时是收入。实际上一切种类的社会财富，不论以其本质或以其使用目的为依据，都可以供作一次使用或多次使用，从而可以把它们相应地列入资本或列入收入。

当我们说人们在消耗其资本时，意思是说，他们先把资本换成收入，然后消费掉这项收入。同样情况，出自收入的资本形成表明，事先曾将收入换成资本。

资本不应当与贮积相混同，后者是预先积存备作最终消费的收入总计。窖藏的酒、堆在仓库里的木材和原料都是贮积品。采石场和矿山里的石料和矿物也是收入的积累，不是资本的积累。

168. 我们已经给社会财富下的定义是，稀少的——就是说，既有用而又数量有定限的——一切物质的和非物质的事物的总和(见第21节),而构成社会财富的是资本和收入,这就几乎不用再说明,后两者本身也可以是物质的或非物质的。无论处于哪一情况,物质或非物质都不是个重要问题。我们在下面会看到,资本怎样产生收入;那时我们还会看到,极有可能的是,物质资本会产生非物质收入,而非物质资本也会产生物质收入。所以在这里提到这一点是因为,由此可以帮助我们弄清楚资本与收入之间的区别。

169. 资本的本质在于能产生收入;而收入的本质在于能直接或间接地构成资本。这是怎样发生的呢?因为根据定义,资本在一次使用以后还可以继续使用,就是说,可以供作连续的多次使用,不断的使用就显然可以构成不断的收入。田地会使我们年年有收获;房屋可以使我们获得遮蔽,避免寒暑的侵袭。肥力就是土地所提供的每年收入;遮蔽就是房屋所提供的每年收入。工人天天在工厂里辛苦工作;律师或医师天天为他的顾客处理法律或医药上的问题。劳动就是工人每天的收入;法律或医药问题的处理就是律师或医师每天的收入。机器、仪器、工具、家具以及衣服也以同样的方式产生收入。关于这一点,有许多作家在其著作中写得很混乱,很含糊,是由于没有能把资本的收入和资本本身分开来考虑。

为了显示出资本与收入之间的区别,我们把那些由使用资本取得的收入称为服务。这些服务可以分成两类。第一类是在私人消费和公共消费中就其固有形式加以利用的那些服务。例如房屋的遮蔽、律师或医师的鉴定或会诊和家具及衣服的使用,都属于这类服务。我们把这类叫做消费服务。第二类是通过农业、工业或商业转变成收入或资本——也就是说，转变成产品——的那些服务。例如土地的肥力、工人的劳动和机器、仪器及工具的使用，即属于这类服务。我们把这类叫做生产服务。下面谈到流通理论时，会使我们注意到一个事实，即“收入品”的贮藏，固然是为了最后完成其使用服务的任务，但同时也在发生着贮藏服务的作用，这也许是一种直接的消费服务，也许是一种生产服务。我们所作出的消费服务与生产服务之间的区别，相当于多数作家所作出的非生产消费与再生产消费之间的区别。这里所格外注意的是，关于由生产服务到产品的转变的研究。

170. 根据我们资本与收入的定义，可以直接地将整个社会财富分成四大类，其中三类属于资本，第四类属于收入。

我们将一切种类的土地列入第一类，其中包括：辟作不论是公有或私有的园林或娱乐场所的土地；森林地；种植果木、蔬菜、谷物、饲料和其他供人畜用的食品的土地；住宅、公共建筑、事务所、工厂、作坊或商店的地基；供作街道、公路、公共广场、运河、铁路以及一切交通设备使用的土地。所有这些都实在是资本。私有和公有的园林，到冬天草木黄落，变得光秃秃的，但是逢春仍然会开出花来，长出新叶子来；在这一年使我们有了秋收的土地，在下一年依然可以使我们获得收成；一所住宅或一个工厂的基地，今年在这里，明年依然在这里；我们走惯了的街道，过去这样走，来年还是可以这样走。这就表明，土地在一次使用以后还可以继续使用，不断的使用就构成了土地的收入。散一次步或欣赏一下风景的享受是得自园林的收入；土壤的肥力是得自土地的收入；建筑地点的适宜是得自建筑基地的收入；行动的方便是得自街道的收入。这就构成了我们的第一类资本，即土地资本或土地，所能产生的是土地收入或土地服务，我们也把它叫作“*rentes*”。[①]

171. 构成我们社会财富的第二类是个人，其中包括：除了浪游和寻欢作乐之外一无所事的人；服侍别人的人，如车夫、厨子、男仆、女仆等等；国家的公务员，如行政官、法官、军人等等；农业、工业和商业的男女职工；自由职业者，如律师、医师、艺术家等等。所有这些人都实在是资本。那些懒汉们虚度了今天还要虚度明天；铁匠干完了这一天的活，还有以后许多天的活要干；律师离开了法庭以后还会再来进行辩护。这就表明，人们提供了一次服务以后依然存在，他们所提供的一系列服务就构成了他们的收入。懒汉所享受的快乐、劳动者所完成的工作和律师所作的抗辩就是这些人的收入。这就构成了我们的第二类资本，即人力资本或个人，所能产生的是个人收入或人力服务，我们也把它叫作劳动。

172. 现在谈社会财富的第三类，构成这类财富的是土地和人力除外的一切其他资本资产，其中包括：城乡住宅和公共建筑；营业所、工厂、作坊、商店以及一切的这类建筑物，其基地当然不计在内；树木和一切种类的植物；动物；家具、衣服、绘画、雕刻、车辆、珠宝；机器、仪器、工具。我们认为所有这些事物都不是收入，而是能够产生收入的资本。房屋使我现在获得遮蔽，在未来一段很长时期仍然是这样；我所收藏的绘画和珠宝始终由我自由处理；今天从附近市镇来的一辆火车载来了一批旅客和货物，明天还会沿着同

① 这个词在这里的意义相当于“土地服务”(*land-services*)，如果照字义直译为“地租”，既不够恰当，也容易引起误解。——译者

一路线载回另一批旅客和货物。房屋使我获得遮蔽，绘画和珠宝的装饰效果，火车所提供的运输便利，都是得自各该资本品的收入。这就构成了我们的第三类资本，即狭义资本，所能产生的是资本收入或资本服务，我们也把它叫作"*profits*"。[①]

173. 我们将全部资本列入前三类社会财富并作了说明以后，剩下的只是属于第四类的收入。构成收入的是：(1)消费品，例如小麦、面粉、面包、肉、酒、啤酒、蔬菜、水果、照明设备、燃料等等，这些都是被直接消费掉的；(2)原料，例如肥料、种子、金属、木材、织物原料、照明设备、燃料等等，这些都是用于生产的——事实上包括作为原料时注定要消失、只是作为产品时才再现的一切事物。

174. 我们已经看到，构成资本的是土地、人力和狭义资本，而构成收入的是土地服务、人力服务（即劳动）和狭义资本服务（即资本服务）。为了力求精确，我们必须把生产的基本要素看成是由三类资本及其服务所构成，即：土地资本（即土地）与土地服务，人力资本（即个人）与人力服务（即劳动），和狭义资本（即资本品）与资本服务。在这一正确的分类下，对一般所接受的生产要素进行分类时，可以看作是以事物的原始状态为依据的。

土地是自然资本，不是人工所产生；它也是不灭的资本，不会由于使用或不测事故而毁灭。我们晓得，某些种类的土地资本是通过利用石坡加厚土层或就荒地施肥或对积水低地进行疏泄等办法得来的，是人工造成的；某些土地资本也会因地震、洪水或水蚀

① 这个词在这里的意义相当于"资本服务"(*capital-services*)，如果照字义直译为"利润"，既不够恰当，也容易引起误解。——译者

作用而被毁灭。但这类情况究竟比较少见，因此，我们尽可以把这类少数情况除外，认为土地资本是原始的和不灭的。这两个特性各有其重要意义；但只是由于两者的共同存在，才构成了土地资本的显著特征。由于土地的量即使不是绝对地固定不变，也很少变动余地，因此，在原始社会中可能非常丰足，而在发展的社会中，与其人口及狭义资本量相对，也许会显得十分缺乏。因此，在一个原始社会中，土地不会有——我们随后会看到，事实上也的确没有——任何稀少性或价值；而在发展的社会中，它会具有高度稀少性和极高的价值。

175. 人同土地一样是自然资本，但是可灭的，就是说，由于使用或不测事故是可以毁灭的。他们过去了，但是通过代代相传，他们又出生了。因此，人口的数目决不是固定不变，而是在某些情况下可以无限制地增加的。关于这部分的讨论要特别注意到一点。我们谈到以人为自然资本并且可以通过生育而繁殖时，并没有忽视获得越来越广泛的认可的社会伦理学原则：不应当把人当作一件东西一样买来卖去，也不应当把他们当作牛马一样豢养在牛棚马厩里。因此，把人包括在确定价格理论的范围之内，也许要被人认为不合情理。但是，人力资本虽然不能进行买卖，而劳动或人力服务在市场上是每天都有供给、都有需求的，因此人力资本至少是能够、而且往往应当予以评价。还有一层，我们应当坦率承认，至少在纯粹经济学理论中，尽可以将公道观念和实际处理这些方面置之度外，同考察土地和狭义资本时的情形一样，专门从交换价值的观点来考察人力资本。因此，我们将继续谈到劳动的价格，甚至谈到人的价格，这和赞成奴隶制或反对奴隶制的任何论证全然无

关。

176. 狭义资本系由人为的或产出的资本所构成，是可灭的。关于土地和人力以外的资本资产，也许可以举出少数几个属于自然资产的例子，例如某些种类的树木或动物，但是很难找到属于不灭的例子。资本资产同人一样，会毁灭和消失，并且也同人一样地会再现，但再现不是由于自然繁殖的结果，而是由于经济上的生产结果。因此，资本资产的数量也同人一样，在既定条件下可以无限地增加。这里又得特别注意到一点，资本品在生产上，特别是在农业中，总是与土地结合在一起的。但是，应当清楚地认识到，当我们谈到土地时，是把它和住房或办公室、围墙或复壁、灌溉系统或排水系统这类事物分开来考虑的，总之，是和一切狭义资本分开来考虑的；更不待言的是，诸如肥料、种子和地上的庄稼，总之，凡是与土地结合在一起的收入品，都是被除外的。这就表明，所谓土地服务，我们指的只是在这样定义下的土地所提供的服务；因为，我们对于由狭义资本与土地结合在一起时所提供的服务称之为资本服务。

以上所述的社会财富特征，不但说明了土地、人力和狭义资本之间的区别，并且证明这个区别是恰当的。但是应当看到，这一讨论的重要意义主要将表现在社会经济学理论中和纯粹经济学理论的后阶段关于资本形成与经济发展的论述。这一切的推论都是基于一个基本论点——土地资本、人力资本和资本品都是资本而不是收入。

177. 我们既已谈到这里，还得接着追究下去，为什么土地的服务、个人能力的服务（即劳动）和狭义资本的服务（即资本服务）

会有现期价格，为什么在生产以及交换的自由竞争支配下的经济体系，这些价格是可以在数学上确定的量，这些量是怎样确定的。具体地说就是，我们必须提出一个方程系，这个方程系的根是租金、工资和利息支出。

第十八章　生产的要素和结构

178. 我们在研究用数学确定产品价格的问题时，认为必须从对交换领域内自由竞争结构作出精确的说明开始；正同这个情形一样，现在要研究生产服务价格的数学定义这一问题，就必须先了解一下经验所显示的事实，从而使我们对生产领域内自由竞争的结构可以获得一个尽可能精确的观念。为了适应这里的分析，假定某一国家的经济生产过程暂时作一停顿，这就使我们能够将上面作出的消费服务与生产服务之间的区别（见第 169 节），应用到第 170—173 节内列示的资本与收入各项目，将涉及生产过程的各要素在以下十三个类目下分类。

关于资本的类目是：

(1)，(2)和(3)：产生消费服务的土地资本、人力资本和狭义资本品，就是说，所产生的是，由这类资本的原持有者，或者是由这类资本所产生的收入的买主——不管这些买主是个人、法人团体还是国家——所直接消费的收入。属于这一类型的土地资本的例子是公有或私有的园林、住宅或公共建筑的基地、街道、公路、公共广场，等等。属于这一类型的人力资本的例子是游民、仆人、公务员，等等。属于这一类型的狭义资本品的例子是住宅、公共建筑、树木、供玩赏的动物、供观赏的植物、家具、衣服、艺术品、奢侈品，等等。

(4)，(5)和(6)：产生生产服务的土地资本、人力资本和狭义资本品，就是说，所产生的是通过农业、工业或商业可以转变成产品的各项收入。属于这类的土地资本的例子是田地、办公大楼、工厂、作坊和仓库的基地；属于这类的人力资本的例子是工资生活者、自由职业者，等等；属于这类的狭义资本品的例子是办公大楼、工厂、作坊、仓库、果树、庄稼、役使动物、机器、仪器和工具。

(7)新资本品。这类资本品暂时不产生收入，但由其生产者保持着准备出售，属于这类的例子是新落成待售的住宅和其他建筑物，贮存着或陈列着的各种植物、动物、家具、衣服、艺术品、奢侈品、机器、仪器、工具，等等。

关于收入的类目是：

(8)由消费品组成的收入品贮积，例如存在消费者家里的面包、肉、酒、蔬菜、水果、柴、油，等等。

(9)由原料组成的收入品贮积，例如存在生产者的贮藏室里的肥料、种子、未加工金属、木料、织物、整匹的衣料，等等。

(10)由消费品和原料组成的新收入品，这是存在生产者的手里准备出售的，例如铺子里的面包和肉，由生产者贮存着或陈列着的金属、木材、织物、整匹的衣料，等等。

最后关于货币的类目是：

(11),(12)和(13):消费者持有的现金、生产者持有的现金和货币储蓄。

这里很容易看出,我们将三类资本各自再分为产生消费服务的资本和产生生产服务的资本,就获得了前六个类目;将狭义资本内暂时不产生任何收入的那个部分分开,就获得了第七个类目;将收入品和货币分别作同样的进一步划分,在前一划分下就获得了第八、第九和第十个类目,在后一划分下就获得了第十一、第十二和第十三个类目。由于货币在生产中所起的多种作用,我们把它同资本及收入分开,为它另立了类目。从社会的立场来看,货币是资本,因为在社会中可以用它作不止一次的支付;从个人的立场来看,货币是收入,因为没有人可以用它作一次以上的支付,一度支出,这项货币就不复为他所有。

179. 到此为止,我们是在经济生产暂时处于停顿状态的假设下进行讨论的,现在假定它又开始活动。

就列入前六个类目的各项来说,其中土地在经济生产过程中既不会被用完,也不会被毁灭,因为它生来是永存的;至于人类,当然会死亡,而下一代又会接上来,这并不是由于农业、工业或商业的生产活动的结果,但是我们随后会看到,其间与经济生产多少还是有些关系的;狭义资本也并不是永恒的,在使用中会被耗尽,发生事故时会被毁坏,只能用列入第七类的新资本品来进行替换。这样,狭义资本品的数量在同一的一般生产过程中,就一面在减少,一面在恢复。为了使问题简化,可以将上述第七类暂时略去,假定新资本品一经制出,立即投入第三类和第六类。

列入第八类和第九类的各项,即消费品和原料,是可以被直接消费的收入品，被消费掉以后，只能用列入第十类的新收入品来补充。这样，收入品数量在同一的一般生产过程中，就一面在减少，一面在恢复。这里也可以将第十类暂时略去，假定新收入品一经制出，立即投入第八类和第九类。如果假定该项消费品和原料一经制出即被消费，而不经过预先贮积阶段，则甚至第八类和第九类也可以略去。

在交换中，货币会参与其间。每时每刻，都会有部分的流通中的货币为储蓄所吸收，也会有部分的货币储蓄通过信贷重新回入流通。如果我们决定对储蓄完全不加考虑，也未尝不可将货币储蓄略去。我们随即会看到，在生产结构作用的研究中，也同样可以将流通货币这一概念抽去。

180. 总之，在生产过程中会被耗尽的，一方面是某些消费服务，这会由列入第(1)，(2)和(3)类的土地资本、人力资本和狭义资本立即再生产出来；另方面是某些收入品、未完工的消费品和原料，这会由列入第(4)，(5)和(6)类的土地资本、人力资本和狭义资本立即再生产出来。根据定义，收入在一次使用以后不能继续使用。在它提供服务的那一瞬间，它就不复存在；用术语来说就是，它已经被消费掉了。面包和肉是吃掉的，酒是喝掉的，油和柴是烧掉的，肥料和种子放在土里了，金属、木材和织物经过加工程序了，燃料被消耗掉了。但是由于资本的作用，这类收入品一消失就会再现。根据定义，资本品一次使用以后还可以继续使用。当资本品不断地提供宜于由它承担的服务时，就发挥了它的作用；用术语来说就是，它在进行生产。田地是被耕种着，工厂是建立在基地上的，工人们在这些厂里辛勤工作，使用机器、仪器和工具。总之，土地资本、人力资本和狭义资本会各自提供各自的服务；农业、工业和商业就在这类服务的结合下，产生新的收入品，用以替代被消耗的收入品。

181. 但是，这还没有说明问题的全部。除消费品与原料是即时被消费的之外，还有种种狭义资本品是逐渐地被消费的。房屋和其他建筑物年久会变成破旧，家具、衣服、艺术品和奢侈品迟早会损坏。工厂、机器、仪器、工具的情形也是这样。这一切资本品或迟或早总是要耗尽的；也会由于不测事故而遭到突然的毁坏。因此，由列入第(4)，(5)和(6)类的土地资本、人力资本和狭义资本单是产生新收入还是不够的；属于资本的这三个类目还得产生新的狭义资本品，用以替代在使用中磨损的或遭到意外而毁灭的资本品，在可能情况下，甚至还得增加资本品的现存量。资本品存量增加是经济发展的标志之一。让我们像以前所设想过的那样，假定生产过程在经过一段时间以后又有了一次停顿（并检点了存品量），并假定狭义资本品的存量有了扩大。这是前进中国家的一个征象。经济发展的特征之一就是狭义资本量的增加。我们打算在本书第五篇专门研究新资本品的生产，因此关于经济发展问题可以到那个时候再考虑，这里暂以讨论其形式为消费品与原料的新收入品的生产为限。

182. 在消费收入品和资本品的生产中，没有一个生产资本类目会单独地发挥作用，它总是与其他类目结合一起发挥作用的。即使就农业说，其间起着主要作用的是土地资本，但构成产物的也不只是土地服务，还有劳动和资本服务。在工业中，狭义资本是最重要因素，但土地服务也同劳动与资本服务一起成为产品构成的因素。一切可以想象的事物,生产时总需要一些土地(哪怕是供作工人的立足之地),以及个人的能力和某种属于资本的工具——看来这个通则简直是没有例外的。因此,土地、人类和资本的合作,是经济生产的真正要素;这就使我们有必要作出仔细认真的分析。就这一点而论,所作出的资本与收入之间的区别,在生产因素的分类中已经表明它是那样地有效(见第 178 节),在为生产结构作出简要说明时也会证明,它是同样有效的。

183. 收入经一次使用以后无法再用这一事实本身就意味着,它只能被出售或出让。它是不能出租的——至少不能以实物出租。试问,面包或肉怎么能出租呢?但是,资本品由于一次使用以后还能继续使用,是可以不论在有报酬或在免费的情况下出租的。例如一座房屋或一件家具都可以出租。我们要问,这样一种交易成立的原因何在?这是为了使租用者可以取得所租事物的使用或其服务。资本品的出租就是该资本品的服务的让渡。这个定义完全以资本与收入之间的区别为依据,是一个基本性的定义;没有这个定义,生产理论和信用理论即无从谈起。以资本品作有报酬的出租,就构成了该资本品的服务的出售;以资本品作无代价的出租,是将该资本品的服务作免费的赠送。事实上,只是由于从事有报酬的出租,才会使列入第(4),(5)和(6)类目下的各项土地资本、人力资本和狭义资本为生产而结合在一起。

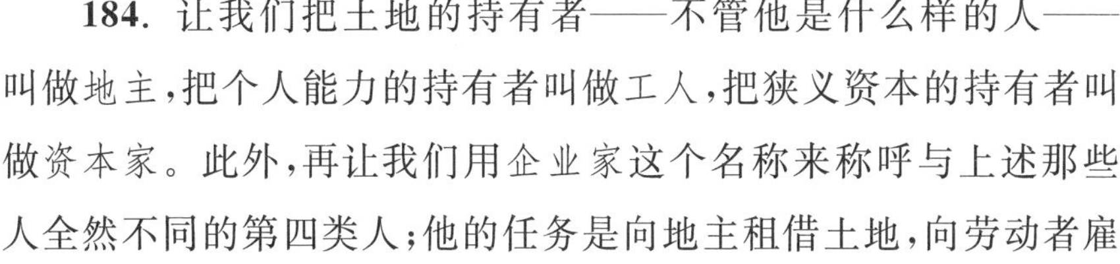

184. 让我们把土地的持有者——不管他是什么样的人——叫做地主,把个人能力的持有者叫做工人,把狭义资本的持有者叫做资本家。此外,再让我们用企业家这个名称来称呼与上述那些人全然不同的第四类人;他的任务是向地主租借土地,向劳动者雇

用个人能力，向资本家借入资本，从而使这三种生产服务在农业、工业和商业中结合起来。诚然，在现实生活中，同一个人也许会承担上述的两种、三种，甚至所有四种任务。事实上是，这些任务的不同方式的结合，会造成不同类型的企业。不管怎样，即使由同一个人执行这些任务，而这些任务本身仍然是各不相同的。从科学的观点来看，必须把这些任务区分开来。英国经济学家把企业家和资本家说成是一样的；有些法国经济学家则把企业家看成是负有管理一个企业的特殊任务的一个工人——这两种错误我们都必须避免。

185. 这一点经肯定以后，按照我们为企业家的任务原来所提出的概念，必须根据两种不同的市场来进行考虑。

第一种是*服务市场*。这里地主、工人和资本家是作为卖主出现的，而企业家是作为买主出现的，进行买卖的是各种生产服务，即土地服务、劳动和资本服务。在这个市场里，一方面企业家为了生产而购买土地服务、劳动和资本服务，另方面还有地主、工人和资本家则为了消费而购买各种服务。关于后一类购买当随后讨论，目前我们所注意的主要是为生产目的而从事购买各种服务的问题。这类生产服务是依照自由竞争结构、借助于金钱来进行交换的（见第42节）。一切服务都在金钱的依据下喊价。如果在这个价格下有效需求超过了有效供给，企业家将竞相出价，价格将上升。如果有效供给超过了有效需求，地主、工人和资本家将竞相压低价格，价格将下降。各种服务的现期价格所表示的就是，有效需求与有效供给相等时的价格。

按照上述方式得出的以金钱计的土地服务的现期约定价格叫

做地租。

以金钱计的劳动的现期约定价格叫做工资。

以金钱计的资本服务的现期约定价格叫做利息支出。

结果是，由于我们为资本与收入作出的区别，由于我们为企业家作出的定义，使我们立即明确了生产服务，这类服务的市场、这个市场上的有效供给与有效需求以及由这种供求产生的现期价格的概念。法国与英国的经济学家于确定地租、工资和利息——即生产服务的价格——时，并不考虑任何关于这类服务的市场；我们随后将讨论这种劳而无功的尝试。

186. 第二种市场是产品市场。这里企业家是作为产品的卖主出现的，地主、工人和资本家是作为产品的买主出现的。这类产品跟服务一样，是依照自由竞争结构、借助于金钱来进行交换的。一切产品都在金钱的依据下喊价。如果在这个价格下有效需求超过了有效供给，地主、工人和资本家将竞相出价，价格将上升。如果有效供给超过了有效需求，企业家将竞相压低价格，价格将下降。各种产品的现期价格所表示的就是，有效需求与有效供给相等时的价格。

这就使我们明确了在这一关系下的市场，供给与需求和现期价格的概念。

187. 应当看到，这些概念与观测和经验中所显示的事实是完全一致的。只是由于货币的参与，使关于服务和关于产品的两个市场彼此完全不同，其不同情况在现实世界中与我们科学分析中的完全一致。在各个市场中，买进和卖出都在竞争出价的相互作用下进行。当你向鞋商去买一双鞋时，他充当的是一个企业家，他交出的是产品，收进的是货币。这项交易发生在产品市场。关于这项产品，如果求过于供，另一消费者就会出高于你所出的价格；如果供过于求，另一鞋商就会索取低于你的鞋商所索取的价格。在这一交易的幕后，工人制成一双鞋时有他一定的价格；这时这个鞋商充当的仍然是个企业家，他买进的是生产服务，付出的是货币。这项交易发生在服务市场。关于劳动，如果求过于供，另一企业家就会出高于你的鞋商所出的价格；如果供过于求，另一工人就会按较低价格提供他的服务。虽然这两种市场各不相同，但仍然是密切相关的，因为地主、工人和资本家是用在其生产服务市场中收进的货币向另一市场以消费者的地位去买进产品的；另一方面，企业家是用在其产品市场中收进的货币向服务市场以生产者的地位去买进各种生产服务的。

188. 生产平衡就意味着交换平衡，因此现在很容易给它下定义。首先，所处的是这样一种状态，这时生产服务的有效需求与有效供给相等，这类服务在市场中有着一个稳定的现期价格。其次，所处的是这样一种状态，这时产品的有效需求与有效供给也相等。在产品市场中也有着一个稳定的现期价格。最后，所处的是这样一种状态，这时产品的售价相等于投入该项产品的生产服务成本。前两个条件与交换平衡有关；后一个条件与生产平衡有关。

生产平衡与交换平衡一样，是理想状态，不是真实状态。任一种产品的售价与投入这一产品的生产服务的成本绝对相等的情况，或者是产品或服务的有效需求与有效供给绝对相等的情况，在现实世界决不会发生。然而这却是一种正常状态；意思是说，在交换和生产的自由竞争制度下，情势自然会走向这一状态。实际上，在自由竞争下，如果某些企业的某一产品的售价超过了生产服务的成本，从而产生了利润，企业家就会拥向这一生产部门，扩大其产量，结果这一产品在市场上的数量将增加，价格将下降，价格与成本之间的差距将缩减；如果情况相反，对某些企业说来，某一产品的生产服务的成本超过了售价，从而产生了亏损，企业家就会退出这个生产部门或减低其产量，结果这一产品在市场上的数量将减少，价格将上升，价格与成本之间的差距就又将缩减。还应当看到，虽然企业单位的为数众多有助于生产平衡，但是要使平衡得以实现，单位的众多并不是绝对必要的，因为从理论上说，单是一个企业家也未尝不可实现平衡——假使他通过拍卖方式买进服务，卖出产品，并且始终如一地，于亏本时即降低其产量，于获利时即提高其产量。但是问题还不止于此，因为我们现在看到，避免亏损和获致利润的愿望，是企业家购入生产服务、出售产品这一动作的主要动机；正同我们早先所看到的关于地主、工人和资本家的情形一样——获得最大满足的愿望是他们出售生产服务、购入产品这一动作的主要动机。最后还得说明一点，如我们在第179节所提示的那样，当交换和生产处于平衡状态时，我们在理论假设下即使不抽去金钱至少也可以抽去货币；假定的情况是，地主、工人和资本家向企业家取得其形式为租金、工资和利息的某一定量的产品，他们在交换中所提供的是其形式为土地服务、劳动和资本服务的某一定量的生产服务。假定处于平衡状态，我们甚至可以将企业家从中抽去，只认为在某种意义上说来，生产服务是互相直接交换的，而不是先换成产品，然后再换成生产服务。巴师夏认为，说到底，服务与服务是互相交换的，但他的意思指的只是人力服务，而

在我们意念中的是土地、人力和资本品的服务。

这样看来，当生产处于平衡状态时，企业家是既得不到利润也受不到亏损的。他们并不是靠了当企业家来谋生的，而是靠了在其自己的事业中或别的事业中当地主、工人或资本家来谋生的。在我看来，合理的簿记应当做到这一点：一个企业家，如果他所使用的本地，或其住宅的基地是他自己所有，如果在他的企业中他也参与管理，如果在企业中有他自己的投资，那就应当一方面记入业务开支，另方面将相应的租金、工资和利息，按照生产服务的当时市场价格计算，记入他自己账户的贷方。这样，他作为一个企业家时不一定要获致任何利润或遭受任何亏损，而他的生活仍然得以维持。当然，这一点是必须明确的，如果在他自己的企业中，他所获得的生产服务价格，高于或低于他在别处所能获得的价格，那么，其间的差距所表示的就肯定是利润或亏损。

第十九章　企业家；企业会计与企业盘存

189. 我们已经看到，企业家是这样一种人（自然人或法人），他从其他企业家那里买进原料，然后向地主租入土地，付出地租，向工人雇用个人能力，付出工资，向资本家借入资本，付出利息，最后将某些生产服务应用到未加工的原料上，将由此得来的产品出售,盈亏则由他自己负责。农业企业家买进种子、肥料和幼畜,然后租入土地、农场建筑物和农具,雇用长工、收割工和饲养员,最后将农作物和长成的家畜出售。工业企业家买进织物或未加工金属,然后租入工厂和作坊、机器和工具,雇用纺织工或金属工人和机匠,最后将其制成品——如纺织品或金属制品——出售。商业企业家整批买进商品,然后租入仓库和店面,雇用店员和推销员,最后将其商品零星出售。不管是属于哪一类型的企业家,只要他售出其产品或商品时,其价高于以原料、租金、工资和利息并计的成本,他就获得了利润,其价低于上述成本,就受到亏损。这就是企业家执行其任务时所面临的特有情况。

190. 上述定义与上面第 178 节列示的生产要素表联系起来看时,对该表就起了说明作用,对该表成立的理由就起了证明作用。列入第一、第二和第三类的资本品,即直接产生消费服务的那些资本品,其保有者是居于消费者地位的地主、工人和资本家。列入第四、第五和第六类的资本品,即产生生产服务的那些资本品,其保有者是企业家。这样对任何种服务就必然可以断定,它究竟是一种供直接消费的服务还是生产服务。例如,公园的土地服务、公务人员的劳动和公共建筑物的资本服务并不是生产服务,而是直接消费服务,因为国家并不是一个要按照至少相等于其生产成本的价格出售产品的企业家,而是一个消费者,它通过征税权代替了地主、工人和资本家的地位,代他们从事于买进服务和产品。

同样情况,列入第八类的那些收入项目是存在消费者手里的;而列入第九类的那些收入项目是由企业家保有的。关于这一点,需要作出极关重要的说明。

土地资本和人力资本是以实物出租的。在为期一年、一月或一天的预定时限下，地主出租他的土地，工人出租他的个人能力，期满以后，他们就收回了所租出的物体。至于狭义资本品，除建筑物和少数特种设备和机器外，却不是以实物出租而是以货币出租的。资本家通过不断的储蓄积累了资本，即以货币在规定期限下贷与企业家。企业家把这项货币转换成狭义资本，于契约满期时仍以货币返还给资本家。这样的行动就构成了信用。结果是，我们可以把列入第九类的由原料组成的收入品和列入第六类的资本品看成是企业家借入资本的重要部分。狭义资本品通常称为固定资本，构成这类资本的是在生产中可以经多次使用的那类物品的总和。流动资本或运用资本这个词所指的则是原料以及列入第七类的资本品和列入第十类的新收入品；构成这类资本的是在生产中不能作一次以上的使用的那类物品的总和。

列入第十一类的现金系由消费者持有，而列入第十二类的现金则是企业家的运用资本的重要部分。列入第十三类的储蓄由消费者持有，所表示的正好是收入超过消费的部分。

191. 一个企业家的盈亏情况，于了解了他的原料与成品的存量以后，可以根据他账册上的贷借对照表随时计算出来。因此，这里是讨论企业中使用簿记和编制盘存表的方法的一个适当场合。这些方式方法是从日常经验中得来的，我们会看到，这与我们前面所提出的一些概念完全相适应，从而表明我们的生产理论的确是以现实为依据的。下面先约略说明一下复式簿记的原则。

192. 我作为一个企业家，在开始时先设立一个钱柜，收到了现金就把它投入，开支上需用时就从那里拿。这样，我钱柜里的钱就有了一进一出两种流动方向:流入的是收入的钱,流出的是付出的钱。并且很明显,任一时刻在这个柜里的货币量,一定相等于投入量与支出量之间的差额。这时如果我在账册的一个空页上写上个标题叫作现金,将我陆续投入柜里的大小不等的数额记入该页的一方(比方说左方),将我陆续从柜里取出的大小不等的数额计入该页的另一方(右方),则左方总额与右方总额之间的差额,所表示的必然恰恰是我的现有金额。这两个总额也许会相等,其间的差额是零,当钱柜已经空了的时候,情形就是这样,但右方的总额决不会大于左方的总额。把两方合起来就组成了所谓现金账。左方的总额通称现金账的借方,右方的通称贷方。两者之间的差额可能是正的,可能是零,但决不会是负的,这一差额叫作现金账的余额。

193. 到此为止,我们还没有看到任何类似于复式簿记的情况,可是现在要看到了。

投入我钱柜里的钱总不超出两个来源,不是资本家借给我的,就是消费者向我购买产品时付给我的;而流出钱柜的钱也总不超出两个去路,或者把它变换成固定资本,或者把它转换成运用资本。现在假定,我每逢在现金账的借方记入一笔投入钱柜的金额时,总想把它的来源也记下来;同样情况,每逢在现金账的贷方记入一笔流出钱柜的金额时,也总想把它的去路记下来。且看一看,我是怎样做到这一点的。假定我准备放入钱柜里的第一笔钱是我的一个朋友叫做马丁的借给我的,我答应他在两年或三年内分期偿还。我该怎样表示这笔钱是来自马丁的呢?这很简单,将金额在现金账借方记入以后,我随即注明“欠资本家”或“欠马丁”。但是，如果我要把账记得道地些，那就不能这样注一笔就算了。我就在账册的另一空页的上栏写明“资本家”或“马丁”；将金额在现金账页的借方或左方照记以后，随即将同一金额记入资本家账户或马丁账户的那一页的贷方或右方，并在金额之左注明“付现金”。关于这一步骤就谈到这里。但现在就可以预计的是，当我不是把钱放入柜里而是从柜里取出，以偿付我对资本家或马丁应分期摊还的到期欠款时，在账目处理上还得采取一个步骤。那时我就在现金账的贷方记入一笔，并注明“付资本家”或“付马丁”，同时在马丁账户的借方照记后注明“欠现金”。结果是，正如现金账户的借方余额可以使我随时了解我的现金存量的情况一样，马丁账户的贷方余额可以使我随时了解我必须时刻在念的另一事实，即我对资本家马丁的余欠是多少。

关于我向钱柜提取或投放的一切其他款项，情形也是这样。举个例子，如果我取出现金是为了要在我的工场里装置一架机器，这架机器就成了我称之为固定资本的一部分，而关于固定资本的总额是我一定要做到能够随时一查即知的。因此我立了一个账户，叫做“固定资本”，将取出的金额一方面记入现金账的贷方，注明“付固定资本”，另方面记入固定资本账的借方，注明“欠现金”。关于运用资本各项，我也是这样处理。如果从柜里取出现金去购买原料或整批商品，或者是付租金、工资或利息，我就将提出的金额同时记入现金账的贷方和运用资本账的借方。如果把出售产品所得的价款投入钱柜，我就将这一金额记入现金账的借方和运用资本账的贷方。按照现时的会计实践，是用另外两个账户来代替运用资本账户的，一个是商品账，记入的是原料和整批购入的商品,还有一个是营业费账,记入的是租金、工资和利息。为了适应需要,可以设立种种分户账;但是我们随即会看到,这些用以代替总的运用资本账的各种分户账,于盘查存货时必须加以合并。

这就是复式簿记。它的基本原则是,如果在某一账户的借方或贷方记入一笔金额,同时就必须将这一金额记入另一账户的贷方或借方。因此借方余额的总计,即资产,必然等于贷方余额的总计,即负债。凡主要按照账目的次序、其次按照日期的次序记录的账册称为总账。同时还有一套账册,其内容相同,但记录时主要按照日期的次序,其次按照账目的次序,这类记录通称分类账。

194. 这就表明,有四种账目是任一企业所必不可少的:现金账,有时记入借方,有时记入贷方;资本家账(负债),可以按照向企业投资的资本家人数设立分户账;固定资本账,一般是记入借方的;和运用资本账,有时记入借方,有时记入贷方。固定资本账的借方表示的是固定资本的货币价值;运用资本账的借方表示的是未使用的流动资本。近来大家很注意的一个问题是,上面所说的复式簿记,在农业中是否像在工业、商业和银行中一样地适用。问题的症结在于农业究竟是不是一种工业,是不是也像工业一样要将土地服务、劳动和资本服务应用到原料,以便取得产品。假如是这样——实际上肯定是这样——那就毫无疑问,复式簿记在农业企业中也可以像在工业、商业和金融企业中一样地使用。人们所以到现在还没有能在农业中有效地利用复式簿记,只是由于他们不懂得怎样在合理的基础上设立各种账户。这是一个显著的例子,说明理论和实践怎样在互相起作用;因为我们可以肯定,将工业实践用会计上的措辞来表述时，可以大大地有助于生产理论的表述，而经过了仔细钻研的生产理论，也可以同样有助于用会计措辞来说明农业实践。

195. 现在得说明一下编制企业盘存表的方法，同时说明一个企业家的损益情况是怎样确定的。进行时最好的办法是采用一个合于现代会计上的习惯与用语的例子。

假定我是一个经营木器制造业的企业家。开办时用的是，我自己积蓄起来的3 000法郎和一些信任我并对我的事业有兴趣的亲友们借给我的7 000法郎。我同他们订了个契约，规定借款期限十年，利息按周年5厘计。他们这就成了可以说是我的"匿名合伙人"；至于就我来说，是我自己的"匿名合伙人"，关于我的3 000法郎也应按5厘计息付给我自己。我将这1万法郎放入我的钱柜，一方面在我的现金账户的借方和资本家账户的贷方各照数记入。假使并没有规定这些"匿名合伙人"须一次全数照付，或者他们并不都是同时付出的，那我就得设立分户 A，B，C 等等。

然后我按一年500法郎的租价租入一块地，在这块地上建立一个工场，装置着机器、工作台和车床。工场和设备的费用共计5 000法郎，已以现款照数付清。我从钱柜提取这5 000法郎时，在现金账的贷方和固定资产账的借方各照数记入。

然后我买进了木料、织物等等计价2 000法郎，并在现金账的贷方和商品账的借方各照数记入。

此外我还付出了投作资本的利息计500法郎，租入土地的地租计500法郎，工资计2 000法郎；我就在现金账的贷方和营业费账的借方各记入3 000法郎。

我作了这些支付以后得到的报酬是,完成了的并准备交货的成件的木器和家具。我将成品交售以后收到了货款6 000法郎,就把它放入钱柜,并在现金账的借方和商品账的贷方各照数记入。

196. 业务既已达到这一阶段,就得着手编制我的盘存表了。为了使问题尽量简化,经假定我这时并没有余存的商品,既没有原料存量,也没有产品存量。我虽然没有商品余存,但是我的商品账户并没有结清。账户的借方是转入现金账的2 000法郎,其贷方是由现金账转入的6 000法郎。两者的差额是4 000法郎。这个差额是从哪里来的呢?答案很简单。这是由于我卖出商品时的所得,多于我所付的代价。我所以要经营这一事业,实际上也就是为了实现这一点。我一面买进木料、织物和其他原料,一面卖出成件的木器、家具和其他制成品。当然,我要从成品的售款中收回的不仅是原料方面的支出,还有同样重要的是收回我的劳动成本和间接费用,此外还得使我享有一定的利润。因此,上述差额4 000法郎内3 000法郎是抵偿我的营业费的,余下的1 000法郎是我的利润。我先结清了与商品账户相对的营业费账户,然后结清商品账户。商品账是必然没有余额的,因为这时已经没有余存的商品;余额1 000法郎应转入损益账户的贷方,那是列入负债项下的。如果发生了亏损,这一损益账就有了借方余额,将列入资产项下。

197. 做完这一手续后,各账户的余额应当是这样:

现金账户借方16 000法郎,贷方1万法郎,计有借方余额6 000法郎。

资本家账户贷方 1 万法郎，结果是贷方余额 1 万法郎。

固定资本账户已记入借方 5 000 法郎，计有借方余额 5 000 法郎。

商品账户记入借方者 6 000 法郎，记入贷方者数目相同，因此没有余额。

一般营业费账户借贷两方各为 3 000 法郎，结平。

损益账户所载的是一项利润，即贷方余额 1 000 法郎。

总结起来，我的资产负债表情况如次（单位法郎）：

资产（由一切账户的借方余额组成）

现金	6 000
固定资产	5 000
共计	11 000

负债（由一切账户的贷方余额组成）

资本家	10 000
损益	1 000
共计	11 000

我获得了利润 1 000 法郎，因此于下一会计期开始时，我的资本不是 1 万法郎，而是 11 000 法郎，其中固定资本 5 000 法郎，运行资本 6 000 法郎。

198. 我们在上面将事态尽量简化。但是在实践中还有某些其性质为经常的而不是例外的复杂情况，现在必须加以考虑。

（1）账目既不是合并起来一次发生的，也不是合并起来一次记入的，总是零零碎碎的。我在固定资本项下付出 5 000 法郎、在商品项下付出 2 000 法郎、在营业费项下付出 3 000 法郎时,或者是在售出商品项下收入 6 000 法郎时,这些都不是在一次交易中执行的,而是在一系列交易中执行的。

(2)我出售成品时不一定是现金交易,也有赊账交易。我对顾客 L,M 和 N 使用赊销办法时,就不能将这类价款记入商品账的贷方和现金账的借方,而是把它们记入商品账的贷方和 L,M,N 各位先生的账户的借方;以后收到现金时,再将这类价款记入 L,M 和 N 各账户的贷方和现金账的借方。因此,通常我总有一些顾客的借方账款。

(3)情况还不止于此。我的顾客 L,M 和 N 赊欠了一段时期以后往往不用现金结账,他们付给我的或者是由他们开出、以我为受款人的期票,或者是由我向他们开出、由他们承兑的汇票。我收到了这类票据、将这类价款记入 L,M 和 N 账户的贷方时,并不是用现金账的借方来相抵,而是用应收票据账户的借方来相抵;以后收到现金时,再记入应收票据账的贷方和现金账的借方。因此,在正常情况下,我总有一个应收票据账户或票据保管账户的借方余额。这个账户类似于现金账,因为其借方与贷方之间的差额必然与我所保有的期票或汇票的总额完全相符。

(4)情况还会有进一步的发展。关于这类票据,通常我自己并不去收款,而是把它们转让给银行,由银行于票据未到期前予以贴现。我将票据作这样的处理、将款项记入应收票据的贷方时,并不是用现金账的借方来相抵,而是用银行往来账的借方来相抵;以后银行结清这笔款项时,再记入银行往来账的贷方和现金账的借方。至于贴现扣息实在就是利息,当然应记入营业费账的借方。

(5)还有，我于购入时通常也并不是用现金而是用赊购办法的。我向供给者 X，Y 和 Z 赊购时，并不是使商品账的借方与现金账的贷方相抵，而是使它与 X，Y 和 Z 的账户的贷方相抵；以后我向 X，Y 和 Z 付款时，再将这类款项记入各该户的借方，同时记入现金账的贷方。因此，通常我总有一些供应者的贷方账款。

(6)这里也同上面的情形一样，我对 X，Y 和 Z 赊欠了一段时期以后，大都不用现金付给，我所付给的或者是由我开出、以他们为受款人的期票，或者是由他们向我开出、由我承兑的汇票。我向债权人交付了这类票据、记入 X，Y 和 Z 账户的借方时，并不是用现金账的贷方来相抵，而是用应付票据账的贷方来相抵，要等到我以后偿清这类票据时，再记入应付票据账的借方和现金账的贷方。因此，在正常情况下，我还会有一些应付票据账户项下的贷方账款。

(7)最后，于实地盘存时，我决不会让我自己处于原料或产品完全出清的情况。假如这样做，就意味着每逢一个会计期结束，我的业务就得中断一些时，这即使不是浪费，也完全没有好处。因此，我一面售出家具，一面总是不断地补充木料和织物的存量。这就是构成我的存货的商品。我总是用记入商品账借方的办法来结清营业费账的；但是我不会结清商品账，我只将其中的一部分转入损益账，使商品账的借方余额恰恰相等于盘存的商品。我的做法可以这样来说明。假定以 M_d 和 M_c 分别表示商品账户借方和贷方的金额，以 F 表示营业费账户的借方余额，以 I 表示存货的货币价值。如果我获得了利润，则商品账借方的 M_d+F 就必须加上

一个数额 P,使得

$$(M_d+F+P)-M_c=I,$$

因为这时商品账上必然有一个相等于 I 的借方余额,损益账上必然有一个相等于 P 的贷方余额。如果受到了亏损,则商品账的 M_c 就必须加上一个数额 P,使得

$$(M_d+F)-(M_c+P)=I,$$

因为商品账上必然始终有一个相等于 I 的借方余额,损益账上必然有一个相等于 P 的借方余额。两个总和根据的都是同一个方程

$$M_d+F-I\pm P=M_c,$$

这个方程可以根据下列事实直接推断:购入原料的货币价值,加上营业费支出,减去未使用原料和产品存量的货币价值,再加上利润或减去亏损,就相等于售出产品的货币价值。

据此,顾客的借方账款、应收票据、银行往来账款和商品存量,加上现金和固定资产,就构成了资产;而供给者的贷方账款和应付票据,加上资本家账款和损益账款,就构成了负债。把这些项目列在一起,就得出了一个工业企业的通常的资产负债表。农业、工业和金融企业的资产负债表,也可以按照完全类似的方式编制。

199. 我们已经看到,从原则上说,一个企业家是怎样能够随时根据盘存表看出他是在获利还是在亏本的。我们在理论上和实践上确定了我们的定义以后,现在准备假定我们的企业是既无盈余也无亏损的。如同前面第 179 节所说的那样,这时不但对于其形式为原料、新资本品、新收入品和现有金额的资本家的运行资

本，而且对于其形式为收入品的积存、现金和货币储蓄的消费者的运行资本，我们都打算不加考虑。然后我们将说明，当处于平衡状态时，产品和服务的现期价格是怎样用数学来确定的。

第二十章　生产方程

200. 现在让我们谈一谈第178节里列入前六个类目的服务；因为尽管在前面提出了种种简化措施，这类服务仍然是我们问题中的主要论据。关于在某一时期内可供使用的这类服务，假定以(T)，(T')，(T'')…表示其中与各种土地对应的服务，以(P)，(P')，(P'')…表示与各种人力对应的服务，以(K)，(K')，(K'')…表示与各种资本品对应的服务。假定于衡量这些服务的量时，用以下两个类型的单位：(1)以自然资本或人为资本的单位计，例如一公顷土地、一个人或一件狭义资本；(2)以时间单位计，例如一天。这就可以有如下的一些说法：其一块土地1公顷按日计的土地服务的某一定量；某一个人按日计的劳动的某一定量；某一件资本品按日计的资本服务的某一定量。假定这些服务一共有n种。

通过上述种种服务，就可以制成产品(A)，(B)，(C)，(D)…，以供在同一期间的消费。生产可以是直接进行的，也可以是经过原料的初步加工后进行的；换句话说，生产也许只是土地服务、劳动和资本服务相配合的结果，也许是将这类服务应用到原料后的结果。但是我们会看到，第二种情况是可以归纳到第一种情况的。假定这样制成的产品一共有 m 种。

201. 制成品所具有的对各个人说来的效用，可以用欲望方程或效用方程的惯常方式 $r=\phi(q)$ 来表示（见第 75 节）。此外，服务本身对各个人说来也有它的直接效用。任何人不但可以随其所好地把他自己的土地、人力和资本的服务全部或部分地租出或留供自己使用，而且（如果他愿意的话）他也可以不是作为一个企业家为了要把服务转变成产品而取得这些服务，而是作为一个消费者来取得这些服务——就是说他取得这些服务的意图是为了要进行直接消费，是要把这些服务当作消费服务而不当作生产服务来使用。我们在第 178 节内，将列入前三类的服务和列入第四、第五与第六类的服务区分开来；我们所以要这样做，就是为了要顾到上述情况。这就表明，服务也是商品，它对各个人说来的效用也可以用欲望方程或效用方程的形式 $r=\phi(q)$ 来表示。

了解了这一些以后，让我们挑选某一个人为例，可以由他利用的是 q_t 的（T），q_p 的（P）和 q_k 的（K）…。假定以 $r=\phi_t(q)$，$r=\phi_p(q)$，$r=\phi_k(q)$…和 $r=\phi_a(q)$，$r=\phi_b(q)$，$r=\phi_c(q)$，$r=\phi_d(q)$…为在某一期间这个人关于服务（T），（P），（K）…和产品（A），（B），（C），（D）…的欲望方程或效用方程。假定以 p_t，p_p，p_k…和 p_b，p_c，p_d…为这类服务和产品以（A）计的现期价格。假定以 o_t，o_p，o_k…为这个人在这类价格下所有效地供给的各该服务的量。这些量可以是正的，也可以是负的——当它们表示的如果是供给量时是正的，那么表示的如果是需求量时却是负的。最后假定以 d_a，d_b，d_c，d_d…

为这个人在同样的平衡价格下所有效地需求的各该产品的量。至于有关现有狭义资本的折旧以及为产生新资本品而进行储蓄的这些问题,准备放在下面第五篇里谈,这里且不加考虑。关于上述的一些数量和价格的表述,就可以从下列方程开始:

$$o_t p_t + o_p p_p + o_k p_k + \cdots = d_a + d_b p_b + d_c p_c + d_d p_c + \cdots$$

确定正的或负的服务供给和产品需求的显然是最大满足条件(见第 80 节):根据这个条件,关于上述数量和价格,除上面的方程外还可以得出下列方程:

$$\phi_t(q_t - o_t) = p_t \phi_a(d_a),$$
$$\phi_p(q_p - o_p) = p_p \phi_a(d_a),$$
$$\phi_k(q_k - o_k) = p_k \phi_a(d_a),$$
…………

$$\phi_b(d_b) = p_b \phi_a(d_a),$$
$$\phi_c(d_c) = p_c \phi_a(d_a),$$
$$\phi_d(d_d) = p_d \phi_a(d_a),$$
…………

一共是 $n+m-1$ 个方程,连同前面一个方程,就使我们得出了 $n+m$ 个的方程系。我们可以假定,未知量 $o_t, o_p, o_k \cdots d_a, d_b, d_c, d_d \cdots$ 内的 $n+m-1$ 个,是要从这些方程内一个接着一个地被消去的,结果只剩下一个表示第$(n+m)$个未知量为价格 $p_t, p_p, p_k \cdots p_b, p_c, p_d \cdots$ 的函数的方程。因此,我们应当有关于(T),(P),(K)…的供给(或需求)的下列方程:

$$o_t = f_t(p_t, p_p, p_k \cdots p_b, p_c, p_d \cdots),$$
$$o_p = f_p(p_t, p_p, p_k \cdots p_b, p_c, p_d \cdots),$$

$$o_k = f_k(p_t, p_p, p_k \cdots p_b, p_c, p_d \cdots),$$

…………

和关于(B),(C),(D)…的需求的下列方程：

$$d_b = f_b(p_t, p_p, p_k \cdots p_b, p_c, p_d \cdots),$$

$$d_c = f_c(p_t, p_p, p_k \cdots p_b, p_c, p_d \cdots),$$

$$d_d = f_d(p_t, p_p, p_k \cdots p_b, p_c, p_d \cdots),$$

…………

至于(A)的需求则取决于下列方程：

$$d_a = o_t p_t + o_p p_p + o_k p_k + \cdots - (d_b p_b + d_c p_c + d_d p_d + \cdots).$$

202. 我们可以用同样方式得出就服务的一切其他持有者说来的、关于服务的个体供给及个体需求方程和关于产品的个体需求方程。假定以 $O_t, O_p, O_k \cdots$ 表示各种服务供给的总计，即，那些正的 $O_t, O_p, O_k \cdots$ 超过那些负的 $O_t, O_p, O_k \cdots$ 的部分；以 $D_a, D_b, D_c, D_d \cdots$ 表示各种产品需求的总计；以 $F_t, F_p, F_k \cdots F_b, F_c, F_d \cdots$ 表示各函数 $f_t, f_p, f_k \cdots f_b, f_c, f_d \cdots$ 的总计。当供给相等于保有量时，如果对这些函数给以适当限制，如同在交换理论中所指出的那样(见第 119—121 节)，我们就立即可以得出关于服务的总供给由 n 个方程组成的下列方程系：

$$O_t = F_t(p_t, p_p, p_k \cdots p_b, p_c, p_d \cdots),$$

$$O_p = F_p(p_t, p_p, p_k \cdots p_b, p_c, p_d \cdots), \qquad (1)$$

$$O_k = F_k(p_t, p_p, p_k \cdots p_b, p_c, p_d \cdots),$$

…………

和关于产品的总需求由 m 个方程组成的下列方程系：

$$D_b = F_b(p_t, p_p, p_k \cdots p_b, p_c, p_d \cdots),$$

$$D_c = F_c(p_t, p_p, p_k \cdots p_b, p_c, p_d \cdots), \tag{2}$$
$$D_d = F_d(p_t, p_p, p_k \cdots p_b, p_c, p_d \cdots),$$
$$\cdots\cdots\cdots\cdots$$
$$D_a = O_t p_t + O_p p_p + O_k p_k + \cdots - (D_b p_b + D_c p_c + D_d p_d + \cdots);$$

为了确定我们的未知量，一共需要 $n+m$ 个方程。

203. 再进一步，假定以 $a_t, a_p, a_k \cdots b_t, b_p, b_k \cdots c_t, c_p, c_k \cdots d_t, d_p, d_k \cdots$ 表示生产系数，即，投入各产品(A)，(B)，(C)，(D)…每个单位的生产中的各生产服务(T)，(P)，(K)…的量。于确定未知量时，现在可以有下列两个方程系：

$$a_t D_a + b_t D_b + c_t D_c + d_t D_d + \cdots = O_t,$$
$$a_p D_a + b_p D_b + c_p D_c + d_p D_d + \cdots = O_p, \tag{3}$$
$$a_k D_a + b_k D_b + c_k D_c + d_k D_d + \cdots = O_k,$$
$$\cdots\cdots\cdots\cdots$$

这第一个方程系由 n 个方程组成，表明所耗费的生产服务量相等于有效供给量；又

$$a_t p_t + a_p p_p + a_k p_k + \cdots = 1,$$
$$b_t p_t + b_p p_p + b_k p_k + \cdots = p_b,$$
$$c_t p_t + c_p p_p + c_k p_k + \cdots = p_c, \tag{4}$$
$$d_t p_t + d_p p_p + d_k p_k + \cdots = p_d,$$
$$\cdots\cdots\cdots\cdots$$

这第二个方程系由 m 个方程组成，表明产品的售价相等于在其制造中所使用的生产服务的成本。

204. 这里显然假定系数 $a_t, a_p, a_k \cdots b_t, b_p, b_k \cdots c_t, c_p, c_k \cdots d_t, d_p, d_k \cdots$ 是事前确定的。但是现实生活中这些系数并不是这样确

定;因为于制造一种产品时,很有可能会多用些或少用些某类生产服务——比方说土地服务——假使对应地少用些或多用些其他生产服务——比方说劳动或资本服务。在各种产品每个单位的制造中所投入的各种生产服务的量,随着生产服务的价格,取决于产品的生产成本应降至最低限度这一条件。关于这个条件,我们随后将用一个方程系来表达,要确定的生产系数有多少,就应当有多少方程。目前为了使问题进一步简化,准备不计及这个条件,假定上述系数是问题中的已知量而不是未知量。

于作出这一假设时,还略去了另一事项,即企业中固定成本与可变成本之间的区别。但是我们既已假定企业家既不获利也不亏本,就同样可以假定他们所制造的产品属于同等数量,在这种情况下,一切种类的成本就都可以认为是可变的。

205. 如以前第 200 节所指出的那样,我们现在准备从须应用原料的情况简化到单是生产服务的直接配合的情况。事实上我们必须这样进行;因为原料本身也是产品,取得时所用的或者是单独应用生产服务的方式,或者是将这类服务应用到别的原料的方式,而这些原料反过来又是通过对处于更前一阶段的原料的相类应用来取得的,可以这样类推下去。

举个例子。如果产品(B)的一个单位,是通过将 β_t 量的(T),β_p 量的(P),β_k 量的(K)…应用到 β_m 量的原料(M)上的方式取得的,则(B)的生产成本 p_b 取决于方程

$$p_b=\beta_t p_t+\beta_p p_p+\beta_k p_k+\cdots+\beta_m p_m,$$

这里 p_m 是(M)的生产成本。但是由于原料(M)本身也是一种产品,这一产品的一个单位是通过将 m_t 量的(T),m_p 量的(P),m_k

量的(K)…相互配合的方式取得的,因此(M)的生产成本 p_m 取决于方程

$$p_m = m_t p_t + m_p p_p + m_k p_k + \cdots.$$

将这一 p_m 值代入前一方程,则得

$$p_b = (\beta_t + \beta_m m_t) p_t + (\beta_p + \beta_m m_p) p_p + (\beta_k + \beta_m m_k) p_k + \cdots,$$

如果使

$$\beta_t + \beta_m m_t = b_t, \quad \beta_p + \beta_m m_p = b_p, \quad \beta_k + \beta_m m_k = b_k \cdots,$$

则这一方程就还原成方程系(4)内第二个方程。

由此可以立即看出,如果原料(M)不是通过单是与生产服务相配合的方式而是通过将生产服务应用到某一其他原料的方式取得的话,我们应当采取什么步骤。

206. 这样,我们就一共有 $2m+2n$ 个方程。但是,$2m+2n$ 个方程可以缩减为 $2m+2n-1$ 个方程。例如,如果将方程系(3)的 n 个方程的两边分别相继地乘以 p_t, p_p, p_k…将方程系(4)的 m 个方程的两边分别相继地乘以 D_a, D_b, D_c, D_d…,然后将各系的方程分别相加,就可以得出两个方程,这两个方程的左边是相同的,因此其右边是相等的,这就得出方程

$$O_t p_t + O_p p_p + O_k p_k + \cdots$$
$$= D_a + D_b p_b + D_c p_c + D_d p_d + \cdots,$$

这个方程恰恰就是方程系(2)的第 m 个方程。我们可以消去这个方程;否则也可以保留这个方程——假使消去另一个方程,比方说方程系(4)的第一个方程。总之,处于全面平衡状态时,只会剩下 $2m+2n-1$ 个方程,用以确定 $2m+2n-1$ 个未知量。这些未知量是:(1)服务供给的 n 个总量;(2)这类服务的 n 个价格;(3)产品需

求的 m 个总量；(4)这类产品以第 m 种产品计的 $m-1$ 个价格。这里还有待于证明的是，生产平衡与交换平衡的情形一样，我们已经作出了理论解答的这一问题，跟实践中在市场上通过自由竞争结构获得解答的是同一问题。

207. 我们假定生产从开头就建立了平衡，就跟我们假定交换从开头就建立了平衡的情形一样；这就是说，我们假定不管问题的论据是什么样，在一定时期内是不变的，除非以后为了要研究变化的影响，才假定这些论据是要变化的。但是在生产的摸索前进过程中，会引起交换情况中所不存在的复杂关系。

在交换中，商品的现存总量不会发生任何变化。当减出了一个价格，而对应这一价格的有效需求和有效供给不相均等时，就喊出另一价格，在那一价格下就另有其对应的有效需求和有效供给。在生产中，生产服务转变成产品。经喊出了服务的某些价格并制出了产品的某些数量之后，如果这些价格和数量并不是平衡价格和平衡数量，这时就不但有必要重新喊价，而且有必要改变产品的制出数量。我们对生产向平衡摸索前进的过程，如果要作出如我们研究交换时(见第 125—130 节)所作出的那样确切的说明，并且还要顾到上述生产中的特有情况，那就只需作这样的设想：一方面企业家是用票证(*bons*)来表示他们所先后制出的产品的产量的，这类产量起先是随机决定的，然后按照售价是高于生产成本还是低于生产成本的情况而加以增减，直到价格与成本相均等；另方面地主、工人和资本家也是用票证来表示他们所先后提供的服务量的，服务的价格起先是随机喊出的，然后按照情况是求过于供还是供过于求而将价格提高或降低，直到需求与供给相均等。

还有个复杂情况。平衡一经在原则上建立以后，交换就可以立即发生。但是生产却需要一定的时间。这里可以暂时不计及时间因素；我们就用这个办法来解决这个困难。我们在下面第六篇将提出流通资本和货币，这就有可能使生产服务即时转变为产品——假使由消费者支付这种转变时所需要的资本的利息。

据此，生产平衡首先将在原则上建立，然后将在实际上建立，实现实际平衡的方式是，当使用的服务与制出的产品在某一期间互相交换时，在这一期间以内不容许论据有任何变更。

第二十一章　生产方程的解；产品价格与服务价格的确定定律

208. 假定我们来到一个市场，在那里用票证表示的（见第207节）服务的 n 个价格 $p'_t, p'_p, p'_k \cdots$ 和准备制造的产品的 m 个量 $\Omega_a, \Omega_b, \Omega_c, \Omega_d \cdots$ 都是随机决定的。为了使我们对以下的运算比较易于掌握，首先假定企业家向消费者售出某一定量的产品（A），（B），（C），（D）…，再向他们购入总额不同而价值相同的生产服务（T），（P），（K）…因此 $\Omega_a, \Omega_b, \Omega_c, \Omega_d \cdots$ 是在企业家既不获利也无亏损的情况下确定的。其次假定企业家所购入的生产服务的量与消费者所售出的量，不但在价值上相同，而且在总额上也相同，因此 $p'_t, p'_p, p'_k \cdots$ 是在服务的有效需求相等于有效供给的情况下确定的。由此即使不将通货抽去,也至少可以将货币抽去;现在可以看出是怎样做到这一点的。

这里不妨指出,在我们所设立的条件下,经暂时假定狭义资本是以实物贷出的。但是在第 190 节已经说明,在现实生活中资本实际上是用现金贷出的,因为资本家是通过储蓄以现金形式积累资本的。以后将考虑在货币形式下的资本的形成和贷出。

209. 前已说明,(T),(P),(K)…的价格 p'_t,p'_p,p'_k…一经随机确定以后,对企业家说来就会产生某些(单位的)生产成本 p'_a,p'_b,p'_c,p'_d…,所依据的方程是

$$p'_a = a_t p'_t + a_p p'_p + a_k p'_k + \cdots$$
$$p'_b = b_t p'_t + b_p p'_p + b_k p'_k + \cdots$$
$$p'_c = c_t p'_t + c_p p'_p + c_k p'_k + \cdots$$
$$p'_d = d_t p'_t + d_p p'_p + d_k p'_k + \cdots$$
$$\cdots\cdots\cdots\cdots$$

这里毫无疑问,我们有完全的自由使 $p'_a = 1$,从而确定 p'_t,p'_p,p'_k…。我们将在适当的场合(见第 218—219 节)利用这种自由,以后(见第 259 节)还将证明,用来作为通货的那种商品的生产成本,在自由竞争下,会自动地倾向于等于 1。在目前的推论中则暂时认为(A)的生产成本可以大于或小于售价,或者与售价相等。

并且,也是经随机确定的(A),(B),(C),(D)…的量 Ω_a,Ω_b,Ω_c,Ω_d…,按照下列方程,在其生产中所需要的生产服务(T),(P),(K)…,假定为某些定量 Δ_t,Δ_p,Δ_k…

$$\Delta_t = a_t \Omega_a + b_t \Omega_b + c_t \Omega_c + d_t \Omega_d + \cdots$$

$$\triangle_p = a_p\Omega_a + b_p\Omega_b + c_p\Omega_c + d_p\Omega_d + \cdots$$

$$\triangle_k = a_k\Omega_a + b_k\Omega_b + c_k\Omega_c + d_k\Omega_d + \cdots$$

$$\cdots\cdots\cdots\cdots$$

这些量 $\Omega_a, \Omega_b, \Omega_c, \Omega_d \cdots$ 将由企业家依照自由竞争的结构售出。让我们先考察产品(B),(C),(D)…出售的条件,然后考察用来作为通货的商品(A)出售的条件。

210. 产品(B),(C),(D)…的量 $\Omega_b, \Omega_c, \Omega_d \cdots$ 将按某些售价 $\pi_b, \pi_c, \pi_d \cdots$ 出售,所依据的方程是

$$\Omega_b = F_b(p'_t, p'_p, p'_k \cdots \pi_b, \pi_c, \pi_d \cdots),$$

$$\Omega_c = F_c(p'_t, p'_p, p'_k \cdots \pi_b, \pi_c, \pi_d \cdots),$$

$$\Omega_d = F_d(p'_t, p'_p, p'_k \cdots \pi_b, \pi_c, \pi_d \cdots),$$

$$\cdots\cdots\cdots\cdots$$

事实上市场受自由竞争的支配,产品将在符合下列三个条件的情况下出售:(1)欲望的最大满足条件;(2)各种产品和各种服务价格一致的条件;(3)全面平衡的条件(见第 124 节)。上列由 $m-1$ 个方程组成的方程系含有 $m-1$ 个未知量,是完全满足了这三个条件的。

售价 $\pi_b, \pi_c, \pi_d \cdots$,一般说来与生产成本 $p'_b, p'_c, p'_d \cdots$ 是有区别的,因此制造(B),(C),(D)…的企业家会终于获得利润或受到亏损,这可以用下列差额表示:

$$\Omega_b(\pi_b - p'_b), \Omega_c(\pi_c - p'_c), \Omega_d(\pi_d - p'_d) \cdots$$

很明显,如果 $\Omega_b, \Omega_c, \Omega_d \cdots$ 是 $\pi_b, \pi_c, \pi_d \cdots$ 的函数,后一类量值事实上就是前一类的函数,因此,将准备制造的(B),(C),(D)…的量加以适当调整,就可以使这些产品的售价与其生产成本相均

等。

211. 我们虽然不知道函数 $F_b, F_c, F_d \cdots$ 的特有形式，但是根据交换的本质可以推定，随着 p_b 值的下降或上升，F_b 可以是个上升函数，也可以是个下降函数，随着 p_c 值的下降或上升，F_c 可以是个上升函数，也可以是个下降函数，以下类推。因此，如果假定 $\pi_b > p'_b$，就可以用提高 Ω_b 的方式来降低 π_b；反过来说，如果假定 $\pi_b < p'_b$，也可以用降低 Ω_b 的方式来提高 π_b。同样情况，如果 $\pi_c \gtrless p'_c, \pi_d \gtrless p'_d \cdots$，也可以用提高或降低 $\Omega_c, \Omega_d \cdots$ 的方式来降低或提高 $\pi_c, \pi_d \cdots$。

假定 $\Omega'_b, \Omega'_c, \Omega'_d \cdots$ 为准备制造的(B)，(C)，(D)⋯的量，则其方程为

$$\Omega'_b = F_b(p'_t, p'_p, p'_k \cdots p'_b, \pi_c, \pi_d \cdots),$$
$$\Omega'_c = F_c(p'_t, p'_p, p'_k \cdots \pi_b, p'_c, \pi_d \cdots),$$
$$\Omega'_d = F_d(p'_t, p'_p, p'_k \cdots \pi_b, \pi_c, p'_d \cdots),$$
$$\cdots\cdots\cdots\cdots$$

在摸索前进的过程中，用这些量来代替 $\Omega_b, \Omega_c, \Omega_d \cdots$ 时，在自由竞争结构下，其售价将为 $\pi'_b, \pi'_c, \pi'_d \cdots$，其方程为

$$\Omega'_b = F_b(p'_t, p'_p, p'_k \cdots \pi'_b, \pi'_c, \pi'_d \cdots),$$
$$\Omega'_c = F_c(p'_t, p'_p, p'_k \cdots \pi'_b, \pi'_c, \pi'_d \cdots),$$
$$\Omega'_d = F_d(p'_t, p'_p, p'_k \cdots \pi'_b, \pi'_c, \pi'_d \cdots),$$
$$\cdots\cdots\cdots\cdots$$

我们现在必须证明的是，$\pi'_b, \pi'_c, \pi'_d \cdots$ 与 $p'_b, p'_c, p'_d \cdots$ 的接近均等程度，超过 $\pi_b, \pi_c, \pi_d \cdots$ 与 $p'_b, p'_c, p'_d \cdots$ 的接近均等程度。

212. 在这一摸索前进的过程中，我们现在所考虑的假设之一

是，服务的价格固定不变。因此交换的各个参与者有着以通货计的同样的收入，

$$r=q_t p'_t+q_p p'_p+q_k p'_k+\cdots$$

他将这项收入在其所消费的服务和产品中进行分配，所依据的方程是

$$(q_t-o_t)p'_t+(q_p-o_p)p'_p+(q_k-o_k)p'_k+\cdots+d_a+d_b p_b+d_c p_c+d_d p_d+\cdots=r。$$

(B)，(C)，(D)…的某些价格在这些商品所制出的量的基础上经确定以后，如果这些商品之一——比方说(B)——的产量有了增加或减少，那么为了再度确定平衡，首先要做到的是，使交换的一切参与者扩大或缩减对(B)的需求，直到对一切参与者说来的(B)的稀少性有了等比例的提高或降低，(B)的价格也有了按比例的下降或上升。这样的调整可以说是一种首要的结果，就(B)的价格而论，这是具有最重大意义的。如果每个参与者在(B)的消费上所花费的总额 $d_b p_b$ 保持不变，则这种调整甚至可以使整个市场恢复平衡。但各个人对(B)的支出无论如何总是要变化的，不管(B)的产量是扩大还是缩小，有些参与者对(B)的支出将增加，有些参与者的这类支出将减少。结果是，对(B)的支出有所增加的那些参与者，将不得不出售某一定量的各种其他商品，这类商品的价格将被压低；而对(B)的支出有所减少的那些参与者，势将购入某一定量的各种其他商品，这类商品的价格将被抬高。这可以说是比较次要的结果，就(B)，(C)，(D)…的价格而论，关系比较轻微。这是由于三个原因：(1)在(B)的消费上所花费的总额 $d_b p_b$ 的变动，由于 d_b 和 p_b 这两个因素变化的方向相反而受到了限制；

(2)促成一切商品的购入和售出的对(B)的支出的这一变动，因此只能促成对任一种商品的数量极小的购入和售出；(3)这些购入和售出的影响会互相抵消。

上述关于(B)的产量变动的影响，对(C)，(D)…产量变动的影响说来也同样适用。因此我们可以断言，任一产品的产量的初始变动对该产品的售价是有直接影响的，影响是属于同一方向的，但其他产品的产量的继起变动，即使假定其都在同一方向上发生，对第一种产品的售价也只会有间接影响，而且这些影响有些向这一方向，有些向那一方向，从而会在相当程度上相互抵消。这样看来，产品的新产量和新售价体系，就会比旧体系进一步接近于平衡；我们只要使这个摸索过程继续下去，就会更加密切地接近于平衡。

这样确定的(B)，(C)，(D)…的量 $D'_b, D'_c, D'_d\cdots$，在其生产中需要(T)，(P)，(K)…的某些量 $D'_t, D'_p, D'_k\cdots$，所依据的方程是

$$
\begin{aligned}
D'_t &= a_t\Omega_a + b_tD'_b + c_tD'_c + d_tD'_d + \cdots \\
D'_p &= a_p\Omega_a + b_pD'_b + c_pD'_c + d_pD'_d + \cdots \\
D'_k &= a_k\Omega_a + b_kD'_b + c_kD'_c + d_kD'_d + \cdots \\
&\cdots\cdots\cdots\cdots
\end{aligned}
$$

这些量将分别按价格 $p'_b, p'_c, p'_d\cdots$出售，所依据的方程是

$$
\begin{aligned}
D'_b &= F_b(p'_t, p'_p, p'_k\cdots p'_b, p'_c, p'_d\cdots), \\
D'_c &= F_c(p'_t, p'_p, p'_k\cdots p'_b, p'_c, p'_d\cdots), \\
D'_d &= F_d(p'_t, p'_p, p'_k\cdots p'_b, p'_c, p'_d\cdots), \\
&\cdots\cdots\cdots\cdots
\end{aligned}
$$

企业家就在这样的价格下制造(B),(C),(D)…,这时他既不获利,也无亏损。

这恰恰就是在自由竞争条件下产品市场中自然发生的那种摸索前进的情况,在这种情况下,企业家按照其业务的盈亏而增加或减少其产量(见第188节)。

213. 在等于生产成本的售价 $p'_b, p'_c, p'_d\cdots$ 下,某一国家的市场中属于票证形式的(T),(P),(K)…的有效供给量 $O'_t, O'_p, O'_k\cdots$,会相当于(B),(C),(D)…的有效需求量 $D'_b, D'_c, D'_d\cdots$,所依据的服务总供给方程是

$$O'_t = F_t(p'_t, p'_p, p'_k \cdots p'_b, p'_c, p'_d \cdots),$$
$$O'_p = F_p(p'_t, p'_p, p'_k \cdots p'_b, p'_c, p'_d \cdots),$$
$$O'_k = F_k(p'_t, p'_p, p'_k \cdots p'_b, p'_c, p'_d \cdots),$$
$$\cdots\cdots\cdots\cdots$$

这些方程,与产品总需求方程合起来,就组成一个交换方程系,从而达到了最大满足、价格一致和全面平衡三个条件。

由此还可以推定,D'_a 量的(A)的有效需求取决于方程

$$D'_a = O'_t p'_t + O'_p p'_p + O'_k p'_k + \cdots$$
$$-(D'_b p'_b + D'_c p'_c + D'_d p'_d + \cdots).$$

我们在上面得出了两个方程系,其中第一个表明产品的生产成本是生产服务价格的函数(见第209节),第二个表明生产服务的需求量是产品产出量的函数(见第212节);根据这两个方程系可以求得另一个方程,方法是,先将第一系的 m 个方程中每个方程的两边分别相继地乘以 $\Omega_a, D'_b, D'_c, D'_d\cdots$,然后将第二系的 n 个方程中每个方程的两边分别相继地乘以 $p'_t, p'_p, p'_k\cdots$,最后将

这样求得的两个系的方程分别相加。这时我们会看到两个方程的右边是相同的，因此，使两个方程的左边相等，并经过移项以后，即得

$$\Omega_a p'_a = D'_t p'_t + D'_p p'_p + D'_k p'_k + \cdots,$$
$$-(D'_b p'_b + D'_c p'_c + D'_d p'_d + \cdots).$$

还可以得出

$$D'_a - \Omega_a p'_a = (O'_t - D'_t) p'_t + (O'_p - D'_p) p'_p$$
$$+ (O'_k - D'_k) p'_k \cdots.$$

到此为止，通货(A)的产量只是随机确定的；但是它应当像别的商品一样，在制造(A)的企业家既不获利但无亏损的那种方式下确定。很明显，要做到这一点就得使通货的生产成本相等于其售价。如果我们在开始时就注意到假定

$$p'_a = a_t p'_t + a_p p'_p + a_k p'_k + \cdots = 1,$$

情形就会是这样。

如果这个方程没有得到满足，就不可能有平衡。假定这个方程已经得到满足，而 $D'_b, D'_c, D'_d \cdots$ 是如上述那样地确定的，平衡就可以存在。事实上企业家所欠的生产服务的量和产品对企业家所欠的量，其价值相等；因为只要 p'_a 等于 1，制造(A)的企业家就和制造(B)，(C)，(D)…的企业家一样，既不获利，也无亏损。这就可以得出

$$(O'_t - D'_t) p'_t + (O'_p - D'_p) p'_p + (O'_k - D'_k) p'_k + \cdots = 0,$$

因此还可以得出

$$D'_a = \Omega \quad p'_a = \Omega_a.$$

这就表明，如果服务的价格是在通货的生产成本等于 1 的情

况下确定的，这时要获得考虑中的部分平衡，所需要的只是按照上述方式确定D'_b，D'_c，D'_d…，使制造(B)，(C)，(D)…的企业家既不获利，也无亏损。这时(A)的需求量D'_a当然是产出的随机量Ω_a。因此，当生产者为了要购入价值$D'_t p_t + D'_p p'_p + D'_k p'_k + \cdots$的服务而以票证形式售出价值$D'_a + D'_b p'_b + D'_c p'_c + D'_d p'_d + \cdots$的产品时，以及当消费者为了要购入价值$D'_a + D'_b p'_b + D'_c p'_c + D'_d p'_d + \cdots$的产品而以票证形式售出价值$O'_t p'_t + O'_p p'_p + O'_k p'_k + \cdots$的服务时，所有生产方程都将得到满足，除外的只是方程系(3)的那些方程，那是使所使用的生产服务量相等于供给量的。

214. 上述方程系也可以和别的方程系一样地得到满足。生产服务的购入量和售出量，不但在价值上必须相等，而且在数额上也必须相等，因为要投入产品的制造中的正是这些量。谈到这里，可以说是已经到了通过使服务的供给与需求相等的方式来结束生产循环的时候。

如果$D'_t = O'_t$，$D'_p = O'_p$，$D'_k = O'_k$…，这样的均等就会实现。在这种情况下，各市场的经纪人就会向生产者送出表示服务的票证，换回表示产品的票证，向消费者送出表示产品的票证，换回表示服务的票证；服务与产品的交换和服务与服务的交换，就在这样方式下进行。但是一般说来，$D'_t \gtrless O'_t$，$D'_p \gtrless O'_p$，$D'_k \gtrless O'_k$…。在这种情况下，通过服务价格的适当调整，摸索的过程就又将开始。我们看到，由于p'_t，p'_p，p'_k…基本上是正的，因此，当我们使$p'_a = 1$，从而得出$\Omega_a = D'_a$时，如果$O'_t - D'_t$，$O'_p - D'_p$，$O'_k - D'_k$…的差额有些是正的，则其余的就是负的。

215. 函数 O'_t 也可以写成 $U-u$ 的形式。这里函数 U 表示的是各个正的 o_t 之和，即服务(T)的有效供给量；函数 u 表示的是各个负的 o_t 之和，即这一服务的有效需求量，但需求者并不是生产(A)，(B)，(C)，(D)…的企业家，而是把它用来作为一种商品的消费者，就是说，把它不是作为一种生产服务而是作为一种消费服务来使用的。据此，可以将不等式 $D'_t \gtrless O'_t$ 写成下列形式：

$$a_t D'_a + b_t D'_b + c_t D'_c + d_t D'_d + \cdots + u \gtrless U.$$

让我们假定 D'_a 是不变的；就是说，不管 $p_t, p_p, p_k\cdots$ 有什么变化，因此也就是不管生产成本 p_a 有什么变化，制造(A)的企业家所生产的始终是同样数量的(A)。这时在上述不等式的左边，仍然有变量 $b_t D'_b, c_t D'_c, d_t D'_d\cdots$，这是价格 $p_b, p_c, p_d\cdots$ 的下降函数，因此也就是价格 p_t 的下降函数，而生产成本是 p_t 的上升函数。变量 u 就其本身说也是 p_t 的一个下降函数。据此，当 p_t 从零上升到无限大而 $p'_p, p'_k\cdots$ 保持不变时，$D'_t + u$ 将从某一确定值下降到零。

至于上述不等式右边的单项 U，当 p_t 为零时它是零，甚至当 p_t 为某些正值时它也是零。只要以服务(T)计的若干产品的价值是那样地高，以致这一服务的所有人对这类产品不再有任何需要时，情形就是这样。当价格 p_t 上升时，函数 U 起初是上升的。这时以服务(T)计的产品会变得便宜些，由此就出现了与服务(T)的供给结合在一起的对产品的需求。但是这种供给不会无限地增加。它至少得经过一个不能大于总保有量 Q_t 的最大值，然后逐步降低，终于再回到零——如果(T)的价格变成无限大，就是说，如果(A)，(B)，(C)，(D)…都变成了免费品。据此，当 p_t 从零上升到无限大时，U 将从零开始上升，然后降低，直到再度变成零。

216. 在这类情况下，假使(T)的总有效需求 D'_t+u 没有在 U 开始上升到零以上之前下降到零——这时问题就根本无解——，那么，随着 $D'_t+u \gtrless U$，p_t 会有大于或小于 p'_t 的某一值，在这一值下，(T)的有效需求将相等于其有效供给。假定这个值为 p''_t，假定以 $\pi''_b, \pi''_c, \pi''_d \cdots$ 为用上述方式求得的，与新生产成本相等的(B)，(C)，(D)…的售价，再假定以 Ω''_t 为对应的、与其需求相等的(T)的供给，则得

$$\Omega''_t = F_t(p''_t, p'_p, p'_k \cdots \pi''_b, \pi''_c, \pi''_d \cdots).$$

由于对(T)的供给的这一运算的结果，使

$$O'_p = F_p(p'_t, p'_p, p'_k \cdots p'_b, p'_c, p'_d \cdots)$$

变成了

$$\Omega''_p = F_p(p''_t, p'_p, p'_k \cdots \pi''_b, \pi''_c, \pi''_d \cdots).$$

服务(P)的这一新供给会大于或小于其需求。但是这里存在着 p_p 的某一值，这个值会使(P)的有效需求与有效供给相等，这可以用求得 p''_t 的方式求得。假定这个值为 p''_p，假定以 $\pi'''_b, \pi'''_c, \pi'''_d \cdots$ 为用上述方式(见第 211 和 212 节)求得的，与改变了的生产成本相等的(B)，(C)，(D)…的售价，再假定以 Ω'''_p 为对应的、与其需求相等的(P)的供给，则得

$$\Omega'''_p = F_p(p''_t, p''_p, p''_k \cdots \pi'''_b, \pi'''_c, \pi'''_d \cdots).$$

同样情况，我们可以得出

$$\Omega^{IV}_k = F_k(p''_t, p''_p, p''_k \cdots \pi^{IV}_b, \pi^{IV}_c, \pi^{IV}_d \cdots),$$

以下可以类推。

217. 完成了所有这些运算以后，则得

$$O'_t=F_t(p''_t,p''_p,p''_k\cdots p''_b,p'_c,p''_d\cdots).$$

现在必须证明的是，这一供给 O'_t 与新需求 D''_t 的接近均等程度，超过供给 O'_t 与旧需求 D'_t 的接近均等程度。如果我们回忆一下下述情况，这一点就会显得很有可能。情况是，从 p'_t 到 p''_t 的变动，从而使(T)的供给与需求彼此相等时，会发生必然走向均等的直接影响，至少就(T)的需求来说是这样，而从 p'_p,p'_k 到 p''_p,p''_k 的继起的变动，倾向于破坏(T)的供求之间的均等时，它所发生的间接影响，至少就(T)的需求来说，有些是向着均等的，有些是向着相反方向的，从而在一定程度上会互相抵消。因此，新的价格体系 $p''_t,p''_p,p''_k\cdots$ 比旧的价格体系 $p'_t,p'_p,p'_k\cdots$ 会进一步接近于平衡。我们只须让这个过程按照同样方式继续下去，就可以使体系越来越接近于平衡。

在自由竞争制度下，这个摸索前进的过程在服务市场会自然发生；这是因为，在这一制度下，当求过于供时服务价格会上升，当供过于求时它就会下降。

218. 如果假定平衡已经达到，在一方面就会有如下的产品价格：

$$p''_a=a_tp''_t+a_pp''_p+a_kp''_k+\cdots$$
$$p''_b=b_tp''_t+b_pp''_p+b_kp''_k+\cdots$$
$$p''_c=c_tp''_t+c_pp''_p+c_kp''_k+\cdots$$
$$p''_d=d_tp''_t+d_pp''_p+d_kp''_k+\cdots$$
$$\cdots\cdots\cdots\cdots$$

在另一方面就会有如下的生产服务的需求量：

$$D''_t = a_t D'_a + b_t D''_b + c_t D''_c + d_t D''_d + \cdots$$
$$D''_p = a_p D'_a + b_p D''_b + c_p D''_c + d_p D''_d + \cdots$$
$$D''_k = a_k D'_a + b_k D''_b + c_k D''_c + d_k D''_d + \cdots$$
$$\cdots\cdots\cdots\cdots$$

这里 $D''_b, D''_c, D''_d \cdots$ 是满足成品(B),(C),(D)…的需求方程的量,$D''_t = O''_t, D''_p = O''_p, D''_k = O''_k \cdots$ 是满足服务(T),(P),(K)…的供给方程的量,其中 $p''_t, p''_p, p''_k \cdots, p''_b, p''_c, p''_d \cdots$ 是自变量。由上列两个系,可以得出方程

$$D'_a p''_a = D''_t p''_t + D''_p p''_p + D''_k p''_k + \cdots$$
$$- (D''_b p''_b + D''_c p''_c + D''_d d''_d + \cdots).$$

因此,得出(A)的需求量 D''_a 时,所依据的方程是:

$$D''_a = O''_t p''_t + O''_p p''_p + O''_k p''_k + \cdots$$
$$- (D''_b p''_b + D''_c p''_c + D''_d p''_d + \cdots).$$

由于 $D''_t = O''_t, D''_p = O''_p, D''_k = O''_k \cdots$,因此

$$D''_a = D'_a p''_a.$$

从上面的讨论可以看出,所有这些方程除掉一个外都得到满足。剩下的这个方程是使其供求相等的金钱的生产成本方程,或者是使其售价与生产成本相等(即,使两者等于 1)的金钱的需求方程。总之,如果碰巧 $p''_a = 1$,那就表明 $D'_a = D''_a$,否则,如果碰巧 $D'_a = D''_a$,那就表明 $p''_a = 1$,这样,问题就完全解决。但是一般说来,$p'_t, p'_p, p'_k \cdots$ 在上述方式下经过调整并转变到 $p''_t, p''_p, p''_k \cdots$ 以后,总是

$$p''_a \gtrless 1,$$

因此

$D''_a \gtreqless D'_a$.

219. 为了完成生产方程系的解，我们不得不使整个摸索过程再从头开始，方式是按照方程

$$a_t p'''_t + a_p p'''_p + a_k p'''k + \cdots = p'''_a = 1$$

来确定 $p'''_t, p'''_p, p'''_k \cdots$。进行时是按照 $p''_a \gtreqless 1$，使 $p'''_t \lesseqgtr p''_t$，$p'''_p \lesseqgtr p''_p$，$p'''_k \lesseqgtr p''_k \cdots$。

以此作为我们新的出发点，在摸索过程的第一阶段要碰到的最确定产品市场中的 D'''_a，确定时所依据的方程是

$$D'''_a = O''_t p'''_t + O''_p p'''_p + O''_k p'''_k + \cdots$$
$$-(D'''_b p'''_b + D'''_c p'''_c + D'''_d p'''_d + \cdots);$$

然后在第二个阶段结束时要碰到的是确定服务市场中的 D^{IV}_a，确定时所依据的方程是

$$D^{IV}_a = D'''_a p^{IV}_a.$$

现在必须证明的是，p^{IV}_a 比 p''_a 更加接近于 1。如果我们回忆一下下述情况，这一点就会显得很有可能。举例来说，当 $p''_a > 1$ 时，我们看到的是 $p'''_b < p''_b$，$p'''_c < p''_c$，$p'''_d < p''_d \cdots$，结果是 $D'''_b > D''_b$，$D'''_c > D''_c$，$D'''_d > D''_d \cdots$，并且 $D'''_a < D''_a$。这样，$p'''_a = 1$ 就变成 p^{IV}_a；这是由于同时被(B)，(C)，(D)…需求增长所强迫抬高。又被(A)需求减退所强迫压低的结果。假使 $p''_a < 1$，则 p'''_a 将变成 p^{IV}_a；这是由于同时被(B)，(C)，(D)…需求减退所强迫压低，又被(A)需求增长所强迫抬高的结果。不论处于哪一情况，由于两种动向是相反的，因此，由 $p_t, p_p, p_k \cdots$ 的下降或上升所引起的使 p_a 离开 1 的力量，大都没有使 p_a 走向 1 的力量那样强大。只须使这个调整过程继续下去，就可以使 p_a 越来越接近于 1。如果假定这

个目标已经达到，结果是 $p^{IV}{}_a=1$，那么同时也就可以取得 $D'''_a=D^{IV}{}_a$，问题这就可以全部解决。

上面所说的摸索现象，实际上是在自由竞争制度下自然发生的。当

$$D''_a=D'_a p''_a$$

时，对(A)的生产者说来的成本是 $D'_a p''_a$。在这种情况下，他们如果按照价格 1 售出其需求量为 D''_a 的(A)，则其利润为 $D'_a-D''_a=D'_a(1-p''_a)$。如果 $p''_a<1$，并且 $D'_a>D''_a$，则这一差额是真正利润。但是，(A)的生产者这时将扩大其生产，从而抬高 p''_t，p''_p，p''_k，结果也就是抬高 p''_a，这样就会接近于 1。如果 $p''_a>1$，并且 $D'_a<D''_a$，则差额所表示的将是亏损。在这种情况下，生产者所受到的亏损为 $D''_a-D'_a$。但是，他们这时将收缩其生产，从而压低 p''_t，p''_p，p''_k…，结果也就是压低 p''_a，这样就又会接近于 1。应当看到，上述陷于亏损状态的意外事故，(A)的生产者是能够避免的。避免的方式是，只是当通货的生产成本低于 1 或相等于 1 时才从事生产，当生产成本大于售价（即大于 1）时，由于将遭受亏损，即完全停止生产。总之，(A)的生产者和(B)，(C)，(D)…的生产者一样，每逢售价高于生产成本，他们就会扩大产量，每逢生产成本高于售价，他们就会缩减产量。服务市场上的服务价格，在前一情况将被抬高，在后一情况下则被压低。不论在哪一情况下，趋势总是走向平衡的确定。

220. 我们把这一论证的所有各部分都集中起来，就能够提出生产中现期价格或平衡价格的确定定律。这个定律是：假定能够用以制成各种产品的有多种服务，并且假定这些服务是以通货为

媒介来交换其产品的,那么,要使市场处于平衡状态,或者是,要使以通货计的这一切服务和这一切产品的价格稳定,其必要的和充分的条件是(1)在这样的价格下,各种服务和各种产品的有效需求相等于其有效供给;(2)产品的售价相等于制造这类产品时所使用的服务的成本。如果这两种均等并不存在,那么,为了要实现第一种均等,就得提高有效需求大于有效供给的那些服务或产品的价格,降低有效供给大于有效需求的那些服务或产品的价格;为了要实现第二种均等,就得增加售价大于生产成本的那些产品的产量,减少生产成本大于售价的那些产品的产量。

这就是生产中平衡价格的确定定律。我们在下一章里准备将这个定律同平衡价格的变动定律结合起来,对于供给与需求以及生产成本的双重定律,这就可以得出一个科学的表述。

第二十二章　自由竞争原则;产品价格与服务价格的变动定律;服务的购买曲线和销售曲线;产品的价格曲线

221. 根据我们在第 21 章里作出的论证可以断言,生产中的自由竞争为第 20 章里列示的方程提供了实际上的解答;因为自由竞争的意义在于,它一方面容许企业家在获得利润时自由地扩大产量，在受到亏损时自由地限制产量，另方面容许地主、工人、资本家以及企业家通过相竞出价，自由地买进或卖出服务和产品。因此，如果回顾一下第20章里的方程及其所依据的条件，就可以看出：

在自由竞争支配下市场中的生产是一种活动，通过这种活动，可以使服务配合起来，从而转化为这样一种性质和这样一个数量的产品，由此，在双重条件的范围以内，可以使欲望得到尽可能大的满足。这个双重条件是：服务和产品在市场中各自只有一个价格，即供给量相等于需求量时的那个价格；产品的售价等于用以制造该项产品的那些服务的成本。

222. 我们也许终于到达了一个境地，使我们可以看到纯粹经济学的科学表述的重要意义。从纯科学的立场来看，我们所必须做的，以及到目前止我们实际上所已经做的，是将自由竞争看做论据，或者说得更恰当些是把它看做一种假设；因为在现实世界中是否看得到它并无关紧要，严格说来，只要能够形成一个自由竞争的概念就够了。我们就是在这样的根据下来研究自由竞争的性质、原因和结果的。我们现在晓得，可以把这些结果总括起来说成是在一定限度内最大效用的取得。因此，自由竞争就成了具有实际重要意义的一个原则或规律，尚待进行的，只是如何把这一规律的具体应用引申到农业、工业和商业。这样，纯粹科学的结论就把我们一直带到了应用科学的门口。现在可以看到，对我们所使用的方法的某些反对意见是不攻自破的。有人这样说："在自由竞争下，确定价格的因素之一是自由意志，由此促成的决定是无法预测的。"实际上我们从来没有试图预测在完全自由的情况下作出的决定；只是试用数学语言来表达这样作出的决定的结果。在我们的理论中，可以认为各个商人是随其所好地确定他自己的效用曲线或欲望曲线的。我们所表明的是，这类曲线一经确定以后，在假设的绝对自由竞争制度下，怎样由此形成价格。我们还听到："严格地说，绝对的自由竞争只是一种假设。实际上，自由竞争的演进要受到无数干扰因素的阻挠。因此，不计及那些干扰因素，只是孤立地研究自由竞争，除了借此来满足无聊的好奇心情之外是别无意义的，而这类干扰因素是无法用数学计算的。"这种反对意见的不切实际是很明显的。即使认为我们这门科学的未来发展会绝对不容许这些干扰因素混入我们的交换方程——这样的设想，即使不说它是轻率、鲁莽，也肯定是没有意义的——但是我们所建立的方程事实上表明，生产自由是压倒一切的普遍规律。"自由"取得了某一限度内的最大效用。那些干扰自由的因素既然是对取得这一最大效用说来的障碍，就应当毫无例外地将它们尽量的全部予以排除。

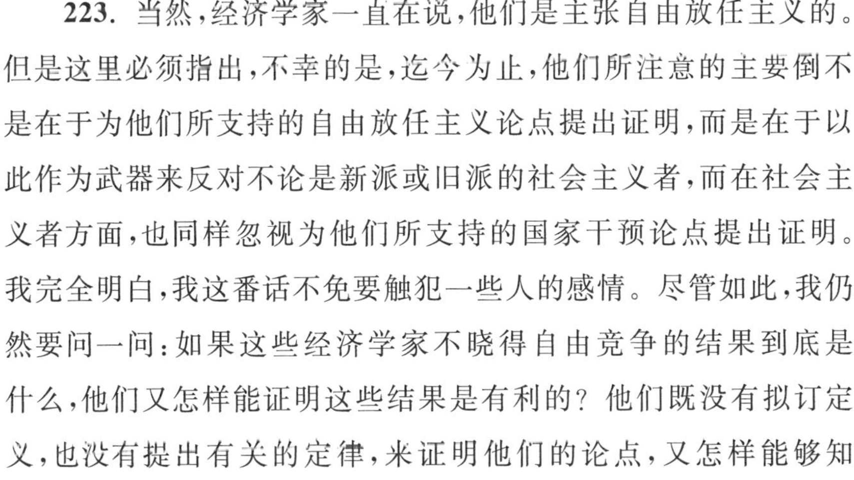

223. 当然，经济学家一直在说，他们是主张自由放任主义的。但是这里必须指出，不幸的是，迄今为止，他们所注意的主要倒不是在于为他们所支持的自由放任主义论点提出证明，而是在于以此作为武器来反对不论是新派或旧派的社会主义者，而在社会主义者方面，也同样忽视为他们所支持的国家干预论点提出证明。我完全明白，我这番话不免要触犯一些人的感情。尽管如此，我仍然要问一问：如果这些经济学家不晓得自由竞争的结果到底是什么，他们又怎样能证明这些结果是有利的？他们既没有拟订定义，也没有提出有关的定律，来证明他们的论点，又怎样能够知道这些结果？我自己的论证到目前止是演绎的；但是现在让我们转向一些归纳的推论。一种原则，一经科学地建立之后，首先要注意的是，立即把适用这一原则的情况和不适用这一原则的情况区分开来。反过来说，经济学家往往把自由竞争原则扩大到其真正适用的范围之外，这一点就是个确证，说明这一原则并未经证实。试举一个例子，在本书阐述的理论中，关于自由竞争原则的论证的第一个依据是，各个消费者对制成品和服务的效用的评价。我们的论证意味着在个人欲望与社会欲望之间有根本的区别，前者是个人能够加以估计的私人效用，后者是公共效用，其估计方式完全不同。因此，自由竞争原则对个人需求的那些物质的生产是可以适用的，对涉及公共利益的那些物质的生产则不能适用。但是有些经济学家将公共服务列入自由竞争范围之内，从而将这类服务交给了私营工业；他们不正是犯了把适用自由竞争原则的情况和不适用这一原则的情况混淆起来的错误吗？再举个例子。我们的论证的第二个依据是产品的售价与其生产成本的均等。这就是说，在我们的论证中所预先假定的是，企业家有可能投入有利的营业，退出要受到亏损的营业。因此，自由竞争原则不能普遍适用于在自然的和必要的独占范围之内的那些事物的生产。然而，有些经济学家不是正在坚决主张在独占工业中实行自由竞争吗？让我们再举出一点来结束这一论争，而这一点是有极度重要意义的。我们对自由竞争的说明虽然着重于效用问题，但对公平问题则完全置之不顾，因为我们的唯一目的在于表明，服务的某一分配怎样产生产品的某一分配。至于服务的原始分配，依然是一个待解决的问题。然而有些经济学家把自由放任主义的适用范围扩大到整个工业之后还不满足；他们不是还要把它扩大到全然无关的财产问题上去吗？如果把科学看做文学，这就是要堕入的一些陷阱。有些作家提出他们的正面主张时，把真的和伪的不分皂白地混杂在一起，接着就有别的作家，同样不分皂白地将真的和伪的一概加以否定。这时舆论不论偏于哪一方，总是模糊的，混乱的，因为它被敌对的双方拖来拖去，而双方又都不是全无理由的。

224. 假定以 $v_t, v_p, v_k \cdots$ 表示服务(T)，(P)，(K)…的交换价值，结果这类价值对产品(A)的交换价值 v_a 的比率就构成了这类服务的价格；并假定以 $r_{t,1}, r_{p,1}, r_{k,1} \cdots r_{t,2}, r_{p,2}, r_{k,2} \cdots r_{t,3}, r_{p,3}, r_{k,3} \cdots$ 表示这类服务的稀少性，或者是表示个人(1)，(2)，(3)…在交换之后所保留或取得的供作直接消费的这类服务所满足的最后欲望的强度，这时我们就可以完成全面平衡表(见第 133 节)如次：

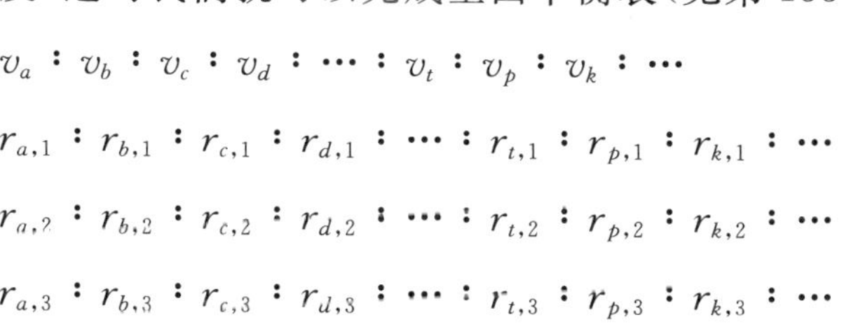

$$
\begin{aligned}
& v_a : v_b : v_c : v_d : \cdots : v_t : v_p : v_k : \cdots \\
:: & r_{a,1} : r_{b,1} : r_{c,1} : r_{d,1} : \cdots : r_{t,1} : r_{p,1} : r_{k,1} : \cdots \\
:: & r_{a,2} : r_{b,2} : r_{c,2} : r_{d,2} : \cdots : r_{t,2} : r_{p,2} : r_{k,2} : \cdots \\
:: & r_{a,3} : r_{b,3} : r_{c,3} : r_{d,3} : \cdots : r_{t,3} : r_{p,3} : r_{k,3} : \cdots \\
:: & \cdots\cdots\cdots\cdots
\end{aligned}
$$

供作直接消费的土地服务、劳动和资本服务，既可以按照用时间来衡量的无限小的数量来消费，也可以按照土地、个人和资本品的习用单位来消费。因此，也许有必要在稀少性表内的适当场合插进某些在下面画线的项，用以表示处于获得满足的最后欲望的强度与未获得满足的最初欲望的强度之间的稀少性。并且，服务的情形与产品的情形一样，总可以把那些我们列入括号内的比例项包括在稀少性表内，用以表示大于可能获得满足的最初欲望的强度的稀少性。以这两者为保留条件，就可以把我们已经提出的关于产品方面的推断引申到服务方面，这个推断是：交换价值与稀少性成比例。

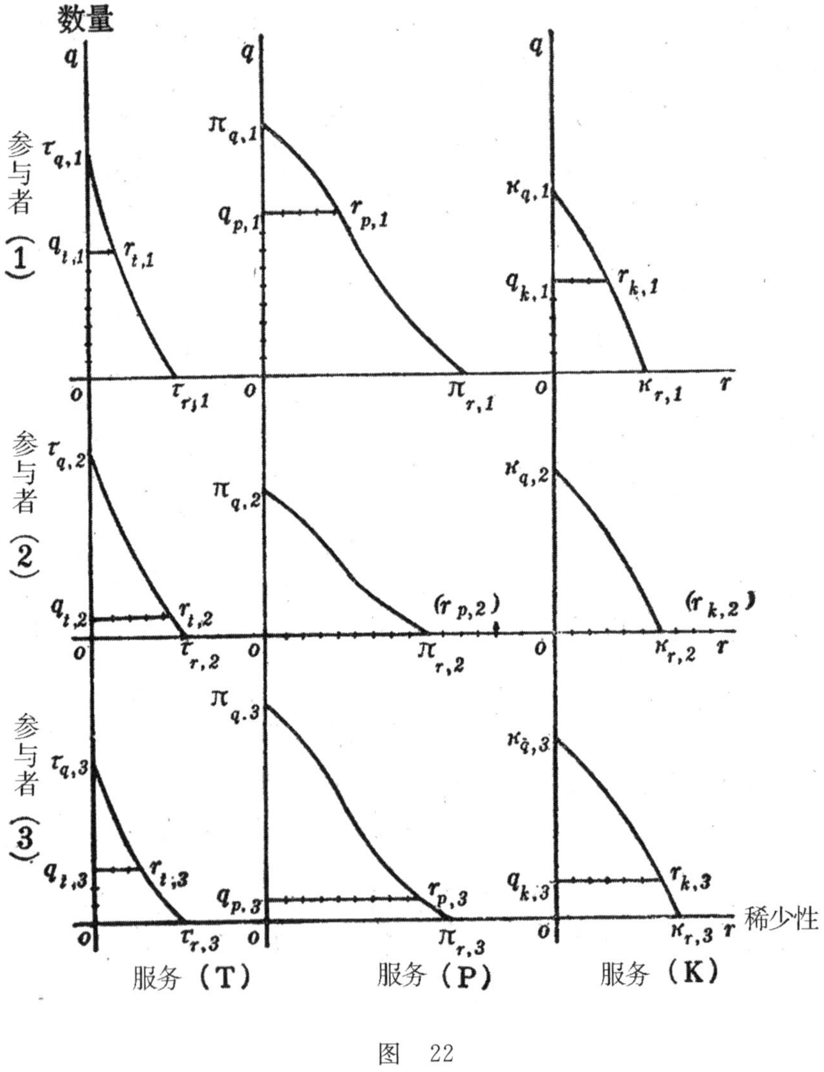

图　22

225. 假定(T)，(P)，(K)…分别为可以按无限小的量消费的土地服务、人力服务和资本品服务，$\tau_{r,1}$，$\tau_{q,1}$，$\tau_{r,2}$，$\tau_{q,2}$，$\tau_{r,3}$，$\tau_{q,3}$，$\pi_{r,1}$，$\pi_{q,1}$，$\pi_{r,2}$，$\pi_{q,2}$，$\pi_{r,3}$，$\pi_{q,3}$，$\kappa_{r,1}$，$\kappa_{q,1}$，$\kappa_{r,2}$，$\kappa_{q,2}$，$\kappa_{r,3}$，$\kappa_{q,3}$为对参与者(1)，(2)和(3)说来的这类服务的连续效用曲线或欲望曲线(见图22)。假定0.75，2.16和1.50为以(A)计的(T)，(P)和(K)的价格。在这一假设情况下，参与者(1)和(3)对三种服务都有所消费，前者的消费量分别为7，9和5，对他说来的对应稀少性为1.50，4.33和3，后者的消费量分别为3，1和2，对他说来的对应稀少性为3，8.66和6。至于参与者(2)对土地服务(T)所消费的量为1，对他说来的稀少性为4.50；但是他无法享有劳动(P)和资本服务(K)，这是因为原来应当在他那一列的稀少性内出现的数字13和9，超过了这些服务可能满足的最初欲望的强度9和6。

现在可以得出如下的平衡表：

　0.75∶2.16∶1.50

∷1.50∶4.33∶3

∷4.50　∶(13)∶(9)

∷3　　∶8.66∶6

226. 如果以R_t，R_p，R_k…为(T)，(P)，(K)…的稀少性，在计算中将画线的项和列入括号的项一并考虑在内，则可以断定：

$$p_t=\frac{R_t}{R_a},\quad p_p=\frac{R_p}{R_a},\quad p_k=\frac{R_k}{R_a}\cdots.$$

227. 我们可以将价格变动定律(见第137节)也加以概括如次：

假定有多种产品或服务，并且假定在借助于通货以进行交换的一个市场中，处于全面平衡状态，这时，如果其他情形都不变，而对一个或多个参与交换者说来的这类产品或服务之一的效用有所提高或降低，则以通货计的这一产品或服务的价格将上升或下降。

如果其他情形都不变，而在一个或多个持有者掌握中的这类产品或服务之一的数量有所增加或减少，则这一产品或服务的价格将下降或上升。

假定有多种产品或服务，如果在一个或多个参与者或持有者掌握中的这类产品或服务之一的效用和数量有了这样一种变化，结果是其稀少依然不变，则这一产品或服务的价格不变。

如果在一个或多个参与者或持有者掌握中的一切产品或服务的效用和数量有了这样一种变化，结果是，稀少性的比率依然不变，则这类产品或服务的价格不变。

此外还可以补充两点：

如果其他情形都不变，而一个或多个个人所据有的一种服务的量有所增加或减少（因此，其有效供给有所增加或减少，从而使其价格下降或上升），则在生产中要使用这一服务的那类产品的价格将下降或上升。

如果其他情形都不变，而对一个或多个消费者说来的一种产品的效用有所提高或降低（因此，其有效需求有所增长或减退，从而使其价格上升或下降），则这一产品的生产中所使用的服务的价格将上升或下降。

228. 我们在第15章第151节里给购买曲线和销售曲线下了定义，这类曲线所分别表示的是与通货相对下的商品需求和商品供给，我们认为这是被最后纳入一个已经处于全面平衡状态的交换市场中的。然后在第 153 节里,在供给相等于保有量的假设下,我们将购买曲线转变成价格曲线。这里准备再度提出这个观念并加以扩大,使之既包括服务,也包括产品。

229. 假定以(A)为通货。假定在既定的全面平衡价格 p'_p, $p'_k \cdots p'_b$, p'_c, $p'_d \cdots$ 下,服务(P),(K),… 和产品(A),(B),(C),(D)…正在进行或即将进行互相交换时,发现了一种新的服务(T),当即被投入市场,成为交换与生产结构的一个主要部分。

从理论上说,这一(T)的出现,势必使上述四个生产方程系(见第 202 和 203 节)都得加以修改,因为由此不得不加入两个新的未知量 p_t 和 O_t 以及两个补充方程:一个是(T)的需求方程

$$a_t D_a + b_t D_b + c_t D_c + d_t D_d + \cdots = O_t,$$

还有一个是(T)的供给方程

$$O_t = F_t(p_t, p_p, p_k \cdots p_b, p_c, p_d \cdots).$$

如果像在前第 215 节里所做的那样,以 U 和 u 分别表示正的和负的 o_t 之和,则两个方程可简化为一个方程

$$a_t D_a + b_t D_b + c_t D_c + d_t D_d + \cdots + u = U.$$

但是,如果将其他价格和其他有效需求及有效供给的一切变动都除去不计,就是说,把它们假定为常数,则这个方程的左边就变成单变量 p_t 的一个下降函数,在几何学上可以用购买曲线 $T_d T_p$ 表示(见图 23);而方程的右边则变成这一变量 p_t 的另一种函数,因为它先从零上升,然后(于 $p_t = \infty$ 时)又下降到零,如销售曲线 MN 所示。这两条曲线的交点 T 确定价格 p_t。

230. 跟以前一样,仍假定以(A)为通货。假定在既定的全面平衡价格 p'_t, p'_p, $p'_k \cdots p'_c$, $p'_d \cdots$ 下,服务(T),(P),(K)…和产品

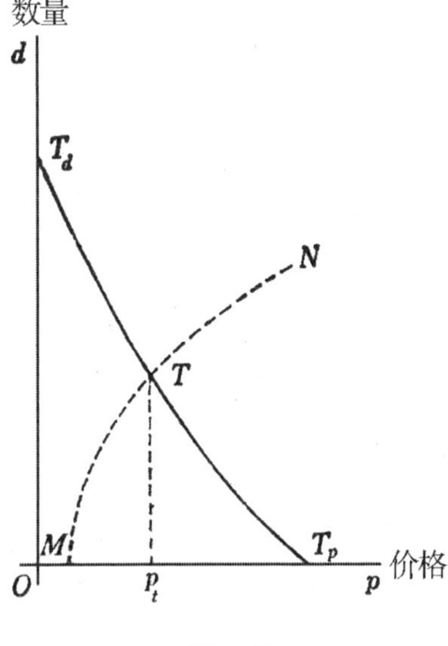

图　23

(A),(C),(D)…正在进行或即将进行互相交换时,生产者制出了一种新产品,初次把它发展成为具有商业价值的一种商品,从而被投入市场,成为交换与生产结构的一个主要部分。

从理论上说,这一(B)的出现势必使四个生产方程系都得加以修改,因为由此不得不加入两个新的未知量 p_b 和 D_b 以及两个补充方程:一个是(B)的需求方程

$$D_b=F_b(p_t,p_p,p_k\cdots p_b,p_c,p_d\cdots),$$

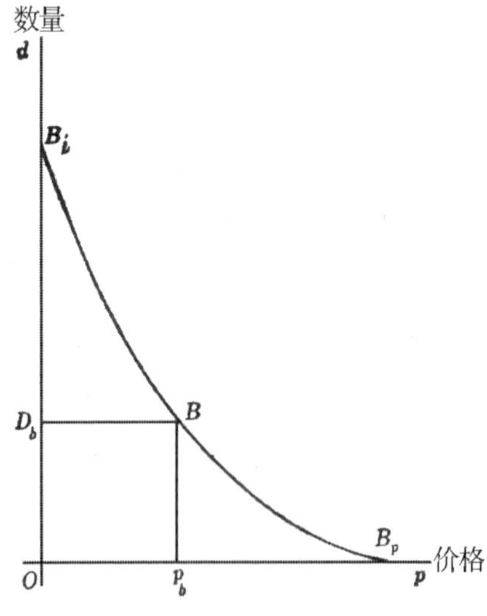

图　24

还有一个是(B)的生产成本方程

$$b_tp_t+b_pp_p+b_kp_k+\cdots=p_b.$$

但是,如果将其他价格和其他有效需求及有效供给的一切变动都除去不计,就是说,把它们假定为常数,则 D_b 就变成单变量 p_b 的一个下降函数,在几何学上可以用价格曲线 B_dB_p 表示(见图 24)。与横标 p_b 对应的点 B 的纵标,所表示的就是需求 D_b。这就使我们回到了我们以前作出的几何表述。

第五篇

论资本形成和信用

第二十三章　总收入与净收入；净收入率：收入对消费的超过量

231. 从土地、人力与狭义资本得来的种种收入(T)，(T′)，(T″)…(P)，(P′)，(P″)…(K)，(K′)，(K″)…的存在，得先有属于对应类目的土地资本。人力资本与资本品的存在为必要条件。我们在前面确定了各种类型的收入的价格，但是还没有确定产生其形式为使用和服务的那类收入的资本品的价格。资本品价格的确定，是社会财富数学理论中的第三个大问题。本书第五篇所要讨论的就是这个问题。

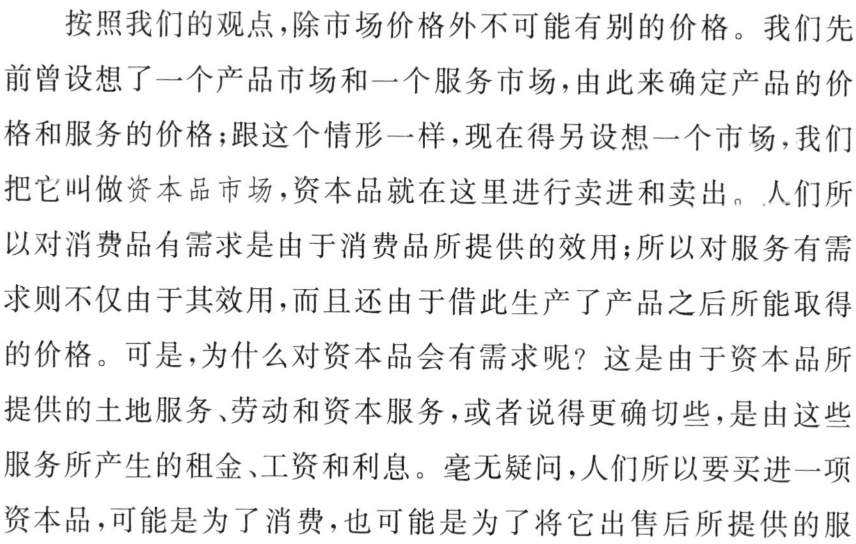

按照我们的观点，除市场价格外不可能有别的价格。我们先前曾设想了一个产品市场和一个服务市场，由此来确定产品的价格和服务的价格；跟这个情形一样，现在得另设想一个市场，我们把它叫做资本品市场，资本品就在这里进行卖进和卖出。人们所以对消费品有需求是由于消费品所提供的效用；所以对服务有需求则不仅由于其效用，而且还由于借此生产了产品之后所能取得的价格。可是，为什么对资本品会有需求呢？这是由于资本品所提供的土地服务、劳动和资本服务，或者说得更确切些，是由这些服务所产生的租金、工资和利息。毫无疑问，人们所以要买进一项资本品，可能是为了消费，也可能是为了将它出售后所提供的服务；但是必须把后者看成取得资本品时的主要目的，因为，否则就只须买进服务和租用资本品而无须买进资本品。一个人买进了一所住宅供他自己使用；我们必须把这样一个人化成两个人来看，一个是投资的，还有一个是直接消费他的资本的服务的。对于后一个人我们已经作了讨论，现在要讨论的是前一个。

232. 资本品的价格基本上取决于其服务的价格，即，其收入。我们现在适当扩大了收入这个词的意义，使之包含服务的价格并服务本身。这个价格是由三个不同的因素构成。

第一，现存资本品并不都是在同样速度下被用光的。因此，不同的资本品，即使所产生的收入相同，而由于磨损的速度不同，售价会有高低。

第二，一切资本品并不会在同样容易的程度上受到意外事故的突然破坏。因此，不同的资本品，即使所产生的收入相同，其售价将按照意外破坏的概率而有高低。

用数学方式来考虑这两种情况是极其简易的一件事。

关于第一个因素，我们只须假定，为了使资本品得以保持完整或于磨损后得以进行重置所认为必要的任何数额，都是从该项资本品的一年总收入内扣除的，并且认为这一扣除数额是与资本品的价格成比例的。这就叫做资本的折旧。为这一目的提存的数额，即折旧费，因资本品的不同而有参差；但是这项费用一经提存以后，就通过使用而受到磨损这一点来看，一切资本品就处于完全同等的地位，因为，它们由此就好像都变成了永恒的。

第二个因素的情况也是这样。我们只须假定，为了使遭到意外事故破坏的资本品得以重新购置，认为必要的任何数额，也是从该项资本品的一年总收入内扣除的，并且认为这一扣除数额是与资本品的价格成比例的。这就叫做资本的保险。为这一目的提存的数额，即保险费，也因资本品的不同而有参差；但是这项费用一经提存以后，就不免要受到意外损失这一点来看，一切资本品就处于完全同等的地位，因为，它们由此就好像都变成了不灭的。

假定以 P 为资本品的价格；以 p 为该资本品的总收入，即包括折旧费与保险费的该资本品的服务的价格；以 μP 为这一收入内属于折旧费的部分；以 vp 为这一收入内属于保险费的部分。总收入除去这些费用以后的余额，$\pi=p-(\mu+v)P$，即净收入。

233. 我们这就可以说明从具有同等价值的各种资本品得来的总收入方面的差异，或者反过来，也可以说明产生同样总收入的各种资本品的价值方面的差异。但是很容易看出，资本品的价值和它的净收入是严格地成正比的。至少在某种正常的和理想的情况下，当资本品市场处于平衡状态时，情况是这样。在平衡状态下，比率$\frac{p-(\mu+v)P}{P}$，即净收入率，对一切资本品说来是相同的。假定以 i 为这一共同的比率。确定了 i 时，借助于方程

$$p-(\mu+v)P=iP$$

或

$$P=\frac{p}{i+\mu+v},$$

也就同时确定了一切土地资本、人力资本和狭义资本品的价格。

234. 我们在前面所已经建立的一切关系，还不足以确定 i 和

资本品的价格。直到目前止，经假定土地、个人能力和狭义资本品是既定的，地主、工人和资本家对于他们所保有的资本品的服务，除留下一部分供他们自己消费外，是全部用以交换消费品和服务的。在这样情况下，不可能有资本品的买卖，因为这类商品只能按照与其净收入相应的比率进行互相交换；而这类交易由于在理论上缺乏合理动机，因此不能产生以通货计的资本品的任何价格。如果要使资本品有需求、有供给并且有价格，就得假定有这样一些地主、工人和资本家，他们所购入的消费品和服务，在数量上不是少于他们的收入就是多于他们的收入，因此他们所处的地位，不是还有剩额可以购入资本品就是有了缺额而不得不售出其资本品。收入对消费的超过量总计，或者会大于，或者会小于，消费对收入的超过量总计；一个经济体系是发展的还是退化的，即取决于这一点。但是，如果一个经济体系在某一期间的储蓄倾向和消费倾向不变（见第 74 节和 201 节），则不论在上述哪一情况下，这个经济也许仍然是处于停滞状态。我们所考虑的只是发展的经济，在这一情况下必须假定，其间有某些企业家所生产的并不是消费品而是新资本品。有了这一些补充论据之后，我们就具备了为我们的问题求解的一切必要因素。用以交换新资本品的是收入对消费的超过量。新资本品价值与超过量价值之间的均等这一条件，就使我们得出了确定净收入率，因此也就是确定资本品价格时所需要的方程。还有一层，新资本品就是产品；产品的售价与其生产成本之间的均等这一条件，使我们得出了确定生产量时所需要的方程。我们得再一次用数学来表达这一平衡，然后表明这一平衡是如何在市场中自动实现的。但是在这样做之前，我们还得注意到一个要点，这在第208节里已经提到，直到现在才得加以考虑。

235. 实际上只有土地和个人能力是始终以实物出租的；狭义资本通常是在服务市场中以货币形式出租的。资本家用货币进行了储蓄，然后以这项货币贷与企业家，后者于贷款满期时仍以货币归还。这种活动一般称为信用。因此，对新资本品有需求的是制造产品的企业家，而不是产生储蓄的资本家。很明显，从理论观点来看，这一方所贷出和那一方所借入的，不管是（新的还是旧的）资本品本身，还是其形式为货币的这一资本品的代价，对资本家以及对企业家说来是无关紧要的。只是从实际方便的观点来看才会感到，在处理方式上后者显然优于前者。但是我们必须注意，不可将资本品市场（即买卖资本品的市场）与货币市场（即贷出与借入货币资本的市场）混同起来，后者只是服务市场的一个附属物。在我们的论证中会看到，这两个市场是彼此大不相同的。还得注意，只要是将货币这一概念抽去的，在我们的陈述中就得使用通货资本而不用货币资本这个词，如果我们偶然单独使用资本这个词——如同多数作家那样——那时我们对这个词的意义是另有所指的。

236. 土地不是人造的，不是人们所生产的，是自然资本品，只有极少数情况是例外，要考虑到这类例外情况并不困难，但是由此将使我们的公式趋于不必要的复杂化，故从略。因此就土地而论，价格对数量不起作用，数量对价格也不起反作用。还有，除少数例外——我们将在与上述同样的依据下来看待这类例外情况——土地是不灭的资本品，是不会被用光，也不会因意外事故而被毁灭的。我们没有从土地收入中扣除折旧费或保险费的任何理由。根据这两点可以看出，土地的总量在我们的问题中总是一个已知而不是未知的因素；土地的净收入率一经确定之后，其价格就单纯地相等于净收入率除总收入之商。这可以用方程 $P_t=\frac{p_t}{i}$ 来表示。

237. 个人能力也是自然资本品，其数量并不是取决于工业生产力的升降，而是取决于人口的增减。但个人能力是要受到损耗和意外事故的破坏的。至于其折旧和保险，我们可以这样设想，那是通过生殖和扶养以及对工人的妻子儿女的抚养和教育来提供的。因此，个人能力的量跟土地的量一样，在我们的问题中总是一个已知而不是未知的因素；个人能力的价格——假使我们对这类价格确有需要的话——则相等于净收入率除其净收入之商，如方程 $P_p=\frac{\pi_p}{i}$ 所示。

238. 狭义资本品是人造资本品，是产品，其价格是受生产成本定律的支配的。如果其售价大于其生产成本，其产量将增加，售价将下降；否则，如果其售价低于其生产成本，其产量将减少，售价将上升。在平衡状态下，其售价与其生产成本是相等的。假定一共有 l 种狭义资本品(K)，(K′)，(K″)⋯，这些资本品或者已经存在，或者即将生产。假定以 $P_k, P_{k'}, P_{k''}\cdots$ 为各该产品的价格。如果分别以 $p_t\cdots p_p\cdots p_k, p_{k'}, p_{k''}\cdots$ 为服务类型(T)⋯(P)⋯(K)，(K′)，(K″)⋯的价格，分别以 $k_t\cdots k_p\cdots k_k, k_{k'}, k_{k''}\cdots k'_t\cdots k'_p\cdots k'_k, k'_{k'}, k'_{k''}, \cdots k''_t\cdots k''_p\cdots k''_k, k''_{k'}, k''_{k''}\cdots$ 为投入(K)，(K′)，(K″)⋯

的一个单位的生产的这种种服务的量，则可以得出如下的 l 个方程：

$$k_t p_t + \cdots + k_p p_p + \cdots + k_k p_k + k_{k'} p_{k'} + k_{k''} p_{k''} + \cdots = P_k,$$
$$k'_t p_t + \cdots + k'_p p_p + \cdots + k'_k p_k + k'_{k'} p_{k'} + k'_{k''} p_{k''} + \cdots = P_{k'},$$
$$k''_t p_t + \cdots + k''_p p_p + \cdots + k''_k p_k + k'_{k'} p_{k'} + k''_{k''} p_{k''} + \cdots = P_{k''},$$
…………

并且，狭义资本品是要受到磨损和意外事故的破坏的。因此有必要从其收入中扣除折旧费和保险费。假定以 $\mu_k P_k$，$\mu_{k'} P_{k'}$，$\mu_{k''} P_{k''}$…和 $v_k P_k$，$v_{k'} P_{k'}$，$v_{k''} P_{k''}$…分别表示从资本品(K)，(K′)，(K″)…的总收入 p_k，$p_{k'}$，$p_{k''}$…的扣除的折旧费和保险费，则这些资本品的价格将等于，或者是净收入率除其净收入之商，或者是三个比率——净收入率、折旧率与保险率——之和除其总收入得出的商，所依据的是下列 l 个方程：

$$P_k = \frac{\pi_k}{i} = \frac{p_k}{i + \mu_k + v_k},$$

$$P_{k'} = \frac{\pi_{k'}}{i} = \frac{p_{k'}}{i + \mu_{k'} + v_{k'}},$$

$$P_{k''} = \frac{\pi_{k''}}{i} = \frac{p_{k''}}{i + \mu_{k''} + v_{k''}},$$
…………

239. 现在让我们假定有某个人，他所拥有的是 q_t 的(T)…q_p 的(P)…q_k 的(K)，$q_{k'}$ 的(K′)，$q_{k''}$ 的(K″)…如果服务的价格为 p_t…p_p…p_k，$p_{k'}$，$p_{k''}$…，资本品的价格为 P_t…P_p…P_k，$P_{k'}$，$P_{k''}$…，则他的收入计值

$$q_t p_t + \cdots + q_p p_p + \cdots + q_k p_k + q_{k'} p_{k'} + q_{k''} p_{k''} + \cdots,$$

他的资本计值

$$q_t p_t + \cdots + q_p p_p + \cdots + q_k p_k + q_{k'} p_{k'} + q_{k''} p_{k''} + \cdots.$$

这里使用资本和收入这两个词时，指的是“用通货表示的个人资本品和服务的量”。

如果这个人售出服务(T)…(P)…(K)，(K′)，(K″)…的不论是正的或负的某些数量，其价值为

$$o_t p_t \cdots o_p p_p \cdots o_k p_k, o_{k'} p_{k'}, o_{k''} p_{k''} \cdots,$$

则剩下的供他自己消费的那些量的价值为

$$(q_t - o_t) p_t \cdots (q_p - o_p) p_p \cdots (q_k - o_k) p_k, (q_{k'} - o_{k'}) p_{k'},$$
$$(q_{k''} - o_{k''}) p_{k''} \cdots.$$

此外，他还将消费商品(A)，(B)，(C)，(D)…的某些量，其价值为

$$d_a, d_b p_b, d_c p_c, d_d p_d \cdots.$$

240. 这个人所需求的(A)，(B)，(C)，(D)…的价值，可能恰巧相等于他所提供的服务的价值，所依据的方程是

$$o_t p_t + \cdots + o_p p_p + \cdots + o_k p_k + o_{k'} p_{k'} + o_{k''} p_{k''} + \cdots$$
$$= d_a + d_b p_b + d_c p_c + d_d p_d + \cdots.$$

但是也可能有这样的情况，他所提供的生产服务的价值高于他所需求的产品的价值，这就会有一个超过量：

$$\mathrm{e} = o_t p_t + \cdots + o_p p_p + \cdots + o_k p_k + o_{k'} p_{k'} + o_{k''} p_{k''} + \cdots$$
$$-(d_a + d_b p_b + d_c p_c + d_d p_d + \cdots).$$

如果将 $\mathrm{r} = q_t p_t + \cdots + q_p p_p + \cdots + q_k p_k + q_{k'} p_{k'} + q_{k''} p_{k''} + \cdots$ 的右边和左边，分别在上列方程的右边加上和减去，则得

$$\mathrm{e} = \mathrm{r} - [(q_t - o_t) p_t + \cdots + (q_p - o_p) p_p + \cdots + (q_k - o_k) p_k$$
$$+ (q_{k'} - o_{k'}) p_{k'} + (q_{k''} - o_{k''}) p_{k''} + \cdots + d_a + d_b p_b$$

$+d_c p_c + d_d p_d + \cdots].$

据此:所提供的服务的价值对所需求的消费品的价值的超过量,跟收入对消费的超过量是同一物质。

这一超过量可能是负的,就是说,它可能成为消费对收入的超过量。因此就必须假定,这个人不但会把他自己所有的服务,除他自己消费者外,全部出售,而且还会出售他资本品的一部分。这就叫做“吃自己的老本”。甚至会有这样的情况:这一负的超过量大于这个人的资本品的总值

$$q_t P_t + \cdots + q_p P_p + \cdots + q_k P_k + q_{k'} P_{k'} + q_{k''} P_{k''} + \cdots.$$

在这种情况下,这个人是既消耗了他自己的财产还消耗了别人的财产的。

241. 在这些定义下,我们面临着三种可能情况:

(1)超过量是正的,其数额恰好与(K),(K′),(K″)…类型的资本品所需的折旧费及保险费相抵。这就得出

$$e = q_k P_k(\mu_k + v_k) + q_{k'} P_{k'}(\mu_{k'} + v_{k'}) + q_{k''} P_{k''}(\mu_{k''} + v_{k''}) + \cdots.$$

在这种情况下,这个人只能使他自己所有的狭义资本品的量保持不变,既无所增,也无所减。

(2)超过量或者是正的,或者是零,或者是负的,都不是与所需的折旧费及保险费相抵。这就得出

$$e < q_k P_k(\mu_k + v_k) + q_{k'} P_{k'}(\mu_{k'} + v_{k'}) + q_{k''} P_{k''}(\mu_{k''} + v_{k''}) + \cdots.$$

在这种情况下,这个人实际上消耗了他狭义资本品的一部分;这类资本品,由于在折旧及保险方面缺乏适当准备,在下一年度就不免部分地被消耗,部分地受到意外损害,这时在他手里的资本品就不再能保持原状和原量。

(3)超过量是正的,并且与所需的折旧费及保险费相抵而有余。在这样情况下就得出

$$e > q_k P_k(\mu_k + v_k) + q_{k'} P_{k'}(\mu_{k'} + v_{k'}) + q_{k''} P_{k''}(\mu_{k''} + v_{k''}) + \cdots.$$

这时这个人将增加他资本品的量,他将向生产者要求供应新资本品而不只是购入消费品。这就是说,他在进行储蓄。

据此:储蓄就是收入对消费的超过量和抵偿狭义资本品的折旧费及保险费的必要数额之间的正差。

这个人无论处于上述哪一情况,或者是仅仅能应付他的狭义资本品在折旧及保险方面的需要,或者是全部或部分地消耗他的资本,或者是确实有所储蓄,他对消费品和新资本品的生产总会发挥一些促进作用,至于所促进的,或以消费品为主,或以新资本品为主,则情况不一。因此,我们把收入对消费的正的、零的或负的超过量看成一个因素,可以在这里把这个因素适当地纳入生产方程系,以便从这些方程推演资本形成方程系。还应当看到,这类超过量,除非既是正的,又大于现存狭义资本品在折旧费及保险费方面的必要数额,否则就不能构成真正的储蓄。

242. 要将这个新因素合理地纳入我们的方程系,只须假定有一种能产生永久净收入的商品(E),其价格 $p_e = \frac{1}{i}$ 和需求量 d_e 均以通货的单位表示。这里 i 是永久净收入率。如果净收入不是永续的,其价格将为 $p_{e'} < \frac{1}{i}$,这仍然是 i 的一个函数。

理想的商品(E)的一个相当确切的对应者是永久的净收入;就某一时期说来的这一收入的可变率一经确定以后,即可用来作为计算人寿保险费率的根据。保险公司是,产生不论是正的或负

的储蓄的那些人和资本品市场两者之间的居间者。因此，保险公司需要净收入，以便对某些人支付死亡保险金和养老保险金；它也供给净收入，因为它对别的一些人支付年金。如果结果是保险公司的储备有所增加，这就说明这个国家在生产新资本品；在相反情况下就说明这个国家在消耗现存资本品。

我在这里谈(E)的价格时，只是在重复使用那个旧的概念以年收入计的价格(相当于二十年收入或相当于二十五年收入的价格)，同时使用较新的这一估值(5 厘$=\frac{1}{20}$，4 厘$=\frac{1}{25}$)的倒数。我觉得同时使用这两个概念，会有助于资本形成的科学理论的推演。在这样一些定义的依据下，就可以把交换经济中的每一个成员看成在某一期间对(E)是有某一欲望的，这种欲望可以用函数 $r=\phi_e(q)$来表示，这个函数随着 q 的提高而下降，并且可以认为每个成员都保有(E)的某一定量，

$$q_e=q_tp_t+\cdots+q_p\pi_p+\cdots+q_k\pi_k+q_{k'}\pi_{k'}+q_{k''}\pi_{k''}+\cdots,$$

这个定量在某一限度内会因有所需求而增加，或因有所供给而减少，因此，

$$\phi_e(q_e+d_e)=p_e\phi_a(d_a)$$

是最大满足的条件(见第 80 节)。这个条件与交换方程

$$o_tp_t+\cdots+o_pp_p+\cdots+o_kp_k+o_{k'}p_{k'}+o_{k''}p_{k''}+\cdots$$
$$=d_a+d_bp_b+d_cp_c+d_dp_d+\cdots+d_ep_e$$

以及其他的最大满足方程结合在一起，就可以得出如下的对净收入的个人需求(见第 201 节)：

$$d_e=f_e(p_t\cdots p_p\cdots p_k,p_{k'},p_{k''}\cdots p_b,p_c,p_d\cdots p_e).$$

对净收入的一切个体需求的总计是

$$D_e = F_e(p_t \cdots p_p \cdots p_k, p_{k'}, p_{k''} \cdots p_b, p_c, p_d \cdots p_e).$$

当 $p_e=0$ 时，这一总计 D_e 是正的，并且相等于 E_d；然后随着 p_e 的上升而减退，直到 $p_e=E_p$ 时低落到零，而所有服务和产品的其他价格则经假定为确定的，不变的；此后，随着 p_e 的进一步上升，D_e 会变成负的，（其绝对值）先增长而后减退，直到 $p_e=\infty$时，它又回到零。并且，收入对消费的各个超过量的代数和将是

$$\begin{aligned} E &= D_e p_e = F_e(p_t \cdots p_p \cdots p_k, p_{k'}, p_{k''} \cdots p_b, p_c, p_d \cdots p_e) p_e \\ &= F_e(p_t \cdots p_p \cdots p_k, p_{k'}, p_{k''} \cdots p_b, p_c, p_d \cdots i), \end{aligned}$$

这是从收入内扣除而加到资本上去的，从而构成正储蓄。当$\frac{1}{i}$从零增长到 E_p，或者反过来说，当 i 从∞减退到$\frac{1}{E_p}$时，E 先从零上升，然后再下降到零。由于我们把被认为是正量的服务供给放在交换方程的左边，把也被认为是正量的产品需求放在方程的右边，因此把新资本品的需求加入后一项，并且始终假定这一需求的量是正的。作出这一假设时表明，我们所研究的只限于发展社会中新资本品的生产，关于退化社会中消耗现存资本品的情况，这里不打算研究。

假定以 $D_k, D_{k'}, D_{k''}\cdots$分别表示新资本品(K)，(K′)，(K″)…的产量，就可以得出方程

$$D_k P_k + D_{k'} P_{k'} + D_{k''} P_{k''} + \cdots = E.$$

243. 现在我们一共有 $2l+2$ 个方程（见第 238 和 242 节），这些方程所要确定的是：新狭义资本品的 l 个产量；这类资本品的 l 个价格（据其确定时的方式可以断定，这类价格必然与现存狭义资

本品的价格相同）；准备转变为资本品的收入对消费的总超过量和净收入率。因此，我们有多少个方程就也有多少个未知量。这里显而易见，只须消去 P_k，$P_{k'}$，$P_{k''}$…和 E，就可以把 $2l+2$ 个方程缩减为 $l+1$ 个方程。这时，l 个方程所表示的是新资本品的生产成本与售价之间的均等，所要确定的是准备制造的这些新资本品 D_k，$D_{k'}$，$D_{k''}$…的 l 个数量；还有一个方程所表示的是新资本品与收入对消费的超过量在价值上的均等，所要确定的是净收入率 i。如果将 i 也一并消去，则剩下的是 l 个方程，这些方程说明，总的收入对消费的超过量在 l 种资本形成中进行分配时，对一切资本品说来，净收入对生产成本的比率都是一样的。以后还将证明，除作某一保留外，净收入对新资本品价格的比率的均等这一条件所构成的是，一个经济体系将其收入对消费的超过量在资本形成的各部门中进行分配时、从这些新资本品的服务中得来的最大有效效用的条件；因为，如果对任何两种资本品说来的上述的比率均等的条件没有获得满足，则少生产些比率较小的那种资本品，多生产些比率较大的那种资本品，就会成为是有利的。由此可见，假使我们不顾到准备制造的产品的数量方面以及起因于储蓄和资本形成的那类产品和服务的价格方面所终于会发生的变动，我们就可以借助于上述方程来确定 $l+1$ 个未知量，就可以由此推断新资本品的价格和储蓄的总值。但我们的目的是要获得对整个经济结构的了解。因此，尽管在记号表示方面不免复杂些（这类的不方便虽然无可避免，毕竟是关系不大的），我们仍然打算将 $2m+2n-1$ 个生产方程和 $2l+2$ 个资本形成与信用方程合并为一个系。

第二十四章　资本形成和信用的方程

244. 让我们从表示某个人用服务来交换消费品、服务和净收入的一个方程开始(见第242节):

$$o_t p_t + \cdots + o_p p_p + \cdots + o_k p_k + o_{k'} p_{k'} + o_{k''} p_{k''} + \cdots$$
$$= d_a + d_b p_b + d_c p_c + d_d p_d + \cdots + d_e p_e.$$

此外,由于最大满足条件(见第80节)所确定的始终是人力服务的供给以及他对消费品和净收入的需求,因此还可以得出关于供给量、需求量和价格的下列方程:

$$\phi_t(q_t - o_t) = p_t \phi_a(d_a),$$
$$\cdots\cdots\cdots$$
$$\phi_p(q_p - o_p) = p_p \phi_a(d_a),$$
$$\cdots\cdots\cdots$$
$$\phi_k(q_k - o_k) = p_k \phi_a(d_a),$$
$$\phi_{k'}(q_{k'} - o_{k'}) = p_{k'} \phi_a(d_a),$$
$$\phi_{k''}(q_{k''} - o_{k''}) = p_{k''} \phi_a(d_a),$$
$$\cdots\cdots\cdots$$
$$\phi_b(d_b) = p_b \phi_a(d_a),$$
$$\phi_c(d_c) = p_c \phi_a(d_a),$$
$$\phi_d(d_d) = p_d \phi_a(d_a),$$
$$\cdots\cdots\cdots$$

$$\phi_e(q_e+d_e)=p_e\phi_a(d_a),$$

这里一共是 $n+m$ 个方程。由这些以及前面的一个一共 $n+m+1$ 个组成的方程系，通过逐次消元法，我们认为首先可以得出关于(T)…(P)…(K)，(K′)，(K″)…的正供给或负供给的 n 个方程：

$$o_t=f_t(p_t\cdots p_p\cdots p_k,p_{k'},p_{k''}\cdots p_b,p_c,p_d\cdots p_e),$$

…………

$$o_p=f_p(p_t\cdots p_p\cdots p_k,p_{k'},p_{k''}\cdots p_b,p_c,p_d\cdots p_e),$$

…………

$$o_k=f_k(p_t\cdots p_p\cdots p_k,p_{k'},p_{k''}\cdots p_b,p_c,p_d\cdots p_e),$$

$$o_{k'}=f_{k''}(p_t\cdots p_p\cdots p_k,p_{k'},p_{k''}\cdots p_b,p_c,p_d\cdots p_e),$$

$$o_{k''}=f_{k''}(p_t\cdots p_p\cdots p_k,p_{k'},p_{k''}\cdots p_b,p_c,p_d\cdots p_e),$$

…………

其次可以得出关于对(B)，(C)，(D)…(E)的需求的 m 个方程：

$$d_b=f_b(p_t\cdots p_p\cdots p_k,p_{k'},p_{k''}\cdots p_b,p_c,p_d\cdots p_e),$$

$$d_c=f_c(p_t\cdots p_p\cdots p_k,p_{k'},p_{k''}\cdots p_b,p_c,p_d\cdots p_e),$$

$$d_d=f_d(p_t\cdots p_p\cdots p_k,p_{k'},p_{k''}\cdots p_b,p_c,p_d\cdots p_e),$$

…………

$$d_e=f_e(p_t\cdots p_p\cdots p_k,p_{k'},p_{k''}\cdots p_b,p_c,p_d\cdots p).$$

关于(A)的需求系由交换方程得出而不使用消元法：

$$d_a=o_tp_t+\cdots+o_pp_p+\cdots+o_kp_k+o_{k'}p_{k'}+o_{k''}p_{k''}+\cdots$$
$$-(d_bp_b+d_cp_c+d_dp_d+\cdots+d_ep_e).$$

245. 我们可以用同样方式求得服务的一切其他持有者的个人的服务需求或服务供给方程，以及个人的产品需求和净收入需求方程。最后，仍然用我们已有的表示法，可以得出关于服务总供给的下列方程系：

$$O_t=F_t(p_t\cdots p_p\cdots p_k,p_{k'},p_{k''}\cdots p_b,p_c,p_d\cdots p_e),$$
$$\cdots\cdots\cdots\cdots$$
$$O_p=F_p(p_t\cdots p_p\cdots p_k,p_{k'},p_{k''}\cdots p_b,p_c,p_d\cdots p_e),\qquad(1)$$
$$\cdots\cdots\cdots\cdots$$
$$O_k=F_k(p_t\cdots p_p\cdots p_k,p_{k'},p_{k''}\cdots p_b,p_c,p_d\cdots p_e),$$
$$O_{k'}=F_{k'}(p_t\cdots p_p\cdots p_k,p_{k'},p_{k''}\cdots p_b,p_c,p_d\cdots p_e),$$
$$O_{k''}=F_{k''}(p_t\cdots p_p\cdots p_k,p_{k'},p_{k''}\cdots p_b,p_c,p_d\cdots p_e),$$
$$\cdots\cdots\cdots\cdots$$

并且可以得出由 m 个方程组成的关于产品总需求的下列方程系：

$$D_b=F_b(p_t\cdots p_p\cdots p_k,p_{k'},p_{k''}\cdots p_b,p_c,p_d\cdots p_e),$$
$$D_c=F_c(p_t\cdots p_p\cdots p_k,p_{k'},p_{k''}\cdots p_b,p_c,p_d\cdots p_e),$$
$$D_d=F_d(p_t\cdots p_p\cdots p_k,p_{k'},p_{k''}\cdots p_b,p_c,p_d\cdots p_e),\qquad(2)$$
$$\cdots\cdots\cdots\cdots$$

$$D_a=O_tp_t+\cdots+O_pp_p+\cdots+O_kp_k+O_{k'}p_{k'}+O_{k''}p_{k''}$$
$$+\cdots-(D_bp_b+D_cp_c+D_dp_d+\cdots+E).$$

246. 我们对于方程

$$E=D_ep_e=F_e(p_t\cdots p_p\cdots p_k,p_{k'},p_{k''}\cdots p_b,p_c,p_d\cdots p_e)p_e\qquad(3)$$
$$=F_e(p_t\cdots p_p\cdots p_k,p_{k'},p_{k''}\cdots p_b,p_c,p_d\cdots i)$$

应给以一个单独位置；这是按照上面第 242 节指出的方式求得的、一个表示收入对消费总超过量的方程。

247. 假定以 $a_t,b_t,c_t,d_t\cdots k_t,k'_t,k''_t\cdots a_p,b_p,c_p,d_p\cdots k_p,k'_p,k''_p\cdots a_k,b_k,c_k,d_k\cdots k_k,k'_k,k''_k\cdots a_{k'},b_{k'},c_{k'},d_{k'}\cdots k_{k'},k'_{k'},k''_{k'}\cdots a_{k''},b_{k''},c_{k''},d_{k''}\cdots k_{k''},k'_{k''},k''_{k''}\cdots$ 分别表示制造消费品(A),(B),(C),

(D)…和资本品(K),(K′),(K″)…每一种的一个单位时所投入的生产服务(T)…(P)…(K),(K′),(K″)…的量(仍然假定为常数),我们就可以得出三个方程系。第一个是:

$$a_tD_a+b_tD_b+c_tD_c+d_tD_d+\cdots+k_tD_k+k'_tD_{k'}$$
$$+k''_tD_{k''}+\cdots=O_t,$$

…………

$$a_pD_a+b_pD_b+c_pD_c+d_pD_d+\cdots+k_pD_k+k'_pD_{k'}$$
$$+k''_pD_{k''}+\cdots=O_p,$$

…………

$$a_kD_a+b_kD_b+c_kD_c+d_kD_d+\cdots+k_kD_k+k'_kD_{k'}$$
$$+k''_kD_{k''},+\cdots=O_k, \qquad (4)$$
$$a_{k'}D_a+b_{k'}D_b+c_{k'}D_c+d_{k'}D_d+\cdots+k_{k'}D_k+k'_{k'}D_{k'}$$
$$+k''_{k'}D_{k''}+\cdots=O_{k'},$$
$$a_{k''}D_a+b_{k''}D_b+c_{k''}D_c+d_{k''}D_d+\cdots+k_{k''}D_k+k'_{k''}D_{k'}$$
$$+k''_{k''}D_{k''}+\cdots=O_{k''},$$

…………

一共有 n 个方程,所表示的是生产服务使用量与有效供给量之间的均等。第二个是:

$$a_tp_t+\cdots+a_pp_p+\cdots+a_kp_k+a_{k'}p_{k'}+a_{k''}p_{k''}+\cdots=1,$$
$$b_tp_t+\cdots+b_pp_p+\cdots+b_kp_k+b_{k'}p_{k'}+b_{k''}p_{k''}+\cdots=p_b,$$
$$c_tp_t+\cdots+c_pp_p+\cdots+c_kp_k+c_{k'}p_{k'}+c_{k''}p_{k''}+\cdots=p_c, \qquad (5)$$
$$d_tp_t+\cdots+d_pp_p+\cdots+d_kp_k+d_{k'}p_{k'}+d_{k''}p_{k''}+\cdots=p_d,$$

…………

一共有 m 个方程,所表示的是消费品售价及其生产成本之间的均

等。第三个是：

$$
\begin{aligned}
&k_t p_t + \cdots + k_p p_p + \cdots + k_k p_k + k_{k'} p_{k'} + k_{k''} p_{k''} + \cdots = P_k,\\
&k'_t p_t + \cdots + k'_p p_p + \cdots + k'_k p_k + k'_{k'} p_{k'} + k'_{k''} p_{k''} + \cdots = P_{k'},\\
&k''_t p_t + \cdots + k''_p p_p + \cdots + k''_k p_k + k''_{k'} p_{k'} + k''_{k''} p_{k''} + \cdots = P_{k''},\\
&\cdots\cdots\cdots\cdots
\end{aligned}
\qquad (6)
$$

一共有 l 个方程，所表示的是新资本品售价及其生产成本之间的均等（见第238节）。

248. 此外还有个方程，所表示的是新狭义资本品和收入对消费的总超过量在以通货计的价值上的均等，

$$D_k P_k + D_{k'} P_{k'} + D_{k''} P_{k''} + \cdots = E, \qquad (7)$$

这是一个总超过量对新资本的交换方程（见第242节）。

249. 最后还有下列方程：

$$
\begin{aligned}
&P_k = \frac{p_k}{i + \mu_k + v_k},\\
&P_{k'} = \frac{p_{k'}}{i + \mu_{k'} + v_{k'}},\\
&P_{k''} = \frac{p_{k''}}{i + \mu_{k''} + v_{k''}},\\
&\cdots\cdots\cdots\cdots
\end{aligned}
\qquad (8)
$$

这里一共有 l 个方程，表示的是对一切狭义资本品说来的净收入率的一致性（见第238节）。

250. 总结起来，我们一共有 $2n+2m+2l+2$ 个方程。但是这 $2n+2m+2l+2$ 个方程可以减为 $2n+2m+2l+1$ 个方程。举例说，如果以 $p_t \cdots p_p \cdots p_k, p_{k'}, p_{k''} \cdots$ 分别相继地乘方程系（4）的 n 个方程的每一个的两边，再以 $D_a, D_b, D_c, D_d \cdots D_k, D_{k'}, D_{k''} \cdots$ 分别相

继地乘方程系(5)和(6)的 $m+l$ 个方程的每一个的两边，然后以这样得来的两个系的方程各自相加，这样求得的两个总计，就使我们有了其左边完全相同的两个方程。使两个方程的右边相等，则得

$$O_t p_t+\cdots+O_p p_p+\cdots+O_k p_k+O_{k'} p_{k'}+O_{k''} p_{k''}+\cdots$$
$$=D_a+D_b p_b+D_c p_c+D_d p_d+\cdots+D_k P_k+D_{k'} P_{k'}$$
$$+D_{k''} P_{k''}+\cdots.$$

从方程系(2)的第 m 个方程，可以得出

$$O_t p_t+\cdots+O_p p_p+\cdots+O_k p_k+O_{k'} p_{k'}+O_{k''} p_{k''}+\cdots$$
$$=D_a+D_b p_b+D_c p_c+D_d p_d+\cdots+E.$$

由此可以推断。

$$D_k P_k+D_{k'} P_{k'}+D_{k''} P_{k''}+\cdots=L,$$

这正是方程(7)。这就可以凭我们选择——我们可以保留上述方程而除去方程系(2)的第 m 个方程或方程系(5)的第一个方程；否则也可以保留后一类方程而除去前一个方程。不管怎样选择，余下的总有 $2n+2m+2l+1$ 个方程，从而确定恰恰是 $2n+2m+2l+1$个未知量。这些未知量是:(1)所供给的服务的 n 个总量；(2)这类服务的 n 个价格；(3)所需求的产品的 m 个总量；(4)以第 m 种产品计的 $m-1$ 种这类产品的 $m-1$ 个价格；(5)收入对消费总超过量的价值；(6)所制造的新资本品的 l 个量；(7)这类资本品的 l 个价格；(8)净收入的价格或定率。但是，尚有待于证明的是，到目前止，我们从理论上分析的上述问题，也就是在实践中通过市场的自由竞争结构来求得解决的问题。

251. 这里要表明的是，关于资本形成从一开始就达到平衡的

方式，跟我们在前面先在交换中后在生产中达到平衡的方式完全相同。换句话说，我们准备一上来就假定，我们问题中的一些任意数据在某一期间是不变的，随后再假定它发生变化，以便研究这类变化的影响。并且，资本形成是从服务到资本品的转变，就同生产是从服务到消费品的转变的情形一样。净收入的某一定率和服务的某些价格经喊出之后，以及消费品和新资本品的某些数量经制出之后，如果这一定率和这类价格以及这类产量没有能满足全面平衡条件，那就不但有必要喊出新的定率和新的价格，而且有必要制出消费品和新资本品的校正数量。我们解决这个初步困难的方法是，假定企业家制造新资本品时是用票证来表示这些产品的逐次产量的，这些产量起先是随机确定的，然后按照售价高于成本还是成本高于售价来增加产量或减少产量，直到售价与成本相均等；同时并假定，地主、工人和资本家也是用票证来表示服务的逐次数量的，其供给和需求起先是在随机喊出的价格下进行的，然后按照以通货计的新资本品需求量是大于还是小于其供给量来提高或降低价格，直到需求量与供给量相均等。我们解决关于新资本品的生产是需要时间的这一进一步的困难时，所采取的方式，与解决产品情况下的这一困难时的方式相同，即，假定生产是即时完成的。

这样，资本形成的平衡将首先在原则上确定。然后将在实际上确定，方式是在某一期间以内累积的储蓄和供应的新资本品互相交换，在这一期间，一切数据不容许有任何变化。虽然经济是要走向发展的，但暂时仍然是静止的；因为我们假定，要到我们考虑的这一期间的以后一个期间，新资本品才会在经济中起作用。

第二十五章　资本形成和信用的方程的解；净收入率确定定律

252. 假定我们来到一个市场，在那里，净收入的某一价格 $p'_e=\frac{1}{i'}$，加上即将制造的新资本品 $D'_k, D'_{k'}, D'_{k''}\cdots$ 的 l 个量，加上服务的 n 个价格，加上即将制造的产品的 m 个量，都是随机确定的。根据我们对生产问题已经得出的解，我们懂得了摸索前进的方式——这也正是自由竞争结构所使用的方式——对生产服务价格怎样在起着调整的作用，使之渐近于如 $p'_t\cdots p'_p\cdots p'_k, p'_{k'}, p'_{k''}\cdots$ 那样的值，而那些值反过来又足以确定产品生产成本的 m 个值，所依据的方程是

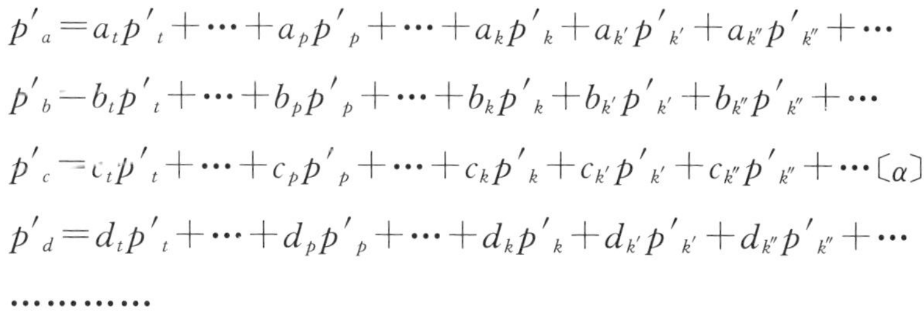

$$\begin{aligned}
p'_a&=a_t p'_t+\cdots+a_p p'_p+\cdots+a_k p'_k+a_{k'} p'_{k'}+a_{k''} p'_{k''}+\cdots\\
p'_b&=b_t p'_t+\cdots+b_p p'_p+\cdots+b_k p'_k+b_{k'} p'_{k'}+b_{k''} p'_{k''}+\cdots\\
p'_c&=c_t p'_t+\cdots+c_p p'_p+\cdots+c_k p'_k+c_{k'} p'_{k'}+c_{k''} p'_{k''}+\cdots \quad (\alpha)\\
p'_d&=d_t p'_t+\cdots+d_p p'_p+\cdots+d_k p'_k+d_{k'} p'_{k'}+d_{k''} p'_{k''}+\cdots\\
&\cdots\cdots\cdots\cdots
\end{aligned}$$

因此，如果这些 n 个服务价格和 m 个产品价格是既定的，则得：

(1) n 个服务供给量

$$O'_t=F_t(p'_t\cdots p'_p\cdots p'_k, p'_{k'}, p'_{k''}\cdots p'_b, p'_c, p'_d\cdots p'_e),$$

…………

$$O'_p=F_p(p'_t\cdots p'_p\cdots p'_k,p'_{k'},p'_{k''}\cdots p'_b,p'_c,p'_d\cdots p'_e),$$

…………

$$O'_k=F_k(p'_t\cdots p'_p\cdots p'_k,p'_{k'},p'_{k''}\cdots p'_b,p'_c,p'_d\cdots p'_e),$$

$$O'_{k'}=F_{k'}(p'_t\cdots p'_p\cdots p'_k,p'_{k'},p'_{k''}\cdots p'_b,p'_c,p'_d\cdots p'_e),$$

$$O'_{k''}=F_{k''}(p'_t\cdots p'_p\cdots p'_k,p'_{k'},p'_{k''}\cdots p'_b,p'_c,p'_d\cdots p'_e),$$

…………

(2)$m-1$ 个产品(B),(C),(D)…的需求量

$$D'_b=F_b(p'_t\cdots p'_p\cdots p'_k,p'_{k'},p'_{k''}\cdots p'_b,p'_c,p'_d\cdots p'_e),$$

$$D'_c=F_c(p'_t\cdots p'_p\cdots p'_k,p'_{k'},p'_{k''}\cdots p'_b,p'_c,p'_d\cdots p'_e),$$

$$D'_d=F_d(p'_t\cdots p'_p\cdots p'_k,p'_{k'},p'_{k''}\cdots p'_b,p'_c,p'_d\cdots p'_e),$$

…………

(3)收入对消费的总超过量

$$E'=F_e(p'_t\cdots p'_p\cdots p'_k,p'_{k'},p'_{k''}\cdots p'_b,p'c,p'_d\cdots i).$$

以上的那些量和以上的收入对消费的超过量，跟随机确定的、准备制造的新资本品的量 $D'_k,D'_{k'},D'_{k''}\cdots$和(A)的量 Ω_a 结合起来，就可以满足方程

$$a_t\Omega_a+b_tD'_b+c_tD'_c+d_tD'_d+\cdots+k_tD'_k+k'_tD'_{k'}$$
$$+k''_tD'_{k''}+\cdots=O'_t,$$

…………

$$a_p\Omega_a+b_pD'_b+c_pD'_c+d_pD'_d+\cdots+k_pD'_k+k'_pD'_{k'}$$
$$+k''_pD'_{k''}+\cdots=O'_p,$$

…………　〔β〕

$$a_k\Omega_a+b_kD'_b+c_kD'_c+d_kD'_d+\cdots+k_kD'_k+k'_kD'_{k'}$$

$$+k''_kD'_{k''}+\cdots=O'_k,$$

$$a_{k'}\Omega_a+b_{k'}D'_b+c_{k'}D'_c+d_{k'}D'_d+\cdots+k_{k'}D'_k+k'_{k'}D'_{k'}$$
$$+k''_{k'}D'_{k''}+\cdots=O'_{k'},$$

$$a_{k''}\Omega_a+b_{k''}D'_b+c_{k''}D'_c+d_{k''}D'_d+\cdots+k_{k''}D'_k$$
$$+k'_{k''}D'_{k'}+k''_{k''}D'_{k''}+\cdots=O'_{k''},$$

…………

为服务价格设定的值 $p'_t\cdots p'_p\cdots p'_k, p'_{k'}, p'_{k''}\cdots$，不但足以确定 m 个产品生产成本的值，而且足以确定 l 个新资本品生产成本的值

$$P'_k=k_tp'_t+\cdots+k_pp'_p+\cdots+k_kp'_k+k_{k'}p'_{k'}+k_{k''}p'_{k''}+\cdots$$

$$P'_{k'}=k'_tp'_t+\cdots+k'_pp'_p+\cdots+k'_kp'_k+k'_{k'}p'_{k'}\qquad\text{〔}\gamma\text{〕}$$
$$+k'_{k''}p'_{k''}+\cdots$$

$$P'_{k''}=k''_tp'_t+\cdots+k''_pp'_p+\cdots+k''_kp'_k+k''_{k'}p'_{k'}$$
$$+k''_{k''}p'_{k''}+\cdots$$

…………

如果一方面将确定 m 个产品生产成本（方程系 α）和 l 个新资本品生产成本（方程系 γ）的 $m+l$ 个方程的每一个，分别相继地乘以 $\Omega_a, D'_b, D'_c, D'_d\cdots D'_k, D'_{k'}, D'_{k''}\cdots$，另一方面将表示服务的总需求与总供给之间的均等的 n 个方程（方程系 β）的每一个，分别相继地乘以 $p'_t\cdots p'_p\cdots p'_k, p'_{k'}, p'_{k''}\cdots$，然后将这样求得的两个方程各自相加，就会看到，第一个总计的右边与第二个总计的左边相同，从而得出方程

$$\Omega_ap'_a+D'_bp'_b+D'_cp'_c+D'_dd'_d+\cdots+D'_kp'_k$$
$$+D'_{k'}p'_{k'}+D'_{k''}p'_{k''}+\cdots$$

$$=O'_t p'_t+\cdots+O'_p p'_p+\cdots+O'_k p'_k+O'_{k'} p'_{k'}$$

$$+O'_{k''} p'_{k''}+\cdots.$$

这就可以推定，(A)的需求量是 D'_a，所依据的方程是

$$D'_a+D'_b p'_b+D'_c p'_c+D'_d p'_d+\cdots+E'$$

$$=O'_t p'_t+\cdots+O'_p p'_p+\cdots+O'_k p'_k+O'_{k'} p'_{k'}+O'_{k''} p'_{k''}+\cdots.$$

由此还可以推知，

$$\Omega_a p'_a+D'_k P'_k+D'_{k'} P'_{k'}+D'_{k''} P'_{k''}+\cdots=D'_a+E',$$

这一点表明，处于可以称为初步平衡的这一状态下，通货与新资本品的总生产成本，必然等于通货的需求加上收入对消费的超过量。据此，到目前止，除方程系(2)的第 m 个方程和方程系(5)的第一个方程外，所有前一章里第(1)，(2)，(3)，(4)，(5)，(6)各系的方程都已获得满足；还有待于满足的是方程系(2)的第 m 个方程和方程系(5)的第一个方程以及第(7)和第(8)各系的方程。因此，如果碰巧

$$D'_k P'_k+D'_{k'} P'_{k'}+D'_{k''} P'_{k''}+\cdots=E',$$

并且，如果

$$P'_k=\frac{p'_k}{i'+\mu_k+v_k},$$

$$P'_{k'}=\frac{p'_{k'}}{i'+\mu_{k'}+v_{k'}},$$

$$P'_{k''}=\frac{p'_{k''}}{i'+\mu_{k''}+v_{k''}},$$

…………

则

$$\Omega_a p'_a=D'_a,$$

这时，为了要完成问题的解，还有待于进行的只是向生产的调整摸索前进的最后一个阶段，由此可以同时使通货的生产成本等于1，使其有效供给等于其有效需求。但是一般说来，我们所面临的总是这样的情况：

$$D'_kP'_k+D'_{k'}P'_{k'}+D'_{k''}P'_{k''}+\cdots\gtrless E',$$

并且

$$P'_k\gtrless\frac{p'_k}{i'+\mu_k+v_k},$$

$$P'_{k'}\gtrless\frac{p'_{k'}}{i'+\mu_{k'}+v_{k'}},$$

$$P'_{k''}\gtrless\frac{p'_{k''}}{i'+\mu_{k''}+v_{k''}},$$

…………

因此，首先必须将这些不等式改变为等式，其方式是摸索前进，使迄今为止被随机确定的 i'，D'_k，$D'_{k'}$，$D'_{k''}$ …的量获得适当调整。这就是我们现在要考虑的问题。

253. 让我们先研究一下不等式

$$D'_k\frac{p'_k}{i'+\mu_k+v_k}+D'_{k'}\frac{p'_{k'}}{i'+\mu_{k'}+v_{k'}}+D'_{k''}\frac{p'_{k''}}{i'+\mu_{k''}+v_{k''}}+\cdots$$
$$\gtrless F_e(p'_t\cdots p'_p\cdots p'_k,p'_{k'},p'_{k''}\cdots p'_b,p'_c,p'_d\cdots i'),$$

试把它改变成等式。它的左边是 i 的下降函数。我们从函数 F_e 所根据的事实了解到，其右边是 i 的一个函数，它随着 i 的上升而从零上升，然后当 $i=\infty$ 时再下降到零（见第242节）。情形既然是这样，边就立即可以看出，要使这一不等式成为等式，i' 就得随着就其初值来说是左边小于右边还是大于右边而下降或上升。

假定 i'' 是这样一个定率，在这一定率下，

$$D'_k \frac{p'_k}{i''+\mu_k+v_k}+D'_{k'}\frac{p'_{k'}}{i''+\mu_{k'}+v_{k'}}+D'_{k''}\frac{p'_{k''}}{i''+\mu_{k''}+v_{k''}}+\cdots$$
$$=F_e(p'_t\cdots p'_p\cdots p'_k,p'_{k'},p'_{k''}\cdots p'_b,p'_c,p'_d\cdots i'').$$

如果在摸索过程中，全部用 i'' 代 i'，则这一阶段的动作结果将表现为如下的不等式：

$$D'_k \frac{p''_k}{i''+\mu_k+v_k}+D'_{k'}\frac{p''_{k'}}{i''+\mu_{k'}+v_{k'}}+D'_{k''}\frac{p''_{k''}}{i''+\mu_{k''}+v_{k''}}+\cdots$$
$$\gtreqless F_e(p''_t\cdots p''_p\cdots p''_k,p''_{k'},p''_{k''}\cdots p''_b,p''_c,p''_d\cdots i'').$$

现在必须证明的是，这一不等式的两边比前一不等式的两边更接近于均等。

254. 我们这里所说的在摸索过程的特殊阶段，假定准备制造的通货(A)和新资本品(K)，(K′)，(K″)…的量是固定不变的。因此，用于这些生产部门的生产服务(T)的量必然始终是

$$a_t\Omega_a+K'_t=a_t\Omega_a+k_tD'_k+k'_tD'_{k'}+k''_tD'_{k''}+\cdots,$$

这里 K'_t 是用以制造新资本品的(T)的量。其余的(T)必然分成两个部分，一部分以服务形式被直接消费，还有一部分则用于产品的制造中，所依据的方程是：

$$b_tD_b+c_tD_c+d_tD_d+\cdots+S_t=Q_t-(a_t\Omega_a+K'_t),$$

这里 Q_t 是服务(T)的总量，S_t 是被直接消费的量。对一切其他服务来说，情形也是这样。

在摸索过程中，一经全部用 i'' 代 i' 之后，由于这两个量的变动，会使新资本的总值与收入对消费的总超过量趋于均等；我们可以把这一点看成净收入率变化的第一种效果。此外要进行研究的

还有第二种效果。只要价格是 $p'_t \cdots p'_p \cdots p'_k, p'_{k'}, p'_{k''} \cdots p'_b, p'_c,$ $p'_d \cdots$，则收入对消费超过量的属于第一种效果的每一次增加（或减少），会首先促使以通货计的消费总值降低（或提高）。由于已假定，用于直接消费和用于生产的服务总量保持不变，因此一切价格将下降（或上升）；因为这类价格是要相等于已购商品（T）…（P）…（K），（K′），（K″）…（B），（C），（D）…的几乎不变的稀少性与需求中的商品（A）的业经提高（或业经降低）的稀少性之比的。还有待于阐明的是，价格的这一下降（或上升），对变更了的新资本品总值和变更了的收入对消费总超过量的影响如何。这两个量内的第一个会随着价格的下降而降低（或随着价格的上升而提高）；因为它是这些价格 $p_k, p_{k'}, p_{k''} \cdots$的一个上升函数。第二个量也同样会随着价格的下降而降低（或随着价格的上升而提高）；因为收入的总值是随着价格的下降（或上升）而降低（或提高）的。这就表明，消费总值和资本形成总值必然是共同降低（或提高）的。由于价格下降或上升时，新资本品总值和收入对消费的超过量都向着同一个方向移动，从这点可以推定，当价格从 $p'_t \cdots p'_p \cdots p'_k, p'_{k'}, p'_{k''} \cdots p'_b,$ $p'_c, p'_d \cdots$转变到 $p''_t \cdots p''_p \cdots p''_k, p''_{k'}, p''_{k''} \cdots p''_b, p''_c, p''_d \cdots$从而破坏这两个量之间的均等时的趋势，将弱于净收入率从 i'转变到 i''从而促使新资本品总值与收入对消费的超过量走向均等时的趋势。因此，含有新的净收入率和新的价格的体系，会比旧体系进一步接近于平衡；这时只须让摸索过程继续下去，就可以使体系更进一步地接近于平衡。

这样就使我们获得了如下的等式：

$$D'_k = \frac{p'''_k}{i''' + \mu_k + v_k} + D'_{k'} \frac{p'''_{k'}}{i''' + \mu_{k'} + v_{k'}} + D'_{k''} \frac{p'''_{k''}}{i''' + \mu_{k''} + v_{k''}} + \cdots$$

$$= F_e(p'''_t \cdots p'''_p \cdots p'''_k, p'''_{k'}, p'''_{k''} \cdots p'''_b, p'''_c, p'''_d \cdots i'''),$$

结果使方程(7)获得了满足。

上述的那种摸索方式就是在证券交易所实际看到的;证券交易所是新资本品的市场,在这个市场里,这类资本品的价格,因净收入率(随着以通货计的新资本品的需求的大于〔或小于〕供给时)的降低(或提高)而上升(或下降)。

255. 到此为止,经假定,收入对消费超过量的创立者是亲自到资本品市场去购买新资本品,然后在服务市场把它们出租给从事于工业的企业家的;现在让我们假定,由储蓄者把这些以通货计的资本品的值全部或部分贷与生产者,然后由他们代替储蓄者到资本品市场直接去购买他们所需要的新资本品。资本品市场不会因此有什么变化,所不同的只是新资本品的需求将发生于企业家,而不是发生于收入对消费超过量的创立者。因此,净收入率被确定的方式跟以前所说的完全相同。另一方面,就新资本品的出租而论,服务市场这时将全部或部分地被通货资本市场所代替,在这个市场里被确定的是出租通货资本时的单位价格,这个单位价格的通称是利息率。但是很明显,这个利息率通过议价活动和供求律而被确定时,总是与上述的净收入率趋向一致的。实际上是,如果利息率高于净收入率,则对收入对消费超过量的创立者说来比较有利的是,将他们的资本以通货形式在通货资本市场贷出,而不是以实物在服务市场贷出,因此他们将从后一市场转向前一市场;而在企业家方面说来,对他们比较有利的并不是在通货资本市场借

入通货形式的资本，而是在服务市场借入实物资本，因此他们将相反地从前一市场转向后一市场。结果是，通货资本的有效供给增加，其有效需求减少，利息率将下降。否则，如果利息率低于净收入率，结果将恰恰相反，通货资本的有效供给减少，其有效需求增加，利息率将上升。这就表明，利息率——即纯利润与证券价格之比——固然是出现在通货资本市场，也就是说，出现在银行体系的，但实际上它是作为一个净收入率在资本品市场（即证券交易所）确定的，而净收入率却是服务的净价格对土地资本、人力资本以及狭义资本的价格的公比。由此可以显然看出，解释整个资本理论的关键就在于将其形式为通货的资本贷出予以排除，而将注意力集中在实物资本的贷出。通货资本市场不管它在实践中怎样有用，在理论中不过是一个派生物，因此我们准备把它搁在一边，仍然回到资本品市场，以便由此看出新资本品的平衡价格是怎样确定的。

256. 在我们讨论资本品市场的现阶段，服务的价格是 p'''_k，$p'''_{k'}$，$p'''_{k''}$…，因此新资本品（K），（K′），（K″）的价格应当是：

$$\Pi_k=\frac{p'''_k}{i'''+\mu_k+v_k},$$

$$\Pi_{k'}=\frac{p'''_{k'}}{i'''+\mu_{k'}+v_{k'}},$$

$$\Pi_{k''}=\frac{p'''_{k''}}{i'''+\mu_{k''}+v_{k''}},$$

…………

这里假定，Π_k，$\Pi_{k'}$，$\Pi_{k''}$ … 为新资本品的售价，而 P'''_k，$P'''_{k'}$，$P'''_{k''}$…则为其生产成本。并且，由于这些售价和生产成本一般说

来是不相等的，因此制造新资本品的企业家会获得利润或受到亏损，其间的差额是

$$D'_k(\Pi_k-P'''_k),D'_{k'}(\Pi_{k'}-P'''_{k'}),D'_{k''}(\Pi_{k''}-P'''_{k''})\cdots.$$

这里正同消费品的售价与生产成本之间的不相等的情形一样，并不能立即看出，量 D'_k，$D'_{k'}$，$D'_{k''}\cdots$的变化怎样能促使 Π_k 与 P'''_k，$\Pi_{k'}$与 $P'''_{k'}$，$\Pi_{k''}$与 $P'''_{k''}\cdots$趋于互相均等。这是由于，我们并不能一眼看出这些售价和生产成本是新资本品产量的函数。但是要证明这一关系并不困难。

我们且回顾一下前一章里提出的关于资本形成的各方程系。如果将第(5)系方程得出的 p_b，p_c，$p_d\cdots$的值代入第(1)系和第(2)系方程，然后将经这样修改的第(1)系和第(2)系方程得出的 $O_t\cdots O_p\cdots O_k$，$O_{k'}$，$O_{k''}\cdots$和 D_a，D_b，D_c，$D_d\cdots$的新值代入第(4)系方程，则这个系将含有 n 个方程，计含有 $n+l+1$ 个未知量，即，生产服务的 n 个价格 $p_t\cdots p_p\cdots p_k$，$p_{k'}$，$p_{k''}\cdots$，准备制造的新资本品的 l 个量 D_k，$D_{k'}$，$D_{k''}\cdots$和净收入价格 p_e。如果认为其中 $l+1$ 个量是已知的，只有前面的 n 个量是未知的，并且假定这些未知量内的 $n-1$ 个可以被逐次消去，则我们将有 n 个方程，表明服务价格为准备制造的新资本品的量和净收入价格的函数：

$$p_t=F_t(D_k,D_{k'},D_{k''}\cdots p_e),$$

…………

$$p_p=F_p(D_k,D_{k'},D_{k''}\cdots p_e),$$

…………

$$p_k=F_k(D_k,D_{k'},D_{k''}\cdots p_e),$$

$$p_{k'}=F_{k'}(D_k,D_{k'},D_{k''}\cdots p_e),$$

$$p_{k''}=F_{k''}(D_k, D_{k'}, D_{k''}\cdots p_e),$$

…………

如果再进一步,将这些方程所得出的 $p_t\cdots p_p\cdots p_k, p_{k'}, p_{k''}\cdots$的值代入第(6)系和第(8)系方程,则最后将得出两个各有 l 个方程的系,其中第一个系表明生产成本,给二个系表明新资本品的售价,两者都是准备制造的这些新资本品的量和净收入的价格或定率的函数。

257. 前面已经提到,表示 $p_t\cdots p_p\cdots p_k, p_{k'}, p_{k''}\cdots$为 $D_k, D_{k'}, D_{k''}\cdots$和 p_e 的函数的那些方程是未知的。但是,根据我们已经建立的服务价格变动定律可以明确地断定,在既有的下列不等式下:

$$k_t p'''_t+\cdots+k_p p'''_p+\cdots+k_k p'''_k+k_{k'} p'''_{k'}+k_{k''} p'''_{k''}+\cdots \gtrless \frac{p'''_k}{i'''+\mu_k+v_k},$$

$$k'_t p'''_t+\cdots+k'_p p'''_p+\cdots+k'_k p'''_k+k'_{k'} p'''_{k'}+k'_{k''} p'''_{k''}+\cdots \lessgtr \frac{p'''_{k'}}{i'''+\mu_{k'}+v_{k'}},$$

$$k''_t p'''_t+\cdots+k''_p p'''_p+\cdots+k''_k p'''_k+k''_{k'} p'''_{k'}+k''_{k''} p'''_{k''}+\cdots \gtrless \frac{p'''_{k''}}{i'''+\mu_{k''}+v_{k''}},$$

…………

如果将用于一种资本品的生产中的一切生产服务的价格无限地提高,从而提高其生产成本,则这些服务的供给,因此也就是这一资本品的产量,将先从零上升,然后(在无限远的距离上)再下降到零。换句话说,资本品的产量是一个函数,当由各个不等式的左边表示的生产成本提高时,它先从零上升,然后(在无限远的距离上)

再下降到零。正是由于产量变动是生产成本的一个函数这一定律，我们才能促使新资本品的生产成本与售价趋于均等。

我们在第252节已经看到，资本形成的初步平衡状态必然意味着

$$\Omega_a p'_a + D'_k P'_k + D'_{k'} P'_{k'} + D'_{k''} P'_{k''} + \cdots = D'_a + E'.$$

因此，在摸索前进的过程中以 i''' 代 i'，就可以取得等式

$$D'_k \Pi_k + D'_{k'} \Pi_{k'} + D'_{k''} \Pi_{k''} + \cdots = E''',$$

并且可以取得

$$\Omega_a p'''_a + D'_k P'''_k + D'_{k'} P'''_{k'} + D'_{k''} P'''_{k''} + \cdots = D'''_a + E'''.$$

结果是，在我们的假设下，可以用下列方程来表示制造资本品和通货的一切企业的总利润与总亏损之间的均等：

$$D'_k (P'''_k - \Pi_k) + D'_{k'} (P'''_{k'} - \Pi_{k'}) + D'_{k''} (P'''_{k''} - \Pi_{k''}) + \cdots + \Omega_a p'''_a - D'''_a = 0.$$

生产(K)，(K′)，(K″)…和那些生产(A)的企业家都处于同样情况。他们都知道他们的生产成本 $p'''_k, p'''_{k'}, p'''_{k''} \cdots p'''_a$ 和他们的售价 $\Pi_k, \Pi_{k'}, \Pi_{k''} \cdots 1$；因此，将获得利润还是将遭受亏损，他们是预先知道的。如果要亏本，他们就应当完全停止生产，将已经发出的或者是表示新资本品或者是表示用来作为通货的那种产品的票证全部收回。这样，他们就必然会压低生产服务的价格，从而降低生产成本，使之与售价相适应。否则，如果是有利可图的，他们就应当进行生产，并发出票证。这样，他们就必然会抬高生产服务的价格(但不一定会由此使处处的产量增加)，从而提高生产成本，使之与售价相适应。

258. 假定以 Δ_k 为准备制造的资本品(K)的量，在摸索过程

中用以代替 D'_k 时，会使第 257 节内第一个不等式的两边相等；在资本品(K′)的生产成本大于其售价的假设下，暂时假定 $\Delta_{k'}=0$；并且假定以 $\Delta_{k''}$ 为准备制造的资本品(K″)的量，在摸索过程中用以代替 $D_{k''}$ 时，会使第三个不等式的两边相等…。这些量 Δ_k，0，$\Delta_{k''}$ 当然不会是平衡量，但是与平衡量极其接近。这就可以立即看出，就任一资本品——比方说(K)——而论：(1)用 Δ_k 代替(K)的 D'_k，必然会使其生产成本显著提高；(2)用 0 代替(K′)的 $D'_{k'}$ 以及一切其他不再继续生产的资本品的量，并不会显著降低(K)的生产成本；(3)用 $\Delta_{k''}$ 代替(K″)的 $D'_{k''}$，并且对于将继续生产的那类资本品的量作类似的代替，并不会显著提高(K)的生产成本；(4)所有这类代替，都很少可能使净收入率发生变化，因此也很少可能使售价受到显著影响。在这样情况下，多半会发生的是，足以使任何新资本品的生产成本与售价趋于均等的那种资本品产量变动的影响，会比足以破坏这一均等的其他资本品产量的相关变动的影响为强大。因此，含有新资本品调整的产量和调整的生产成本及售价的新体系，会比原来的体系进一步接近于平衡；这时只须让摸索过程继续下去，就可以使体系越来越接近于平衡。

如果把这一摸索阶段的结果同前面所说的摸索结果结合起来，我们就可以根据这样情况下确定的量 D''_k，$D''_{k''}$…得出

$$k_t p^{\mathrm{IV}}{}_t+\cdots+k_p p^{\mathrm{IV}}{}_p+\cdots+k_k p^{\mathrm{IV}}{}_k+k_{k'} p^{\mathrm{IV}}{}_{k'}+k_{k''} p^{\mathrm{IV}}{}_{k''}+\cdots$$

$$=\frac{p^{\mathrm{IV}}{}_k}{i^{\mathrm{IV}}+\mu_k+\nu_k},$$

$$k''_t p^{\mathrm{IV}}{}_t+\cdots+k''_p p^{\mathrm{IV}}{}_p+\cdots+k''_k p^{\mathrm{IV}}{}_k+k''_{k'} p^{\mathrm{IV}}{}_{k'}+k''_{k''} p^{\mathrm{IV}}{}_{k''}+\cdots$$

$$=\frac{p^{\mathrm{IV}}{}_{k''}}{i^{\mathrm{IV}}+\mu_{k''}+\nu_{k''}},$$

…………

将不值得生产的那些新资本品排除之后，所有余下的第(8)系方程就可以获得满足。

这里所叙述的，也正是在自由竞争条件下、在产品的现实市场中所自动地、实际发生的那种摸索情况，这时制造新资本品的企业家同制造消费品的企业家一样，会按照他们是有利可图还是将遭受亏损的不同情况而增加或减少其产量。

259. 如果将这一摸索阶段结束时形成的(A)的生产成本和(A)的有效需求分别称为 $p^{IV}{}_a$ 和 $D^{IV}{}_a$，则得

$$\Omega_a p^{IV}{}_a = D^{IV}{}_a;$$

这时要促成(A)的生产成本与1之间以及(A)的有效供给与有效需求之间同时的均等，只须让上面第219节里所述的摸索过程继续下去就可以实现。

260. 我们把作出的所有各部分的论证集中起来，就可以通过净收入率的确定，将新资本品平衡价格的确定定律表述如次：假定有多种服务，并且有可能从这些服务的代价扣除收入对消费的一个超过量，使之转变成新的狭义资本品，这些资本品以通货为媒介时，就可以与各种消费品和各种新资本品进行交换。这时要使资本品市场处于平衡状态，或者是要使以通货计的新资本品价格处于稳定状态，其必要和充分的条件是：(1)于售价相等于净收入对现期净收入率之比时，以通货计的这类新资本品的有效需求须等于其有效供给；(2)新资本品的售价与其生产成本相等。如果这两种均等并不存在，那么，为了要实现第一个均等，于有效需求大于有效供给时，就必须压低净收入率来提高售价，于有效供给大于有

效需求时，就必须提高净收入率来压低售价；为了要实现第二个均等，对于售价高于其生产成本的那些新资本品，就必须增加其产量，对于生产成本高于其售价的那些新资本品，就必须减少其产量。由于新狭义资本品实在就是产品，并且由于其售价与生产成本之间的均等这一条件是服从生产成本原则的（见第220节），因此这一研究的主要结果就终于成为，如何在符合以通货计的新资本品的供求均等原则下来确定资本品市场的净收入率的问题。

第二十六章　产生消费服务的新资本品的最大效用定理

261. 前在第243节曾经约定，对下述一点要加以证明：除作某一保留外，净收入与新资本品价格之间各比率的均等这一条件，是可以从这些资本品的服务（社会的收入对消费超过量就是用在这个方面的）取得最大有效效用的条件；这个情形正同稀少性与消费品及服务的价格之间各比率的均等这一条件，可以从这些消费品和服务（个人的收入就是用在这个方面的）取得最大有效效用的条件的情形一样。现在已经到了证明这一约定的论据的时候。

假定以 $\delta_t \cdots \delta_p \cdots \delta_k, \delta_{k'}, \delta_{k''} \cdots \delta_a, \delta_b, \delta_c, \delta_d \cdots$ 表示消费服务(T)…(P)…(K)，(K′)，(K″)…和消费品(A)，(B)，(C)，(D)…的量，这是当这类服务和消费品以(A)计的价格为 $p_t \cdots p_p \cdots p_k, p_{k'}$，

$p_{k''}\cdots p_b, p_c, p_d\cdots$时一个交换参与者所要保留或购入的量，这就可以得出

$$\delta_t p_t+\cdots+\delta_p p_p+\cdots+\delta_k p_k+\delta_{k'} p_{k'}+\delta_{k''} p_{k''}+\cdots$$
$$+\delta_a+\delta_b p_b+\delta_c p_c+\delta_d p_d+\cdots=s, \tag{1}$$

这里 s 是这个人的收入，他是把这项收入分配到适合于他的欲望的 n 种消费服务和 m 种消费品的。

还有，如果利用第 75 节里的记法，就可以使

$$u=\Phi_t(q)\cdots u=\Phi_p(q)\cdots u=\Phi_k(q), u=\Phi_{k'}(q), u=\Phi_{k''}(q)\cdots$$
$$u=\Phi_a(q), u=\Phi_b(q), u=\Phi_c(q), u=\Phi_d(q)\cdots$$

成为这样一些方程，这些方程表明就这个人说来的(T)…(P)…(K)，(K′)，(K″)…和(A)，(B)，(C)，(D)…的若干有效效用是消费量的函数，因此

$$\Phi_t(\delta_t)+\cdots+\Phi_p(\delta_p)+\cdots+\Phi_k(\delta_k)+\Phi_{k'}(\delta_{k'})+\Phi_{k''}(\delta_{k''})$$
$$+\cdots+\Phi_a(\delta_a)+\Phi_b(\delta_b)+\Phi_c(\delta_c)+\Phi_d(\delta_d)+\cdots$$

所表示的就是这个人所保留或购入的消费品量和服务量的扩大到最大限度的总有效效用。由于 Φ 函数的导数基本上是下降的，因此，当就每种商品的消费量说来成对的效用微增量的代数和等于零时，这个人就获得了他所追求的最大值。因为，如果假定这些增量中的任何两个不均等，并且符号相反，则比较有利的将是，增加具有较大微增量的那种商品的需求，减少具有较小微增量的那种商品的需求，或者是增加具有较小微增量的那种商品的供给，减少具有较大微增量的那种商品的供给。因此，欲望的最大满足条件可以用下列方程系表示：

$$\Phi'_a(\delta_a)d\delta_a+\Phi'_t(\delta_t)d\delta_t=0$$

…………

$\Phi'_a(\delta_a)d\delta_a+\Phi'_p(\delta_p)d\delta_p=0$

…………

$$\left.\begin{array}{l}\Phi'_a(\delta_a)d\delta_a+\Phi'_k(\delta_k)d\delta_k=0\\ \Phi'_a(\delta_a)d\delta_a+\Phi'_{k'}(\delta_{k'})d\delta_{k'}=0,\\ \Phi'_a(\delta_a)d\delta_a+\Phi'_{k''}(\delta_{k''})d\delta_{k''}=0\end{array}\right.\qquad[\delta]$$

…………

$\Phi'_a(\delta_a)d\delta_a+\Phi'_b(\delta_b)d\delta_b=0,$

$\Phi'_a(\delta_a)d\delta_a+\Phi'_c(\delta_c)d\delta_c=0,$

$\Phi'_a(\delta_a)d\delta_a+\Phi'_d(\delta_d)d\delta_d=0$

…………

一方面，就消费量说来有效效用的导数不是别的，正是稀少性；而另一方面，从这个人在他的各种欲望中分配其既定的收入时所面临的问题的角度来看，则根据方程(1)，将成对的商品价格各乘以消费量的微增量后的代数和等于零，如下列方程所示：

$d\delta_a+p_td\delta_t=0$

…………

$d\delta_a+p_pd\delta_p=0$

…………

$$\left.\begin{array}{l}d\delta_a+p_kd\delta_k=0\\ d\delta_a+p_{k'}d\delta_{k'}=0,\\ d\delta_a+p_{k''}d\delta_{k''}=0\end{array}\right.\qquad[\varepsilon]$$

…………

$d\delta_a+p_bd\delta_b=0,$

$$d\delta_a + p_c d\delta_c = 0,$$

$$d\delta_a + p_d d\delta_d = 0$$

…………

因此,前一方程系可以用下式代替:

$$\frac{r_t}{p_t} = \cdots = \frac{r_p}{p_p} = \cdots = \frac{r_k}{p_k} = \frac{r_{k'}}{p_{k'}} = \frac{r_{k''}}{p_{k''}} = \cdots = \frac{r_a}{1}$$

$$= \frac{r_b}{p_b} = \frac{r_c}{p_c} = \frac{r_d}{p_d} = \cdots。$$

262. 既已作了如上的说明,现在准备假定,所有从新资本品得来的资本服务系全部用来作为消费服务,没有用作生产服务的;并且用

$$D_k = \delta_{k,1} + \delta_{k,2} + \delta_{k,3} + \cdots$$

$$D_{k'} = \delta_{k',1} + \delta_{k',2} + \delta_{k',3} + \cdots$$

$$D_{k''} = \delta_{k'',1} + \delta_{k'',2} + \delta_{k'',3} + \cdots$$

…………

来同时确定(1)参与者(1),(2),(3)…在新资本服务以(A)计的价格 $p_k, p_{k'}, p_{k''}$…下各自所消费的属于类型(K),(K′),(K″)…的新资本服务的量;(2)所生产的(或者由其所有人保留或者要出租给消费者的)属于类型(K),(K′),(K″)…的新资本品的量。假定以 $p_k, p_{k'}, p_{k''}$…为新资本品的价格,则得

$$D_k P_k + D_{k'} P_{k'} + D_{k''} P_{k''} + \cdots = E, \tag{2}$$

这里 E 表示收入对消费的总超过量,这是要由经济体系在 l 种新资本品中进行分配的。

还有,假定

$$u=\Phi_{k,1}(q),\quad u=\Phi_{k',1}(q),\quad u=\Phi_{k'',1}(q)\cdots$$

是这样一些方程，这些方程表明，就参与者(1)说来的资本服务(K)，(K′)，(K″)…的若干有效效用，或者是资本服务消费量的函数，或者是资本品生产量的函数。因此

$$\Phi_{k,1}(\delta_{k,1})+\Phi_{k',1}(\delta_{k',1})+\Phi_{k'',1}(\delta_{k'',1})+\cdots$$

所表示的，不是资本服务消费量就是资本品生产量扩大到最大限度的总有效效用。由于 Φ 函数的导数基本上是下降的，因此，当就各种新资本品产量说来成对的效用微增量的代数和等于零时，这个人就获得了他所追求的最大值。因为，如果假定这些增量中的任何两个不均等，并且符号相反，则比较有利的将是，减少具有较小微增量的那种资本品的生产，增加具有较大微增量的那种资本品的生产。因此，就参与者(1)说来的新资本品最大效用条件，可以用下列方程系表示：

$$\begin{aligned}&\Phi'_{k,1}(\delta_{k,1})d\delta_{k,1}+\Phi'_{k',1}(\delta_{k',1})d\delta_{k',1}=0,\\&\Phi'_{k,1}(\delta_{k,1})d\delta_{k,1}+\Phi'_{k'',1}(\delta_{k'',1})d\delta_{k'',1}=0,\\&\cdots\cdots\cdots\cdots\end{aligned}\qquad〔\zeta〕$$

一方面，就每类对应新资本品的产量说来有效效用函数的导数，或者就每类对应资本服务的消费量说来这类函数的导数并不是别的，正是稀少性，这类稀少性是与资本服务的价格 p_k，$p_{k'}$，$p_{k''}$…成正比的，如下列方程所示：

$$\frac{r_{k,1}}{p_k}=\frac{r_{k',1}}{p_{k'}}=\frac{r_{k'',1}}{p_{k''}}=\cdots。$$

另一方面，从这里所研究的——也就是经济体系在其所生产的各种资本品中分配其既定的收入对消费的超过量时所面临的——问

题的角度来看，则根据方程(2)，将成对的各种资本品的价格 P_k，$P_{k'}$，$P_{k''}$…各乘以这类资本品的微增量后的代数和等于零，如下列方程所示：

$$P_k d\delta_{k,1} + P_{k'} d\delta_{k',1} = 0,$$
$$P_k d\delta_{k,1} + P_{k''} d\delta_{k'',1} = 0 \qquad (\eta)$$
$$\cdots\cdots\cdots\cdots$$

因此，前一方程系可以用下式代替：

$$\frac{p_k}{P_k} = \frac{p_{k'}}{P_{k'}} = \frac{p_{k''}}{P_{k''}} = \cdots,$$

这也同样表示了就其他参与者(2)，(3)…说来的新资本品最大有效效用条件。

在这一论证中没有谈到服务使用的持续期间问题，事实上并没有谈到这一点的必要。如果时间的经过是一年、一月或一天，比率 $\frac{p}{P}$ 所表示的也就是一年、一月或一天的总收入率。我们要晓得，这里指的是年率。

这里也没有考虑到资本品的折旧和保险问题。换句话说，我们的论证是在这样的假设下进行的：这些资本品可以无限期使用，是不灭的；或者是，关于折旧和保险，是在所有人的同意下由他们自己负担的。如果要将折旧和保险必须由服务的消费者负担这一条件插进去，那么，尽管仍然须由资本服务的稀少性对其价格的比例来确定欲望的最大满足，我们却不得不提高每一项资本品的生产成本，提高的程度，按照各该资本品的净收入率计算时，必须足以与其折旧与保险方面的所需相适应。这就会看到，下

列各式

$$P_k+\frac{\mu_k+v_k}{i_k}P_k,P_{k'}+\frac{\mu_{k'}+v_{k'}}{i_{k'}}P_{k'},P_{k''}+\frac{\mu_{k''}+v_{k''}}{i_{k''}}P_{k''}\cdots$$

中的每一对,或下列各式

$$\frac{p_k}{\pi_k}P_k,\quad \frac{p_{k'}}{\pi_{k'}}P_{k'},\quad \frac{p_{k''}}{\pi_{k''}}P_{k''}\cdots$$

中的每一对,各乘以各种资本品产量的微增量后的代数和等于零,如下列方程所示：

$$\frac{p_k}{\pi_k}P_k d\delta_{k,1}+\frac{p_{k'}}{\pi_{k'}}P_{k'}d\delta_{k',1}=0,$$

$$\frac{p_k}{\pi_k}P_k d\delta_{k,1}+\frac{p_{k''}}{\pi_{k''}}P_{k''}d\delta_{k'',1}=0, \qquad [\theta]$$

…………

最后会得出

$$\frac{\pi_k}{P_k}=\frac{\pi_{k'}}{P_{k'}}=\frac{\pi_{k''}}{P_{k''}}=\cdots$$

作为新资本品的最大效用条件。

第二十七章　产生生产服务的新资本品的最大效用定理

263. 在这一章里我们要假定,新资本品注定是要产生生产的资本服务的；换句话说，它所产生的不是供直接消费的，而是在消费品的生产中被间接消费的资本服务。我们的问题是，如何在这一情况下确定新资本品最大有效效用的条件。

因此，这里假定以

$$\Delta_a=\delta_{a,1}+\delta_{a,2}+\delta_{a,3}+\cdots$$
$$\Delta_b=\delta_{b,1}+\delta_{b,2}+\delta_{b,3}+\cdots$$
$$\Delta_c=\delta_{c,1}+\delta_{c,2}+\delta_{c,3}+\cdots$$
$$\Delta_d=\delta_{d,1}+\delta_{d,2}+\delta_{d,3}+\cdots$$
$$\cdots\cdots\cdots\cdots$$

表示，在以(A)计的(B)，(C)，(D)…的价格 $p_b, p_c, p_d\cdots$ 下，分别由参与者(1)，(2)，(3)…所消费的产品(A)，(B)，(C)，(D)…的量。跟以前一样(见第 247 节)，假定以 $a_t\cdots a_p\cdots a_k, a_{k'}, a_{k''}\cdots b_t\cdots b_p\cdots b_k, b_{k'}, b_{k''}\cdots c_t\cdots c_p\cdots c_k, c_{k'}, c_{k''}\cdots d_t\cdots d_p\cdots d_k, d_{k'}, d_{k''}\cdots$ 为生产系数，即，分别投入各种产品(A)，(B)，(C)，(D)…的一个生产单位中的服务(T)…(P)…(K)，(K′)，(K″)…的量。因此，方程

$$D_k=a_k\Delta_a+b_k\Delta_b+c_k\Delta_c+d_k\Delta_d+\cdots$$
$$D_{k'}=a_{k'}\Delta_a+b_{k'}\Delta_b+c_{k'}\Delta_c+d_{k'}\Delta_d+\cdots$$
$$D_{k''}=a_{k''}\Delta_a+b_{k''}\Delta_b+c_{k''}\Delta_c+d_{k''}\Delta_d+\cdots$$
$$\cdots\cdots\cdots\cdots$$

可以同时确定分别用于(A)，(B)，(C)，(D)…的生产中的新资本服务(K)，(K′)，(K″)…的量，和所生产的以及出租给这些资本品的生产者的新资本品(K)，(K′)，(K″)…的量。如果我们再一次假定以 $P_k, P_{k'}, P_{k''}\cdots$ 为这些资本品的价格，则得

$$D_kP_k+D_{k'}P_{k'}+D_{k''}P_{k''}+\cdots=E, \qquad (2)$$

这里 E 仍然是经济体系在 l 种新资本品中进行分配的收入对消费的总超过量。

还有，假定

$u=\Phi_{a,1}(q)$，$u=\Phi_{b,1}(q)$，$u=\Phi_{c,1}(q)$，$u=\Phi_{d,1}(q)\cdots$

是这样一些方程，这些方程表明，就参与者(1)说来的消费品(A)，(B)，(C)，(D)…的若干有效效用，是对这些产品的消费量的函数，而这类消费量相等于生产系数除以在其生产中使用的生产服务量时所求得的商，或者是等于除以这样使用了的生产资本品的产量时所求得的商。在这样情况下，总和

$$\Phi_{a,1}(\delta_{a,1})+\Phi_{b,1}(\delta_{b,1})+\Phi_{c,1}(\delta_{c,1})+\Phi_{d,1}(\delta_{d,1})+\cdots$$

所表示的就是，通过储蓄在各种新资本品中的适当分配、经扩大到最大限度的这类产品的总有效效用。由于 Φ 函数的导数基本上是下降的，因此，当就每种新资本品产量说来成对的效用微增量的总和是相等的，并且符号相反，则上述的这个参与者就获得了新资本品的最大有效效用。因为，如果假定这些总和内的任何两个不相等，并且符号相反，则比较有利的将是，少生产些其有效效用的偏微增量的总和比较小的那种资本品，多生产些其偏微增量的总和比较大的那种资本品。我们在这里碰到的唯一困难是这一点：就各种新资本品产量说来的效用的偏微增量，并不是分得清清楚楚地各别地出现的，而是混杂在就产品消费量说来的效用的微增量的总和

$$\Phi'_{a,1}(\delta_{a,1})d\delta_{a,1}+\Phi'_{b,1}(\delta_{b,1})d\delta_{b,1}+\Phi'_{c,1}(\delta_{c,1})d\delta_{c,1}$$
$$+\Phi'_{d,1}(\delta_{d,1})d\delta_{d,1}+\cdots$$

之内的，我们必须把它们从中分开。

要晓得，一方面由于就产品消费量说来的有效效用函数的导数不是别的，正是与这类产品的售价 $1, p_b, p_c, p_d \cdots$ 成正比的稀少性，所依据的方程是

$$\frac{r_{a,1}}{1}=\frac{r_{b,1}}{p_b}=\frac{r_{c,1}}{p_c}=\frac{r_{d,1}}{p_d}=\cdots$$

并且由于这类产品的售价是相等于其生产成本的，所依据的方程是

$$1=a_t p_t+\cdots+a_p p_p+\cdots+a_k p_k+a_{k'} p_{k'}+a_{k''} p_{k''}+\cdots$$

$$p_b=b_t p_t+\cdots+b_p p_p+\cdots+b_k p_k+b_{k'} p_{k'}+b_{k''} p_{k''}+\cdots$$

$$p_c=c_t p_t+\cdots+c_p p_p+\cdots+c_k p_k+c_{k'} p_{k'}+c_{k''} p_{k''}+\cdots$$

$$p_d=d_t p_t+\cdots+d_p p_p+\cdots+d_k p_k+d_{k'} p_{k'}+d_{k''} p_{k''}+\cdots$$

…………

因此可以断定，所有这里谈到的导数都可以分解成若干部分，这些部分与各种生产成本（例如租金、工资和利息）成正比，并且显然与乘以资本服务的对应价格 $p_k, p_{k'}, p_{k''} \cdots$ 的生产系数成正比。另一方面，产品消费量的微分，可以依次地用生产系数除以在这些产品的生产中使用的资本服务量的微分（或者是除以这样使用的各种新资本品的产量的微分）时所求得的商来代替，所依据的方程是

$$d\delta_{a,1}=\frac{d\delta_{k,1,a}}{a_k}=\frac{d\delta_{k',1,a}}{a_{k'}}=\frac{d\delta_{k'',1,a}}{a_{k''}}=\cdots$$

$$d\delta_{b,1}=\frac{d\delta_{k,1,b}}{b_k}=\frac{d\delta_{k',1,b}}{b_{k'}}=\frac{d\delta_{k'',1,b}}{b_{k''}}=\cdots$$

$$d\delta_{c,1}=\frac{d\delta_{k,1,c}}{c_k}=\frac{d\delta_{k',1,c}}{c_{k'}}=\frac{d\delta_{k'',1,c}}{c_{k''}}=\cdots$$

$$d\delta_{d,1}=\frac{d\delta_{k,1,d}}{d_k}=\frac{d\delta_{k',1,d}}{d_{k'}}=\frac{d\delta_{k'',1,d}}{d_{k''}}=\cdots$$

…………

从经济体系是怎样将收入对消费的某一超过量在所生产的各种资本品中进行分配的这个问题的角度来看，各种新资本品产量的这类微分都是彼此均等的，对任一种资本品说来都是这样，所依据的方程是

$$d\delta_{k,1,a}=d\delta_{k,1,b}=d\delta_{k,1,c}=d\delta_{k,1,d}=\cdots=d\delta_{k,1},$$

$$d\delta_{k',1,a}=d\delta_{k',1,b}=d\delta_{k',1,c}=d\delta_{k',1,d}=\cdots=d\delta_{k',1}, \qquad [\iota]$$

$$d\delta_{k'',1,a}=d\delta_{k'',1,b}=d\delta_{k'',1,c}=d\delta_{k'',1,d}=\cdots=d\delta_{k'',1},$$

…………

因此，我们终于得出了符号相反的成对的效用偏微增量的总和之间的均等，这就是我们所求的最大值条件，可以用下列方程系表示：

$$\left(\frac{a_k p_k}{a_k}+\frac{b_k p_k}{b_k}+\frac{c_k p_k}{c_k}+\frac{d_k p_k}{d_k}+\cdots\right)d\delta_{k,1}+\left(\frac{a_{k'} p_{k'}}{a_{k'}}+\frac{b_{k'} p_{k'}}{b_{k'}}+\frac{c_{k'} p_{k'}}{c_{k'}}+\frac{d_{k'} p_{k'}}{d_{k'}}+\cdots\right)d\delta_{k',1}=0,$$

$$\left(\frac{a_k p_k}{a_k}+\frac{b_k p_k}{b_k}+\frac{c_k p_k}{c_k}+\frac{d_k p_k}{d_k}+\cdots\right)d\delta_{k,1}+\left(\frac{a_{k''} p_{k''}}{a_{k''}}+\frac{b_{k''} p_{k''}}{b_{k''}}+\frac{c_{k''} p_{k''}}{c_{k''}}+\frac{d_{k''} p_{k''}}{d_{k''}}+\cdots\right)d\delta_{k'',1}=0,$$

…………

并且，如果按照我们在这里的问题上提出的研究方式继续推论下去，就会看到，根据方程(2)，各种新资本品价格 P_k，$P_{k'}$，

$P_{k''}\cdots$，各乘以对应资本品产量的微分之后，每一对的代数和必然等于零，所依据的方程是

$$P_k d\delta_{k,1}+P_{k'}d\delta_{k',1}=0,$$

$$P_k d\delta_{k,1}+P_{k''}d\delta_{k'',1}=0$$

$$\cdots\cdots\cdots\cdots$$

因此，就这个参与者说来的新资本品最大效用条件，可以用下列方程系表示：

$$\frac{a_k p_k}{a_k P_k}+\frac{b_k p_k}{b_k P_k}+\frac{c_k p_k}{c_k P_k}+\frac{d_k p_k}{d_k P_k}+\cdots$$

$$=\frac{a_{k'} p_{k'}}{a_{k'} P_{k'}}+\frac{b_{k'} p_{k'}}{b_{k'} P_{k'}}+\frac{c_{k'} p_{k'}}{c_{k'} P_{k'}}+\frac{d_{k'} p_{k'}}{d_{k'} P_{k'}}+\cdots$$

$$=\frac{a_{k''} p_{k''}}{a_{k''} P_{k''}}+\frac{b_{k''} p_{k''}}{b_{k''} P_{k''}}+\frac{c_{k''} p_{k''}}{c_{k''} P_{k''}}+\frac{d_{k''} p_{k''}}{d_{k''} P_{k''}}+\cdots$$

$$=\cdots\cdots\cdots\cdots$$

这个方程系也同样表示了就参与者(2)，(3)…说来的新资本品的最大有效效用条件。既然是这样，在新资本品所产生的只有生产的资本服务而没有消费的资本服务的情况下，这类新资本品的服务的最大有效效用条件，就仍然可以用下列方程系表示：

$$\frac{p_k}{P_k}=\frac{p_{k'}}{P_{k'}}=\frac{p_{k''}}{P_{k''}}=\cdots.$$

因此可以断定：不论把收入对消费的超过量转变成产生消费服务的资本品还是产生生产服务的资本品，如果资本服务价格与资本品价格之比相同，即总收入率，对一切资本品说来都相同，则就整个经济来说，就获得了这些新资本品的最大有效效用。

264. 我们在第249节里列示的关于资本形成和信用的方程

系(8)，后经简化为

$$\frac{\pi_k}{P_k}=\frac{\pi_{k'}}{P_{k'}}=\frac{\pi_{k''}}{P_{k''}}=\cdots,$$

这和第263节里列示的方程系不同，因为前一系里的净收入在后一系里系用总收入代替。因此，如同在第二十五章的论证中也可以看到的那样，在新资本品构成中的自由竞争，实际上是通过摸索方式来解我们的资本形成和信用的方程的。这就可以推定：

在自由竞争下的资本形成市场是一种活动，通过这种活动，可以使收入对消费的超过量转变成这样一些类型和这样一些数量的新的狭义资本品，从而对储蓄的各个创立者以及对新资本品服务的全体消费者说来，最适宜于取得欲望的尽可能大的满足，但应受下列条件的限制——关于狭义资本品的折旧和保险由资本服务的消费者负担，而不由资本品的所有主负担。

一方面是最大有效效用，另方面是价格的一致性(不管是成品市场的消费品价格，还是服务市场的服务价格，还是资本品市场的净收入价格)，这两者始终构成了一个双重条件，一切经济利益都自动地处于这个双重条件的支配之下，就同天体运动的领域自动地处于与质量成正比、与矩象距离成反比的引力作用的这个双重条件支配之下的情形一样。在两者的情况下都说明，整个科学被容纳在一个涉及两个方面的公式里，这个公式可以用来解释无数的特有现象。

还有一层，一个重要的真理，曾经由经济学家一再举述而一直没有加以证明，现在终于不怕社会主义者的非难而予以确定，这就是，在某些情况下和某些限度以内，自由竞争结构，不但对服务的转变为产品说来，而且对储蓄的转变为狭义资本品说来，是一个自发的和自动调节的结构。因此，就资本形成和信用说来，和就交换及生产说来的情形一样，从纯粹经济学得出的结论就变成了应用经济学的出发点。在两者的情况下都表明，这些结论清楚地指出了社会经济学所必须完成的任务。交换与生产中的自由竞争产生了从服务与产品得来的最大效用，唯一的限制条件是，对一切交易者说来，每一种服务和每一种产品都应当具有同样的交换比率。资本形成与信用中的自由竞争产生了从资本品得来的最大效用，唯一的限制条件是，对一切储蓄者说来，纯利息对资本的比率都应当相同。这些最大效用条件是否公平合理呢？这是要由伦理的社会财富分配理论来决定的；只有在这样的决定下，才能使关于社会财富生产的经济理论放胆地进行探讨，作出详细阐述，将自由竞争原则应用到农业、工业、商业、银行业和投机上面去。

第二十八章　净收入率变动定律；新资本品的购买曲线和销售曲线；资本品价格的确定和变动定律

265. 假定以 v_e 表示净收入(E)的交换价值，使这一价值与(A)的交换价值 v_a 之比构成净收入的价格 $p_e = \frac{1}{i}$，并且以 $r_{e,1}$，

$r_{e,2}$，$r_{e,3}$…表示对个人(1)，(2)，(3)…说来的净收入的稀少性，或者是于交换后由此获得满足的最后欲望的强度，这就可以把这些量列入全面平衡表(见第 224 节)。因此，如果以 R_e 为净收入的平均稀少性或者是获得满足的最后欲望的平均强度，则得

$$p_e = \frac{1}{i} = \frac{R_e}{R_a}。$$

现在可以将净收入率变动定律表述如次：

如果市场处于全面平衡状态时，其他情形不变，而对一个或多个参与者说来的净收入的效用有所提高或降低，则净收入率将降低或提高。

如果对一个或多个持有者说来的净收入的量增加或减少，则净收入率将提高或降低。

如果对一个或多个持有者说来的净收入的量都有了这样的变化，从而使稀少性保持不变，则净收入率不变。

266. 从理论上说，经济问题的一切未知量取决于一切的经济平衡方程。虽然如此，但是即使从静态理论的观点来看，也可以认为，其中有些未知量须主要取决于与最初提出确定这些未知量问题的同时出现的那些方程。当我们从静态观点转到动态观点，或者说得更恰当些是从纯理论领域转到应用理论或实践的领域时，这样做就更加合理；因为这个时候未知量的变化就有了或者是属于头等重要意义的、或者是属于次等重要意义的效应，这就是说，这类效应或者是从特种数据的变动而来，或者是从一般数据的变动而来，就可以按照不同情况，或者加以考虑，或者不加考虑。因此，在已经从整个经济体系的考虑中提出了净收入率的确定定律

之后，这就可以着手建立新资本品与金钱相对下的购买曲线和销售曲线，其方式是让我们再回到关于资本形成的 $l+1$ 个特种方程（见第 328、242、243 节），把它们改写成下列简化形式：

$$E=\frac{D_k\pi_k+D_{k'}\pi_{k'}+D_{k''}\pi_{k''}+\cdots}{i},$$

$$P_k=\frac{\pi_k}{i},\qquad P_{k'}=\frac{\pi_{k'}}{i},\qquad P_{k''}=\frac{\pi_{k''}}{i}\cdots,$$

上面第一个方程确定 i，其余 l 个方程确定 $D_k, D_{k'}, D_{k''}\cdots$。

267. 假定在经济体系中已经存有属于类型（K），（K′），（K″）…的固定狭义资本品，其数量各为 $Q_k, Q_{k'}, Q_{k''}\cdots$，其总收入和净收入计算时所依据的价格，系由生产方程系与折旧率及保险率所确定；这时用储蓄总额 E 所生产的新的固定狭义资本品，其数量是否恰好满足上述方程系内的 l 个方程，仍然是全无把握的。在一个如我们所设想的、其经济平衡是从开头就确定的经济体系中，也许根本不存在净收入率的均等。在受到战争、革命或商业循环的破坏还不久的一种经济中，也大都不会存在这样的均等关系。在这类情况下，我们所能肯定的只是：(1)如果制出的第一批新资本品，所产生的是最高度净收入率，则新资本品的效用将扩大到最大限度；(2)在自由竞争制度下制出的，恰恰就是属于这一等级的新资本品。另一方面，在一个处于正常活动状态、只能保持其自身的平衡的经济中，我们也可以认为上述 l 个方程是能够获得满足的。此外，至少在一个发展的经济中，上述第一个方程必然能获得满足。我们晓得，E 是除 i 外的其他变量的函数，净收入本身是净收入率的函数；如果我们将这一事实略去，则这个第一方程的解就

可以用两条曲线的交点来表示。其中的一条曲线随着 i 的提高而从零上升，然后再（在无限远的距离上）下降到零，从而描绘出了净收入 D_e 的需求乘以 $p_e=\frac{1}{i}$ 时的进程，这是一条以通货表示的净收入的需求曲线，因此也就是新资本品的购买曲线；还有一条曲线是始终随着 i 的提高而下降的，从而绘出了净收入的供给 $D_k\pi_k+D_{k'}\pi_{k'}+D_{k''}\pi_{k''}+\cdots$ 乘以 $\frac{1}{i}=p_e$ 时的进程，这是一条以通货计的净收入的供给曲线，因此也就是新资本品的销售曲线。

268. 净收入率和新资本品价格一经确定以后，现存资本品，无论是狭义资本品、土地资本还是人力资本，也就因此确定；因为从这类资本品取得的净收入无非是商品（E）的量，而确定这些量的价格的恰巧是，在按照初始保有量追求最大满足的依据下的这一商品的供求之间的均等（见第 242、253 和 254 节）。

现存狭义资本品的价格相等于新狭义资本品的价格，是在资本品市场中确定的，所依据的是第(8)系方程（见第 248 节）：

$$P_k=\frac{p_k}{i+\mu_k+v_k}\quad P_{k'}=\frac{p_{k'}}{i+\mu_{k'}+v_{k'}}\quad P_{k''}=\frac{p_{k''}}{i+\mu_{k''}+v_{k''}}\cdots。$$

土地和个人能力系在同样方式下确定，前者所依据的方程是

$$P_t=\frac{p_t}{i},\qquad P_{t'}=\frac{p_{t'}}{i},\qquad P_{t''}=\frac{p_{t''}}{i}\cdots,$$

后者所依据的是

$$P_p=\frac{p_p}{i+\mu_p+v_p},P_{p'}=\frac{p_{p'}}{i+\mu_{p'}+v_{p'}},P_{p''}=\frac{p_{p''}}{i+\mu_{p''}+v_{p''}}\cdots。$$

据此，只要简单地检视一下这三个方程系，就可以推定资本品的确定定律和变动定律如下：

在资本品市场中，以通货计的这类商品的平衡价格，等于这类商品净收入的价格对净收入率之比。

如果其他情形都不变，而资本品总收入的价格提高或降低，则资本品本身的价格将提高或降低。

如果折旧率或保险费提高或降低，则资本品的价格将降低或提高。

如果其他情形都不变，而净收入率提高或降低，则一切资本品的价格将降低或提高。

269. 但是应当看到，这样求得的价格，在某种意义上说来是名义价格；就是说，确定价格时所依据的别无其他交换，只是（以通货计的）收入对消费超过量与新的及现存的资本品之间的交换，这类资本品是由于消费超过收入而提供出售的。在产品市场中，平衡价格一经确定之后，服务与产品之间的交换即同时发生；然而，在资本品市场中，在我们理想的理性制度假设下，不一定会发生现存资本品的任何交易。毫无疑问，这里考虑的价格是在通货依据下确定的；但是对问题作深入一步的观察以后就会看到，这种价格最后可归纳成一种单一价格，即，以通货计的净收入一个单位的价格。如果净收入率是 i，比方说等于3/100，2.5/100，2/100…，则产生净收入 1 的一种资本品，其以通货计的价格将等于 $p_e=\frac{1}{i}$，或33.33，40，50…。但是，即使我们肯定了这一点，仍然有疑问的是，为什么会发生净收入与净收入之间的互相交换？例如，有人会按100 000法郎售出年收2 500法郎的房租的一所房屋，只是为了以100 000法郎买进年收2 500法郎的地租的一块土地；这是为什

么呢？这样的一种资本品与另一种资本品之间的交换，实际上等于以同一种商品自行交换。要明白为什么在资本品市场中会发生买卖，就得看一看现实生活经历中的某些既定事实。要晓得，有些人是收入超过消费的，他们可以买进资本品；而同时还另有一些人，前在第240节曾经提到，他们的消费超过了收入，因此不得不卖出资本品。还得看到，得自新资本品的净收入，并不是跟得自现在资本品的收入同样地有把握的；得自新资本品的净收入比预期的也许会大些，也许会小些，总之，其间含有较大的风险。结果是，比较谨慎小心的那些储蓄者，会宁可把他们的储蓄变换成现存资本品，而不愿意用以换取新资本品；然后由这些现存资本品的卖主将所得货价投放于新资本品。应用经济学研究的就是这类投机者所起的作用，而他们的业务就在于对资本进行分类。此外还得看到，资本品价格不但会由于在总收入方面或者在折旧率与保险费方面的过去的变化而发生变动，而且会由于对这些方面所预期的变化而发生变动，尤其是关于未来的变动，会各有各的看法。因此，有很多人会由于担心其某些资本品的净收入将减少——不管这种看法对不对——而把它们出售，然后用所得价款购入别的、他们认为其净收入会有所增加——也不管这种看法对不对——的资本品。这里是投机的另一个方面，应当与上面所说的一道研究。不论怎样，一旦作出了决定，要在净收入率的依据下进行交换新的或旧的资本品时，交换就会在符合自由竞争结构和符合供求律的情况下发生。

270. 有关资本品市场的三个方程系，其中有一个特别重要，这就是有关狭义资本品的那个方程系。这是由于，土地的总收入

既与净收入相同，就使折旧率变化与保险费变化不能成为使土地价格发生变动的两个原因。在禁止蓄奴的地区，个人能力是不能进行买卖的。只有在狭义资本品的情况下，总收入、折旧率和保险费才都会发生变化，使这类资本品的价格极端多变，经常成为投机买卖对象。因此，在讨论资本品市场时，必须将狭义资本品市场和土地资本及人力资本市场区分开来，正同以前讨论服务市场时有必要将出租狭义资本品市场和出租土地及个人能力的市场区分开来的情形一样。这一资本品市场实际上就是我们研究纯粹经济学时一开头所提到的那个证券交易所，那个时候我们要说明的只是交换中的自由竞争结构(见第 42 节)；但是，随后于探讨关于交换、生产以及资本形成与信用的一些复杂情况时，暂时没有提到这个市场。现在，通过了方程系(8)，使我们有可能从事于讨论在证券交易所发生的价格上的一切变化。例如，假定以(K)为某一铁路公司发行的资本品，以 p_k 为其按股计的年利，则其股票的价格 P_k，将按照其过去的和预期的股利升降的比例而变动。假定以(K′)为出租给某一工业企业或某一国家的一种资本品，以 $v_{k'}$ 为与这一企业或国家遭受失败的风险相应的升值，则这一公司债券或政府公债的价格，将按照其过去的或预期的这类风险大小的比例而变动。价格的这类变动往往纯粹是名义上的，或者在这类价格下实际发生的证券交易数量是很小的。

271. 如果价格 P_k 无限地上升，那就会越来越超过其本身的净收入与现期净收入率之比，结果对资本品(K)的需求将无限地下降。同时，这一资本品的供给将无限地增加，因为用以交换其他资本品时，其所有主可以获得越来越大的收入。如果 P_k 无限地下降，则将获得恰恰相反的结果。因此，在证券交易所中价格的上升（或下降），必然会引起需求的减退（或增长）和供给的增长（或减退）；这我们在前面第 49、59、98、128 和 215 节里已经看到，在产品和服务市场中的情况却不是这样的。

第六篇

论流通和货币

第二十九章　流通和货币的结构及其方程

272. 前在第20、21、24和25各章从事于生产方程与资本形成方程的建立和求解时，我们在第179节曾有目的地抽去第178节所列举的关于生产要素的下列七个类目：

(7)由生产者以产品形式保持以备出售的新资本品；

(8)存在消费者家里的由消费品组成的收入品贮积；

(9)由生产者保持以备将来使用的由原料组成的收入品贮积；

(10)由生产者保持以备出售的消费品和原料组成的新收入品；

(11)、(12)和(13)：消费者持有的现金、生产者持有的现金和货币储蓄。

为了完成我们对全面经济平衡问题的研究，现在应当把这些要素提出来。

这里可以将第七类排除。我们只须假定，表示资本品(K)在(A)的每一个单位生产中所起的作用的生产系数 a_k，是包括资本品(K)在一个单位(A)的生产中所提供的生产服务和贮藏服务两者的量的。这样，列入第七类的资本品就被包含在服务(K)的量内，后者在价格 p_k 下的有效需求量等于有效供给量 O_k。

这里还可以将第九类和第十类并而为一。我们只须假定，表示原料(M)在(A)的每一单位生产中所起的作用的生产系数 a_m，是包括两种贮藏服务的量的——一种是贮积着以备将来使用的原料所提供的量，一种是陈列着以供出售的原料所提供的量。这样，列入第九类和第十类的原料就被包含在服务(M)的量内，后者在价格 $p_{m'}$ 下的有效需求等于现存总量 Q_m。

经过这样简化之后，现在准备将流通资本和货币纳入经济平衡体系。但是还得作出一些解释，以便说清楚我们打算怎样表述流通问题，怎样把它同前已讨论的交换、生产和资本形成的问题连结起来，同时既不放弃静态观点，又使我们尽可能地接近于动态观点。

273. 在生产和资本形成理论中，我们把企业家说成是这样的：他们向地主、工人和资本家购入某一定量的生产服务，在一定期间由他们自由支配，同时将这一期间制出的某一定量的产品，按照自由竞争结构，出售给地主、工人和资本家。如果以通货计的服务的价值与产品的价值恰巧相等，这就达到了平衡状态。在流通理论中，我们还得提出如下的一些附加条件。

平衡一经在原则上达到，通过票证使用的摸索的初步过程已经完成之后，服务的实际移转就会紧接着开始，就会在所考虑的整个期间按照一定方式继续下去。以通货计值的这类服务的报酬，将按规定日期用货币支付。产品的交售也会立即开始，也将在这一期间按照一定方式继续下去。以通货计的这类产品的报酬，也将按规定日期用货币支付。由此立即可以看出，加入了这些条件之后，首先就消费者方面而论，这就使他们有必要在手边存有相当数额的流通资本或运用资本，其内容是：

(1)某些数量的制成品；这是在上述条件下，并且按照在各个消费者的制成品初始量以及其贮藏服务的效用函数或欲望函数的依据下达到的最大满足，是用数学确定的。

(2)某一数量的现金和储蓄；这是在同样的上述条件下，并且按照在各个消费者的货币初始量的依据下，以及在不仅是消费品与消费服务的贮藏服务的效用函数或欲望函数，还有属于货币形式而不是属于实物形式的新资本品的贮藏服务的各消费者特有的效用函数或欲望函数的依据下达到的最大满足，是用数学确定的。

其次就生产者方面而论，这就使他们也有必要在手边存有相当数额的流通资本或运用资本，它在这一情况下的内容是：

(1)某些数量的贮积以备将来使用的原料和某些数量的陈列以供出售的制成品；这是在既定条件下，并且按照在既定的生产系数——这是由将来的产品生产中需要的原料和已制成的产品组成的——下，售价与生产成本之间达到的均等，是用数学确定的。

(2)某一数量的现金；这是在完全相同的上述条件下，并且按照在既定的生产系数——这是由将来的产品生产中需要的属于货币形式而不是属于实物形式的原料和已制成的产品组成的——下，售价与生产成本之间同样地达到的均等，是用数学确定的。

这个概念取自现实，但这里为了进行科学分析，作出了严峻的表述。

在现实的经济演进中，任何消费者，不论是地主、工人还是资本家，对下列两点任何时候总有一个相当明确的意向：(1)为了他自己的便利，他应该贮积多少制成品；(2)他应该保有多少现金余额，这不但是为了在取得下期应收的租金、工资和利息以前，便于从事补充上述贮积以及随时购置供日常消费的消费品和服务，还为了便于购置新资本品。这里也许存在着一个微小的不确定因素，这完全是由于问题中数据的可能变化的难以预见。但是，如果假定在某一期间的这类数据不变，并且假定在整个期间商品和服务的价格及其购入和售出的日期都是已知的，就不再有不确定因素存在的依据。

问题还不止于此。由于资本的定义是“通过信用手段，以货币而不是以实物出租的固定资本品和流通资本品的总计”，因此在经济的演进中，每天总会有这类资本的某一部分到期，应当由作为企业家的借入者返还给作为资本家的贷出者。由地主、工人和资本家就这一偿还资本数量加上收入对消费的某一超过量，或者是从中减去消费对收入的某一超过量，就构成了可供以货币形式贷出的日常储蓄量。经假定在我们所研究的期间数据是不变的；这就使我们得以考虑，不仅是与消费所需的现金余额相并的(普通的)现金储蓄余额，还有与购买用来以实物出租的新资本品时所需的现金储蓄余额相并的(特种的)现金储蓄余额——后者是作为新资本品以货币形式贷出的。

最后，在经济的演进中，从事于农业、工业或商业的任何企业家，对下列两点任何时候总有一个相当明确的意向：(1)就他的生产量和销售量说来，他应该贮积多少原料和制成品；(2)他应该保有多少现金余额，这是为了在产品已售出而价款尚未收到以前，便于补充上述贮积和购买生产服务。这里也会存在着某一不确定因素，这是由于问题中的数据有变化的可能，并且由于对这类变化难以预见。但是，如果跟以前一样，将某一期间的这种变化的可能予以排除，并且假定在整个期间商品和服务的价格及其购入和售出的日期都是已知的，就消除了不确定的一切依据。

这就是在静态观点下看到的流通的结构，前面关于交换、生产和资本形成的结构就是在这个观点下研究的。我们打算使用与解决以前研究其他结构的平衡问题时大体上相同的方式，来解决流通结构的平衡问题。因此，我们要假设一个在某一期间一开始就处于这样的平衡状态的经济，在这一期间，问题的数据不发生任何变动。与此相应，我们还得使被看成消费者的地主、工人和资本家具有随机量的流通资本和货币，正同我们以前使他们具有随机量的其形式为土地资本、人力资本和狭义资本的固定资产的情形一样。并且还要假定，企业家为了生产的需要，是要借入流通资本和货币的，正同我们以前假定他们是要借入所需要的狭义资本品的情形一样。跟以前一样，在分析原则上的平衡时，将先从理论上和数学上说起，然后引申到市场中显示的现实情况。那时我们的经济体系将开始活动，如果我们愿意的话，就可以从静态观点转向动态观点。要做到这一转变，只须假定问题中的数据，即保有量、效用曲线或欲望曲线等等，是作为时间的一个函数在变化的。这样，固定平衡就变成了可变平衡或移动平衡，平衡一经受到干扰，就会自动恢复。在复本位制理论中，我们会看到这种平衡。

274. 由于我们作出了使用票证的假设，这才使我们能够极其显明地分清下列三个阶段——尤其是如果把它们看成是相继的：

(1)走向在原则上建立平衡的初步摸索阶段。

(2)静态阶段。在这一阶段中，在规定的条件下，就所考虑的期间可供使用的生产服务和产品的量来说，平衡已经实际上确定，问题中的数据没有任何变化。

(3)动态阶段。在这一阶段中，平衡不断受到数据变化的干扰，但不断地恢复。

在第二阶段中产生的不论是固定的或流通的新资本品，其生产成本等于售价，而售价是根据这类资本品的服务的价格对净收入率之比确定的。但这类资本品直到第三阶段才会被使用。根据上述定义，对这一点应当有清楚的了解；这一点所构成的是，我们问题中数据的第一个变化(见第 251 节)。

如果在第二个阶段结束时，对经济体系要予以清算，则不论是固定的或流通的旧资本品，将由企业家以实物返还给资本家，其中流通的资本品将以同样资本品的形式返还。

如果经济体系不断地处于动态平衡状态，那就不妨假定，流通资本品是由企业家以货币形式按照价格 1，$p_b \cdots p_m \cdots$ 向资本家借入的，这项短期贷款在产品售出后即行满期。

这样就完成了我们的以交换方程和最大满足为根据的经济平衡的有理综合。

275. 这里仍然跟以前一样，假定以(A)，(B)，(C)，(D)…(M)…(T)，(P)，(K)…为一切种类的商品，即，制成品、原料和其形式为土地资本、人力资本及狭义资本的生产的固定资本；同时并假定以(A′),(B′)…(M)…为被认为流通资本品时的上述产品和原料，这就是认为所提供的是在消费者的食橱与伙食房或是在生产者的贮藏室与售货处的贮藏服务时的产品和原料。跟以前一样，假定以(A)或(A′)为通货，因此，$1, p_b, p_c, p_d \cdots p_m \cdots P_t, P_p, P_k \cdots$仍然是一切种类的商品的以(A)计的价格；同时并假定以 $p_a' = i, p_b' = p_b i \cdots, p_m' = p_m i \cdots$为(A′),(B′)…(M)…的贮藏服务的价格，正同以 $\pi_t = P_t i, \pi_p = P_p i, \pi_k = P_k i$ 为服务(T),(P),(K)…的价格的情形一样。[①] 假定以(U)为货币；这里先把它假定为其本身是没有任何效用的物体，而数量是确定的，与(A)不同，有其本身的价格 p_u，其贮藏服务的价格则为 $p_u' = p_u i$。但是我们保留以后将(U)视同(A)的权利，那时将使 $p_u = p_a = 1$，将使 $p_u' = p_a' = i$。

其次，让我们假定某个人持有 q_a'的(A′),q_b'的(B′)…q_m 的(M)…和 q_u 的(U)；假定以 $r = \phi_a'(q), r = \phi_b'(q) \cdots$为这个人的关于服务(A′),(B′)…的效用方程或欲望方程。在价格 $p_a', p_b' \cdots$下，关于这些服务的不论是正的或负的有效供给量 $o_a', o_b' \cdots$，将同时由交换方程

$$o_t p_t + o_p p_p + o_k p_k + \cdots + o_a' p_a' + o_b' p_b' + \cdots + q_m p_m' + \cdots$$
$$+ o_u p_u' = d_a + d_b p_b + d_c p_c + d_d p_d + \cdots + d_e p_e$$

和最大满足方程

$$\phi_a'(q_a' - o_a') = p_a' \phi_a(d_a),$$
$$\phi_b'(q_b' - o_b') = p_b' \phi_a(d_a),$$

① 这里将关于流通资本品的折旧和保险略去。

…………

确定。由此可以得出如下的有效供给量：

$$o_a'=f_a'(p_t,p_p,p_k\cdots p_b,p_c,p_d\cdots p_a',p_b'\cdots p_m'\cdots p_u',p_e),$$

$$o_b'=f_b'(p_t,p_p,p_k\cdots p_b,p_c,p_d\cdots p_a',p_b'\cdots p_m'\cdots p_u',p_e),$$

…………

我们可以用同样方式得出其他参与者的有效供给量，因此在资本形成的第(1)系方程内(见第245节)，应当有如下的总有效供给方程：

$$O_a'=F_a'(p_t,p_p,p_k\cdots p_b,p_c,p_d\cdots p_a',p_b'\cdots p_m'\cdots p_u',p_e),$$

$$O_b'=F_b'(p_t,p_p,p_k\cdots p_b,p_c,p_d\cdots p_a',p_b'\cdots p_m'\cdots p_u',p_e),(1)$$

…………

就(M)而论，由于消费者对原料没有任何用途，因此他们的有效供给量等于他们的总保有量 $q_m\cdots$，结果是，总有效供给等于现存总量 $Q_m\cdots$。

最后关于货币，假定以 $r=\phi_\alpha(q)$，$r=\phi_\beta(q)\cdots r=\phi_\varepsilon(q)$ 为以货币计而不是以实物计的这个人的关于产品(A′)，(B′)…和永续净收入(E′)的贮藏服务的效用方程或欲望方程。他在价格 p_a'，$p_b'\cdots$下所需求的不论是正的或负的这些服务的量 $\alpha,\beta\cdots\varepsilon$，将同时由交换方程和最大满足方程确定：

$$\phi_\alpha(\alpha)=p_a'\phi_a(d_a),$$

$$\phi_\beta(\beta)=p_b'\phi_a(d_a),$$

…………

$$\phi_\varepsilon(\varepsilon)=p_a'\phi_a(d_a).$$

由此可以得出，首先是属于货币形式的服务（A′），（B′）…（E′）的需求量

$$\alpha=f_\alpha(p_t,p_p,p_k\cdots p_b,p_c,p_d\cdots p_a{}',p_b{}'\cdots p_m{}'\cdots p_u{}',p_e),$$

$$\beta=f_\beta(p_t,p_p,p_k\cdots p_b,p_c,p_d\cdots p_a{}',p_b{}'\cdots p_m{}'\cdots p_u{}',p_e),$$

…………

$$\varepsilon=f_\varepsilon(p_t,p_p,p_k\cdots p_b,p_c,p_d\cdots p_a{}',p_b{}'\cdots p_m{}'\cdots p_u{}',p_e),$$

其次是用通货表示的这些量的值

$$\alpha p_a{}'+\beta p_b{}'+\cdots+\varepsilon p_a{}',$$

最后是货币的有效供给量

$$o_u=q_u-\frac{\alpha p_a{}'+\beta p_b{}'+\cdots+\varepsilon p_a{}'}{p_u{}'}。$$

我们可以用同样方式得出其他参与者的有效供给量，因此货币的总有效供给为

$$O_u=Q_u-\frac{d_\alpha p_a{}'+d_\beta p_b{}'+\cdots+d_\varepsilon p_a{}'}{p_u{}'}。\tag{9}$$

参与交换者所要购入的，以及要以现金或货币储蓄的形式由自己保留着的制成品和永续净收入全部或部分的值，就构成了他们的理想的现金余额。

这时关于制成品的服务的总交换方程将是

$$O_tp_t+O_pp_p+O_kp_k+\cdots+O_a{}'p_a{}'+O_b{}'p_b{}'+\cdots+Q_mp_m{}'+\cdots$$
$$+O_up_u{}'=D_a+D_bp_b+D_cp_c+D_dp_d+\cdots+E.$$

276. 我们研究了供给的一面之后，现在必须转向到需求的一面。

跟以前一样，假定以 $D_a,D_b\cdots$ 为对属于制成品形式的（A），

(B)…的需求量，以 D_k…为对属于新固定资本品形式的(K)…的需求量；同时并假定以 $D_{a'}$，$D_{b'}$…D_m…为对属于新流通资本品形式的(A)，(B)…(M)的需求量。此外，还得假定以 $a_a{}'$，$a_b{}'$…a_m…$b_a{}'$，$b_b{}'$…b_m…$m_a{}'$，$m_b{}'$…m_m…$k_a{}'$，$k_b{}'$…k_m…为生产系数，组成这类系数的是于生产(A)，(B)…(M)…(K)…时所需的服务(A′)，(B′)…(M)…。因此，在第 247 节的第(4)系方程内，应当有表示(A′)，(B′)…的供求之间的均等的某些方程

$$a_a{}'(D_a+D_a{}')+b_a{}'(D_b+D_b{}')+\cdots+m_a{}'D_m+\cdots+k_a{}'D_k+\cdots=O_a{}',$$

$$a_b{}'(D_a+D_b{}')+b_b{}'(D_b+D_b{}')+\cdots+m_b{}'D_m+\cdots+k_b{}'D_k+\cdots=O_b{}',$$

…………

以及表示服务(M)的供求之间的均等的某些方程

$$a_m(D_a+D_a{}')+b_m(D_b+D_b{}')+\cdots+m_mD_m+\cdots+k_mD_k+\cdots=Q_m$$

…………

再谈货币(U)的服务。假定以 $\alpha_a{}'$，$\alpha_b{}'$…α_m…α_k…$\beta_a{}'$，$\beta_b{}'$…β_m…β_k…$\mu_a{}'$，$\mu_b{}'$…μ_m…μ_k…$\kappa_a{}'$，$\kappa_b{}'$…κ_m…κ_k…为生产系数——组成这类系数的是于生产(A)，(B)…(M)…(K)…所需的以货币计而不是以实物计的服务(A′)，(B′)…(M)…(K)…——则我们首先得出的是属于货币形式的服务(A′)，(B′)…(M)…(K)…的如下的需求量：

$$\alpha_a{}'(D_a+D_a{}')+\beta_a{}'(D_b+D_b{}')+\cdots+\mu_a{}'D_m+\cdots+\kappa_a{}'D_k+\cdots=\delta_\alpha,$$

$$\alpha_b'(D_a+D_a')+\beta_b'(D_b+D_b')+\cdots+\mu_b'D_m+\cdots+\kappa_b'D_k+\cdots$$
$$=\delta_\beta,$$
$$\cdots\cdots\cdots\cdots$$
$$\alpha_m(D_a+D_a')+\beta_m(D_b+D_b')+\cdots+\mu_mD_m+\cdots+\kappa_mD_k+\cdots$$
$$=\delta_\mu,$$
$$\cdots\cdots\cdots\cdots$$
$$\alpha_k(D_a+D_a')+\beta_k(D_b+D_b')+\cdots+\mu_kD_m+\cdots+\kappa_kD_k+\cdots$$
$$=\delta_k,$$
$$\cdots\cdots\cdots\cdots;$$

如果写出

$$a_u=\alpha_a'p_a'+\alpha_b'p_b'+\cdots+\alpha_mp_m'+\cdots+\alpha_kp_k+\cdots$$
$$\cdots\cdots\cdots\cdots$$
$$b_u=\beta_a'p_a'+\beta_b'p_b'+\cdots+\beta_mp_m'+\cdots+\beta_kp_k+\cdots$$
$$\cdots\cdots\cdots\cdots$$
$$m_u=\mu_a'p_a'+\mu_b'p_b'+\cdots+\mu_mp_m'+\cdots+\mu_kp_k+\cdots$$
$$\cdots\cdots\cdots\cdots$$
$$k_u=\kappa_a'p_a'+\kappa_b'p_b'+\cdots+\kappa_mp_m'+\cdots+\kappa_kp_k+\cdots$$
$$\cdots\cdots\cdots\cdots,$$

则其次得出的是以通货表示的为生产目的的货币服务的总需求量

$$a_u(D_a+D_a')+b_u(D_b+D_b')+\cdots+m_uD_m+\cdots+k_uD_k+\cdots$$
$$=\delta_\alpha p_a'+\delta_\beta p_b'+\cdots+\delta_\mu p_m'+\cdots+\delta_\kappa p_k+\cdots;$$

最后得出的是方程

$$\frac{\delta_\alpha p_a'+\delta_\beta p_b'+\cdots+\delta_\mu p_m'+\cdots+\delta_\kappa p_k+\cdots}{p_u'}=O_u \qquad (10)$$

表示的是货币(U)的服务的供求之间的均等。

这时,第 247 节里的生产方程(5)和(6)就变成

$$a_t p_t + a_p p_p + a_k p_k + \cdots + a_a{}' p_a{}' + a_b{}' p_b{}' + \cdots + a_m p_m{}' + \cdots + a_u p_u{}' = 1,$$

$$b_t p_t + b_p p_p + b_k p_k + \cdots + b_a{}' p_a{}' + b_b{}' p_b{}' + \cdots + b_m p_m{}' + \cdots + b_u p_u{}' = p_b,$$

…………

$$m_t p_t + m_p p_p + m_k p_k + \cdots + m_a{}' p_a{}' + m_b{}' p_b{}' + \cdots + m_m p_m{}' + \cdots + m_u p_u{}' = p_m,$$

…………

$$k_t p_t + k_p p_p + k_k p_k + \cdots + k_a{}' p_a{}' + k_b{}' p_b{}' + \cdots + k_m p_m{}' + \cdots + k_u p_u{}' = P_k,$$

…………

277. 第 246 和 247 节里的生产对消费总超过量的交换方程(3)和(7)变成

$$D_k P_k + \cdots + D_a{}' + D_b{}' p_b + \cdots + D_m p_m + \cdots = E$$
$$= F_e(p_t, p_p, p_k \cdots p_b, p_c, p_d \cdots p_a{}', p_b{}' \cdots p_m{}' \cdots p_u{}', i);$$

因此,在第 249 节里表示从一切人造资本品得来的净收入率都相等的第(8)系方程内,可以得出关于流通资本品的如下方程:

$$1 = \frac{p_a{}'}{i}, \quad p_b = \frac{p_b{}'}{i} \cdots \quad p_m = \frac{p_m{}'}{i} \cdots \quad p_u = \frac{p_u{}'}{i}.$$

这里一共是 $m+s+1$ 个方程,如果加上流通资本品(A′),(B′)…和货币(U)的服务的 $m+1$ 个供给方程,再加上流通资本品(A′),(B)…、原料(M)…和货币(U)的服务的 $m+s+1$ 个需求方程,就

共计有了 $3m+2s+3$ 个方程，用以确定 $3m+2s+3$ 个未知量。这些未知量是：流通资本品(A′)，(B′)…和货币(U)的服务的 $m+1$ 个交换量；流通资本品(A′)，(B′)…、原料(M)…和货币(U)的服务的 $m+s+1$ 个价格；流通资本品和原料的 $m+s$ 个生产量；和货币的价格。

关于服务(A′)，(B′)…(M)…和(U)的 $2m+s+2$ 个需求方程和供给方程，在消去 $O_a{}'$，$O_b{}'$…和 O_u 后，可以很容易地归纳为表示在现期价格下其供求之间的均等的 $m+s+1$ 个方程。就这 $m+s+1$ 个方程说，其中关于(A′)，(B′)…的 m 个方程的解法，和第215、216和217节中关于(T)，(P)，(K)…的方程的解法完全相同，方式是按照需求是大于还是小于供给而使价格上升或下降，因为当价格上升时，需求必然不断下降，而供给则先从零上升，然后(在无限远的距离上)再下降到零。关于(M)…的 s 个方程可以用同样方式求解，其间应适当注意的是需求的不断下降和供给的保持不变。至于有关(U)的方程，我们即将予以讨论。

就表示一致的净收入率的 $m+s+1$ 个方程说，其中关于(A′)，(B′)…(M)…的 $m+s$ 个方程的解法和第256、257和258节中关于新资本品(K)，(K′)，(K″)…的方程的解法完全相同，方式是按照售价是大于还是小于生产成本而使产量扩大或收缩，因为售价系取决于净收入与净收入率之比，而产量则随着生产成本的提高，先从零上升，然后(在无限远的距离上)再下降到零。至于有关(U)的方程，则于流通方程得解后即完全得解。

第三十章　流通和货币方程的解；货币价格的确定和变动定律；货币商品的价格曲线

278. 我们的下一步骤是，从用数学表述的理论的解转向在市场中得出的实际的解。

首先让我们假定——如以前已经提出的那样——(U)是货币但它既不是一种商品，也不能把它当作通货使用。这样一种情况是很容易设想的。例如在一个国家里使用的货币是纸法郎而价格却按金的或银的金属法郎计算时，所处的就是这种情况。又如目前在奥地利和意大利所使用的是不兑现的纸福林和纸里拉；但是在这些国家，在某些情况下，价格可按金的或银的福林和里拉计算。因此，我们说，$p_b \cdots p_m \cdots p_k \cdots p_a{}'$，$p_b{}' \cdots p_m{}' \cdots p_k \cdots p_u{}'$是以(A)计的价格。

正是这种情况，才使我们可以把实际的解看成是由生产理论和资本形成理论——单就关系到流通资本品的这类理论说——所得出的解。流通资本品(A′)，(B′)…(M)…提供它们的贮藏服务时，和固定资本品(K)，(K′)，(K″)…提供它们的使用服务时，方式完全一样。确定价格 $p_a{}'$，$p_b{}' \cdots p_m{}' \cdots$ 与确定价格 p_k，$p_k{}'$，$p_k{}'' \cdots$的方式相同，而确定价格 $p_b \cdots p_m \cdots$ 也与确定价格 P_k，$P_k{}'$，

P_k''…的方式相同。实际上我们在第 275、276 和 277 节里已经看到，第(2)、(3)、(5)、(6)和(7)各系内的资本形成方程含有关系到(A′)，(B′)…(M)…(U)的某些附加变量或附加项，而范围扩大了的第(1)系含有(A′)，(B′)…(M)…的 $m+s$ 个供给方程；第(4)系含有表示(A′)，(B′)…(M)…的供求之间的均等的 $m+s$ 个方程；第(8)系则含有表示(A′)，(B′)…(M)…(U)的净收入率均等的 $m+s+1$ 个方程。只有(U)的供给方程(9)和表示(U)的供求之间的均等的方程(10)仍然处于这个解的范围之外。结果是，如果喊出价格 $p'_u{}'$，这个价格并且在生产与资本形成的摸索过程中保持不变，就得出了最后的方程，根据这个方程，通货的价格与 1 之间的均等，可以与通货的供求之间的均等同时推定，因此待解的只是方程

$$Q_u-\frac{d_\alpha p_a{}'+d_\beta p_b{}'+\cdots+d_\varepsilon p_a{}'}{p_u{}'}=$$

$$\frac{\delta_\alpha p_a{}'+\delta_\beta p_b{}'+\cdots+\delta_\mu p_m{}'+\cdots+\delta_\kappa p_k+\cdots}{p_u{}'}.$$

如果使

$$d_\alpha p_a{}'+d_\beta p_b{}'+\cdots=D_\alpha,$$

$$\delta_\alpha p_a{}'+\delta_\beta p_b{}'+\cdots+\delta_\mu p_m{}'+\cdots+\delta_\chi p_k+\cdots=\varDelta_\alpha,$$

$$d_\varepsilon p_a{}'=E_\alpha,$$

并且使

$$D_\alpha+\varDelta_\alpha+E_\alpha=H_\alpha,$$

则上节末尾的方程就变成

$$Q_u=\frac{H_\alpha}{p_u{}'}。$$

三个项$\frac{D_\alpha}{p_u{}'}$，$\frac{\Delta_\alpha}{p_u{}'}$，$\frac{E_\alpha}{p_u{}'}$分别表示由消费者掌握的现金、由生产者掌握的现金和货币储蓄。但是，由于不能使$p_u{}'$对储蓄说来有一个，对流通中的现金说来又别有一个，也不能使$p_u{}'$对交易中流通的现金说来有一个，对私人之间流通的现金说来又别有一个，因此，由上述关于货币流通的单个方程得出的，是流通中货币的服务和储蓄中货币的服务两者所共有的一个价格。由此表明，如果碰巧

$$Q_u p'_u{}' = H_\alpha,$$

问题就完全解决。但一般说来，我们看到的总是

$$Q_u p'_u{}' \gtreqless H_\alpha,$$

这时的问题就在于确定，货币的供求之间的均等是怎样通过$p'_u{}'$的调整的摸索过程达到的。

我们只须注意一下列入H_α组织的各项就可以看出，它们并不是与$p_u{}'$绝对无关的，$p_u{}'$在交换方程的项$o_u p_u{}'$内占有显著地位，这一方程和最大满足方程一起，就可以使我们推断就任一个交换参与者说来的量α，$\beta\cdots\varepsilon$，从而也就可以推断就一切参与者说来的总量d_α，$d_\beta\cdots d_\varepsilon$。然而无可否认，这些项对$p_u{}'$的依存关系是极其间接、极其薄弱的。情形既然是这样，当货币不是一种商品时，货币流通方程实际上就几乎是处于全面经济平衡方程系的范围之外。如果先假定全面经济平衡已经确定，那么在随机喊出的价格$p'_u{}'$下，只须按照$Q_u \gtreqless \frac{H_\alpha}{p'_u{}'}$而提高或降低$p_u{}'$，几乎不需要任何摸索，货币流通方程即可得解。如果$p_u{}'$的这一升降过程促

使 H_α 发生的变化极其细微，那就只须通过摸索，将一般的调整过程继续下去，从而保证达到平衡。这就是货币市场中实际发生的情况。

据此：货币服务的价格是通过按照理想的现金余额是大于还是小于货币量而上升或下降的方式确定的。

这就存在着一个平衡价格 p_u'；如果 i 是平衡净收入率，则货币单位量的价值将是 $p_u=\frac{p_u'}{i}$。还有情况相同的是$\frac{p_u'}{i}=\frac{p_u}{1}$；因此，如果存在着贴水，则对货币的价格说来和对其服务的价格说来的情形一样，就是说，如果使 $H_\alpha=H_\alpha i$，则得

$$Q_u=\frac{H_\alpha}{p_u}。$$

279. 现在已经看到货币平衡是怎样确定的，以下将研究其变化。

这里对于没有直接效用因此也就没有其本身稀少性的原料、生产服务和货币的服务这类事物，将给予通常的稀少性，这类稀少性是与价格成比例的。在这样情况下，假定以 R_u'，R_a'，R_b'…R_m'…R_k'…为服务(U)，(A′)，(B′)…(M)…(K)…的稀少性，则根据价格与稀少性的比率之间的均等，可以得出

$$Q_u\frac{R_u'}{R_a}=(d_\alpha+\delta_\alpha+d_\varepsilon)\frac{R_a'}{R_a}+(d_\beta+\delta_\beta)\frac{R_b'}{R_a}+\cdots$$

$$+\delta_\mu\frac{R_m'}{R_a}+\cdots+\delta_\chi\frac{R_k'}{R_a},$$

或者是

$$Q_uR_u'=(d_\alpha+\delta_\alpha+d_\varepsilon)R_a'+(d_\beta+\delta_\beta)R_b'+\cdots+\delta_\mu R_m'+\cdots$$

$$+\delta_{\chi}R_{k'}+\cdots.$$

换句话说，我们如果用矩形效用(*rectangular utility*)这个词来表示量被乘以平均稀少性，则货币服务的矩形效用，即为出现于理想的现金余额内的商品矩形效用与商品服务矩形效用之和。我们把这个总和称作 H，则得

$$Q_uR_u{}'=H.$$

如果以(A)，(B)…为通货，则跟着可以严格确定的是

$$Q_u\frac{R_u{}'}{R_a}=Q_up_{u',a}=\frac{\mathrm{H}}{R_a}=H_{\alpha},\quad Q_u\frac{R_u{}'}{R_b}=Q_up_{u',b}=\frac{\mathrm{H}}{R_b}=H_{\beta}\cdots.$$

诚然，当货币是跟别的商品不一样的一种商品时，如果其他情形都相同，那么，货币的服务的稀少性(因此也就是其价值)，只要其数量不变，就似乎将按照其效用作正比例变化，只要其效用不变，就似乎将按照其数量作反比例变化。但是，这里遇到一个小小的困难。效用上有变化而数量上没有变化的情况是完全有可能的；但数量上有变化而效用上没有变化的情况却很难设想，除非假定一切的 q_u 都按同一比例变化。如果假定情况是这样，$p_u{}'$随着数量作反比例变化，则 $q_up_u{}'$，$(q_u-o_u)p_u{}'$和 $o_up_u{}'$将全然无所变化，由于 $p_u{}'$单独的变化，原来确定的平衡将保持不变。除这一特殊情况外，只要数量 Q_u 有了变化，则许多 q_u 的变化就会使许多 $o_up_u{}'$发生变化，从而使许多 $\alpha,\beta\cdots\varepsilon,d_{\alpha},d_{\beta}\cdots d_{\varepsilon}$ 及效用的全部项均发生变化。虽然这是无可置疑的，然而在一般情况下必须注意到以下几点：

(1)许多 $q_up_u{}'$所构成的只是交换参与者的收入的一部分，并且许多 $q_up_u{}'$的变化是分散到对贮积品、消费品和储蓄的一切支出

的。

(2)就许多 q_u 并不是按同一比例变化的这一情况说，如果 $q_n p_u'$，$(q_u - o_u)p_u'$ 和 $o_u p_u'$ 对某些参与者说来有所提高或降低，则对其他参与者说来将有所降低或提高，因此许多 $d_\alpha, d_\beta \cdots d_\varepsilon$ 和 δ_α，$\delta_\beta \cdots \delta_\mu \cdots \delta_\chi \cdots$ 就不会受到显著影响。

(3)由于许多 $d_\alpha, d_\beta \cdots d_\varepsilon$ 和 $\delta_\alpha, \delta_\beta \cdots \delta_\mu \cdots \delta_\chi \cdots$ 为一方，许多 R_a'，$R_b' \cdots R_m' \cdots R_k' \cdots$ 为另一方，各自的变化方向相反，因此，如果这些量变化不大，则其积，即矩形效用，于货币量变化时，将变化得更加细微。因此，我们可以作出几乎近于高度准确的断言：货币的服务的稀少性或价值与其效用成正比，与其数量成反比。

由于 $p_u = \frac{p_u'}{i}$ 这一关系，上述推断可以适用于货币服务的稀少性或价值，也同样可以适用于货币本身的稀少性或价值。换句话说，使 $H = \mathrm{H}i$，$H_\alpha = \mathrm{H}_\alpha i$，$H_\beta = \mathrm{H}_\beta i \cdots$，则得

$$Q_u p_{u,a} = \mathrm{H}_\alpha, \quad Q_u p_{u,b} = \mathrm{H}_\beta \cdots.$$

280. 据说曾经一度用牛作为货币；现在却不再有可能用任何种类的资本品作为货币了。土地资本、人力资本和狭义资本各自都是由繁多的种类组成，因此要为其中任何一个下个定义都极其困难。并且，没有一种资本品被分成细碎的部分后，会仍然保留足够的稀少性或足够高的价值，以便供作货币使用，因为，对任何资本品说来，要进行分割又要使之不受损害，实际上是不可能的。此外，服务是非物质的，更不能用作货币。唯一可以供作这样使用的是制成品或原料。看来是出于自然的安排，把货币的一切属性——同质性、高度稀少性、可分性和不变性——给予了两种贵金

属，黄金和白银，它们同时既是制成品，又是原料。[①] 因此，还有待于探讨的只是，当一种事物同时既是货币又是制成品或既是货币又是原料时，这样一种事物的价格是怎样确定的。

我们晓得，已经存在的一种产品(B′)的贮藏服务的价格 $p_b{}'$，是从方程

$$\Delta_b{}' = O_b{}'$$

得出的，其间 $\Delta_b{}'$ 是 $p_b{}'$ 的一个单调下降函数，$O_b{}'$ 是这样一个函数，随着 $p_b{}'$ 的上升，它先从零上升，然后(在无限远的距离上)回到零(见第 276 节)。

根据第 276 节，我们还晓得，已经存在的一种原料(M)的贮藏服务的价格 $p_m{}'$ 是从方程

$$\Delta_{m'} = Q_m$$

得出的，其间 $\Delta_{m'}$ 是 $p_{m'}$ 的一个单调下降函数，Q_m 是一个常量。

如果将表示对(B′)和(M)的货币服务的需求的一个项导入这些方程，则它们分别成为

$$\Delta_{b'} + \frac{H_\alpha}{p_{b'}} = O_{b'}$$

和

$$\Delta_{m'} + \frac{H_\alpha}{p_{m'}} = Q_m;$$

否则就是

$$\Delta_{b'} + \frac{\mathrm{H}_\alpha}{p_b} = O_{b'}$$

① 参阅拙著《应用政治经济学研究》，“货币论”，第 11 节(第 101—102 页)。

和

$$\Delta_{m'}+\frac{\mathrm{H}_{\alpha}}{p_{m}}=Q_{m}。$$

所有这些方程，无论有没有货币项，都是通过价格按照求过于供还是供过于求而上升或下降从而得解的。上列方程和前一段里的那些方程之间的唯一区别在于，于加入货币项之后，平衡价格将显然比前为高。还有，如果认为这些方程是通过两个分开的市场的摸索过程得解的，那就不能否认，只要作为商品使用的商品的价格和作为货币使用的这一商品的价格不相等，就必然会发生这一商品在商品市场与货币市场之间由此到彼或由彼到此的数量上的转移。

据此，将货币任务给与一种商品时，就抬高了货币商品的价格，抬高到没有货币属性时的价格之上。

确定货币商品或其服务于执行商品任务时和执行货币任务时一致的和相同的价格的方式是，随着它作为货币时的价格是大于还是小于它作为商品时的价格而进行铸造或熔解。

货币商品的价格随其效用作正变随其数量作反变这一定律，对于作为货币使用时的商品说来几乎始终是有效的；因为，商品的数量和稀少性既在相反的方向下变化，构成理想的现金余额的那部分货币商品的矩形效用，在该商品被指定作为货币之后和之前，就会大致相同。因此，H 和 H 总是相当固定的。但是，这一定律对于作为货币使用时的货币商品，以及对于在两种用途下整个看来时的货币商品的适用程度，取决于需求函数随着价格作反变和供给函数不变这一作用的演进程度。

281. 货币价格与其效用成正比、与其数量成反比这一定律使我们取得了便利，由此可以从货币既不是普通商品也不是通货的情况转向两者都是的情况。

前已指出，这一定律并不是绝对严格的。但是，至少关系到在下列情况下数量的变化时，它是严格的。这些情况是：(1)在消费者——不管是地主、工人还是资本家——保有用以贷给企业家从事于生产固定资本品和流通资本品的假设下，在确定从开始起的平衡时，如果同以前一样，我们采取的是静态观点；(2)如果假定由资本家掌握的货币数量是按比例变化的。在这一情况下，由于在货币价值随着数量作反变的假设下，个人的交换方程内的 $o_u p_{u'}$ 项是不变的，因此经济平衡不会受到干扰。

假定由我们向来叫做(U)的，变成了(A′)，(U)的数量 Q_u 和价格 p_u'之后，现在变成了(A′)的数量 $Q''_{a'}$ 和价格 $p_{a'}$，从而

$$Q''_{a'} p_{a'} = Q_u p_{u'},$$

因此，使已经是通货的(A′)同时也变成了货币。构成其总量 $Q_{a'}$ 的，是数量 $Q'_{a'}$ 的流通资本和数量 $Q''_{a'}$ 的货币。我们在第 276 节里已经看到，关于它作为流通资本时的服务的价格 $p_{a'}$，始终是由一个方程

$$\triangle_{a'} = O_{a'}$$

得出的，这个方程可以改写成

$$Q'_{a'} = (Q'_{a'} - O_{a'}) + \triangle_{a'}$$

的形式；而关于它作为货币时的服务的这一价格 $p_{a'}$，则系由方程

$$Q''_{a'} = \frac{H_\alpha}{p_{a'}}$$

得出（见第 278 节），因此

$$Q_{a'}=Q'_{a'}+Q''_{a'}=(Q'_{a'}-O_{a'})+\varDelta_{a'}+\frac{D_\alpha+\varDelta_\alpha+E_\alpha}{p_{a'}}。$$

据此：在一种商品同时用来作为货币和通货的情况下，确定作为流通资本和作为货币时其服务的一致的和相同的价格的方式是，随着需求是大于还是小于现存总量而提高或降低其价格；不论在哪一用途下，保持这个价格的方式是，随着它作为货币时的服务的价格是大于还是小于它作为流通资本时的服务的价格而进行铸造或熔解。

如我们在第 256、257 和 258 节所看到的那样，一种价格 $p_a{}'$ 在这样情况下确定之后，通过摸索过程，必然会发生资本形成中的特种调整，直到

$$p^{IV}{}_a=\frac{p^{IV}{}_{a'}}{i^{IV}},p^{IV}{}_b=\frac{p^{IV}{}_{b'}}{i^{IV}}\cdots p^{IV}{}_m=\frac{p^{IV}{}_{m'}}{i^{IV}}\cdots p^{IV}{}_k=\frac{p^{IV}{}_{k'}}{i^{IV}}\cdots.$$

其后应得出

$$\Omega_a p^{IV}{}_a=D^{IV}{}_a+D^{IV}{}_{a'},$$

这里 $D^{IV}{}_a+D^{IV}{}_{a'}$ 所构成的是准备制造的（A）的总量（见第 259 节）。这时还有待于完成的是通过摸索过程的最后调整，终于达到（A）的生产成本与 1 之间的均等以及其有效供给与有效需求之间的均等。结果 $p_{a'}=p_a i=i$；我们终于得出的是

$$Q_{a'}=(Q'_{a'}-O_{a'})+\varDelta_{a'}+\frac{H_\alpha}{i}。$$

由于一般说来，（A′）作为流通资本的任务总是被它作为货币的任务所掩盖的，因此，决定性的方程是

$$Q''_{a'}=\frac{H_\alpha}{i}.$$

根据第278节我们知道，这个方程可以用下列三个方程代替：

$$q'_{a'}=\frac{D_\alpha}{i},\quad q''_{a'}=\frac{\varDelta_\alpha}{i}\text{和}\quad q'''_{a'}=\frac{E_\alpha}{i}.$$

其中最后一个是最重要的，它也可以用下面两个方程代替：

$$\chi'_{a'}=\frac{E'_\alpha}{j'}\quad\text{和}\quad\chi''_{a'}=\frac{E''_\alpha}{j''}.$$

其中第一个所表明的是在固定资本市场的利息率 j'，第二个所表明的是在流通资本市场的贴现率 j''。j' 和 j'' 都围绕着净收入率 i 摆动，但是由于种种原因，会暂时地或经常地在大体上离开它。

282. 这样我们就得出了下列方程：

$$Q_{a'}=(Q'_{a'}-O_{a'})+\varDelta_{a'}+d_\alpha+d_\beta p_b$$
$$+\cdots\delta_\alpha+\delta_\beta p_b+\cdots+\delta_\mu p_m+\cdots+\delta_\chi P_k+\cdots+\delta_\varepsilon;$$

它所表示的是，当(A′)是同时被用来作为货币与通货的一种商品时，(A′)的从总体上说来和从细节上说来的供求之间的均等。

就同时作为货币又作为通货的一种商品说，最值得注意的是，当供作货币使用时的这一商品的数量有所减少或增加，从而使其稀少性或价值有所提高或降低时，会由此引起的一切以(A)计的价格上升或下降的情况。假定于平衡已经确定之后，数量 $Q_{a'}$ 有所增加或减少，从而使 $Q'_{a'}$ 和 $Q''_{a'}$ 有所增加或减少，然后让我们说明，一切连带现象除外，为什么单是 $Q''_{a'}$ 在货币市场的增加或减少，就已经足够促成一切价格的上升或下降。根据方程

$$Q''_{a'}=\frac{H_\alpha}{i},$$

当 $Q''_{a'}$ 增加或减少时，利息率 i 在货币市场将下降或上升，结果消费者将降低其理想的现金余额，因为组成这个现金余额的是(A′)，(B′)…的量 d_α，d_β…，而这些量是 $p_{a'}=1$，$p_b{}'=p_b i$…，因此也就是 i 的下降函数。但是，只要产品的量没有增加，这类变动势必引起价格 p_b…的上升或下降。企业家看到他们的产品在价格上的这一上升或下降时，就会扩大或收缩其产量，由于利息率的下降或上升构成了可以使他们获利或受损的一个附加原因，他们就更加要这样做。但是，结果他们所能做到的是提高或降低生产服务的价格，而这类服务的量经假定是没有变动的。这一上升或这一下降，会诱使拥有相当储蓄的资本家增加或减少他们对新资本品的需求；但是由于资本品的总量并没有变动，这就只会使这些商品的价格上升或下降。价格的上升或下降一经普遍到整个体系，利息率就会回到 $Q''_{a'}$ 变动以前的水平。

283. 在上述货币商品的假设下，货币商品同时也是通货，这就使我们很难研究累积这一商品与累积作为货币的这一商品时对价格的影响，因为通货的价格始终是 1，上述影响并不是表现在货币商品价格的升降方面，而是表现在一切其他商品价格的升降方面的。但是有一个很简单的方法可以避免这种困难，即，假定货币商品并不是通货，然后研究累积具有两重任务的这一商品时，对于它的以别一商品——比方说(B)——计的价格的影响。

现在假定以原料(A)为货币，其现存总量假定为 Q_a，其中的一个部分 Q'_a 仍然作商品使用，还有一部分 Q''_a 则作为货币，这时

其以(B)计的价格从 p_a 上升到 P_a。后一价格必须满足方程[①]

$$Q''_a P_a = \mathrm{H}.$$

现在让我们画两条互成直角的轴线，一条是横的价格轴 Op，一条是纵的数量轴 Oq，如图 25 所示。

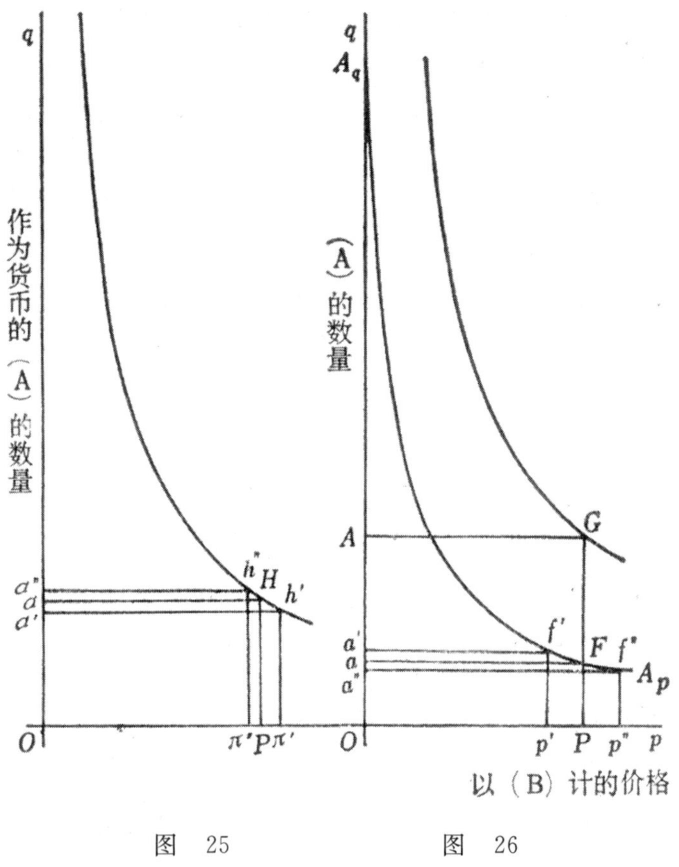

图　25　　　　图　26

① 为了印刷简便，这里仍然保留前两版（即第二和第三版）里使用的记号 H 来表示以通货(B)计的理想的现金余额，而不用上面第 279 节里使用的记号 H_β。还应当注意到，我们在这里加以合并的是作货币使用的(A)的价格和作为原料的(A)的价格，不可与作为货币的(A)的服务的价格和作为原料的(A)的服务的价格混同起来。

图内的曲线表明，以另一商品(B)计的作为货币的(A)的价格，是作为货币的(A)的数量的一个函数，这条曲线紧密地近似于以其两条轴线为渐近线的等轴双曲线 $h''Hh'$。这一曲线的方程是

$$q=\frac{H}{p}.$$

这是这样一条曲线，其纵标表示的是作为货币的(A)的数量，其横标表示的是以(B)计的作为货币的(A)的对应价格，其纵标与横标的乘积是一个常量，在量值上相等于 H，H 即以(B)计的理想的现金余额，经假定是预先确定的。

另一方面，我们从第 280 节知道，表明以(B)计的原料(A)的价格是作为商品的(A)的数量的函数这一曲线，是类似 $AqAp$ 的一条曲线(见图 26)。这一曲线的方程是

$$q=F_a(p).$$

这条曲线表明，当作为商品使用的原料(A)，从以线段 OAq 表示的某一有限数量不断下降到零时，在这一用途下的(A)的价格，将从零单调地上升到由线段 OAp 表示的一个价格，它可能是也可能不是无限大的。

由此就很容易看出，表明以(B)计的(A)的价格是同时既作为商品又作为货币的(A)的数量的函数的，是通过点 G 的一条曲线(见图 26)。这一曲线的方程是

$$q=F_a(p)+\frac{H}{p}.$$

这条曲线可以用图解得出，方式是将曲线 $h''Hh'$(图 25)的所有横标的纵标，重叠在曲线 $AqAp$(图 26)的所有对应横标的纵标上。假定这样一条曲线已经作出，并且假定线段 OA 表示的是(A)的

总量 Q_a。这时如果从点 A 起画一条平行直线，使之与外曲线相交于点 G，然后从 G 向下作一垂直线到 P，横线 OP 所表示的就是，当(A)的数量为 Q_a 时，同时作为商品又作为货币的(A)的价格 P_a。此外，线段 $O_a=PF$ 和线段 $aA=FG=O_\alpha$(图 25)所分别表示的是，作商品使用的(A)的数量 Q'_a 和作货币使用的(A)的数量 O''_a，与没有将(A)从商品转变到货币或从货币转变到商品的用途的情况对应。

如果不是如上面所做的那样将数量 Q_a 划分为 Q_a 和 Q''_a，而是把它任意地划分为两个数量，结果一个是用 $Oa'>Oa$ 表示的，还有一个是用 $a'A=O\alpha'<O\alpha$ 表示的，则表示作商品用的(A)的价格的将是 $Op'<OP$，表示作货币用的(A)的价格的将是 $O\pi'>OP$，于是部分的商品将被改变成货币，使 Oa' 缩小，Oa' 扩大，从而使 Op' 上升，$O\pi'$ 下降。如果将 Q_a 任意划分为两个数量的结果是，一个应用 $Oa''<Oa$ 表示，还有一个应用 $a''A=O\alpha''>O\alpha$ 表示，则表示作商品用的(A)的价格的将是 $Op''>OP$，表示作货币用的(A)的价格的将是 $O\pi''<OP$，于是部分货币将被改变成商品，使 Oa'' 扩大，$O\alpha''$ 缩小，从而使 Op'' 下降，$O\pi''$ 上升。据此，我们的曲线是为下列三者的确定有效地提出了一个几何解的；这三者是(1)货币商品(A)的价格，(2)作商品用的(A)的数量，和(3)作货币的(A)的数量。这也正是在现实世界中得出的解。

我们在上面已经看到，两条曲线 $h''\mathrm{H}h'$ 和 $AqAp$ 以及线段 OA，是货币商品的价格以及分别供作货币使用与商品使用的数量的决定因素；正是由于这一事实，它们也是这一价格和这些数量的变化的决定因素。要用几何学阐明货币商品的价格以及分别供作货币使用与商品使用的数量方面的一切变化，只须继续研究两条曲线 $h''Hh'$ 和 $AqAp$ 移位时的效果，以及线段 OA 变动时的效果。举例说，曲线 $h''Hh'$ 会随着理想的现金余额在量上的减少或增加而移向或离开原点 O；曲线 $AqAp$ 会随着作商品用的(A)在效用上的减退或增进而移向或离开原点 O。并且，当这两条曲线移向或离开原点时，(A)的价格会下降或上升。至于线段 OA，每逢(A)的数量有所增加或减少时，它就会变得长些或短些；当这一线段拉长或缩短时，(A)的价格就会下降或上升。

第三十一章　复本位制价值的确定

284. 单本位制论者和复本位制论者之间的论争提供了一个显著例子；它说明，只是由于没有能将唯一的适当方法应用到基本上是量的现象的分析，会由含糊的争点使论证陷入多大的混乱。只要有决心，用精密数理来论证这些基本问题是完全有可能的。

我已经在前一章里表明，如果只用一种商品(A)作为货币，那就刚好有三个方程，说明

(1)作商品用和作货币用的(A)的数量之和相等于(A)的总量；

(2)作商品用的(A)的价格是怎样取决于在这一用途下的(A)的数量的。

(3)作货币用的(A)的价格是怎样取决于在这一用途下的(A)的数量的。

由此确定三个未知量,即

(1)仍然作商品用的(A)的数量;

(2)已经改变成货币的(A)的数量;

(3)以别一商品计的作商品用和作货币用的(A)的共同价格。

现在如果有两种商品(A)和(O)同时用作货币,则将有五个方程,说明

(1)作商品用和作货币用的(A)的数量之和等于(A)的总量;

(2)作商品用和作货币用的(O)的数量之和等于(O)的总量;

(3)作商品用的(A)的价格是怎样取决于在这一用途下的(A)的数量的;

(4)作商品用的(O)的价格是怎样取决于在这一用途下的(O)的数量的;

(5)作货币用的(A)的价格和作货币用的(O)的价格是怎样取决于在这一用途下的(A)的数量和(O)的数量的,

由此确定六个未知量,即

(1)作商品用的(A)的数量;

(2)作货币用的(A)的数量;

(3)作商品用的(O)的数量;

(4)作货币用的(O)的数量;

(5)作商品用和作货币用的(A)的价格;

(6)作商品用和作货币用的(O)的价格。

如果有三种商品同时用作货币,则将有七个方程,从而确定九

个未知量。

如果有四种商品同时用作货币，则将有九个方程，从而确定十二个未知量；其余可类推。

施行的如果是单本位制，问题是完全确定的，它会通过自由竞争结构在市场中自动得解。立法者需要做的只是：(1)指定用来作为货币的商品——这里让我们假定这种商品是(A)；(2)作商品用的(A)的价值高于作货币用的(A)的价值时，允许将货币改作商品使用；(3)由立法者保证，作货币用的(A)的价值如果上升到作商品用的(A)的价值之上，当随时接受请求，将商品转变为货币。

但是在复本位制的情况下，问题却并不是完全确定的；因此，立法者就可以从中干预，他或者是可以任意地确定六个未知量之一，或者是可以在某种方式下采用另一第六个方程。例如，他可以任意地决定作货币用的(A)的数量或(O)的数量，否则还可以规定两个数量之间的比率。就这一情况说，所构成的是在固定数量比率下的复本位制①。还有一个可以供立法者采取的办法是，任意地规定作货币用的(A)的价格或(O)的价格，或者是规定两个价格之间的比率。就这一情况说，所构成的将是在固定价值比率下的复本位制。如果立法者把他的独断权力行使在数量方面，则价值将在市场上自动地确定。如果他将权力行使在价值方面，则数量将在自由竞争下自动地确定。

① 艾尔弗雷德·马歇尔先生在一篇题为《论对于价格波动的补救》(载《现代评论》1887 年 3 月号)的文章里描写了一种货币制度，叫作混合本位制(*Symetallism*)，这实际上就是在固定数量比率下的复本位制。

285. 假定立法者决定采取后一方式，从而如复本位制论者所希望的那样用法律规定金币价值与银币价值之比为 15 $\frac{1}{2}$对 1；让我们看一下，金币与银币以及金块与银块的各自的数量，结果是怎样确定的。只要金块的价值对银块的价值大于 15 $\frac{1}{2}$对 1，则不但新采的黄金将全部变成首饰和器皿，而且已经存在的金市也将部分地转到商品用途；另一方面，不但新采的白银将全部被铸成货币，而且已经供作商品使用的白银也将部分地被铸成货币。结果金币的数量将减少，银币的数量将增加；作商品用的黄金的数量将增加，作商品用的白银的数量将减少。这种情况将继续下去，直到金块价值对银块价值之比退回到 15 $\frac{1}{2}$对 1。如果金块对银块的比率低于 15 $\frac{1}{2}$对 1，将发生相反的动向。金币的数量将增加，银币的数量将减少；作商品用的黄金的数量将减少，作商品用的白银的数量将增加。这种情况将继续下去，直到金块价值对银块价值之比回升到 15 $\frac{1}{2}$对 1。

单本位制论者曾断言，要坚决保持不可变更的 15 $\frac{1}{2}$对 1 的比率，像这样的诺言是绝对不可能实践的；但以上的分析证明，这样的论断是出于误解。保持不可变更的比率，就某些限度以内说来是办得到的，不至于由此损及自由竞争。但是另一方面，复本位制论者认为，只须把金币价值对银币价值限定在 15 $\frac{1}{2}$对 1 的法定比率上，就可以立即，并且一劳永逸地，确定金块价值对银块价值的自然比率；上面的分析证明，这样的说法也同样是出于误解。一种商品可以既是货币又是商品，并不因此丧失它的作为商品的同一性，作为商品时，其价格并不因此就不再由供求律决定。在特殊情况下，这个价格也许暂时高于或低于铸币法定价格，因此对采矿业者说来可能有利的是，或者把他们的产物送到造币厂，或者在生金银市场出售，对兑换业者说来可能有利的是，或者将他们的金银币进行熔解，或者将他们的生金银铸成货币。不论在单本位制或复本位制下，这都是常有的事。当然，由立法者对于作货币用的金银硬性规定 15 $\frac{1}{2}$对 1 的比率时，对生金银市场也会有强制作用，但这不是即刻见效，也不是在任何时候都有效的。如果金块价值对银块价值之比高于 15 $\frac{1}{2}$对 1，这时要降低比率，除熔解金币外别无其他办法，但是总得有些金币剩额才能进行熔解。如果已经没有剩下的金币，则比率将坚定地停留在 16、17、18…对 1 上。如果金块价值对银块价值之比低于 15 $\frac{1}{2}$对 1，这时要提高比率，除熔解银币外别无其他办法，但是总得有些银币剩额才能进行熔解。如果已经没有剩下的银币，则比率将坚定地停留在 15、14、13…对 1 上。复本位制论者认为目前白银价值的低落是由于法律上的措施，而不是由于自然原因；不管这个说法对不对，他们决不能当真认为，可以保证使我们永远不受自然原因对白银价值所造成的影响。要记住的主要一点是，在复本位制度下可能发生这样的情况，白银的数量会有那样大的增加，以致使金币全部被熔解，结果使我

们对于较大的支付不得不使用笨重的银币；或者是黄金的数量会有那样大的增加，以致使银币全部被熔解，结果使我们对于小额的支付不得不使用不方便的、极其细小的金币。换句话说，以法定比率 $15\frac{1}{2}$ 对 1 为基础的复本位制，无论在范围上是局部的或普遍的，说到底只是个两不相容的本位制，在这个制度下，跌价的金银会将涨价的金银逐出流通。

这就是我们现在必须用数学加以引申的理论。

286. 前在第三十章里举示的几何论证，与下列三个方程

$$Q_a = Q'_a + Q''_a,$$

$$Q'_a = F_a(P_a),$$

$$Q''_a = \frac{H}{P_a}$$

的代数解对应，由此可以确定三个未知量 P_a，Q'_a 和 Q''_a。这就表明，在这一情况下恰好有三个方程来确定三个未知量。

现在假定以(A)和(O)为同时用来作为货币的两种商品；以 Q_a 和 Q_o 为其各自的总量，其中仍然保持商品形式的数量为 Q'_a 和 Q'_o，经改变成货币形式的数量为 Q''_a 和 Q''_o；以 P_a 和 P_o 为以第三种商品——比方说(B)——计的它们的各自的价格。确定这六个未知量的是下列五个方程：

$$Q_a = Q'_a + Q''_a, \qquad (1)$$

和

$$Q_o = Q'_o + Q''_o, \qquad (2)$$

表明，(A)和(O)的总量分别相等于作商品用和作货币用的(A)的数量之和与(O)的数量之和；

$$Q'_a = F_a(P_a), \tag{3}$$

和

$$Q'_o = F_o(P_o), \tag{4}$$

表明，作商品用的(A)和(O)的价格是怎样分别联系到作商品用的(A)和(O)的数量的；

$$Q''_a P_a + Q''_o P_o = \mathrm{H}, \tag{5}$$

表明，作货币用的(A)和(O)的数量之和所构成的是理想的现金余额。

如果要使确定量值的问题达到完整，可以加上一个方程

$$P_o = \omega P_a, \tag{6}$$

从而确定 P_a 和 P_o 之间的比值。这就是由政府规定一单位的(O)和 ω 单位的(A)在一切支付中等值使用时所实际看到的[①]。

287. 将方程(6)得出的 P_o 的值代入方程(4)和(5)，再将由方程(3)和修改后的方程(4)得出的 Q'_a 和 Q'_o 的值代入方程(1)和(2)，则得

$$Q_a = F_a(P_a) + Q''_a,$$

$$Q_o = F_o(\omega P_a) + Q''_a,$$

这可以改写成

$$Q''_a = Q_a - F_a(P_a),$$

$$Q''_o = Q_o - F_o(\omega P_a).$$

---

①　如果假定实行的是在固定数量比率下的复本位制，则第六个方程应当写成

$$Q''a = \alpha Q''_o.$$

这时这个制度的数学理论就在于这六个方程的求解，其方式与下面要进行的关于在固定价值比率下的复本位制的求解方式完全相同。

将 Q''_a 和 Q''_o 的这些值代入修改后的方程(5)，则得

$$\{Q_a - F_a(P_a)\}P_a + \{Q_o - F_o(\omega P_a)\}\omega P_a = H$$

这可以改写成

$$Q_a + \omega Q_o = F_a(P_a) + \frac{H}{P_a} + \omega F_o(\omega P_a)。$$

可以用代数或极简单的几何解这个方程，从而求出 P_a.

假定图 25 内经过 H 的曲线是一条以其两条轴线为渐近线的等轴双曲线，其方程为

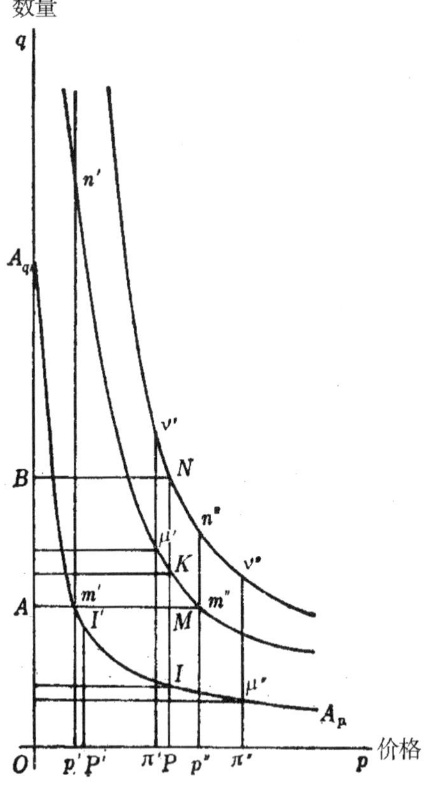

图　27

$$q = \frac{H}{p};$$

并且假定，其方程为

$$q = F_a(p)$$

的图 27 内的曲线 $AqAp$(根据图 26 复制)，为作商品用的(A)的价格——依据(B)估计，是(A)的数量的函数——的曲线。最后，在图 28 内，让我们再画两条互成直角的轴线，一条是水平的价格轴 Op，一条是垂直的数量轴 Oq，在这一坐标系内，假定以其方程为

$$q = F_o(p)$$

的曲线 $OqOp$ 为作商品用的(O)的价格——依据(B)估计，是(O)的数量的函数——的曲

线。现在将使这条曲线发生如下的变化。从原点 O 开始，在水平轴上截取某些横标，其长度为 1.5，2，2.5，3…，相等于原来的横标 15，20，25，30…的 $\frac{1}{\omega}$ 倍（这里的 ω，在数字上等于 10）。然后在从这些新横标的端开始的、与直立轴平行的一些直线上，从水平轴起，截取点 $O'q$，s'，s''，s'''…的纵标，使之等于原有各点 r，r'，r''，r'''…的对应纵标的 ω 倍。这就得出曲线 $O'qO'p$，其方程为

$$q=\omega F_o(\omega p).$$

在（A）与（O）之间有固定价值比率的复本位制下，1 单位的（O）可以代替 ω 单位的（A），（A）的价格是（O）的价格的 $\frac{1}{\omega}$ 倍；我们看到了这一点时，上述曲线变化的重要意义就会立即显得非常明显。

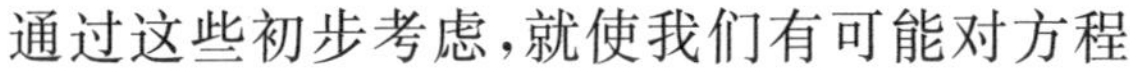

通过这些初步考虑，就使我们有可能对方程

$$Q_a+\omega Q_0=F_a(P_a)+\frac{H}{P_a}+\omega F_o(\omega P_a)$$

进行下面的几何解。这里用几何法，将图 25 内经过点 H 的曲线的纵标，重叠在图 27 内曲线 $AqAp$ 的对应横标的一切的纵标上，这样就得出了曲线 $\mu'Km''$，其方程为

$$q=F_a(p)+\frac{H}{p}.$$

然后用几何法，将图 28 内曲线 $O'qO'p$ 的纵标，重叠在图 27 内曲线 $\mu'Km''$ 的对应横标的一切的纵标上，这样就得出了曲线 $v'Nn''$，其方程为

$$q=F_a(p)+\frac{H}{p}+\omega F_o(\omega p).$$

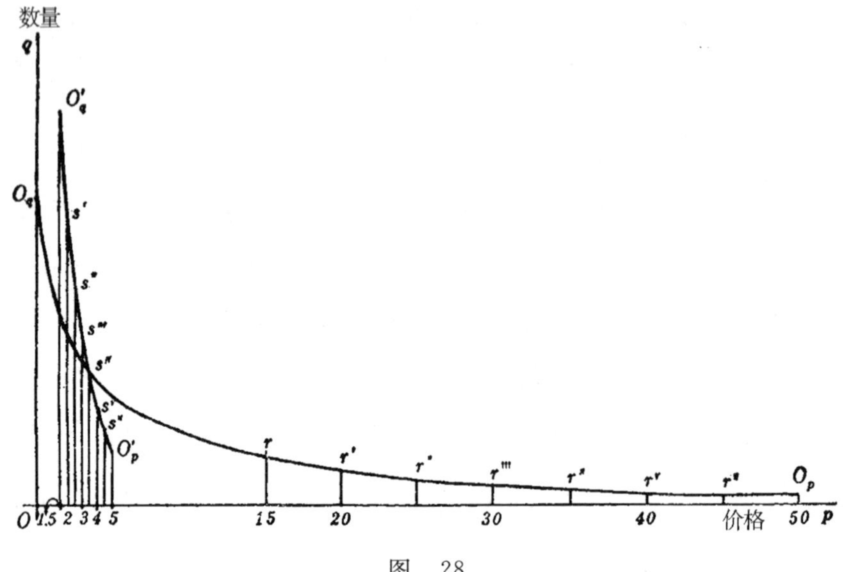

图　28

现在假定以线段 OA 表示(A)的总量 Q_a;以线段 AB 表示(O)的总量的 ω 倍,即 ωQ_o。如果从点 B 起到最外层曲线止,画一条水平直线 BN,从点 N 向下作一垂直线 NP,则横标 OP 所表示的是,与数量 Q_a 对应的作商品用和作货币用的(A)的价格 P_a。还有,如果不存在将(A)从商品使用转变到货币使用或作相反的转变的任何理由,则线段 PI 和 IM 所分别表示的将是,作商品用的(A)的数量 Q'_a 和作货币用的(A)的数量 Q''_a。再说关于图 28 我们可以看到,横标 $50=\omega\times OP$ 所表示的是,与(O)的数量 Q_o 对应的作商品用和作货币用的(O)的价格 P_o。还有,如果同(A)的情况一样,不存在将(O)从商品使用转变到货币使用或作相反的转变的任何理由,则图 27 内线段 NK 和 KM 所分别表示的将是,作商品用的(O)的数量 Q'_o 和作货币用的(O)的数量 Q''_o 的 ω 倍。同处于单本位制下时的情形一样,我们可以证明,将 Q_a 分成 Q'_a

和Q''_a并将Q_o分成Q'_o和Q''_o时，用的如果不是这个方式，而是任意地把它分成不同的量，那就有了看哪一种转变有利，而将(A)从商品使用转变到货币使用或作相反的转变的机会。要作出这一证明，只须假定，线段PN的三个分线段与PI，IK及KN不同，在Op轴与三条曲线$AqAp$，$\mu'Km''$及$v'Nn''$之间所据的位置也不同。但这里不打算重复演示，这不单是为了求简洁，而且为了避免使图解过于复杂，这类图解还准备在别的场合利用。

据此：在两者并存的本位下，和在单一本位下的情形一样，确定作商品用和作货币用的两种货币商品中任一种(根据任何第三种商品估计)的共同的和相同的价格的方式是，随着它作为货币时的价格是大于还是小于它作为商品时的价格而进行铸造或熔解。

288. 因此，图25、27和28内的三条曲线H，$AqAp$和$OqOp$、图27内的两个线段OA和AB以及ω对1这一比率，是两种货币商品以及两者分别作商品用和作货币用的各自的数量的决定因素。正是由于这个原因，这些因素也是这些价格和数量的变化的决定因素。这里再一次看到，要说明两种货币商品价格的变化，以及两者分别作商品用和作货币用的各自的数量的变化，只须继续研究曲线H，$AqAp$和$OqOp$移位时的效果，以及线段OA，AB和ω对1这一比率变动时的效果。将上面关于复本位情况的分析结果和关于单本位情况的同样的分析结果作一对比，则在促使通货价值和货币价值得以进一步稳定的方面，两种制度的优缺点何在，就可以在充分了解下作出结论。这一点放在下一章里研究，要在这里先行研究的是，与数量Q_a和Q_o的变化对应的、线段OA与

AB 发生变化时的效果。

首先让我们假定，当几何上以 OA 表示的 Q_a 保持不变时，以 $\frac{MN}{\omega}$ 表示的 Q_o 增加到了以 $\frac{m'n'}{\omega}$ 表示的数量，或者是减少到了以 $\frac{m''n''}{\omega}$ 表示的数量。图 27 表明，在前一情况下，以 $p'm'$ 表示的白银总量将供作商品使用，货币流通的任务将单独由黄金执行；而在后一情况下，以 $\frac{m''n''}{\omega}$ 表示的黄金总量将供作商品使用，货币流通的任务将单独由白银执行。该图还表明，如果 Q_o 在数量上或者增加到 $\frac{m'n'}{\omega}$ 之上，或者减少到 $\frac{m''n''}{\omega}$ 之下，这时只要白银在价格 p' 或 p'' 上保持不变，而黄金的价格降低到 p' 之下，或者提高到 p'' 之上，则作商品用的黄金价值对作商品用的白银价值之间的比率，在前一情况下将小于 ω 对 1，在后一情况下将大于 ω 对 1。

现在让我们假定，当几何上以 $\frac{MN}{\omega}=\frac{\mu'v'}{\omega}=\frac{\mu''v''}{\omega}$ 表示的 Q_o 保持不变时，以 PM 表示的 Q_a 增加到了以 $\pi'\mu'$ 表示的数量，或者是减少到了以 $\pi''\mu''$ 表示的数量。从图 27 可以看到，在前一情况下，以 $\frac{\mu'v'}{\omega}$ 表示的黄金总量将供作商品使用，货币流通的任务将单独由白银执行；而在后一情况下，以 $\pi''\mu''$ 表示的白银总量将供作商品使用，货币流通的任务将单独由黄金执行。还可以看到，如果 Q_a 在数量上或者增加到 $\pi'\mu'$ 之上，或者减少到 $\pi''\mu''$ 之下，这时只要黄金的价格在 π' 或 π'' 上保持不变，而白银的价格降低到 π' 之下，或者提高到 π'' 之上，则作商品用的黄金价值对作商品用的白银价值之间的比率，在前一情况下将大于 ω 对 1，在后一情况下将小于 ω 对 1。

我认为这已经足以表明，过去关于单本位制和复本位制问题的讨论是多么肤浅；这对有兴趣对问题作比较认真、比较确切的研究的人们说来，也提出了一个适当的进行方式。对单本位制论者方面说来绝对必要的是，不要再老是抱着那一成不变的反复本位制论调，认为“要由政府来保持黄金价值与白银价值之间的固定比率，就同要它来保持小麦价值与裸麦价值之间的固定比率一样困难”。[1] 由政府来保持作货币用的黄金价值与白银价值的固定比率是很容易的；这一比率一经确定之后，就会间接地使它成为金块价值与银块价值之间的固定比率。同时在复本位制论者方面，也必须不再否认“货币金属会通过形式上的变化而发生价值上的变化”，必须不再坚持“货币金属，不论其形式为块、为锭、为钱币或为首饰，其价值始终相等”的见解。[2] 金银块价值与金银币价值之间的均等决不是不变的，这一均等只能通过铸造和熔解的办法来保持，当不再有货币可供熔解时，这一均等就不复存在。

289. 这一理论研究中为澄清复本位制原理所使用的一些公式，也可以用来说明这一制度的实际应用的结果。如果将上面一些任意的和不定的函数或曲线，全部或部分地用通过统计求得的、有实在系数的函数或曲线来代替，就可以大致计算，在既有的金币价值与银币价值间的法定比率的基础上恢复铸造银币时的真实效

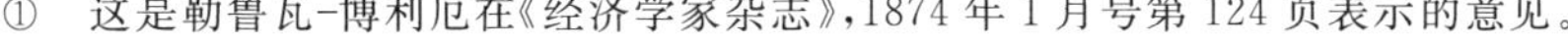

① 这是勒鲁瓦-博利厄在《经济学家杂志》，1874 年 1 月号第 124 页表示的意见。

② 这是切尔努斯基在《经济学家杂志》，1876 年 12 月号第 457 页表示的意见。

果。现在让我们假定，我们的几何图解对某一国家说来是适用的；假定那个国家于平衡确定以后，其白银的数量有所增加，而法定比率的自然的效果，由于停止铸造银币而没能实现。在这种情况下，银币的数量将仍然由图 27 内的 IM 表示，其价格将仍然由 OP 表示，而作商品用的白银数量和价格，则将分别由 $P'I'$ 和 OP' 表示。如果这时恢复铸造银币，则法定比率的效果将表现在线段 $P'I'$ 与 IN 的相加上，并且表现在表示这些线段之和的直线 $\pi'\upsilon'$ 在点 P 与点 P' 之间所占的位置上。很明显，在这一假设下，某一数量银币的铸造将被某一数量金币的熔解所抵消，于银块价格从 OP' 上升到 $O\pi'$ 时，不但银币价格将随之从 OP 下降到 $O\pi'$，而且金块和金币价格也将随之从 $\omega\times OP$ 下降到 $\omega\times O\pi'$。如果认为采用名数可以有助于对这类事态的了解，那么下面一些数字是可以与以上用曲线说明的那个国家的情况相配合的。在平衡状态下，以法定比率 $\omega=10$ 对 1 为根据，假定白银的总量为 $OA=PM=5$ 个 50 亿克，其中作商品使用的为 $PI=2$ 个 50 亿克，铸成银币的为 $IM=3$ 个 50 亿克；假定黄金的总量为 $\frac{AB}{10}=\frac{MN}{10}=433$ 个 500 万克，其中铸成金币的为 $\frac{MK}{10}=100$ 个 500 万克，作商品使用的为 $\frac{KN}{10}=333$ 个 500 万克。以小麦计的白银价格为白银 5 克值小麦 5 磅；以小麦计的黄金价格为黄金 5 克值小麦 50 磅。换句话说是小麦每磅值 0.20 法郎。如果假定白银的总量增加了 2 个 50 亿克，而停止铸造银币，则作商品用的白银数量将从 2 个增加到 4 个 50 亿克，结果以小麦计的白银价格将从 5 克值小麦 5 镑下降到 5 克值小麦

1.66 磅。这就有可能用 $0.33=\frac{1.66}{5}$ 个 5 克的银币来买进 1 个 5 克的银块。这时如果恢复铸造银币，则依然作商品使用的将为 2.166个 50 亿克，铸成银币的将为 1.833 个 50 亿克；但是，所有 100 个 500 万克金币这时将全部被熔解成金块。以小麦计的银块价格将从 5 克值小麦 1.66 磅上升到 5 克值小麦 4.33 磅，而银币的价格则将从 5 磅下降到 4.33 磅。以小麦计的不论是金块或金币的价格，都将从 5 克值小麦 50 磅下降到 5 克值小麦 43.33 磅。换句话说是小麦每磅将值 $\frac{1 \text{ 法郎}}{4.33}=0.23$ 法郎。由此可以看出，一切商品的价值将上升 15%。

第三十二章　复本位标准价值的相对稳定

290. 关于复本位制的数学理论，为了求其完整，我们打算从货币标准价值稳定的观点来讨论复本位制度。

在复本位的假设下，我们用银法郎这个词表示白银的单位量时，每一银法郎假定重 5 克，纯度0.900；但是用金法郎这个词来表示黄金的单位量时，关于金法郎，不是像以前那样假定它的重量为 5 克，纯度为0.900，而是用它来表示这一单位的 ω 分之一。前在图 28 内曾假定 ω 等于 10，按照目前的规定，金法郎就必然是黄金半克。在该图内，是用其方程为 $q=\omega F_o(\omega p)$ 的曲线 $O'qO'p$ 来代替其方程为 $q=F_o(p)$ 的曲线 $OqOp$ 的，前一曲线表明，以小麦计的属于金块形式的一个金法郎的价格为其数量的函数。

为了适应这里的讨论，让我们如图 29 所示，作出互成直角的两条轴线，其中水平轴是时间轴 Ot，直立轴是价值轴 Op。在第一轴上，让我们截取相等的线段 0 到 1，1 到 2…，各自对应着一个时间单位，或者说得再明确些，各自对应着假定我们已经根据数学数据作出的一些价格计算之间的相等的时间间隔。在第二轴上，在通过点 1，2，…、与该轴平行的一些直线上，让我们截取一些线段，与这些线段对应的是：

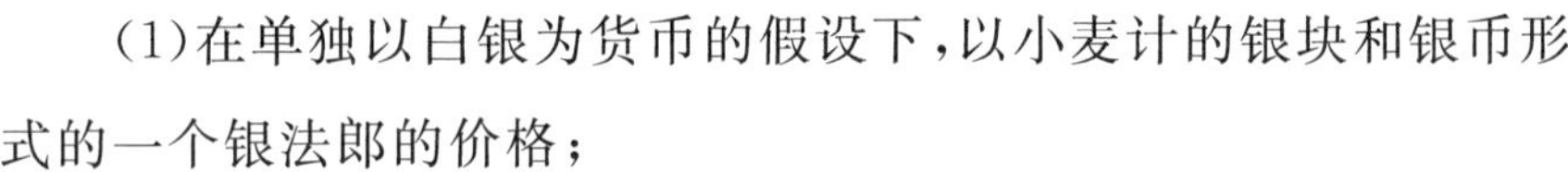

(1)在单独以白银为货币的假设下，以小麦计的银块和银币形式的一个银法郎的价格；

(2)在同样假设下，以小麦计的金块形式的一个金法郎的价格；

(3)在单独以黄金为货币的假设下，以小麦计的金块和金币形式的一个金法郎的价格；

(4)在与(3)相同的假设下，以小麦计的银块形式的一个银法郎的价格；

(5)在同时以黄金与白银为货币的假设下，以小麦计的银法郎和金法郎的共同价格。

根据我们在前面作出的解释，再根据图 27，可以看出，在第一时期开始时，在时间轴零点的右边，几何上用 Op'' 表示的上述各量内的第一个，即 p''，是方程

$$Q_a=F_a(p'')+\frac{H}{p''}$$

价格
p
π″
p″
P
π′
p′
O
1
2
10
11
15
25
26
35
45
t
时间
C
D
P25
P35
P45
π′45
p″45
π′45
p′45
p′26
π′26
π′11
p′11

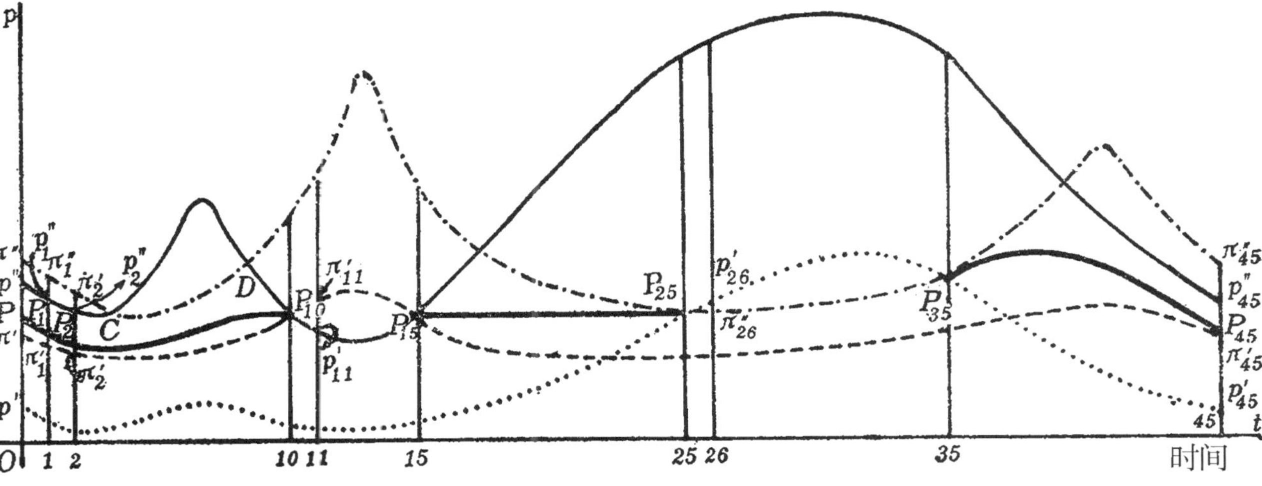

图 29

的根；用 $O\pi'$表示的上述各量内的第二个，即 π''，是方程

$$\omega Q_o=\omega F_o(\omega\pi')$$

的根；用 $O\pi''$表示的第三个量，即 π''，是方程

$$\omega Q_o=\frac{\mathrm{H}}{\pi''}+\omega F_o(\omega\pi'')$$

的根；用 Op'表示的第四个量，即 p'，是方程

$$Q_a=F_a(p')$$

的根；最后，用 OP 表示的第五个量，即 P，是方程

$$Q_a+\omega Q_o=F_a(P)+\frac{\mathrm{H}}{P}+\omega F_o(\omega P)$$

的根。据此，我们从图 29 内的原点 O 起，在直立轴 Op 上截取了线段 Op''，$O\pi'$，$O\pi''$，Op'和 OP 。

紧接在第一时期之后，数量 Q_a，Q_o 和 H 以及函数 F_a 和 F_o 发生了变化，上述各量已经变成了 p''_1，π'_1，π''_1，p'_1 和 P_1，分别表示这些量的是线段 1 到 p''_1，1 到 π'_1，1 到 π''_1，1 到 p'_1 和 1 到 P_1，这是在通过水平轴上的点 1、与直立轴平行的一条直线上截取的。

紧接在第二时期之后，这些量将变成 p''_2，π'_2，π''_2，p'_2 和 P_2，分别表示这些量的是线段 2 到 p''_2，2 到 π'_2，2 到 π''_2，2 到 p'_2 和 2 到 P_2，这是在通过水平轴上的点 2、与直立轴平行的一条直线上截取的。

以下可类推。这样就可以得出下列五条曲线：

(1)曲线 $p''p''_1p''_2\cdots$表示的是，在银本位假设下，属于银块和银币形式的一个银法郎在价格上的变化。根据数学解析，这是从方程

$$Q_a = F_a(p'') + \frac{H}{p''}$$

得出的，其间 Q_a 和 H 是自变量，函数 F_a 是要变化的，p''是因变量而不是预定值。

(2)曲线 $\pi'\pi'_1\pi'_2\cdots$表示的是，仍然在银本位假设下属于金块形式的一个金法郎在价格上的变化。根据数学解析，这是从方程

$$\omega Q_o = \omega F_o(\omega\pi')$$

得出的，其间 Q_o 是自变量，函数 F_o 是要变化的，π'是因变量而不是预定值。

(3)曲线 $\pi''\pi''_1\pi''_2\cdots$表示的是，在金本位假设下属于金块和金币形式的一个金法郎在价格上的变化。这是从方程

$$\omega Q_o = \frac{H}{\pi''} + \omega F_o(\omega\pi'')$$

得出的，其间 Q_o 和 H 是自变量，函数 F_o 是要变化的，π''是因变量。

(4)曲线 $p'p'_1p'_2\cdots$表示的是，仍然在金本位假设下属于银块形式的一个银法郎在价格上的变化。这是从方程

$$Q_a = F_a(p')$$

得出的，其间 Q_a 是自变量，F_a 是要变化的，p'是因变量。

(5)曲线 $PP_1P_2\cdots$表示的是，在复本位假设下银法郎和金法郎的共同价格的变化。这是从方程

$$Q_a + \omega Q_o = F_a(P) + \frac{H}{P} + \omega F_o(\omega P)$$

得出的，其间 Q_a，Q_o 和 H 是自变量，F_a 和 F_o 是要变化的，P 是因变量。

我们所寻求的是，就货币标准价值的稳定这个方面说来的单本位制和复本位制的各自的优点；讨论一下上述第一、第三和第五条曲线，就可以使我们得出结论。

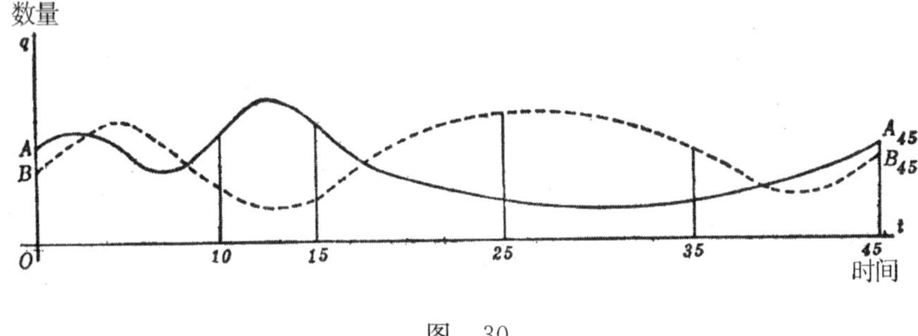

图　30

为了使图解简化，这里准备将数量 H 以及函数 F_a 和 F_o 的变化略去；经假定，只有数量和 Q_a 和 ωQ_o 是要变化的，变化的方式，分别如图 30 内曲线 A 和 B 所示。曲线 AA_{45} 表示银法郎数量的变化；曲线 BB_{45} 表示金法郎数量的变化。但作出结论时则完全不受这一限制。

291. 首先要注意的是，图 29 内一方面在曲线 $p''p''_1p''_2\cdots$ 与 $p'p'_1p'_2\cdots$ 之间、另方面在曲线 $\pi''\pi''_1\pi''_2\cdots$ 与 $\pi'\pi'_1\pi'_2\cdots$ 之间的极其类似。这种现象是合理的。同时用作商品并用作货币的任何金属，其价格势必高于专用作商品时的该种金属，因为既赋予一种金属以货币职能，势必减少该种金属供工业用和装饰用的数量。并且，采用了一种金属作货币之后，不但提高了它的价格，而且在一般不改变其价格变化的性质的情况下，扩大了它的价格变化的幅度。因此，曲线 $p''p''_1p''_2\cdots$ 类似于而又较高于曲线 $p'p'_1p'_2\cdots$，正与曲线 $\pi''\pi''_1\pi''_2\cdots$ 类似于而又较高于曲线 $\pi'\pi'_1\pi'_2\cdots$ 的情形一样。

292. 了解了这一点之后，让我们再回到图 30，看一看为什么在曲线开始的阶段复本位制是有效的。理由是，如果单用白银铸币，则银法郎将取得由方程

$$Q_a = F_a(p'') + \frac{H}{p''}$$

得出的值 p''，金法郎将取得由方程

$$\omega Q_o = \omega F_o(\omega\pi')$$

得出的值 π'；结果，只要 p''大于π'，就有利于将金块铸成金币。因此，银币形式下的银法郎价格将相对地低于银块形式下的银法郎价格，银币将被熔成银块。同样情况，如果单用黄金铸币，则金法郎将取得由方程

$$\omega Q_o = \frac{H}{\pi''} + \omega F_o(\omega\pi'')$$

得出的值 π''，银法郎将取得由方程

$$Q_a = F_a(p')$$

得出的值 p'；结果，只要 π''大于 p'，就有利于将银块铸成银币。因此，金币形式下的金法郎价格将相对地低于金块形式下的金法郎价格，金币将被熔成金块。

据此：属于银块和银币形式的银法郎价格应高于单是属于金块形式的金法郎价格，属于金块和金币形式的金法郎价格应高于单是属于银块形式的银法郎价格；只有在这样的条件下，复本位制才能顺利推行。换句话说，图 29 内的曲线 $p''p''_1p''_2\cdots$应位于曲线 $\pi'\pi'_1\pi'_2\cdots$之上，同一图内的曲线 $\pi''\pi''_1\pi''_2\cdots$应位于曲线 $p'p'_1p'_2\cdots$之上；只有在这样情况下，复本位制才能有效进行。这就是图解内前 10 个期间以及从 15 到 25、从 35 到 45 期间的实际状态。

293. 属于金银块状态和金银币状态的金法郎和银法郎的共同价格 P 是方程

$$Q_a+\omega Q_o=F_a(P)+\frac{H}{P}+\omega F_o(\omega P)$$

的根。此外,我们在一方面得出

$$F_a(P)+\frac{H}{P}>Q_a>F_a(P),$$

在另方面得出

$$\frac{H}{P}+\omega F_o(\omega P)>\omega Q_o>\omega F_o(\omega P);$$

由于白银的总量 Q_a 和黄金的总量 Q_o,都是部分由银块和金块的量 Q'_a 和 Q'_o、部分由银币和金币的量 Q''_a 和 Q''_o 所组成,因此前者的不均等显然意味着后者的不均等,反过来也是一样。

我们已经知道

$$Q_a=F_a(p')=F_a(p'')+\frac{H}{p''},$$

并且知道

$$\omega Q_o=\omega F_a(\omega\pi')=\frac{H}{\pi''}+\omega F_o(\omega\pi'').$$

因此,我们一方面得出

$$F_a(P)+\frac{H}{P}>F_a(p'')+\frac{H}{p''},$$

意味着 $p''>P$;另方面得出

$$F_a(p')>F_a(P),$$

意味着 $P>p'$。此外我们还得出

$$\frac{H}{P}+\omega F_o(\omega P)>\frac{H}{\pi''}+\omega F_o(\omega\pi''),$$

意味着 $\pi''>P$，和

$$\omega F_o(\omega\pi')>\omega F_o(\omega P),$$

意味着 $P>\pi'$。

据此：当实行复本位制时，属于金银块以及金银币形式的金法郎和银法郎的共同价格，应当：(1)同时低于单一银本位下的银法郎的银块价格，高于单一银本位下的金法郎的金块价格（即其唯一价格）；(2)同时低于单一金本位下的金法郎的金块价格，高于单一金本位下的银法郎的银块价格（即其唯一价格）。换句话说，在复本位制实施期间，图 29 内的曲线 $PP_1P_2\cdots$是同时位于两条曲线 $p''p''_1p''_2\cdots$和 $\pi''\pi''_1\pi''_2\cdots$之下，而又位于两条曲线 $\pi'\pi'_1\pi'_2\cdots$和 $p'p'_1p'_2\cdots$之上的。这也可以从以前提到的图解中从 1 到 10、15 到 25 和 35 到 45 的各期间看出。

294. 我们可以再度借助于图 27 来看出，复本位制怎样终于会回到单本位制。只要 Q_a 变得等于或大于 $\pi'\mu'$，或者是 ωQ_o 变得等于或小于 $m''n''$，它就变成了单一的银本位制。只要 ωQ_o 变得等于或大于 $m'n'$，或者是 Q_a 变得等于或小于 $\pi''\mu''$，它就会变成单一的金本位制。在前两个终于要变成银本位的情况下，银法郎的价格 p''系由方程

$$Q_a=F_a(p'')+\frac{H}{p''}$$

得出，金法郎的价格 π'系由方程

$$\omega Q_a=\omega F_o(\omega\pi')$$

得出。但是，只要 p''仍然等于或小于 π'，将金块铸成金币就一无所得。在后两个终于要变成金本位的情况下，金法郎的价格 π''系

由方程

$$\omega Q_o = \frac{H}{\pi''} + \omega F_o(\omega\pi'')$$

得出，银法郎的价格 p' 系由方程

$$Q_a = F_a(p')$$

得出。但是，只要 π'' 仍然等于或小于 p'，将银块铸成银币就一无所得。

据此：只要单是属于金块形式的金法郎价格上升到属于银块和银币形式的银法郎价格之上，就是说，只要就图 29 说，在 10 与 15 之间的五个期间，曲线 $\pi'\pi'_1\pi'_2\cdots$ 位于曲线 $p''p''_1p''_2\cdots$ 之上，复本位制就会变成单一的银本位制，只要单是属于银块形式的银法郎价格上升到属于金块和金币形式的金法郎价格之上，就是说，只要就图 29 说，在 25 与 35 的十个期间，曲线 $p'p'_1p'_2\cdots$ 位于曲线 $\pi''\pi''_1\pi''_2\cdots$ 之上，复本位制就会变成单一的金本位制。

并且，这也是很明显的，只要复本位制变成了单一的银本位制或金本位制，银法郎和金法郎所共有的单一价格就不复存在。曲线 $PP_1P_2\cdots$ 即告中断。

295. 在图 29 所示的对应情况下，在从 0 到 45 的期间，由复本位制到银本位制的转变，会使以小麦计的通货和货币标准的价格发生的变化，将由曲线 $PP_1P_2\cdots P_{10}P''_{11}\cdots P_{15}\cdots P_{25}\pi''_{26}\cdots P_{35}\cdots P_{45}$ 表示，而不再由曲线 $p''p''_1p''_2\cdots p''_{45}$ 表示。由复本位制转变到金本位制的结果，会由上述曲线代替曲线 $\pi''\pi''_1\pi''_2\cdots\pi''_{45}$。当然，这里的图解所说明的，与现实情况无关。由于在这里略去了某些因素，如理想的现金余额总量的变化，以及贵金属在其商品用途中效用的变化，而这类变化是有可能加强或削弱其数量上的变化的影响的，因此图解所说明的，与现实情况就相差得更远。然而可以肯定的是，就升降的幅度说，曲线 $PP_1P_2\cdots$ 必然小于曲线 $p''p''_1p''_2\cdots$ 或曲线 $\pi''\pi''_1\pi''_2\cdots$；这是因为前一曲线始终位于后两条曲线之下，只是当后两条曲线中在上面的一条的上升速度显然超过下面的一条时，前一曲线才会同下面的一条重合。①

据此：如果在单本位下两种金属的价值是要在相反方向下变动的，则在复本位下可以使价值保持某一程度上的相对稳定；如果在单本位下是要在同一方向下变动的，则在复本位下将作同样程度的变动。

总之，就货币本位价值的稳定说，复本位制也跟单本位制一样地没有把握；操胜算的机会，前者只是略多于后者。

296. 经济学家们在关于复本位制的论争中，对于曲线 $PP_{10}P_{15}P_{25}P_{35}P_{45}$ 已经作了一些笼统的暗示。这就是杰文斯企图提出的曲线；他认为在他的著作《货币与交换结构》的第十二章《关于货币本位的斗争》中，已经提出了这条曲线。复本位制论者曾屡次引用杰文斯的这条曲线，并加以复制，对它深信不疑。但是我的 P 曲线是根据确定货币价值的条件从数学上求得的，而杰文斯的曲线 D 是凭经验得来的，两者之间有重大区别。P 曲线有时会不同于 p'' 曲线及 π'' 曲线而跟它们脱离；例如，在 P 与 P_{10} 之间、P_{15} 与 P_{25} 之间、P_{35} 与 P_{45} 之间，前者会位于后两者之下。只是在某些情

① 关于复本位下价格曲线的讨论，参阅拙著《应用政治经济学研究》第 112 页起；《货币论》第 19 节。

况下，前者才会与后两者之一重合。例如，P 曲线在 P_{10} 到 P_{15} 之间会与 p'' 曲线重合，在 P_{25} 到 P_{35} 之间会与 π'' 曲线重合。在杰文斯的曲线 D 是始终与两条曲线 p'' 和 π'' 中较低的那一条相重合的。他的曲线，看来跟我的图 29 内的曲线 $p''CDP_{10}p''_{11}\cdots$ 相同。杰文斯曲线的动作，所依据的是在他书里说得明明白白的一个假设，认为复本位制基本上是一个交替的本位制度，意思是说，只有一种金属会遗留在流通中，留下的有时是黄金，有时是白银。这显然是一个错误的想法。我们已经演绎地证明，根据经验也表明，复本位制是可以顺利推行的。当它行之有效的时候，金法郎和银法郎所共有的单一值，必然低于单一金本位制下金法郎的值，也必然低于单一银本位制下银法郎的值。这一实例表明，用有条理的方式来讨论量的关系是何等重要，在这样方式的讨论中，即使是极其细微的含糊也在所不许。

错误的想法纠正以后，正如杰文斯所指出的那样，在复本位制下仍然会发生补偿性的活动。这里无须反复申论，所谓补偿性活动，即金属的不断被铸造和熔解；但是对复本位制论者我还想有所指陈。

297. 我们试将关于货币标准稳定程度问题的研究投入货币的应用理论时就不免要想到，为什么我们要以这样一种不确定的和不完全的稳定为满足？为什么不以有保证的和完全的稳定为目标？让我们想一想，在某些限制条件下，小麦是否能满足作为具有相当固定的稀少性和价值的一种商品的条件。我们还可以再想一想，货币的稀少性和价值是固定的好呢，还是随着社会财富的平均稀少性和平均价值作等比例的变化好。如果用还有待于决定的某种平均物价标准来代替小麦，会不会更加适合？在所有这类设计下，复本位的 P 曲线，比单本位曲线 p'' 或 π'' 中的任一条，将更加接近于水平。但是我们要问，为什么要满足于 P 曲线呢？为什么不自觉地采取有计划的措施来规定金属流通量，从而直接取得理想的水平曲线呢？产生这样的结果的将不是复本位制，而是单一的金本位制，在这一本位制下，同时还应存在着一种银铸的流通媒介物，它不同于辅币，它可以随时发行，随时收回，目的是在于防止平均物价标准的波动。政府于发行这一媒介物时可以获得利益，于收回时将遭受损失。这方面的纯损或纯益，应加入货币的铸造和熔解费用，或从中扣除，这是为了保持货币标准稳定或使其价值的波动有所限制时经济体系所不得不付出的代价。关于应用经济学和实践经济学的这类问题，将在其他场合讨论。这里，在货币的纯粹理论中，只须举示其中最重要的几点。

第三十三章　信用货币和用抵消手段的支付

298. 这的确是值得一提的一个奇妙现象：货币理论家对于货币使用的初次出现欢欣鼓舞，把它说成是可惊的进步，可是对于货币使用已经惯常之后而又避免使用货币的任何手段，却又极度赞许，认为是更大的进步。实际上，不借助于金属货币以完成交易手续的方便措施，其所占地位的重要在不断增进。这类方便措施，试列举如次：

299. 账面信用。假定有两个商人 X 和 Y，凭赊欠办法互相进行买卖。到了某些日期，比方说每届六个月期满时，即将 X 欠 Y 和 Y 欠 X 的总额分别进行总结，看一看两方所欠是哪一方的较大，结果只将其间的差额用现金结清，但即使这一差额也往往是转入下期的。因此，巨额的买卖，有很大部分，使用现金支付时，次数既不多，数额也不大。

这里表明，有某一数量的交易，进行时并不需要金属货币的参与；但是这样的交易，仍然得先有通货和货币的发明和使用为必要条件。因为，贵金属虽然在事实上不出现，在原则上则始终存在。不借助于通货，就无法设立借贷账户；不借助于货币，则 X 和 Y 之间的交易，除实际支付现金外，就无法凭记账办法来进行结算，对于相互间的负债所涉及的现金，当它仍然是债权人的财产时，就无法使 X 和 Y 认为是可以由各自自由支配的。还有一层，虽然通货与货币不是在事实上参与而只是在原则上参与的，但是没有这一参与，就无法找到有公度的贷款单位——即借出金额单位乘以衡量贷款期限的时间单位——因此，关于 X 给予 Y 的信贷和 Y 给予 X 的信贷，于结算日就无法得出确切计算。

300. 商业票据。两个商人相互间的交易会那样经常，那样巨大，以致需要如上面所说的那样互相设立账户的情况，并不是常有的事，实际上这样的情况是很少见的。因此，举例说，如果 X 从 Y 处只有一次购入，他就会即时，或者是隔了账面信用成立的一段时间之后，用下面的方式结束这一交易。如果 X 和 Y 居于同一城市，X 就会开出一张 Y 记名的期票，其内容是“发票后若干月，准付给 Y 货款计金额若干；X 签名”。如果 X 和 Y 并不居于同一城市，Y 就会向 X 开出一张汇票，其内容是“发票后若干月，请付给出票人贷款计金额若干；Y 签名”。然后这一汇票将送由 X 承兑，由 X 在票上注明“照兑；X 签名”。诚然，于到期时 X 将以现金清偿他所开出的期票或 Y 所开出的汇票。但在到期之前，可以发生下列情况。Y 取得了期票或经过承兑的汇票之后，他可以立即用以向第三者 Z 结算账款，其方式是将该期票或汇票转让给 Z，转让时加背书“票面金额若干请照付 Z；Y 签名”。同时 Z 也可以利用这一凭证，由他背书后持向第四者 W 结算账款。在这样情况下，一张期票或汇票，从签发到满期，可以被利用来作为两次、三次、五次、十次或者甚至二十次交易的支付手段。如果票据到期而 X 没有能付现，则该据将由背书人依次退还给他的前手背书人，直到退给 Y 为止；但是，如果到期由 X 照兑，则一连串的借贷关系即由此全部结束，二十次之多的交易，结算时只须借助于一次现金的支付。

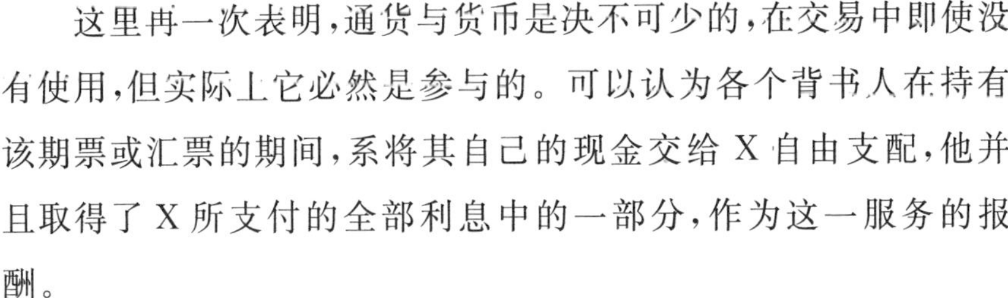

这里再一次表明，通货与货币是决不可少的，在交易中即使没有使用，但实际上它必然是参与的。可以认为各个背书人在持有该期票或汇票的期间，系将其自己的现金交给 X 自由支配，他并且取得了 X 所支付的全部利息中的一部分，作为这一服务的报酬。

301. 纸币。期票与汇票的自由流通，会遇到种种障碍。一则这类票据只是于到期时方才能付现，这就不免存在着出票人或承兑人到期不能兑付的风险。再则，这类票据只是通过背书才能转让，万一发生违约拖欠情况，不但各个背书人对持票人负有赔偿责任，而且他自己也存在着不能获得补偿的风险。但是我们有一种机构，叫做发钞银行，它经营如下的业务。它所发行的，不是只通过背书才能转让的、定期付现的期票或汇票，而是一种即期票据，叫做纸币，那是无须通过背书进行转让的。纸币实质上是见票即付给来人的票据，用以代替到期时付给指定人的期票或汇票。正是由于在原则上人们可以随时将纸币持向发钞银行兑换硬币，并且由于人们可以不通过背书、不负任何责任而随意转让，所以它流通时比商业票据简便得多。由于这种票据对一切持有人说来都是可以兑现的，所以能够自由流通。在通常情况下，纸币一直在流通中，至少到它所代替的商业票据到期时为度。到期时银行即提出期票或汇票向出票人或承兑人收款，它所收到的或者是它自己发行的纸币，或者是硬币，它保留着硬币，直到纸币退出流通或被提出向它要求兑现时为度。因此，唯一的要求是，银行所存的期票和汇票，加上它所掌握的现金，应当相等于流通中纸币的总计。换句话说，在一定的现金余额下，发钞银行的纸币流通量，可以相等于这一余额的价值的 2 倍、3 倍、4 倍或 5 倍。这就很明显，如果银行的现金准备是 1 亿，其纸币流通是 3 亿，那么交易中的三分之二就是用纸币结算的；但是，这类交易虽然没有使用硬币，却决不是跟通货与货币全然无关。实际上结算是在对负债没有作任何真正清偿的情况下，通过商业票据的转让来完成的。

302. 支票。假定 X，Y，Z 和 W 并不互设顾客账户，不开期票或汇票，甚至在其相互间的业务中也不使用纸币。那么他们的业务将在如下的情况下进行。他们各自向其银行交存某一数额的货币、商业票据和纸币，从而在银行中各自组成一个存款余额。银行则将货币投放于有价证券，因此，归根结底，一切存款也同纸币一样，除现金准备外，是以证券为后盾的。然后由X，Y，Z和W通过支票来利用这些存款，支票就是向银行开出的付款通知，用以偿付他们在商业上的购置。如果情况的发展就到此为止，那么存款余额不久就会用尽。但是还有下文；X，Y，Z和W不但有所买进，他们还有所卖出。他们卖出时所收到的是，向他们自己的银行开出的支票，或者是向同一城市内别的银行开出的支票。他们收到了这些支票立即存入银行，从而使其余额增加。他们这就可以凭这一增加的余额签发自己的支票，跟凭原来的余额签发支票的情形一样。事体还不止于此。城市里设有一个机构叫做票据交换所，银行业者每天在这里集合。他们各自将所收到的别家银行的支票分别交给各银行的代理人，同时向各银行的代理人收回其本行的支票，收进支票的金额与交出支票的金额之间的差额，即人欠与欠人两者之间的差额，通过现金收付轧平。这样，开出支票的金额就有可能会远远超过原来的存款。在这种情况下，支票是无须实际使用硬币而完成买卖的一个很有效的手段，尤其是通过了票据交换所的设置，就更加提高了这一手段的有效程度，票据交换所是这一制度中的一个枢纽。在伦敦和纽约的票据交换所里，完成数以亿计的英镑和美元的交易时，实际上经过转手的现金不过几千镑或几千元。这样，我们就有了具有累积作用的节约硬币使用的两种方便措施：(1)票据交换所内支票的互相抵消，无论从哪方面看，这都与转让现金的票据的抵消相类似；(2)使用支票作为转让银行库存有价证券时的付款凭证，这类有价证券所体现的是固定资本

和流通资本，其等级高低不一，等级的高低取决于银行所经营的业务的性质和内容。

303. 这里我们只是注意到这些事实的存在，并加以说明，对于其间的优缺点则不加论断。黄金和白银，由于它们所具有的特征，是真实的财富，流通的财富。我们遇到危急的时候，可以把它们埋藏在地下，存放在安全处所，这时仍然充满信心，其价值会永久保持。另一方面，固定资本品和流通资本品的价值，是从它们的服务价值或使用价值得来的；在很多情况下，其价值会降至于零。因此，用有价证券来结算债务时，债务并没有被真正清偿。毫无疑问，用票据代替等量的硬币来转让资金，可以使供工业用和装饰用的贵金属的数量增加。一方面是由于拥有较大数量的金银器皿和金银首饰而使个人得到的愉快，另方面是由于对规模不论怎样大或怎样小的债务任何时不能用绝对安全的方式进行结算而使经济体系遭受到的不方便；前者的重要是否过于后者，还有待于证明。一个经济体系并不是为了要停顿下来进行清算而建立的，正同一辆大车并不只是为了要煞车而开动的情形一样；然而，也正同大车必须能够煞车或开慢车的情形一样，经济体系也许应当能够随时进行大体上的清算。这样看来，对纸币和支票加以极度赞扬的那些经济学家，以及梦想着非硬币主义(*ametallism*)、把硬币说成是“累赘的东西”的那些社会主义者，其情形正同将车上的制动器看做累赘的东西要加以抛弃的赶车工人一模一样。谈到这里，还得补充一点。

304. 用纸币或支票表示的商业票据和有价证券，构成了与金属货币形成对照的信用货币。上面第 281 和 283 节里已经提出了

货币流通方程，现在为了使这个方程达到完整，必须于表示金属货币的值的符号之外，加入一个表示信用货币的值的符号 F。我们必须看到，随着在账面信用、转让现金票据、支票等等的应用下抵消制度的发展，保持货币的现金余额的愿望固然越来越薄弱，但是在任一时间这一现金余额的大小系取决于适当考虑到抵消手段以后不得不用现金进行的结算。

根据上面说明的情况，将符号 F 加入我们的方程（见第 283 节）以后，一般得出的是

$$(Q''_a + F)P_a = \mathrm{H}.$$

还有待于了解并且想一想就会明白的是，当货币商品的量 Q''_a 和以货币计的价格作比例的上升或下降时，F 项会自动地在同样比例下上升或下降，而 H 则保持不变。如果生产、资本形成和流通三重平衡的必要条件都得到了满足，则如我们在第 279 节所见到的那样，于货币量有了某一程度上的增加或减少、而价格作比例的上升或下降以后，企业家和银行就没有理由，为什么不在商业票据和有价证券相应的较大或较小的名义价值之下，将等量的资本投入流通；人们就没有理由为什么不买进和卖出等量的商品，而这些商品是按照可能按比例升降的名义价值用抵消手段偿付的；并且也没有理由，为什么在(B)的依据下估计的理想的现金余额会发生任何变化。因此，价格对货币量的比例关系的定理，并不会由于纸币流通和作出支付时使用抵消手段而受到任何影响。

这就表明，这个定理在这里是完全适用的。由此可见，如果纸币的一切持有人同时要求兑现，并且，支票的一切持有人同时要求收回全部存款——假定这样的要求可以满足的话——则以(B)计

的货币的价格 P_a 将立即从$\frac{H}{Q''_a+F}$上升到$\frac{H}{Q''_a}$，使以货币计的商品价格在正好相反的比例下下降。

305. 上面的结论所体现的是所谓数量论，也就是货币价值与货币数量成反比例的定律，这是用演绎法得出的。在我们的应用经济学研究中会看到，这一定律使市场的整个平衡处于采矿者、纸币发行者和支票使用者的支配之下，会由此发生多么深远的影响。有些经济学家反对数量论，他们的论证一般以观测结果和历史经验为依据，因此其结论是用归纳法得出的。然而他们也不得不承认，从中看到了显著的例子，表明货币价值会与货币数量作相反的变动。例如，这是无可否认的，在古代罗立安银矿的迅速发展，使一个梅迪姆纳斯(*medimnus*)①的小麦的价格，在梭伦时代与亚里斯多芬时代之间，从一个上升到三个德拉克马(*drachma*)②。同样确凿的是，美洲新大陆和波多西(Potosi)③银矿的发现，使15世纪末到17世纪中叶欧洲的一切物价提高了3倍。还有谁都不否认的是，加利福尼亚的淘金狂使1851到1873年间的物价上涨了38%。但是数量论的反对者否认这类变动是成反比例的。关于这一反对意见要作出答复是很容易的，只须说明以下几点：(1)与数量论有关的只是货币的数量；(2)这一理论断言，对效用的正比同时也就是对数量的反比；(3)这一理论假定的是一切其他情形都不变，而事实上由于要使所述的现象充分显现，所需要的时间很长，

① 古希腊容量单位，约等于一个半蒲式耳。——译者

② 古希腊银币。——译者

③ 拉丁美洲 Bolivia 西南部一城市。——译者

因此这个条件从来没有得到满足。如果货币数量的增加是由于纸币或其他信用通货增发的结果，反应的发生就会快得多，反向变动的比例性就会明显得多。例如，法国于1789到1796年大革命时代发行纸币400亿法郎，使交易媒介的价值比例从100降低到2.5或3。这样的异乎寻常的经历不会时常发生，从而使数量论的反对者信服；经济学作为一门科学之所以值得欣幸，原因就在这里，通过这一门科学的推理分析，可以弥补我们经历上的模糊和贫乏的缺陷。

第三十四章　国外汇兑

306. 纸币一般只限于在发行的本国流通，而汇票的流通则范围广泛得多。欧洲所有各城市，以及隔得那样远的东印度群岛和美洲，都向巴黎和伦敦签发汇票；这类汇票在到达终点兑付现款之前，须经过多次转手，从事了结算许多的和各种各样的交易。这类汇票是流通中的信用货币很大的一个组成部分。巨大的银行中心和商业中心，如伦敦、巴黎、阿姆斯特丹、汉堡、法兰克福、热那亚、的里雅斯特和纽约，都是汇票市场。在这些市场中心，对所有其他各市场的汇票每天有行市；这些行市就构成了所谓汇兑行情或外汇率。例如，在伦敦看到的是对巴黎、阿姆斯特丹、汉堡和热那亚的外汇率；在巴黎看到的是，对伦敦，阿姆斯特丹、法兰克福和的里雅斯特的外汇率。我们会听到:“今天巴黎的外汇率是,对伦敦25.15,阿姆斯特丹208.25,法兰克福210,的里雅斯特195.50”;意思是说,在伦敦照付的1镑,在巴黎可以用25法郎15生丁买进和卖出,在阿姆斯特丹、法兰克福或的里雅斯特照付的100福林,在巴黎可以分别用208法郎25生丁、210法郎或195法郎50生丁买进和卖出。由此可见,要开出一个外汇率就得有两个依据,一个是“固定的”,是不表明的,这就是这里的1镑或100福林,还有一个是“不固定的”,是在行情里表明的,这就是这里的208法郎25生丁、210法郎或195法郎50生丁。就上面的例子说,伦敦、阿姆斯特丹、法兰克福和的里雅斯特方面喊价的依据是固定的,巴黎方面喊价的依据是不固定的。

307. 确定外汇率时相关的有两因素:一个是各种货币之间的差异,还有一个是纯粹汇兑。例如,硬币1个英镑与硬币25法郎22生丁所含的纯金相等。如果巴黎对伦敦的外汇率是25.22,那么这一外汇率就处于平价状态,不论在伦敦付或在巴黎付的某一定量的黄金,其价值相等。外汇行情25.15与平价25.22之间的差额所体现的是纯粹汇兑。如果两种货币是相同的,情况就比较简单,所谓纯粹汇兑这一概念就会显得更加清楚。试举个例子,假定巴黎对布鲁塞尔的外汇率是101,对热那亚的是95,这就是说,在布鲁塞尔照付的100法郎和在热那亚照付的100个意大利里拉,可以在巴黎分别以101法郎和95法郎买进。就这一情况说,对布鲁塞尔的汇兑高于平价,处于有升值的状态,对热那亚的汇兑则低于平价,处于有折扣的状态。

因此,一般说来外汇率就是,在这一地区的而在别一地区支付的某一金额的价格。在这一地区支付的某一金额,其价值会高于或低于在别一地区所支付的这一金额;造成这一现象的是哪些原因呢？这就是这里要研究的问题。要解答这个问题,可以先探讨一下促成汇票的交易的一些条件。

308. 将资金从这一地区移转到别一地区时,通常是用寄递汇票而不是用运输硬币的方式完成的。举个例子,假定伦敦商人 X 向巴黎商人 Y 售出了一批商品,而同时巴黎有另一商人 Z 向伦敦商人 W 售出了另一批商品,两批商品的价值相等。在这样情况下,并无须由巴黎的 Y 将现金或现银运送给伦敦的 X,也无须由伦敦的 W 将现金或现银运送给巴黎的 Z。双方的支付只须使用汇票,不必使用任何硬币。假定伦敦的 X 向巴黎的 Y 开出了一张汇票。如果伦敦的 W 向 X 买进这张汇票,X 就收回了 Y 应付给他的金额,W 就照付了他应付给 Z 的金额。现在假定 W 将这一汇票寄给巴黎的 Z,由 Z 将汇票交给同处于巴黎的 Y,由 Y 照付后,Z 就收回了 W 应付给他的金额,Y 就照付了他应付给 X 的金额。这样,两笔负债就都获得了清偿。

309. 以上说明的是原则,现在让我们看一看原则的应用情况。为简化起见,假定不同的市场用的是同样货币。布鲁塞尔有一些商人以价值101 000法郎的商品卖给了巴黎的一些商人;同时巴黎也有一些商人以价值100 000法郎的商品卖给了布鲁塞尔的一些商人。按照上面的分析,巴黎无须以价值101 000法郎的现金或现银运送到布鲁塞尔,布鲁塞尔也无须以价值100 000法郎的现金或现银运送到巴黎。假定布鲁塞尔的债权人向巴黎开出计值101 000法郎的汇票,然后将这些汇票代巴黎的债务人按任何价格卖给布鲁塞尔的债务人，从而获得100 000法郎；或者是假定巴黎的债权人向布鲁塞尔开出计值100 000法郎的汇票，然后将这些汇票代布鲁塞尔的债务人按任何价格卖给巴黎的债务人，从而获得101 000法郎。假定这类买卖系在适当比例下部分用前一方式部分用后一方式完成，并假定，不论在布鲁塞尔或是在巴黎的债务人，如果不买进汇票而改为承兑对方的汇票，对他们并不会更加有利。总之，在一切情况下，在巴黎照付的101法郎，计值在布鲁塞尔照付的100法郎，就是说，布鲁塞尔对巴黎的外汇率为$\frac{100}{101}$，其开价为99.01；一方面在布鲁塞尔照付的100法郎，计值在巴黎照付的101法郎，就是说，巴黎对布鲁塞尔的外汇率为$\frac{101}{100}$，其开价为101。结果，巴黎的债务人将以1 000法郎运送到布鲁塞尔，即使因此需要装运硬币也无法避免，因为对债权人的债务是要全部清偿的。这些债务人就不得不负担汇兑上的损失，而相对地获得汇兑上的利益的，则原则上是布鲁塞尔的债务人。

310. 也许有人要这样说，如果巴黎欠布鲁塞尔200 000法郎，而布鲁塞尔欠巴黎只100 000法郎，则布鲁塞尔对巴黎的汇率将是$\frac{100}{200}$，巴黎对布鲁塞尔的汇率将是$\frac{200}{100}$；就是说，在巴黎照付的200法郎，计值在布鲁塞尔照付的100法郎，在布鲁塞尔照付的100法郎，计值在巴黎照付的200法郎。这是胡扯！这样的结论不但荒唐，而且是不可能的。汇兑上的损益是有限度的；这个限度就是以硬币100法郎从这一都市运到那一都市的装运费并包括保险的总成本。只要汇兑的损失依然在这一限度以内，债务人就会宁可买进汇票或承兑对方开给他的汇票而不运现。当恰好处于这一限度时，不管采取哪一方式，对他说来就没有出入。如果超过了这个限度，债务人就会采取运现方式。因此，这个限度是不会超过的。

311. 库尔诺在他的《财富理论中数学原理的研究》里有一章，专门讨论汇兑。关于理论的进一步详细的发挥，读者可参阅那一章，这里只是再度举示了库尔诺关于汇兑的一般公式。

假定以(1)和(2)为汇兑的两个中心，以 $m_{1,2}$ 为中心(1)欠中心(2)金额的总和，以 $m_{2,1}$ 为中心(2)欠中心(1)金额的总和，以 $c_{1,2}$ 为地区(1)对地区(2)的外汇率，以 $c_{2,1}$ 为地区(2)对地区(1)的外汇率。这时，如果以运输硬币的成本为限度，则得

$$c_{1,2}=\frac{m_{2,1}}{m_{1,2}}$$

和

$$c_{2,1}=\frac{m_{1,2}}{m_{2,1}}。$$

根据这两个方程，还可以得出

$$c_{1,2}c_{2,1}=1。$$

据此：外汇率是据以作出的汇款的反比。

它们是互成倒数的。

这里我们再一次碰到了前在第44节讨论的价格比率；这是在意料之中的，因为根据定义，外汇率是任一地区的货币的一个单位或货币的某一定量在其他各地区照付时的价格。

312. 公式

$$c_{1,2}=\frac{m_{2,1}}{m_{1,2}}$$

适用于两个国家使用同一种类的货币——例如金币——的情况。在这一情况下，当某一商人要从中心(2)汇一笔款子到中心(1)，而他所有的黄金又足以适应这一用途时，如果

$$\frac{m_{2,1}}{m_{1,2}}<1+\gamma,$$

他就会买进汇票——这里 γ 所表示的是一个单位的黄金从(2)装运到(1)的成本。否则，如果

$$\frac{m_{2,1}}{m_{1,2}}>1+\gamma,$$

他就会装运黄金。据此，外汇率有一个固定的限度，这个限度就是 $1+\gamma$。

如果两个国家使用的并不是同一种类的货币，则中心(1)对中心(2)的外汇率公式就变成

$$c_{1,2}=\frac{m_{2,1}}{m_{1,2}}p_{1,2},$$

这里 $p_{1,2}$ 是以中心(2)货币计的中心(1)货币单位的价格。在一般情况下，市场上的外汇率 $c_{1,2}$ 并不显然顾到确定这一汇率的两个有区别的因素——$\frac{m_{2,1}}{m_{1,2}}$ 和 $p_{1,2}$——的值。但是不论从理论的或实际的观点来看，在很多情况下，将这两个因素加以区别是有必要的：其一是纯粹汇兑，涉及的是两个中心各自的债务和债权之比，还有一个则可以把它叫做贴水，涉及的是两种货币的价值之比。

在这种情况下，假定有一笔中心(2)的货币要兑换成中心(1)的货币，就是说，假定要以银币兑换成金币，在中心(2)的某一商人

并且存有现银。这时如果

$$\frac{m_{2,1}}{m_{1,2}}p_{1,2}<p_{1,2}+\gamma,$$

他就会买进汇票——这里 γ 所表示的是一个单位的白银从(2)装运到(1)的成本。否则,如果有任何

$$\frac{m_{2,1}}{m_{1,2}}p_{1,2}>p_{1,2}+\gamma$$

的倾向,他就会装运白银。这里对汇兑的比率说来是有一个可变的限度的。但是,如果假定中心(2)的货币是不能兑换成中心(1)的货币的,它所行使的是不兑换纸币,在中心(2)的某一商人只存有纸币,这是在任何情况下无法输出的,那么,不管 $\frac{m_{2,1}}{m_{1,2}}$ 和 $p_{1,2}$ 的情况怎样,他就只能或者是买进汇票,或者是买进黄金。在这种情况下,外汇率就全然不存在限度。

313. 假定以(1),(2),(3),(4)…为不管其数为多少的汇兑中心,再假定以 $c_{2,1}$ 和 $c_{3,1}$ 为地区(2)和(3)对地区(1)的外汇率,以 $c_{3,2}$ 为地区(3)对地区(2)的外汇率,这就可以用前面第 112 节中关于在自由市场中多种商品互相交换提出的完全相同的论证来说明;除非一般说来

$$c_{3,2}=\frac{c_{3,1}}{c_{2,1}},$$

否则在外汇率之间的全面平衡是不可能实现的。

据此:处于全面平衡状态时,任一地区对任何别一地区的外汇率,等于这两个地区各自对任何第三个地区的外汇率之间的比率。

314. 这一全面平衡一经受到干扰,就会通过汇票的套购活动

而恢复原状，其情形与前面第114节里所设想的商品市场中的套购活动完全相同。汇票是供作套购活动的最适当商品。每个商业中心都有专门从事于这类活动的人，叫做外汇经纪人，他们的业务是不断地留心观察外汇行情，一遇到可以通过间接的而不是直接的购入——说得更确切些，是通过将间接的购入与直接的售出相结合，或间接的售出与直接的购入相结合——而从中取利时，就利用这种机会，从而使国外汇兑恢复全面平衡。这些经纪人的从中参与，会产生极其重大的后果。

315. 第一个后果是，决定某一地区对任何别一地区的外汇率，由此不再是这一地区的负债对各个其他地区的反负债的简单比率，而是复杂得多的这一地区的负债对所有其他各地区的反负债的比率。换句话说，某一国家与其他各国之间一切的外汇率是在同一方向下共同变动的，变动时系取决于这个国家对外贸易的总结果是出口总值超过进口总值呢，还是进口总值超过出口总值。一个国家，凡是售出多于购入的，其票据的外汇率就会上升到平价之上，凡是购入多于售出的，就会下降到平价之下。在所谓贸易系统的均衡的旧说下，把汇兑说成对某一国家是顺的或逆的，或者是说成对某一国家是有利的或不利的。这种说法指的是所谓输入贵金属时的有利和输出贵金属时的不利。在这一点上，人们的见解已经有了很大变化；然而根据一个国家的汇兑是有利的还是不利的说法，可以了解这个国家是在输入货币还是输出货币。在前一情况下价格将上升，因此进口将增加，出口将减少，在后一情况下价格将下降，因此进口将减少，出口将增加，结果是，不论在哪一情况下，平衡会自动地重新建立。

316. 第二个后果是，汇票的套购在实践中具有难以估计的重要意义；因为，由此使大量的关于商品和服务的国际贸易，可以通过尽可能小的现金和现银的装运量来进行结算。不久以前，国际的负债和汇款，大部分系起源于货物的输入和输出，所谓货物即农工商业的产品。但是在今天，构成国际负债的还有许多其他项目。戈申先生在《国际贸易论》内曾列举其中比较重要的几项如次：公私债券和股票，这类有价证券利息的支付和兑现，利润、代理费、佣金等等的支付，私人旅行和侨居的支出，等等。试以英国为例，其一年的进口值对出口值的超过额，从这个词的狭义来说，为数当以亿计；但是由于其航运公司赚得的运费、对于使用其商业设备和银行设备时收取的代理费和佣金、其国外投资收入的流回本国等等，这一差额仍然得以弥补。所有这些业务都是通过汇票的买卖结算的。巴黎对布鲁塞尔有欠额，而阿姆斯特丹或法兰克福又对巴黎有欠额，前一欠额就可以用后一欠额来偿付。结果，关于汇票的世界市场就成了一个广大的票据交换所，一切国家的交易在这里都可以用只须支付差额的办法来进行结算。所以能取得这一结果，只是由于自由竞争结构的自动地发挥作用。在这里，供求律支配着一切商品的这类交换，正同万有引力定律支配着一切天体的运动的情形一样。这样，世界的经济体系就终于显出了它的极度的伟大和复杂；这个体系既广大而又简单，单从审美的角度来看，简直类似于整个的天体。

第七篇

经济发展的条件和后果；纯粹经济学各理论体系的批判

第三十五章　持续市场

317. 我们在前两个部分里，重新建立了列入第七、八、九、十、十一、十二和十三类的各项社会财富在生产要素中所占的地位，并且已经说明，各种资本品、收入品和货币的数量和价格是怎样确定的。这就使我们可以用数学方式来表述经济体系的总资本。

假定以 $d_a, d_b \cdots$ 为消费者需要以实物形式贮作准备的制成品的量，以 $d_\alpha, d_\beta \cdots$ 为消费者需要以现金准备形式存在手边的消费品和消费服务的量，以 d_ε 为消费者需要的其形式为货币储蓄并以通货估值的新资本品的量。把这些量合在一起，就构成了供作消费的运用资本或流通资本的储备，

$$c = d_a + d_b p_b + \cdots + d_\alpha + d_\beta p_b + \cdots + d_\varepsilon.$$

还有，假定以 $\delta_a, \delta_b \cdots \delta_m \cdots \delta_k \cdots$ 为生产者需要以实物形式贮作准备的，并分别作为贮积和陈列用的新产制成品、原料与新资本品的量，以 $\delta_\alpha, \delta_\beta \cdots \delta_\mu \cdots \delta_\chi \cdots$ 为上述生产者需要的在现金准备形式下的制成品、原料、资本品和生产服务的量。把这些量合在一起，就构成了供作生产的运用资本和流通资本的储备，

$$\kappa = \delta_a + \delta_b p_b + \cdots + \delta_m p_m + \cdots + \delta_k P_k + \cdots$$
$$+ \delta_\alpha + \delta_\beta p_b + \cdots + \delta_\mu p_m + \cdots + \delta_\chi P_k + \cdots.$$

把两种周转存量加在一起，$c + \kappa$，就构成了经济体系的流通资

本 C'。还有，如果以 Q_k，Q'_k，Q''_k…为消费者或生产者所需要的、其形式为产生消费服务或生产服务的狭义资本品的(K)，(K′)，(K″)…的量，则固定资本将是

$$C=Q_kP_k+Q_k'P_k'+Q_k''P_k''+\cdots.$$

把流通资本和固定资本加在一起，$C'+C$，就构成了经济体系的总资本 K，其中有一部分是在通货—资本市场借入和贷出的，借贷时的利息率为 i，等于净收入率(见第 255 节)。

318. 我们立即可以看出——以生产、资本形成和流通的方程为依据时，这是很明显的——用意在于提高新流通资本的量 D_a'，D_b'…时的每一次增加，都会促成新固定资本的量 D_k，D_k'，D_k''，…的减少；反过来说，新流通资本量的每一次减少，会使新固定资本量的增加成为可能。

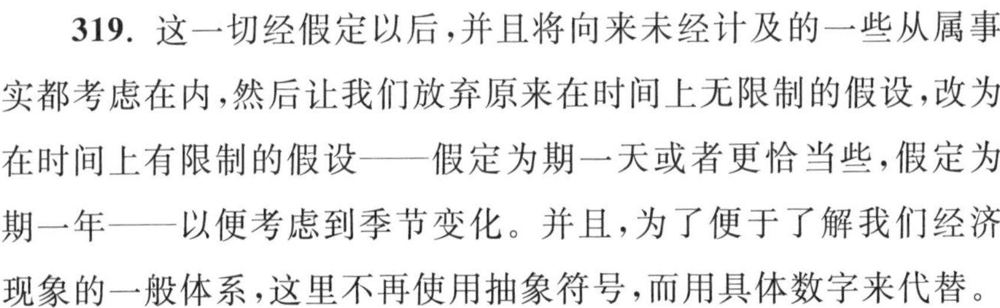

319. 这一切经假定以后，并且将向来未经计及的一些从属事实都考虑在内，然后让我们放弃原来在时间上无限制的假设，改为在时间上有限制的假设——假定为期一天或者更恰当些，假定为期一年——以便考虑到季节变化。并且，为了便于了解我们经济现象的一般体系，这里不再使用抽象符号，而用具体数字来代替。

这里假定经济问题中的一些基本数据(即资本品保有量、消费品及消费服务的效用和净收入的增量的效用)是不变的，从而使我们在经济学中所看到的是，与力学中的所谓稳定系统有些类似的情况。此外还假定，这时不但摸索的初步阶段已经结束，使平衡在原则上确定，而且静态平衡已经在实际上开始，从而使平衡也已在事实上确定。

现在假定有这样一个国家，其人口计2 500万或3 000万，其土

地总值为 $T=800$ 亿，其人力总值为 $P=500$ 亿，其固定资本品和流通资本品（即狭义资本品和收入品）的总值为 $K=600$ 亿。假定净收入率为 $i=\frac{2.5}{100}$，土地一年所产生的地租为 $t=20$ 亿；个人的总工资为 $p=50$ 亿，其中净收入为 12.5 亿，折旧和保险为37.5亿，由人们用于其家族的赡养、抚育和教育（参阅第 237 节）；狭义资本品的总收入为 $k=30$ 亿，其中净收入与折旧支出及保险支出各为 15 亿，由资本家用以购置新的狭义资本品，但是由这些资本家以及地主和工人可以用他们严格意义下的储蓄的收入来购置的那些新资本品除外。

我们还可以作进一步的设想：土地资本所生产的，其中属于消费服务的计值 320 亿，属于生产服务的计值 480 亿；人力资本所生产的消费服务计值 140 亿，生产服务计值 360 亿；总资本内固定资本计 400 亿，流通资本计 200 亿；固定资本所生产的消费服务计 120 亿，生产资本计 280 亿；流通资本由消费者掌握的计 40 亿（其中属于消费品贮积的和属于现金及储蓄的各 20 亿），由企业家掌握的 160 亿（其中属于新资本品的 40 亿，原料贮积 40 亿，新收入品 60 亿，货币 20 亿）。这样，我们就又回到了第 178 节所列示的十三个要素类目。

320. 由此很容易看出，流通资本的值与一年的生产和消费的总值是有明确关系的。假使一年的生产和消费的值为 100 亿，则一年的营业，即交换额，也许达 1 000 亿；因为企业家不但对消费者进行销售，还得对别的企业家进行销售，这些人相互之间整批地买进原料和商品等等。每个企业家对于某一营业额都需要一定数量的运用资本。但是运用资本对一年营业额的比例，对各种生产说来是各不相同的。就某些农产品例如酒类来说，其生产时期是一年，因此其运用资本必然等于一年的营业额。而由商业企业经营的另一些农产品，例如水果和蔬菜，早上整批买进，当天即零星卖出，因此所需要的运用资本，大致只占到其一年总营业额的1/300。这里必须折衷计算。如果假定一年的总营业额为1 000亿，运用资本为200亿，那就是说，假定的是，平均的生产时间为一年的1/5。

321. 我们必须记住，总和 $T+P+K=1\ 900$亿所表示的是，其形式为资本品和收入品的一国的总社会财富，绝无例外，至于项 t，p 和 k 所表示的只是，土地、人力和资本品（包括固定的和流通的）在生产过程中相结合时所占的成分，以及地主、工人和资本家对于 $t+p+k=100$ 亿的一年收入的消费中所占的成分。组成这100亿的一年收入的是：(1)土地服务、劳动服务和资本服务计30亿，这是由土地资本、人力资本和狭义资本品的所有人或这类服务的买主直接消费的，这里的所有人和买主可能是私人，也可能是国家；(2)土地服务、劳动服务和资本服务计70亿，这是要通过农业、工业和商业转变成产品的。我们也未尝不可以假定，被消费的是80亿，被转变成资本的是20亿。这20亿又可作这样的分配：现存狭义资本品的折旧支出和保险费计15亿，供作新狭义资本品的生产的计5亿。

322. 最后，为了更进一步接近于现实，我们必须放弃为期一年的市场的假设而采用持续市场来代替这个假设。这就从静态情况转到了动态情况。为此，我们原来是把一年的生产和消费看成所考虑的一年期间在任一时刻的一个不变的量的，现在必须假定，这是要跟问题中的基本数据一道变化的。上述的那些20亿消费品贮积、40亿新资本品、40亿原料贮积和60亿新收入品，就像是那么多的新枝嫩叶一样，不断地在这一面被剪除，而又在那一面滋长起来。每一小时，不，每一分钟，部分的这些不同种类的流通资本总是在那里忽而消失，忽而出现。人力资本、狭义资本品和货币也同样地出没无常，但是要缓慢得多。只有土地资本是摆脱了这个更迭退进的过程的。这就是持续市场。它不断地走向平衡，但从来没有能实际达到平衡；因为市场除借助于摸索以外，没有别的方法接近平衡，而在它达到目标之前，就又得另起炉灶，一切重新开始，而这时问题中的一切基本数据，如原始保有量、商品和服务的效用、技术系数、收入对消费的超过量、运用资本需要等等，又已经发生了变化。这样来看问题时，市场就像是被风力激动着的一池春水它不停地要趋向于水平，但这个愿望始终不能实现。但是湖泊的水面总还有接近于完全平静的时候，而产品和服务的有效需求却决不会等于其有效供给，产品的售价也决不会等于用以制造这些产品的生产服务的成本。生产服务会在多种方式下从亏本的企业转向有利的企业，其间最显著的一个方式是通过信贷活动，但这些方式发挥作用时，充其量也还是缓慢的。在现实社会，这是可能发生、事实上也是时常会发生的：处于某些情况下，售价会长期地高于生产成本，即使产量有所增加，而价格依然上升；而处于某些别的情况下，当价格上升之后转趋下降时，会突然使价格低落到生产成本之下，从而使企业家不得不取消其生产计划。因为，正同一阵风暴会使宁静的湖面兜底翻腾的情形一样，所谓危机——

即对平衡的突然的和普遍的干扰——有时也会使市场陷入极度的混乱。我们对于平衡的理想条件知道得越多，就越加能够控制和防止这种危机。

第三十六章　边际生产力定理；生产扩张；发展经济中的一般价格变动定律

323. 这里简直已经无须再说明，关于市场处于全面平衡时商品与服务的价值对稀少性的比例原则（见第 224 节），以及由于效用或原始保有量变化而使稀少性发生变化时的平衡价格变动定律（见第 227 节），在资本形成方程和流通方程得解以后，是仍然跟以前同样有效的。但是，鉴于其后果的极度重要，这里必须加以讨论的是，前在第 326、327 和 328 节讨论资本形成方程和流通方程时已经提到的一个事实，这就是，在一个进行储蓄并且将储蓄转变成资本的经济体系，虽然个人的人数和狭义资本品的数量是可以增加的，而土地的数量则不可能有所增加。现在我们打算将这一事实的后果归纳成若干定律，这些定律对于确定以通货计的价格的理论的完整说来是必要的。这就是关于在发展的经济中价格变动的一些定律。

324. 到此为止，已经假定生产数字的系数是既定因素，而不是生产问题中的未知量。这些系数 $a_t, b_t, c_t, d_t \cdots k_t, k'_t, k''_t \cdots a_p$, $b_p, c_p, d_p \cdots k_p, k'_p, k''_p \cdots a_k, b_k, c_k, d_k \cdots k_k, k'_k, k''_k \cdots a_k', b_k', c_k'$, $d_k' \cdots k_k', k'_k{}', k''_k{}' \cdots a_k'', b_k'', c_k'', d_k'' \cdots k_k'', k'_k{}'', k''_k{}'' \cdots$ 所分别表示的是,投入各种产品(A),(B),(C),(D)…和各种狭义资本品(K),(K′),(K″)…每一个单位的生产中的各种生产服务(T)…(P)…(K),(K′),(K″)…的量。前在第 204 节曾经说明,为什么要暂时假定这些量是事前确定的;虽然当时已经明白指出,事实上情况并不是这样。这些量在量值上和性质上都不是不变的。这一点是有远大影响的一个决定性事实。

如果于生产(A),(B),(C),(D)…(K),(K′),(K″)…每一个单位时所需要的某一类型的土地服务(T)的量肯定是不变的,则制成品和新资本品的增产,将绝对地以土地的这一类型的现存量 Q_t 为限。举例来说,如果必须有 1 公顷土地的一年土地服务的十分之一才能生产 1 公石小麦,就是说,如果 1 公顷土地无论如何一年不能生产 10 公石以上的小麦,则小麦的产量将绝对地以宜于种植小麦的土地的量为限。可是大家都知道,情形并不是这样。我们可以通过种种设施,如实行作物轮种以代替休耕制,如使用人造氮肥之类的肥料,如采用条播机、新式犁形器具等改进的农具和机器作进一步有效的深耕细作,从而使 1 公顷土地的小麦年产量越来越提高。一般说来,在消费品和新资本品的一个单位的生产中,如果狭义资本品服务的使用量越来越扩大,就可以使土地服务的使用量越来越缩小。发展的前途所以是无限的,道理就在这里。

所谓发展,实际上无非是在一个人口增长中的国家,降低获得

满足的最后欲望的强度，也就是降低制成品的稀少性。因此，发展的可能取决于产品增加的可能。如果产品只可能在某些限度以内有所增加，发展的可能就有了一定限制。在这种情况下，只要人口保持不变，稀少性就只能降低到某一限度；或者是，如果稀少性保持不变，人口就只能增加到某一限度；或者是，稀少性只能降低到人口增加到某一程度时为限。但是，如果产品的增加没有一定限制，发展的可能就不会有一定限制。产品的无限增加，只能以资本服务代替土地服务的范围越来越扩大时所达到的程度为限，但资本服务不能完全代替土地服务。对于两种情况我们必须加以区别。一种情况是，变化的只是生产系数的量，这时表示土地服务的使用的系数降低，表示资本服务的使用的系数则提高。我们把这个叫做*经济的*发展。还有一种情况是，生产系数的性质本身有了变化，这时采用的是附加的技术系数，其他则被放弃。我们把这个叫做*技术的*发展。由于这是个基本的区别，最好是用精确的数学方式来表述。

325. 假定以 $b_t, b_p, b_k \cdots$ 分别表示生产一个单位的商品(B)时所需要的生产服务量(T)，(P)，(K)…。因此，一个单位的生产成本是

$$p_b = b_t p_t + b_p p_p + b_k p_k + \cdots.$$

我们说，于生产一种商品时，要多用些或少用些某些生产服务——例如土地服务——是可能的，假使少用些或多用些其他生产服务——例如资本服务或劳动。这一点的含义就是，生产系数 b_t，$b_p, b_k \cdots$ 是可变的，是由一个*生产方程*

$$\phi(b_t, b_p, b_k \cdots) = 0$$

联系起来的;因此,如果任一个系数,比方说 b_t,有所降低,则其他系数 b_p,b_k…中的一个或多个将提高。我们还说,投入任一产品一个单位的生产中的各种生产服务的量,是同它们的价格一道被生产成本达到最低限度这个条件所决定的。这就表明,如果解上面的隐方程从而相继地求出每一个变量,或者是相继地变换成如下的显方程:

$$b_t=\theta(b_p,b_k\cdots),\ b_p=\psi(b_t,b_k\cdots),\ b_k=\chi(b_t,b_p\cdots)\cdots,$$

则未知量 b_t,b_p,b_k…取决于

$$p_b=\theta(b_p,b_k\cdots)b_t+\psi(b_t,b_k\cdots)p_p+\chi(b_t,b_p\cdots)p_k+\cdots$$

是最低值这一条件。前已说明,这个条件很容易用有多少待决的未知量就有多少方程的一个方程系来表示。

326. 我们可以用另一个方式来表示这一点。让我们在生产成本方程内插进一个产品(B)的预定生产量 Q,这个方程就可以写成下式:

$$Qp_b=Qb_tp_t+Qb_pp_p+Qb_kp_k+\cdots.$$

否则,如果使 $Qb_t=T$,$Qb_p=P$,$Qb_k=K\cdots$,上面的方程就变成

$$Qp_b=Tp_t+Pp_p+Kp_k+\cdots. \tag{1}$$

将 Q 插进生产方程,则得

$$Q=\phi(Qb_t,Qb_p,Qb_k\cdots),$$

或者是

$$Q=\phi(T,P,K\cdots). \tag{2}$$

如果系数中的不论哪一个在数量上是固定的,那就不会在问题的未知量中出现。为简化起见,这里假定,出现于生产方程的一些系数,跟列入效用方程的一些商品的数量的情形一样,是会有无

限小的数量上的变动的。因此，以微分方程(1)和(2)求取最低生产成本时，则得

$$\frac{\partial\phi}{\partial T}=\frac{p_t}{p_b},\quad \frac{\partial\phi}{\partial P}=\frac{p_p}{p_b},\quad \frac{\partial\phi}{\partial K}=\frac{p_k}{p_b}\cdots, \tag{3}$$

否则，消去 p_b，则

$$\frac{p_t}{\frac{\partial\phi}{\partial T}}=\frac{p_p}{\frac{\partial\phi}{\partial P}}=\frac{p_k}{\frac{\partial\phi}{\partial K}}=\cdots. \tag{4}$$

据此：1. 自由竞争会促使生产成本下降到最低度。

2. 在平衡状态下，生产成本与售价相均等时，服务的价格与其边际生产力、即生产方程的偏导数成比例。

把这两个论断合在一起，就构成了边际生产力理论。这是纯粹经济学里的一个基本理论，因为由此把由上列方程(2)和(4)组成的 n 个方程的系纳入了生产问题，这些方程在数目上相等于现在作为未知量出现在这些方程里的生产系数；并且因为，由此表明了企业家需求服务和供给产品时的基本动机，正同最终效用理论表明地主、工人和资本家需求产品和供给服务时的基本动机的情形一样。但是我认为比较可取的办法还是不要把边际生产力理论纳入我的经济平衡的一般理论，因为这里的一般理论已经够复杂了，再加上边际生产力理论，那时要掌握全面就恐怕过于困难。

边际生产力理论导源于杰文斯，见其《政治经济学原理》第六和第七章；这一理论，曾由美国和意大利的一些经济学家，主要是伍德、霍布森、克拉克和蒙特马提尼，加以阐发。但这仍然是一个经验理论，除非如我们在前面所做的那样，把它同生产方程结合起

来（见第 325 节）；结合的方式是先修改生产方程，使之包括产品的产量，这样就可以把生产系数看成是这个方程的函数，然后微分经修改的生产方程和生产成本方程，从而求得产品的生产成本的最低值。①

327. 因此，我们应当有充分的了解，生产系数本身每经过一次变化，其间就含有由科学促成的技术的发展；由土地服务构成的生产系数每经过一次降低而由资本服务构成的生产系数却有所提高时，其间就含有由储蓄造成的经济的发展。实际上两种发展往往会同时发生；例如，在土地服务系数降低而生产服务系数提高的同时，生产函数也会发生变化。但是我们在这里的讨论是将技术发展这一因素抽去的，所研究的只是经济的发展；这就是说，这里假定生产函数是已知的，所注意的只是在于资本服务系数提高时土地服务系数会降低的那些条件。

经济发展的条件是不待言而自明的。由于在发达国家的土地

① 我在一篇短文《关于威克斯蒂德先生对英国地租理论的批判》（最初发表于《洛桑学院法学系刊行文集》，1896 年）里以及在《纯粹经济学要义》第 4 版，已经使用了上列方程（2）和（3），并在第 4 版增入了现在的第 326 节，用以代替第 3 版里的附录 3，该附录含有上述 1896 年发表的短文。我在该短文和第 4 版里都曾提到，帕累托先生和巴罗内先生曾经将边际生产力理论和生产方程联系起来。帕累托先生认为这个理论是“错误的”，方程系（3）是“不能采纳的”，因为“它把不是自变的那些量当作好像是自变量对待”（《纯粹经济学》，1901 年 11 月，第 10 页），并且显然使巴罗内先生改信了他的见解。关于上述理论，我愿意负完全责任。同时我还想指出，按照我的关于建立经济平衡的见解，在生产摸索前进的整个过程中，当量 Q 依次地经历着 Ω_b（第 208 节）、Ω'_b（第 211 节）…D'_b（第 212 节）、D''_b（第 218 节）和 D'''_b（第 219 节）…各个值时，它是在特殊情况下确定的。这个量 Q，跟一些服务的价格一样，是确定生产系数的问题中的已知量而不是未知量；因此，在我看来，这里的变量 $T=Qb_t$，$P=Qb_p$，$K=Qb_k=$ 和第 325 节里的 b_t，b_p，b_k…同样是自变的。（1902 年）

量不能增加，因此我们所面临的问题是，在同样的、或者是差不多同样的土地服务的总量下，如何取得较多的产品。另一方面，人口是要增加的，因为这一增加已经暗含在这里关于发展的定义之内；这就表明，与未来的产量增加自然成比例的劳动的增加是已经肯定了的。此外还需要些什么呢？必要的是资本品量的增加，以便适应对资本服务的需求量的增势。由于我们所假定的只是经济上的发展，因此资本服务就必须有相当大的增加。事实上资本服务单是按照未来的产量作比例的增加还不够；因为，如果要使稀少性可以有所降低，那么所增加的资本服务不但须补偿土地服务没有能按比例增加的不足，还得使产量的增加有可能按比例地高于人口的增加。并且，显然必须先从储蓄中创造资本品，然后其服务才能供作使用。

据此：发展的意义就是，跟人口的增加同时演进的制成品稀少性的降低。尽管土地的量不能增加而发展仍然是有可能的。这是由于狭义资本品的量的增加；但是这方面的增加必须先于人口的增加，并且在比例上超过人口的增加。

328. 讨论到这里，我们不妨停下来看一看，马尔萨斯那个被争论得非常热烈的人口与生活资料的关系的理论。这个理论的精华见于他的著作里有名的下面几节。

> 因此可以有把握地断言，人口在不加抑制的情况下，将连续不断地每二十五年增加一倍，就是说，将按几何比率增加。……
>
> 因此可以相当有把握地断言，就目前土地的一般情况说，即使在最有利于人类的工业的情况下，也不可能使生活资料

在高于算术比率下增长。……

……人类将以1,2,4,8,16,32,64,128,256那样的增加率增加,而生活资料将以1,2,3,4,5,6,7,8,9那样的增加率增加。在两个世纪内,人口与生活资料将为256对9之比,在三个世纪内将为4096对13之比,在两千年之内,两者之间的差距简直无法计算。①

以上推断中的第一点几乎是绝对正确的。很明显,生活资料方面的考虑除外,人口从这一代到下一代会成倍地增加,如果生活资料充裕,人口的确将按几何级数增加;这个比率等于平均说来一个妇女可以遗留下来的子女的半数。马尔萨斯假定这个数字为四,这样,人口就会一代一代地成倍增长。这个估计实际上还是偏低而不是偏高的,因为人类是受到现在已经确定的一个规律的支配的,这就是各种动物和植物会通过迅速与大量的增长,使之继续生存,达尔文由这一事实得出的结论是有商讨余地的,但这一事实本身是无可置疑的。

上述第二个推断却并不含有如第一个推断所含有的正确性。马尔萨斯没有能把技术发展和经济发展区分开来。不论在哪一情况下总是同样冒昧的作出这样的假设,认为生活资料的量将在始终只相差一数的算术级数下增长,不管这一增长是由于小麦或马铃薯的推广、机器的发明、信用设施的发展的结果,还是由于资本扩大的结果。像这样的推断,所依据的既不是说理,也不是经验。因此,如果以如下的说法为限,那就要高明得多:由经济发展和技

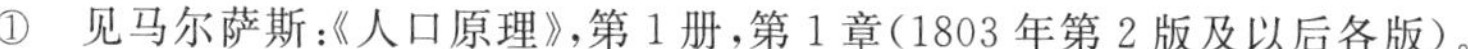

① 见马尔萨斯:《人口原理》,第1册,第1章(1803年第2版及以后各版)。

术发展促成的生活资料的增长级数，低于人口在其特有倾向下的增长级数。

329. 假使某一经济体系，其一切土地差不多已经完全加以耕种，要使土地多生产些土地资本，只能利用石坡加厚土层或就荒地施肥或对积水低地进行疏泄作为唯一办法（见第 174 节）；像这样一个经济体系，说到底就同有一定收入和某一消费率的个人的情形一样。如果这个人将他的消费限制在收入的范围之内，将余下的部分从事投资，他的收入就会逐渐增加，就可以越来越快地增加他的消费；否则，如果他一下子把消费扩大到收入的范围之外，那就害了他自己了。同样情况，如果一个社会首先注意扩大其资本，其人口就可以作无限制的增加；但是，如果不首先扩大资本，那就注定要受到穷困和饥荒。只要人类的劳动不是在农业和工业中唯一的生产要素，只要对土地服务的使用减少时就不得不增加对狭义资本品服务的使用，情形就总是这样。随后可以看到，我们在这方面不会过于重视，以致由此断定马尔萨斯对社会改革的轻视是对的；但是也必须承认，马尔萨斯是揭露了纯粹经济学中的一个要点的。已故的杜瓦尔先生一次在巴黎的政治经济学会上大声疾呼："什么话！生了个小牛你们高兴，生了个小孩你们倒不高兴！"当时我就向他指出，这两个情况完全不同，前者所体现的是餐桌上的食品更加丰富了，后者所体现的是家里又多了个食指。当然，即使反对马尔萨斯根据他的理论所作出的结合到实际的结论，我们也必须承认上述两者不能相提并论。

330. 在发展的社会中，制成品的价格是趋于上升的呢还是下降，这个问题经过多方讨论，始终没有得出值得注意的明确结论。

这个问题应当用如下的方式来讨论。在一个发展的社会中所必然要下降的是稀少性。至于价格，那是这类稀少性与用来作为通货的那种商品的稀少性之间的比率；如果假定——这里并没有理由不作出这样的假定——当做通货的那种商品的稀少性也是按等比例下降的，价格就可以保持不变。只有通货的稀少性保持不变，价格才会下降。因此，只有在当作通货的那种产品的稀少性不变的假设下，才能说在一个发展的社会中产品的价格是要下降的。萨伊提出了这个论断，但是自称无法证明这个论断。他在这一点上，以及在许多其他的方面，具有敏锐的识力，这对他是个莫大的助力；他所缺少的只是进行调查研究时的进一步有力的工具，因为很明显，这个问题的阐明，完全有赖于对价格确定和价格变动作出的充分发展的数学分析。

331. 关于产品的价格就谈到这里，下面再研究一下服务的价格。

为了力求简明，这里只准备考察发展的效应，让其他的一切尽可能地保持不变。因此，这里假定的是跟上面一样的一个经济体系，由于发展的结果，在某一时刻，在这一体系内具有一定的效用曲线或欲望曲线和具有一定的资本品（土地资本、人力资本和狭义资本）存量的人数，比前增加了1倍。很明显，跟前一个体系比较，所扩大的如果只是增出的在一切方面与前完全相同的一个第二个体系，那么无论服务的价格或产品的价格就都不会受到影响。这是可以根据生产方程用数学推定的。但是这样一个假设，跟我们对于发展的经验上的概念相违背。如果要依然处于这一经验概念的范围之内，那么我们所必须假定的就是，属于原来体系的各个人，于某一时期结束时，将由另外两个人代替，他们是新体系中的一分子，在生产和交换过程开始之前，各自所占有的是：

(1)同样的效用曲线或欲望曲线；

(2)同样的土地的一半；

(3)在量上没有变动的同样的个人能力；

(4)这样一个同样狭义资本品的相应扩大的量，使企业家借此可以利用土地及土地资本原有的量和个人能力及劳动的加倍的量，生产在量上比原来加倍的各种产品。

这样，旧体系内的每个成员就被新体系内的两个成员所代替，于生产和交换充分发挥作用以后，可供各个成员直接消费的是：

(1)同样土地的一半；

(2)同样人力服务的未改变的量；

(3)狭义资本品的同样服务的相应扩大的量；

(4)同样产品的至少与前相等的量。

332. 在这样情况下，新体系下的市场不会处于与在旧体系时同样的价格下的全面平衡状态。我们一看就可以明白，这里有两组比率，其中供直接消费的土地服务的稀少性相对于通货的比率，出土地服务的原来价格(即地租)会大得多，而供直接消费的资本服务的稀少性相对于通货的稀少性的比率，比资本服务的原来价格(即利息)会小得多。这时立即会出现供直接消费的土地服务的有效需求和资本服务的有效供给；地租将上升，利息将下降。这一些是可以肯定的；但是这里很容易证明，如果假定土地服务价格的上升和资本服务价格的下降都发生得很快，全面平衡就可以重新建立，新的平衡即使不是立即实现，也至少会极其迅速地实现。

地租已经上升,利息已经下降,关于供直接消费的土地服务和资本服务的最大满足就会在大体上实现。关于供直接消费的劳动,也可以取得最大满足。这样,各种服务的价格就会处于平衡或极其接近于平衡的状态。

企业家在生产中将支付较高的地租,但是在其产品的制造过程中将使用较少的土地服务。他们支付的利息减少,但使用的资本服务将增加。因此,其生产成本将大致与前相同,将相等于售价,或差不多相等于售价。

地主、工人和资本家将售出较少的土地服务,但售价将比较高昂;他们将售出较多的资本服务,但售价将比较低廉。这样,他们的收入就跟以前大致相同,整个说来,就至少能够按照大致相同的售价——这类售价仍然大体上等于生产成本——买进等量的同样产品。

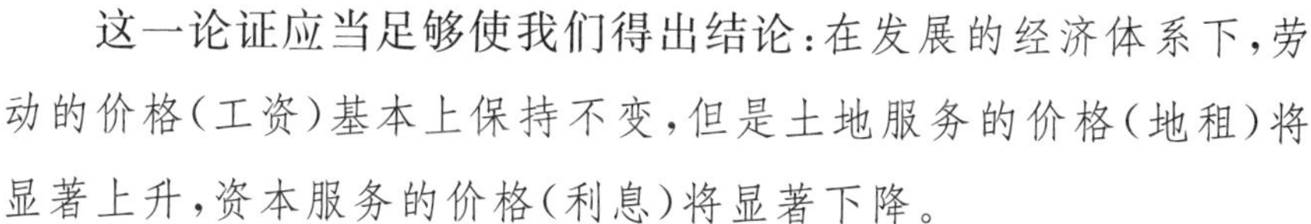
这一论证应当足够使我们得出结论:在发展的经济体系下,劳动的价格(工资)基本上保持不变,但是土地服务的价格(地租)将显著上升,资本服务的价格(利息)将显著下降。

333. 狭义资本品是产品。因此,如果假定其服务的价格(即利息)显著下降,而等于其生产成本的本身价格保持不变,这就可以看出:在发展的经济体系下,净收入率将显著下降。

334. 净收入率取决于净利息支出对狭义资本价格的比率。净收入率一经确定,就可以把它划分成净工资和净地租,从而计算个人能力的价格和土地的价格。由于工资将基本上保持不变而地租是肯定上升的,这就表明:在发展的经济体系下,狭义资本品的价格保持不变,但是个人能力的价格将按净收入率下降的比例上升，土地的价格将同时由于净收入率下降和地租上升的原因而上升。

335. 我准备在下面几章里说明，暗含在以上关于确定服务价格的讨论中的地租、工资和利息的三重理论，与时下的理论相同到什么程度，或相异到什么程度。但是在进行之前，准备专对地租理论作一观察，为的是要指出，在我们的理论中是怎样产生这样的看法的——经济体系中使土地服务的价值得以产生的原因也就是使这一价值得以上升的原因；反过来说，使它得以上升的原因也就是使它得以产生的原因。这一价值始终与被直接消费的土地服务的稀少性成比例，也就是说，始终与这类服务所满足的最后欲望的强度成比例。在一个不久才从渔猎阶段或畜牧阶段过渡到农业阶段的经济体系中，每个人可以享有不仅在耕种方面而且在住宅和园林方面一切他所需要的土地和土地服务。这时土地及其服务的稀少性，因此也就是其价值，是零。但是在达到了工业和商业阶段的经济体系中，人们住在高高的大楼里，私人的园林就渐渐看不见了。这时土地及其服务的稀少性，因此也就是其价值，有了大大的提高。有些经济学家，例如凯里和巴师夏，企图使我们相信，当我们买进农产品或其他产品时，并没有负担土地服务的费用；那就得向我们证明，我们是拥有关于住宅和园林方面所需要的一切土地的，这些土地不是在非洲或美洲的荒野，而是在我们的居住之处。这样的证明他们从来没有提出，将来也决不会提出。这里的真相是，随着资本和人口的扩张，土地及其服务的价值会逐渐提高，但其产品的价值却不一定会由此提高，这就是经济发展的主要特征。纯粹经济学由于明确地揭示了真理，可

以对社会经济学有所阐明，也可以同样在别的方面对应用经济学有所阐明。

第三十七章　对重农主义学说的批判

336. 我们在第三十五章里以具体数字为依据叙述了一个民族的经济生活；任何关于这类的写照都叫做经济表。至少有一个在经济著述的历史上极其有名的《经济表》，跟这里的经济表相类似。这就是魁奈博士 1758 年于凡尔赛出版的著作，是重农主义学说的一个纲要。此外，在奈木尔 1768 年发表的《重农主义》里有一篇《经济表的分析》，在同年发行的《公民简报》里还有一篇鲍杜的《对经济表的解释》，两篇文章都已转载入吉约明所编的《主要经济学家文选》。①

337.《经济表的分析》一开头是这样写的：

国民可以分成三个阶级：生产阶级、有产阶级和非生产阶级。

生产阶级是这样一个阶级，它通过土地的耕种，恢复国家

① 1894 年，鲍尔博士在巴黎的国家档案局所藏的米拉博文件中，找到了一册 1759 年印行的《经济表》。英国经济学会曾按照原本复制，并附载了有关《经济表》的文献目录和关于《经济表》的近代作品，其作者为鲍尔、哈斯巴赫、克尼斯、累克西斯、翁肯、舍尔和斯特恩。

一年的财富，预先垫支农业所需的费用，并付给地主按年的收益。这个阶级的负担主要是直到产物最初出售止所需要的一切劳动和一切费用。国家财富逐年更新的价值就是从这一出售而来的。

有产阶级包括国王、地主和什一税享有者。这个阶级所赖以生存的是农业的收益或净产值，这是由生产阶级于一年产量中除去足以偿还其一年垫支和生产手段的维持费的财富以后逐年付给这个阶级的。

构成非生产阶级的是从事于非农业的服务和业务的那些人，其费用由生产阶级和有产阶级支付，后者反过来又向前者吸取收入。

重农主义者对于所作出的分析为了求其精确，提出了一个具体范例，假定一个国家有土地13 000万英亩，人口3 000万。

在这个想象的国家，其属于生产阶级或农业阶级的人民拥有一宗固定资本，叫做原始垫支，计值100亿，还有一宗他们自己的运用资本，叫做一年垫支，计值20亿。在这样的条件下，这个阶级每年从耕地取得价值50亿的产物，其中40亿为粮食，10亿为工业用原料。将粮食价额内的20亿交付给有产阶级作为收益，其余的20亿则留下，以便恢复一年垫支；此外，价值10亿的原料则付给非生产阶级，用以交换价值10亿的工业品，供作原始垫支的利息和维持方面的需要。归根结底，由生产阶级保留的是价值30亿的农产品和工业产品，从而构成这个阶级的利得。

如上所述，有产阶级每年向生产阶级取得的是作为收益的价值20亿的粮食。它将价额内的10亿供自己使用，其余的10亿则用以向非生产阶级交换价值 10 亿的工业品。

至于非生产阶级，也就是工业阶级，它自己拥有一宗运用资本，叫做垫支，其内容是价值 10 亿的原料。它把这些原料制成工业品。这项工业品被分成三个部分：一个部分计值 10 亿，这我们已经看到，是用以向生产阶级交换价值 10 亿的原料从而恢复其垫支的；还有一个部分也值 10 亿，这我们也已经看到，是用以向有产阶级交换价值 10 亿的粮食的；最后还有个第三部分，显然也值 10 亿，关于这个方面的情况，重农主义者交待得不十分清楚，大概是由非生产阶级自己留下的。

338. 就这个经济表而论，最容易引起的、也是最重要的批评是，关于非生产阶级也就是工商业阶级的重农主义概念。重农主义者一再声明，他们所以把这个阶级叫做非生产的，意思并不是说它是无用的，只是说它是不生产的，是要把它所生产的全部消费掉而不留下一个净产值的。即使姑且认为工商业阶级的确没有剩余的净产值用以供应有产阶级，这个名称也还是不妥的。这个阶级消费掉了它所生产的全部，但是也生产了它所消费掉的全部。为什么要隐瞒这个事实，而把它说成既不生产也不消费呢？

我们试揣摩一下这一特有的重农主义看法所以会发生的原因，就可以看出，在他们的心目中，是把财富的概念和物质的概念无可挽救地束缚在一起的。在他们看来，值 40 亿的粮食和工业用的值 10 亿的原料，就构成了一年所生产和消费的全部财富。生产这项财富的完全是农业阶级，而消费这项财富的是所有三个阶级，其分配如次：粮食项下农业阶级消费的值 20 亿，有产阶级消费的值 10 亿，工业阶级消费的值 10 亿；原料项下三个阶级所消费的各为值 10 亿的 1/3。他们既从这一点出发,就不得不认为农业阶级是唯一的生产阶级,有产阶级和工商业阶级都靠它支持。但是,这个出发点恰恰是错误的。

一切有价值的和可以交换的事物,不管是物质的还是非物质的,都是必然要列为社会财富的。因此,重农主义者既然自己认为由于工业阶级对原料提供了劳动,就可以使值 10 亿的原料按 30 亿售出,这就肯定使我们有理由可以说,这个所谓非生产阶级一年是生产了和消费了价值 20 亿的社会财富的;因为它一方面生产了值 20 亿的劳动,另方面消费了值 10 亿的农产品和值 10 亿的工业品。因此,这个国家的一年总产值,实际上是 70 亿,而不是 50 亿。

339. 现在让我们再深入一步。工商业阶级所生产的当真仅仅是它所消费的吗?它当真消费了它所生产的全部而没有留下一点净产值以供应地主阶级吗?不,情形全然不是这样。工业和商业表面上并不像农业那样地使用土地,然而事实上它们却是使用了土地的。工业和商业并不是在星际空间进行的;任何场所总须建立在坚实的地基上。正同农业产生能够供应乡村地主阶级的土地收入一样,工业和商业也产生能够供应城市地主阶级的土地收入。那么,为什么重农主义者没有能看到出于城市土地的这一收入是工业和商业的真正净产值呢?显然是由于这是非物质收入。

340. 以上确定了工业阶级与农业阶级之间在一个方面的相同。现在让我们转向另一个方面。魁奈赋予生产阶级两种资本:属于原始垫支形式的原始资本和属于一年垫支形式的运用资本;

但是他认为非生产阶级只具有其形式为原料的垫支。为什么？难道对工人说来的织机不及对农民说来的犁头那样得用吗？难道对工人说来的车间不及对农民说来的谷仓那样重要吗？当然不是。由犁的服务所转化的是小麦，是物质的；而由织机的服务所促成的变化是非物质的。只是由于它是非物质的，就看不到它的存在了。

341. 我们很容易看出，如果将非物质生产这一观念以及由此发生的后果搀入重农主义学说，他们关于三个阶级——生产、有产和非生产——的概念，就可以归纳为我们关于三个阶级——地主、工人和资本家——的概念。但是我们还必须由此再进一步，还得加入从事于农业、工业和商业的企业家以及产品市场、服务市场等等，使我们可以有一个纯粹经济学的比较完整、比较美满的系统。

重农主义学说还有个极其严重的缺点，在这一学说中，根本找不到关于产品价格或服务价格的任何理论。不论是魁奈或是他的门徒都没有说明，生产阶级和非生产阶级的利得以及构成有产阶级的利得的净产值是怎样确定的。在《经济表》内，关于这方面的确定依然是完全任意的。如果说重农主义者不应当用具体数字来说明其理论，这样的指责固然不当，然而他们却的确把他们所任意选择的量值和应当由既定数字推定的量值混同了起来。换句话说，他们没有能把问题中的已知量和未知量加以区别。《经济表》内没有关于确定地租、工资或利息的理论。一篇完整的论文应当包含所有这三者的详细研究，格外应当探索的问题是，净产值是否构成对土地的原始投资的利息支出。除这些批评以外，我们还可以指出别的方面的缺点，例如关于由生产阶级和非生产阶级掌握的运用资本的重农主义概念，以及关于财富流通和货币职能的重农主义观念。可是，尽管存在着应当加以指责的许多缺点，依然无可否认的是，重农主义者在法国不仅是最早的而且是唯一的在其纯粹理论中表示了独创性的经济学派。其间虽然有错误的见解，但是也可以看到非常奥妙和极其正确的见解。有两点是具有永久价值的：第一点，认为一个国家的供养应当来自土地服务的价值，这是社会经济学的基础；第二点，认为关于财富的生产，除可以证明其为正确的一些例外，自由竞争是个最好的通则，这是应用经济学的基础。

第三十八章　对英国产品价格理论的分析和批判

342. 英国学派对于阐发地租、工资和利息理论所作出的努力，比重农主义者之后成立的种种法国学派所作出的要认真和彻底得多。因此，我们对于英国方面的理论必须作一批判的研究。这就是这一章和下面两章的目的。

李嘉图是英国的纯粹经济学的奠基人，他说：

> 有些商品的价值，单只由它们的稀少性决定。劳动不能增加它们的数量，所以它们的价值不能由于供给增加而减低。

属于这一类的物品，有罕见的雕像和图画，稀有的书籍和古钱，以及只能在数量极为有限的特殊土壤上种植的葡萄所酿制的特殊葡萄酒等。它们的价值与原来生产时所必需的劳动量全然无关，而只随着希望得到它们的人的不断变动的财富和嗜好一同变动。

但是，这类商品在市场日常交换的商品总额中只占极少一部分。人类所欲求的物品中，绝大部分是由劳动获得的。只要我们愿意投下获取它们所需的劳动，这类物品就不但可以在一个国家中，而且可以在许多国家中几乎没有定限地增加。[①]

穆勒的下面一番话，清楚地显示了英国学说在发展上的有条理和一贯以及其持久的性质，他所说的，跟李嘉图将近半个世纪以前所说的，差不多一式一样。

……有些事物，在某些狭小的限度以外，事实上不可能增加其数量。例如，只能在土壤、气候和日照的特殊环境下产生的葡萄酒；又如，古代雕刻，古代名画，稀有的图书或古钱，以及其他古玩。此外，还可以列入这一类的是，有一定范围的那些城市（例如威尼斯，以及为了安全有构筑工事的必要的任何设防城市）中的房屋和建筑地基；任何城市中一些最符合要求的地段；风景格外优美——在难得具有这一优点的一些地区——的房屋和园林。可以说，任何样的土地一般都是属于

① 李嘉图：《政治经济学及赋税原理》，第1章，中译本，商务印书馆1962年版，第8页。

这一类的商品。……

但是还有一类事物(包括被买进和卖出的一切事物中的多数)，要取得时其障碍只是在于生产商品时所需要的劳动和费用。如果没有一定的劳动和费用就不能取得；但是，任何人如果愿意花费这些劳动和费用，其产量就可以无限制增加。[①]

很明显，作出这一基本区别就等于是把产品分成两类：一类所包含的是少数产品，其数量不能增加，还有一类所包含的是多数产品，其数量可以无限制增加。作出了这一假定之后，英国经济学家就把第一类搁开，专门注意第二类，然后断言，第二类产品的售价取决于生产成本。假使他们只是把产品分成两类，一类是数量不能增加的，一类是数量可以增加的，然后只是断言，在自由竞争下，后一类产品的售价会相等于其生产成本，那就不会引起我们的异议。但是他们还认为第二类产品可以无定限地增加，并且认为其生产成本的某一值足以确定其售价，这就使我们面临着两种根本错误，必须加以反驳。

343. 世间并没有一种产品可以无定限地增加。构成社会财富的一切事物——土地、个人能力、狭义资本品和一切种类的收入品——只以有定限的数量存在。就这些事物说，土地和个人能力是自然财富，而狭义资本品和收入品是人造财富，因为这是通过生产过程取得的产品。在某些事物例如水果、野兽、矿石、矿质水等等的生产中，土地服务起着主要作用。在另外一些事物如律师或

① 约翰·斯图尔特·穆勒：《政治经济学原理》，第3册，第2章，第2节。

医师的服务、教授的演讲、歌唱或舞蹈等等的生产中，偏重的是劳动。但是在多数事物的生产中，土地服务、劳动和资本服务总是结合在一起的。由此可见，构成社会财富的一切事物都不外是土地或个人能力，或者是土地服务和人力服务的成果。穆勒承认，土地只以有定限的数量存在。如果对人类的能力说来情形也是这样，那么产品怎样能无定限地增加呢？

344. 生产成本也并没有这样一个值，其自身被确定之后，会反过来确定产品的售价。产品的售价是根据产品的稀少性和数量在产品市场确定的。没有别的条件可以考虑，因为这就是必要的和充分的条件。至于产品的生产成本是高于还是低于售价，对问题并无关系。如果成本高于售价，对企业家说来是糟透了，他得亏本；如果成本低于售价，对企业家说来是件好事，他可以赚钱。确定产品的售价的并不是生产服务的成本，而是反一个向，前者确定后者的。生产服务的价格，实际上系按照地主、工人及资本家的供给和企业家的需求在服务市场确定。确定这个需求的是什么呢？是产品的价格。生产上的支出超过售价时，企业家将减少对生产服务的需求，服务的价格将下降；生产上的支出低于售价时，企业家将增加对生产服务的需求，服务的价格将上升。这就是这类现象的互相关联情况。对这一情况的任何其他设想都是错误的。

345. 生产服务的价格会不会影响产品的价格呢？当然会影响的；但只是通过对产品数量的影响而发挥作用的。要研究产品价格的反应，就得按照生产服务价格影响产品数量时或者比较容易或者比较困难的种种可能情况加以分类。

首先是会有这样一种情况,生产服务于生产以后已经不复存在,例如李嘉图所说的"罕见的雕像和图画,稀有的书籍和葡萄酒",穆勒所说的"古代雕刻,古代名画,稀有的图书或古钱,以及其他古玩"。生产服务既已不复存在,这就不能说这类服务还有任何价值,也就不能说这一价值对产品的数量或价值会有任何影响。正如李嘉图和穆勒所说的那样,这类产品的价值是完全出于供求律的结果。

346. 其次是特殊化生产服务的情况。例如李嘉图曾谈到的"只能在数量极为有限的特殊土壤上种植的葡萄所酿制的特殊葡萄酒"。同样情况,穆勒所谈到的不仅是"只能在土壤、气候和日照的特殊环境下产生的葡萄酒",还有"有一定范围的那些城市(例如威尼斯,以及为了安全有构筑工事的必要的任何设防城市)中的房屋和建筑地基;任何城市中一些最符合要求的地段;风景格外优美——在难得具有这一优点的一些地区——的房屋和园林"。对这类范例作进一步深入的观察时会发现些什么?这类生产服务依然存在;它们并没有被独占,就是说,它们并不是被掌握在一个所有人的手里;但它们是某些产品所特有的。其他土地会生产其他果品而不是葡萄,即使是葡萄,也不是同样品种的葡萄。其他土地也可以用来作为房屋和园林的地基,但是在那些土地上建成的不是具有同样日照的房屋和园林。这就是这类生产服务为什么不用害怕竞争的原因。这类服务的价格上升时,不会把同样的服务吸引到它们的生产过程,因为没有同样的服务。如果它们产品的价格上升,其特有的生产服务的价格就会上升到同样程度,而不会反

过来影响到产品的价格或数量。李嘉图与穆勒于进行分类时如果稍微有条理些，他们就会举人力服务为例，如在世的艺术家、歌唱家、杰出的医师、伟大的外科专家等等的人力服务，其特殊性并不亚于他们所说的土地服务。以下再谈一谈在他们意念中的此外的情况。

347. 这就是非特殊化的生产服务的情况，是大家认为最普通的情况。某些生产服务实际上并没有独具的特性，但它们是为数最众多的。这里只须提一提跟李嘉图和穆勒所举示的略有不同的一些情况。除了生产特种葡萄的土地以外，还有生产普通性质的葡萄的土地。除了只宜于生产葡萄的土地以外，还有生产小麦、饲料、蔬菜等等的土地。再说，生产小麦的土地也可以生产大麦、蛇麻、苜蓿和萝卜，生产包心菜的土地也可以生产莴苣。然而我们必须注意，一块土地即使可供多方面使用，无论如何，其多面性总有个限度，因此，某一程度上的特殊化总是存在的；例如，小麦需要土质干松的平地，饲料作物需要土壤肥湿的低地。就劳动的情况说，特殊化也许是例外，非特殊化却是常情。除少数人会有天赋的伟大歌手的嗓子、杂技演员的身手、画家的眼力或音乐家的听觉之外，广大的多数人所以能够完成各式各样的任务，却正是由于他们并不是特别适宜于担任其中的任何一种任务。某人被培植成为一个律师，但是他也往往未尝不可成为一个公司的经理；某人被训练成一个木工，但是肯定也可以把他训练成一个制锁工人。多数人于选择职业时要打听的是什么？肯定是可以赚得的工资，换句话说，是在那个职业中他们的生产服务的价值。非特殊化生产服务与特殊服务对比下，是要担心到竞争的。非特殊化服务的价格上

升时,会把相当大量地存在着的别的同类服务吸引到生产中来。如果非特殊化服务的产品的价格上升,生产服务的价格也会上升,但这只是暂时的;因为这类服务在数量上将增加,因此其产品的数量也将增加。最后结果是,一般生产服务和一般产品的价格都将略微上升。如果非特殊化生产服务的价格下降而不是上升,则除细节上作必要的变更外,我们的推论相同。

348. 这样看来,李嘉图和穆勒提出的两个不同情况,实际上并不是绝对地直接相反的。在两种情况下,产品价格与产品服务价格之间,都存在着动向一致的自然趋势;产品价格的上升或下降,都会促成产品服务价格的上升或下降。唯一的差别在于:就特殊生产服务的情况说,生产服务价格的上升或下降始终是决定性的,它不会影响到产品的数量或价格;而就非特殊生产服务的情况说,这类服务价格的上升或下降是暂时的,因为,虽然其直接效应是吸引或排斥同类服务,其最后结果却是一切非特殊服务价格的一般的上升或下降,和通过这类服务所生产的一切产品价格的同样一般的上升或下降,不过这一变动比原来的变动在幅度上要小些。不论是在特殊生产服务的情况下,或是在非特殊服务的情况下,产品的售价都不是取决于其生产成本。并且,不论在哪一情况下,如李嘉图或穆勒所说的"无限制增加"是全然没有那回事的。穆勒为他的第一类即特殊服务下定义时还提到,"可以说,任何样的土地一般都是属于这一类的商品"。这句话当然是正确的;但同样正确的是,一切人类能力也可以列入这一类。那么剩下来列入第二类的是些什么呢?没有了。

349. 穆勒又告诉我们,"还有个第三类情况,介于前两类情况

之间。……有些商品,使用了劳动和费用,可以无限制增加,但不是按照劳动和费用的固定量增加。在一定的成本下,只能产生某一定限的量;如果还要增加产量,就得在较高的成本下生产。前已屡次提到,农产品就属于这一类,一般说来,地上的一切天产物都属于这一类。……"[1]这里,这位作家没有作出任何说明——显然,他自己也没有领会到——就从在某一时刻和某一定量的生产服务下增加生产的情况,转变到了从这一时刻到下一时刻所使用的生产服务量在增进中的增加生产的情况。生产服务之一,即土地服务,在数量上是不能增加的;由于这一事实,使穆勒构成了他的第三类物品,其内容是"农产品"和"地上的一切原始产物"。这位大名鼎鼎的逻辑学家,在这样的方式——这是很足以表示他的特性的一种方式,随后在另一个极其特出的例子里我们还会看到——下进行时,就把两个迥然不同的问题混同起来,一个问题是产品价格的确定,还有个问题是在发展的社会中这类价格的动向。这里不准备沿着这条路线跟着他向前走,到讨论地租理论时再谈。目前要肯定的只是这一点:这个第三类商品跟第二类商品一样地不能无限制增加。并且,不论是第二类商品或第三类商品,即使在有定限的范围以内,作为劳动和货币的某一固定支出的报酬,或者至少是作为货币的某一固定支出——顺便提一提,这同劳动的某一固定量,全然不是同一事物——的报酬,也不能在某一时刻、凭某一定量的生产服务而有所增加。

① 穆勒:《政治经济学原理》,第3册,第2章,第2节。

第三十九章　对英国地租理论的分析和批判

350. 英国学派所倡导的关于土地服务价格也就是地租的理论，似乎是由安德逊博士于18世纪末首先发表的，嗣后由韦斯特爵士和马尔萨斯于19世纪初加以重新陈述，由李嘉图加以推广，从此就称为李嘉图的理论，以后又曾由詹姆斯·穆勒和麦克库洛赫加以修订，由约翰·斯图尔特·穆勒加以复述，直到现在，差不多所有的英国经济学家仍然在传授。李嘉图的地租理论是用如下的说法提出的：

> 假定第一、二、三等土地使用等量资本和劳动时所产净产品分别为100、90和80夸特谷物。在一个新开辟的地区中，肥沃的土地相对于人口而言很丰富，因而只需要耕种第一等土地；在这里，全部净产品将属于耕种者，成为所垫付的资本的利润。一旦人口增加到一定程度，以至必须耕种其上所能取得的产品在维持劳动者生活后只有90夸特的第二等土地时，第一等土地马上就会有了地租；因为要么就是农业资本必须有两种利润率，要么就必须从第一等土地的产品中扣除10夸特或相当于10夸特的价值用于某种其他用途。无论耕种第一等土地的是土地所有者还是别人，这10夸特都同样会形

成地租。因为第二等土地的耕种者无论是耕种第一等土地而支付10夸特地租，还是不支付地租而继续耕种第二等土地，他用他的资本所获得的结果总是相同的。同样，我们也可以证明：当第三等土地投入耕种时，第二等土地的地租必然是10夸特或相当于10夸特的价值，而第一等土地的地租则增长到20夸特。因为第三等土地的耕种者无论是耕种第一等土地而付20夸特的地租，还是耕种第二等土地而付10夸特的地租，还是耕种第三等土地而不付任何地租，他所得的利润总是一样。[①]

约翰·斯图尔特·穆勒把李嘉图论证的这个第一部分归纳成如下的定理：任何土地所产生的地租是，与耕种中最差的土地所得的报酬相比时的超过量。[②] 李嘉图随即把论证又推进了一步，如下一节所示。

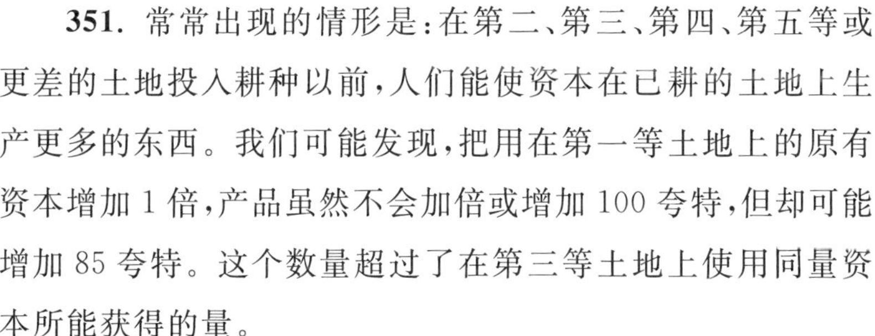

351. 常常出现的情形是：在第二、第三、第四、第五等或更差的土地投入耕种以前，人们能使资本在已耕的土地上生产更多的东西。我们可能发现，把用在第一等土地上的原有资本增加1倍，产品虽然不会加倍或增加100夸特，但却可能增加85夸特。这个数量超过了在第三等土地上使用同量资本所能获得的量。

在这种情形下，资本就宁可用在旧有土地上，而且会同样产生地租，因为地租总是由于使用两份等量资本和劳动而获

① 李嘉图：《政治经济学及赋税原理》，第2章，中译本，商务印书馆1962年版，第58页。

② 约翰·斯图尔特·穆勒：《政治经济学原理》，第2册，第16章，第3节。

得的产品之间的差额。如果租地人使用资本 1 000 镑从土地上获得小麦 100 夸特，使用第二个 1 000 镑资本时又获得报酬 85 夸特，那么，在租约满期之后，地主便可以令其追加地租 50 夸特，或与此相等的价值，因为利润率不能有两个。如果租地人满足于使第二个 1 000 镑资本少得 15 夸特的报酬，这是因为他不能为这 1 000 镑找到更为有利的用途。一般利润率就是这样一种比例，如果原租地人拒绝加租，就可以找到别人愿意把超过利润率的一切东西交给生产这些东西的土地的所有者。

在这种情形下和在其他情形下一样，最后使用的资本都不支付地租。第一个 1 000 镑的生产力较大，就有 15 夸特作为地租，使用第二个 1 000 镑时就没有任何地租。如果在同一土地上使用第三个 1 000 镑，报酬为 75 夸特，那么第二个 1 000 镑资本便也会支付地租，数额等于两者的产品之间的差额，即 10 夸特；同时，第一个 1 000 镑的地租将由 15 夸特增加到 25 夸特；最后一个 1 000 镑则不支付任何地租。①

李嘉图论证的这个第二部分，也由穆勒归纳成另一个定理：地租也可以用一种资本品的报酬跟同样资本品在尽可能不利的环境下所产生的报酬相比时的超过量来衡量。②

352. 这是个数学理论，必须用数学方式来表达和讨论。

① 李嘉图：《政治经济学及赋税原理》，第 2 章，中译本，商务印书馆 1962 年版，第 58—59 页。

② 穆勒：《政治经济学原理》，第 2 册，第 16 章，第 4 节。

让我们制成一个坐标系，包含一个水平轴 Ox 和三个直立轴 Oy（见图31）。从水平轴上的三个原点起，分别截取线段 Ox'_1，Ox'_2 和 Ox'_3，相当于分别在第一、二、三等土地上使用的等量资本。李嘉图在其论证的第一部分没有说明所使用的资本的估值依据，也就是说，没有说明其价值；但在第二部分他明确假定估值的依据是货币（“通货”），其各自的价值是 1 000 镑。现在让我们在直立轴上从点 O 起截取线段 Ot_1，Ot_2 和 Ot_3，使得所绘成的以这些线段为高、以线段 Ox'_1，Ox'_2 和 Ox'_3 为底的矩形，其面积 $Ot_1y'_1x'_1$，$Ot_2y'_2x'_2$ 和 $Ot_3y'_3x'_3$，与第一、二、三等土地的净产额在量上成比例。李嘉图对于这类净产额系用产品的物质单位计值，分别为 100、90 和 80 夸特。既了解了这一点，论证的第一部分就等于说，由于农业不可能有两个不同的利润率，因此，当有必要耕种第二等土地时，对第一等土地就得支付地租，其量相当于两个矩形之间的差异，即面积 $At_1y'_1B$，即 10 夸特。当耕种第三等土地成为必要时，对第一等和第二等土地就都得支付地租，前一地租相当于第一个和第三个矩形之间的差异，即面积 $Ct_1y'_1D$，即 20

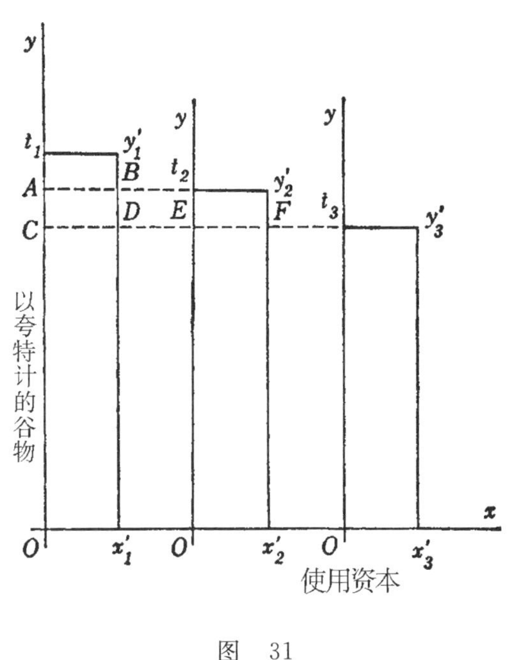

图　31

夸特，后一地租相当于第二个和第三个矩形之间的差异，即面积 $Et_2y'_2F$，即 10 夸特；对第三等土地则不付任何地租。

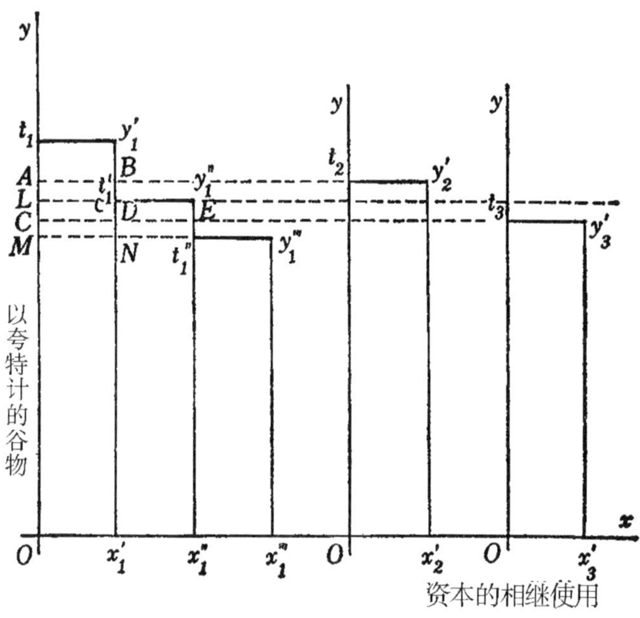

图　32

353. 现在仍从点 O 起，沿着水平轴，在 Ox'_1 的右边，截取线段 $x'_1x''_1$ 和 $x''_1x'''_1$，用以表示价值1 000镑的资本对第一等土地的相继使用（见图 32）。在通过点 x'_1 和 x''_1 绘出的与直立轴平行的直线 $x'_1y'_1$ 和 $x''_1y''_1$ 上，从这些点起，分别截取线段 $x'_1t'_1$ 和 $x''_1t''_1$，使得所绘成的以这些线段为高、以线段 $x'_1x''_1$ 和 $x''_1x'''_1$ 为底的矩形，其面积 $x'_1t'_1y''_1x''_1$ 和 $x''_1t''_1y'''_1x'''_1$，与以价值1 000镑的资本对第一等土地的相继使用中得来的净产额在量上成比例；这类净产额跟以前一样，系用产品的单位计值，分别等于 85 和 75 夸特。既了解了这一点，论证的第二部分就等于说，由于农业不可能有两个不同的利润率，因此当有必要——这将发生在第二等土地已经加以耕种之后而第三等土地尚未加以耕种之前——对第一等土地使用第二个价值1 000镑的资本时，使用第一个价值1 000镑的资本时所支付的地租，将相当于两个矩形 $Ot_1y'_1x'_1$ 和 $x'_1t'_1y''_1x''_1$ 之间的差异，即面积 $Lt_1y'_1t'_1$，即 15 夸特。对第一等土地使用第三个价值 1 000 镑的资本成为必要时，使用第一个价值 1 000 镑的资本时所支付的地租，将相当于两个矩形 $Ot_1y'_1x'_1$ 和 $x''_1t''_1y'''_1x'''_1$ 之间的差异，即面积 $Mt_1y'_1N$，即 25 夸特，使用第二个价值 1 000 镑的资本时所支付的地租，将相当于两个矩形 $x'_1t'_1y''_1x''_1$ 和 $x''_1t''_1y'''_1x'''_1$ 之间的差异，即面积 $Nt'_1y''_1t''_1$，即 10 夸特。因此，使用第一等土地时所支付的总租金，相当于两个面积 $Mt_1y'_1N$ 和 $Nt'_1y''_1t''_1$ 之和，即面积 $Mt_1y'_1t'_1y''_1t''_1$，即 35 夸特。

354. 但是，将理论用数学方式来表达时就立即可以看出，李嘉图关于将资本不论是对各段土地或对同段土地的相继的等量使用所说的那一些，对价值 100 镑、10 镑或 1 镑的资本的相继使用和对价值 1 000 镑的资本的相继使用，应当同样地正确或同样地不正确。总之，如果各段土地的生产率是使用资本的一个下降函数，那就没有理由不让我们假定：使用资本每作一次无限小量的提高，就必然使生产率作一次无限小量的降低。当然，情形也许不是这样，但是，即使一般说来情形不是这样，这在未经根据理性的或经验的证明之前，我们仍然有理由从理论上推定，情形是这样的。因此，为了说明这里所讨论的降低情况，原来的不连续曲线如 $t_1y'_1t'_1y''_1t''_1y'''_1$，得用如图 33 所示的连续曲线如 $T_1T'_1$，$T_2T'_2$，$T_3T'_3$…来代替，用意在于，用线段 Ox_1，Ox_2…表示对第一、二…

等土地所使用的资本，用面积 $OT_1y_1x_1$，$OT_2y_2x_2$…表示以产品的实质单位计的净产量。由于投入农业的资本不可能有两个利润率，据此推定，表示以产品的物质单位计的第一、二…等土地的上述利润的矩形 OPy_1x_1，OQy_2x_2…的面积与其底 Ox_1，Ox_2…成比例，而这些矩形的高 x_1y_1，x_2y_2…均相等，因为这些高所表示的是以产品单位计的利润率，即生产率。因此，位于水平线 PQR 之上的部分面积 PT_1y_1，QT_2y_2 所表示的是以产品的物质单位计的第一等和第二等土地的地租；但是，如果如图所示，水平线 PQR 并不与曲线 $T_3T'_3$ 相交，则第三等土地就不产生任何地租。

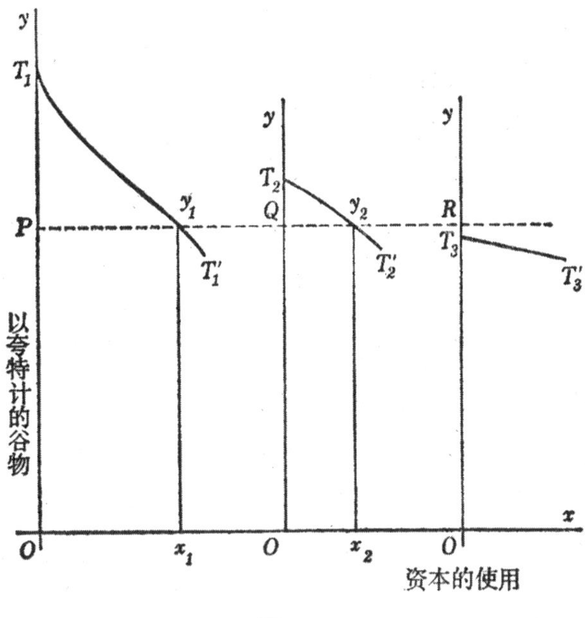

图　33

355. 试用解析法表述；假定分别以 n_1，n_2，n_3…表示第一、二、三…等土地以公顷计的数目，分别以 h_1，h_2，h_3…表示产品单位总数与各等土地支付工资所需要的单位数相比时每公顷的超过量，

以 x_1, x_2, x_3 表示使用于每公顷的、以货币（“通货”）计的资本品的量，以 t 表示以产品的实质单位计的利息率。这样，在同样依据下表达的每公顷地租 r_1, r_2, r_3 即取决于方程

$$\begin{aligned} r_1 &= h_1 - x_1 t, \\ r_2 &= h_2 - x_2 t, \\ r_3 &= h_3 - x_3 t, \\ &\cdots\cdots \end{aligned} \tag{1}$$

净产品与使用资本之间的关系可以表示为

$$\begin{aligned} h_1 &= F_1(x_1), \\ h_2 &= F_2(x_2), \\ h_3 &= F_3(x_3), \\ &\cdots\cdots \end{aligned} \tag{2}$$

利息率与使用资本之间的关系则可以表示为

$$t = F'_1(x_1) = F'_2(x_2) = F'_3(x_3) = \cdots. \tag{3}$$

两组关系都是由图 33 内的曲线 $T_1T'_1, T_2T'_2, T_3T'_3\cdots$ 表示，其间变数 x 与横坐标对应，函数 t 与纵坐标对应，函数 h 与曲线下面的面积对应。

对上述方程作进一步探索以后就可以看出，就 m 个种类或数目的土地说，有 $3m+1$ 个未知量，只有 $3m$ 个方程。还需要一个方程。我们可以写出如下的方程，而不至于在任何方面违背对李嘉图理论作出的忠实阐述，这个方程和上面第 242 及 248 节里提出的方程相类似：

$$n_1x_1 + n_2x_2 + n_3x_3 + \cdots = X \tag{4}$$

按照李嘉图的说法，似乎在任一个经济体系，总存在着不断增长中

的某一数量的资本，借此可以获得不断增长中——虽然其增长不一定与资本的增长成比例——的某一数量的产品，不断增长中的人口就由此可以获得供应。这一资本在任何时刻总是一个确定的数量。假定以这一确定的量为 X，把它对各等土地作这样的分配，从而使一切土地的生产率相同。

如果我们假定解方程(3)可以求出 x，那就可以把这类方程改写成

$$x_1=\psi_1(t),\quad x_2=\psi_2(t),\quad x_3=\psi_3(t)\cdots,$$

这时就可以从方程(4)得出 t，其形式为

$$n_1\psi_1(t)+n_2\psi_2(t)+n_3\psi_3(t)+\cdots=X.$$

t 一经确定，x_1，x_2，x_3 就可以从上面改写的方程(3)得出。对于 $F'(O)<t$ 的那类土地，人们不会加以耕种，只有 $F'(O)>t$ 的那类土地才会被开垦。x_1，x_2，$x_3\cdots$经确定以后，就可以凭方程(2)求出 h_1，h_2，$h_3\cdots$。至于 r_1，r_2，$r_3\cdots$系由方程(1)确定。据此，归根结底，地租系取决于国家的资本，确定地租时可以不计及工资、利息或产品价格。这就是英国地租理论的实质。

356. 用微积分来重新陈述李嘉图的论证是绝对必要的，由此可以使许多作家虽然仍旧使用着普通语言，对此也不得不表示同意。我们在上面提出的对这一论证的严峻表述是对英国地租理论的正确表述。以后在我们的讨论中将始终引用这一表述，这样就可以免得停下来考虑由于李嘉图和穆勒所使用的那种拙劣的表达方式而造成的在解说和推理上的缺点。这里已经无须说明，为什么穆勒的第一个定理——这实际上是以最差的土地不产生地租的假设为依据——是本质上错误的，并且形式上是跟他的第二个定

理抵触的。事实是，在理论的数学表述中，这个错误就不复存在。只须检查一下图 33 就立即可以看出，在耕作中的最差的土地一般也产生地租，只是在不连续生产力曲线的非常情况下（在这一曲线的起点与水平线不相交时）是例外。

357. 让我们回到一般方程

$$r=h-xt.$$

跟我们惯用的记号一致，假定以(B)表示考虑中的商品，p_b 为这一商品的价格，(T)为生产这一商品的那种土地，H 为每公顷产量的单位总数，因此 $b_t=\frac{1}{H}$ 为生产系数，所表示的是在生产一个单位的(B)时所使用的生产服务(T)的量。并且，分别以 p_t 和 i 表示以通货计的地租和净收入率。由于（我们已经看到）r 和 t 所表示的是以产品的实质单位计的地租和利息率，因此，在上述方程内这两者可以用数值$\frac{p_t}{p_b}$和$\frac{i}{p_b}$来代替，结果这个方程就变成

$$\frac{p_t}{p_b}=h-x\frac{i}{p_b}。$$

此外，假定以(P)，(P′)，(P″)…为也有助于(B)的生产的各种人力资本或个人，以 b_p, b_p', b_p''…为对应生产系数，以 p_p, p_p', p_p''…为人力服务的价格，即工资，以 P_p, P_p', P_p''…为以通货计的人力资本品（即人类自身）的价格。按照李嘉图的说法，产品单位的净产额 h，将相等于

$$H-\frac{H}{p_b}(b_p p_p+b_p' p_p'+b_p'' p_p''+\cdots),$$

否则，如果为了求其简明，将折旧与保险略去，将相等于

$$H-\frac{Hi}{p_b}(b_pP_p+b_p'P_p'+b_p''P_p''+\cdots).$$

最后，假定以(K)，(K′)，(K″)…为其服务也已投入产品(B)的生产中的各种狭义资本品，以 b_k，b_k'，b_k''…为对应生产系数，以 p_k，p_k'，p_k''…为资本服务的价格，即利息，以 P_k，P_k'，P_k''…为以通货计的狭义资本品的价格。结果，按照李嘉图的说法，所使用的以通货计的资本 x，将等于

$$H(b_kP_k+b_k'P_k'+b_k''P_k''+\cdots),$$

否则，如果将折旧和保险略去，将等于

$$\frac{H}{i}(b_kp_k+b_k'p_k'+b_k''p_k''+\cdots)。$$

358. 根据这类考虑，我们对于讨论中的方程显然有理由可以加以修改，使之具有尽可能大的严峻性而不至于在别的方面受到影响。这一修改在于把人力(P)，(P′)，(P″)…的价格同狭义资本品(K)，(K′)，(K″)…的价格合并起来，使项 x 包括一切资本(人类资本和狭义资本)的使用；因为毫无疑问，工资率同利息率一样，都是齐一的，工资率(即工资对人力资本的价值的比率)恰恰等于利息率。因此，我们可以、也应当以利息率和工资率的齐一性作为推究这一理论的根据，如有些英国经济学家所做的那样。作了这一修改之后，净产值 h 与总产值 H 就成为同一事物，使用资本就终于成为

$$x=H(b_pP_p+b_p'P_p'+b_p''P_p''+\cdots+b_kP_k+b_k'P_k'+b_k''P_k''+\cdots)$$

$$=\frac{H}{i}(b_pp_p+b_p'p_p'+b_p''p_p''+\cdots+b_kp_k+b_k'p_k'+b_k''p_k''+\cdots).$$

359. 经这样规定的 H 和 x 是互为函数的，系分别由图 33 内

曲线 TT' 的面积和横标表示。现在如果要弄清楚 H 究竟是不是一个随着 x 作比例增长的函数，换句话说就是，曲线 TT' 是否具有负倾角，那是再容易也没有。我们只须追究一下，当 x 和 H 增长时，比率

$$\frac{H}{x}=\frac{1}{b_pP_p+b_p{}'P_p{}'+b_p{}''P_p{}''+\cdots+b_kP_k+b_k{}'P_k{}'+b_k{}''P_k{}''+\cdots}$$

$$=\frac{i}{b_pp_p+b_p{}'p_p{}'+b_p{}''p_p{}''+\cdots+b_kp_k+b_k{}'p_k{}'+b_k{}''p_k{}''+\cdots}$$

是否降低。

这是无可置疑的一个经验事实，将人力服务与狭义资本服务越来越多的量跟土地资本的一个固定量相结合，并不会取得产品的按比例增加的量；否则，只须将无限量的人力服务和狭义资本服务投入一公顷或面积还要小的土地，就可以取得无限量的产品了。据此，我们可以明确地说，如前在第 325 节已经表明的那样，b_p，$b_{p'}$，$b_{p''}\cdots b_k$，$b_{k'}$，$b_{k''}\cdots$并不是常数，而是 b_t 的下降函数，这就是说，是 H 的上升函数。[①] 但是李嘉图和一般英国经济学家的推论却是全然不同的。他们说，以越来越多的人力资本和狭义资本投入一段土地时，产品的产量不会按比例增加，而他们所说的投入资本却是用通货估值的。要使他们的说法跟上面的相同，就得假定，所相继投入的，不但在以通货表示的量的依据下相等，而且在以人力服务和资本服务表示的量的依据下也相等；因为不然的话，如果假定等量的通货与越来越大的生产服务量对应，那就可以设想，产值

① 技术系数不仅是 b_t 或 H 的函数，而且是相互间的函数；这里为简化起见，不再顾到这一点。

会随着投入资本作比例上的变化。严格地说，要使 H 成为一个不论在某一时刻或是在相继的不同时刻下不随着 x 作比例增长的函数，就得假定，$P_p, P_p', P_p'' \cdots P_k, P_k', P_k'' \cdots i$，因此也就是 p_p，$p_p', p_p'' \cdots p_k, p_k', p_k'' \cdots$，不仅在某一时刻是确定的，而且从这一时刻到下一时刻也是不变的。

我们于一再研读李嘉图的著作后看到，这一双重假设即使不是显然地、也隐然地始终存在。李嘉图显然不可能认为产值总是取决于所使用的资本，不管这一资本怎样使用，甚至作不合理的使用。因此，他的意思必然是这样：这类资本，不管是一次投入还是相继投入的，也不管是在各段土地上投入还是在同段土地上投入的，所体现的是属于一定种类的资本品的某些确定的量。由于投入的数额总是 1 000 镑，由此可见，该类资本品的价格是确定的和不变的。但是一般说来，产量取决于生产服务的种类和数量。因此，李嘉图必然认为，只有使用了某些确定数量的某类资本品，投入的才会是某些确定数量的某类服务。每次使用的资本既然始终估作 1 000 镑，如果假定利息率为 5%，则每次投入的服务，其价值必然始终为 50 镑；这就表明，服务的价格是确定的和不变的。

360. 这一假设是有重要后果的，关于这一点，我们现在必须注意。李嘉图所以会以产物价格的趋于高昂作为地租的存在、创始和发展的根据，就是由这一假设所促成。的确，在他看来，是由生产成本确定售价的。还有，我们在上面已经看到，关于净产量的生产的必要费用是确定的和不变的，其数计为 50 镑。如果于耕种第一等土地使用 50 镑生产净产品 100 夸特之外，还有必要从事于耕种第二等土地，这时使用 50 镑所生产的净产品将是 90 夸特，那么生产成本，因此也就是售价，将从每夸特$\frac{50}{100}$镑上升到$\frac{50}{90}$镑。此外，如果在第一等土地上使用了第一个 50 镑之后，需要再使用 50 镑，这第二个 50 镑所生产的是净产品 85 镑，那么生产成本，也就是售价，将从每夸特$\frac{50}{100}$镑上升到$\frac{50}{85}$镑。我们将李嘉图的理论用我们的数学方式重新表述时，除利息支出外加上了工资支出，但这一点对结果并无丝毫影响。实际上，产品的价格 p_b 既等于地租、工资和利息的总支出 p_t+xi 对产品总量 H 之比，也等于单是地租的支出 p_t 对以产品的实质单位计的地租 r 之比，同时也等于工资和利息的支出 xi 对以产品的实质单位计的工资和利息 xt 之比，也就是比率$\frac{i}{t}$。结果是，如果不计及 i 的变化，这一最后比率将随着 t 的下降而无限地上升，这就是这一理论的基础。由此可以推定，以通货计的地租，从这一时刻到下一时刻，会发生双重的增长：首先是由于产量单位数即 r 的增加，这是与以通货计的地租的增加结合着的；其次是由于产品的价格即 p_b 的上升。从李嘉图在其《论地租》那一章末尾的一个附注可以看出，他对这一后果是完全了解并且认可的。

361. 由此可见，英国理论只能确定土地服务的价格并说明其残余的特性，所依据的是如下的双重假设：人力资本的价格、狭义资本品的价格和净收入率是预定的和不变的；因此，人力资本的服务和狭义资本品的服务的价格也是预定的和不变的。我们在下面两章里会看到，英国学派的经济学家实际上既没有确定工资，也没

有确定利息；但是目前我们姑且让一步，假定他们是做到了这一点的。然而，按照演绎法推论，不能把生产服务价格是不变的这一假设归之于这个学派。因此，表示产品是使用资本的一个函数的那些曲线或方程，不论是为了对资本相继投入的期间的地租作比较，或是为了说明发展的社会中地租变化的定律，都全然无用。这些曲线或方程，涉及某一时刻的资本的不同使用或者是说明地租的确定定律时，充其量只能用来确定这一时刻的地租。我们只能在这样的限度内利用这里所讨论的一些曲线和方程。因此，只要假定 $p_p, p_p', p_p'' \cdots p_k, p_k', p_k'' \cdots$ 是已经确定的，以产品的单位计的地租就可以取决于方程

$$\frac{p_t}{p_b}=H-\frac{H}{p_b}(b_p p_p+b_p' p_p'+b_p'' p_p''+\cdots$$
$$+b_k p_k+b_k' p_k'+b_k'' p_k''+\cdots), \tag{5}$$

以通货计的地租就可以取决于方程

$$p_t=Hp_b-H(b_p p_p+b_p' p_p'+b_p'' p_p''+\cdots$$
$$+b_k p_k+b_k' p_k'+b_k'' p_k''+\cdots). \tag{6}$$

如果按照以前在第 358 节里的讨论，以 H 代 h，从而写成

$$H=F(x),$$

因此

$$\frac{H}{p_b}(b_p p_p+b_p' p_p'+b_p'' p_p''+\cdots+b_k p_k+b_k' p_k'+b_k'' p_k''$$
$$+\cdots)=xF'(x),$$

那么我们就可以把方程(5)写成

$$\frac{p_t}{p_b}=F(x)-xF'(x).$$

现在显得很清楚，为什么方程

$$r=h-xt$$

和对应曲线 TT'，经尽可能地加以修正并增补后，所得出的以产品单位计的地租，会成为人力资本和狭义资本或其服务的一个下降函数。即使在论证的这一阶段，我们也不免要问一问，为什么英国学派要用劳动和资本服务的使用量来确定地租，而不愿意用土地服务的使用量来确定工资和利息；要问一问，为什么这个学派没有试图提出一个统一的综合理论，用以在同样方式下确定一切生产服务的价格。然而这一点仍然是事实，通过上述方程和曲线（这只能在上面已经提到的限制下，并且在即将提出的甚至更加严格的限制下接受）的采用，英国学派总算是把其数与未知量——即以产品单位计的地租——的数目相等的一系列方程，引进了确定价格的一般问题。并且，在理论中这样提出的问题，在实践中是通过企业家之间的竞争解决的。以实物计的地租的问题解决以后，以通货计的工资、利息和净收入率仍然是未知量，仍然有待于确定。其次，如第 355 节所示，生产率是根据可用资本量确定的。还有，产品的价格是根据净收入率对生产率之比来确定的；最后，以通货计的地租是通过以产品单位计的地租与产品的价格相乘来确定的。这样，英国学派固然是终于证明了地租与生产成本无关，但是这个论点实际上是个暗礁，英国地租理论就是由此被撞得粉碎的，关于这一点，下面将加以说明。

362. 如果用$\frac{1}{b_t}$来替换方程（6）内的 H，再全部用 b_t 相乘，然后将括号内的量移置到左边，则得

$$b_t p_t + b_p p_p + b_p' p_p' + b_p'' p_p'' + \cdots + b_k p_k + b_k' p_k' + b_k'' p_k'' + \cdots = p_b.$$

这个方程其实就是第203节生产方程第(4)系内列示的产品(B)的生产成本方程；但是其间有一个限制条件，即，在(B)的生产中，虽然使用了各种劳动服务(P)，(P′)，(P″)…和各种资本服务(K)，(K′)，(K″)…，所使用的土地服务(T)却只有一种。于是英国的地租理论以进一步假设作依据，认为从来没有一种以上的土地服务会投入任何生产部门。这个假设对工业固然不适应，对农业也同样不适应。例如，就李嘉图所举示的例证中的小麦说来，就不能应用这个假设；因为生产小麦时需用肥料作为原料，供应这项原料的是在牧场上吃草的牛，而牧场跟麦田是不同的。由于这个原因，再加上英国学派并不直接确定工资或利息这一事实——这将在下一章说明——对于产品(B)的生产成本方程就有必要加以增补如次：

$$b_t p_t + b_t' p_t' + b_t'' p_t'' + \cdots + b_p p_p + b_p' p_p' + b_p'' p_p'' + \cdots + b_k p_k + b_k' p_k' + b_k'' p_k'' + \cdots = p_b;$$

就有必要加上生产方程

$$Q = \phi(Qb_t \cdots Qb_p \cdots Qb_k \cdots)\text{（见第 326 节）},$$

还得与其他生产方程合在一起，以便确定不仅是产品的价格，并且是生产服务的价格。这里考虑到了边际生产力。这并不是如英国学派在那样笨拙和错误的方式下用来确定土地服务的价格的，而是用来确定生产的系数的；就同所以要考虑生产成本，并不是如英国学派那样用以确定产品的价格，而是用以确定生产的数量的情形一样。[①] 因此，经过严峻的批判的分析之后，李嘉图理论所留下的只是这一点：地租并不是产品价格的一个组成部分，而只是它的一个结果。但是关于工资和利息也可以这样说。因此，地租、工资、利息、产品价格和生产系数都是在同一问题以内的未知量；它们始终必须共同地被确定，不能单独地被确定。

第四十章　对英国工资理论和利息理论的分析和批判

363. 谈到英国的工资理论，我们得引用约翰·斯图尔特·穆勒的陈述，原因并不是在于这个理论是他首先发表，而是在于他所

① 如果以(B)为两种服务(T)和(K)的产品，那就可以从第326节里的边际生产力方程，即

$$Qpb=Tpt+Kpk \tag{1}$$

$$和\frac{\partial\phi}{\partial K}=\frac{pk}{pb}, \tag{2}$$

求得

$$T=\frac{pt}{pb}=Q-K\frac{\partial\phi}{\partial K}.$$

现在如果假定$Q=H$，并且是这样决定的，从而使$T=Hb_t=1$，一方面假定$K=x$，那么函数$Q=\phi(T,K)$就成为$H=F(x)$，偏微商$\frac{\partial\phi}{\partial K}$就成为$F'(x)$，上面的方程就成为

$$\frac{pt}{pb}=F(x)-xF'(x),$$

这跟(用数学表达的)李嘉图地租理论的方程是一样的。(1902年)

提出的证明是其中最完整的。这个证明系由两个定理构成，见于他的著作《政治经济学原理》。第一个定理载第一册第五章第九节，内容是，购买产品并不是支持劳动；第二个定理载第二册第十一章第一节，内容是，工资取决于人口与资本之间的比例。对于这两个论点我们当逐一予以检查。

第一个定理措辞的奇特使人一见骇然。所以一上来会使人发生这样的印象并不是无故的，因为这一定理说到底只是出于冗长的诡辩。再没有比支持这个词所表示的更加模糊、更加非科学的了。穆勒自己告诉我们，“购买产品并不是支持劳动”的意思是说，“构成对劳动的需求的是发生在生产之前的工资，而不是对于由生产而来的商品可能存在的需求”。因此，“购买产品并不是支持劳动”的意思是说，“对商品的需求并不构成对劳动的需求”。那么，为什么不就用这些措辞来说明定理呢？并且，为什么不采取更好的办法，用正面形式而不用反面形式来说明定理，却只是把正面措辞作为事后的补充呢？我们必须作进一步密切的观察，从而了解问题的真相。

穆勒为一个消费者作出了这样的设想：他花费他的收入时，可以从事于生产服务的直接购置，例如，他可以造一所屋子，也可以从事于如天鹅绒和花边之类的制成品的购置。然后他告诉我们这两种活动是不同的。但是当他试图说明其间的差别究竟何在时，却完全失败。他应当做到的是，使一个自己出钱盖房子的和一个买进现成房屋的作对照，或者是，使一个买进已经制成的花边和天鹅绒的和一个特为定做花边和天鹅绒的作对照。然后他就可以清楚地向我们表明，两者之间有重大区别：一种是直接购买生产服务,从而为产品的制造供应运用资本;还有一种是购买制成品,只是补充了这一资本,供作以后的生产。看来穆勒自己对于他在正文内所举的例子也不十分满意,因为他在注释内又举了一个例子。一个富翁A,每天支出某一数额作为工资或救济金,工人或穷人们就把它花费在粗劣的食品上;A死了,把他的财产遗留给B,而B则用同样数额来购买珍贵食品,供他自己享用。这个例子甚至比头一个更加令人迷惑。穆勒应当打定主意,A从他收入内支出的那个部分究竟是救济金还是工资,因为这两者决不是同一事物;如果是后者,他就应当告诉我们,用工资来偿付的劳动是怎样使用的。如果,比方说,劳动的内容是,由菜圃工人为A培育珍贵食品,那就只是回复到上面已经作出的生产服务购置和制成品购置之间的区别,回复到上面已经作出的观察——就第一个例子说是构成了运用资本的供应的,就第二个例子说却不是这样。

这已经足够证明,由于支持这个词的含糊,会使穆勒得到什么结果。由于他使这个词有了双重意义,结果他告诉我们他要证明的是这一点,而所证明的却是全然不同的另一点。他答应要证明的是购买产品并不是支持劳动,意思是说购买产品并不是为劳动提供需求;而事实上他所证明的含义是,购买产品并不是为制造产品时所使用的劳动提供更多的运用资本。这就使我们可以认为第一个定理是无效的。

364. 让我们检验一下第二个定理。

因此,工资主要取决于劳动的需求和供给;或者是,如人们所常说的那样,取决于人口与资本之间的比例。所谓人口,这里指的只是工人阶级——或者说得更恰当些是拿工钱做工的那些人——的人数；所谓资本指的只是流通资本，甚至也不是这类资本的全部，只是用于直接购买劳动的那个部分。但是此外还得加上并不是资本的一个组成部分而是用以换取劳动的一切资金，例如付给士兵、家仆和一切非生产劳动者的工资。但不幸的是，无法用一个习见的词来表达一国的工资基金，由于生产劳动的工资差不多要占到这一基金的全部，因此往往把此外为数比较小和比较不重要的部分略过，而只是说工资取决于人口和资本。使用这样的措辞很方便，不过要记住，这里只是把它看做对全部事实的一个省略的表述而不是全面的表述。

经这样限制以后，决定工资的就不仅是工资与人口的相对量，但是在竞争的通则下，不会受到别的方面的影响。工资（指的当然是一般的工资率）不会上升，除非用以雇用工人的总基金有所增加，或待雇的竞争者为数有所减少；也不会下降，除非用以付给工人的基金有所减少，或取得这项付款的工人为数有所增加。

这个工资理论比地租理论更容易用数学方式来表达。我们得知，他所说的人口不包括无业游民，甚至也不包括全部劳动者，所包括的只是全部为赚工钱而工作的那些人，即雇佣劳动者。假定以这类劳动者的人数为 T。穆勒还告诉我们，在他心目中的资本不包括固定资本，甚至也不包括全部流通资本，所包括的只是用以支付工资的那个部分，即，用以雇用工人的运用资本总额。假定以这一总额为 K。此外还有一点，他匆匆放过，而我们却不可忽视。看来，要确定的只是平均工资率。假定以 S 为这个平均率。据此，当我们说支配工资率的是人口与资本之间的比例时，意思就是 $S=\frac{K}{T}$，就是说，平均工资率等于支付工资总额除以收进工资者的人数之商。很明显，像这样一个论点，并不需要拖得多长的繁细的证明。同样明显的是，像这样一个证明实在没有多大用处。

365. 首先应当看到，我们所要的并不是平均工资率，而是各种行业所支付的不同的工资率。格外重要的是后一工资率，因为按照英国学派理论，要确定制成品的价格，就必须取得生产服务的价格。如果产品是掘出的土方或筑成的堤防，那么我们要知道的是一般工人的工资率；如果产品是钟表，我们要知道的就是制造钟表者的工资率。因此，即使认为平均工资率是由上述的方程确定，对我们也没有用处。再说，平均工资率当真是这样确定的吗？如果我们能掌握这个公式所需要的人口和资本，即雇佣劳动者的人数和用于劳动的运用资本总额，那么情形就的确是这样。不幸的是，这些量虽然是完全有定限的，却是全然无法确定的。这些量的比率并不能确定工资率，而是反一个向，要通过工资率来确定这些量的。

工资率上升或下降时，由于其他类别的劳动者（即，非雇佣劳动者）和有闲阶级的减少或增加，雇佣劳动者的人数势必增加或减少；并且，由于不仅是流通资本的其他项目的减少或增加，还有固定资本的减少或增加，势必促使用于劳动的运用资本量增加或减少。用于劳动的运用资本和用于土地服务或用于资本服务的运用资本是无法区别的；这就同一桶水有三个出口，而我们无法将这一个出口流出的水和其他两个出口流出的水加以区别的情形一样。

决定这样一个桶里各个出口的水的流量的是出口的大小。就其形态为工资、地租和利息支出的运用资本在工人、地主和资本家之间的分配来说，也完全是同样的问题。如果工资很高，用于劳动的运用资本不够应付，则首先将削减用于土地服务和资本服务的运用资本，使用于劳动的资本获得增加。这时，流通资本的总量也许会显得不够充足。在这种情况下，流通资本的利息率与固定资本的利息率相比，也许会非常之高；这时在构成中的储蓄将流向流通资本而不是固定资本。人们会减少在证券交易所里股票和债券的购置，增加他们在银行里的存款。否则，如果工资很低，预定用于劳动的运用资本感到过剩，则由于这一基金将缩减，首先获得增益的是用于土地服务和资本服务的运用资本。结果，整个流通资本也许会感到过剩。在这种情况下，这一资本相对于固定资本的利息率将降低，构成中的储蓄将流向固定资本而不流向流通资本。人们将收回银行存款，以便从事于证券投资。

用于工资的运用资本基金并不能确定工资率，而这一基金本身却是被工资率所确定的。那么确定工资率并且确定地租率和利息率的是什么？不管穆勒怎样说，归根到底，确定这一些的是劳动、土地服务和资本服务的产品的价格；换句话说，是产品市场中消费者之间的竞争，而不是服务市场中企业家之间的竞争。虽然生产服务确是在其自己的市场中进行买卖的，但是这些服务的价格是在产品市场中被确定的。但是这里无须重复叙述我们的关于确定生产服务价格的理论。以上所述已经足够表明，英国的工资理论究竟有多大价值。

366. 利息理论的重要并不亚于地租理论和工资理论。它向来是社会主义者所喜欢攻击的对象；直到现在，一般经济学家对这类攻击所作出的回答，并不具有十分强大的说服力。

利息理论，特别是英国学派的利息理论，一开头就是错误的，使整个问题蒙上了一层云雾。这类理论对资本家的职能与企业家的职能没有能作出区别。英国经济学家借口于要使一个企业家同时不是一个资本家在实际上是很困难的这一事实，对两种职能就不再加以区别。因此他们使用利润这个词时，指的既是资本的利息，又是企业的利润。

造成这样的混淆是很不幸的。实际上，作为一个企业家而同时却不是个资本家的情形可以说是很少见，但并不是不可能的。常常会出现这样的情况，有些人自己没有资本，但是为人诚实并且有才能有经验是大家知道的，因此可以为农业、工业、商业或金融企业筹得贷款。无论如何，即使认为不是资本家而会成为企业家的那种人为数很少，但不是企业家而是资本家的那种人是为数很多的。抵押债券、无担保债券、有限公司股票、公债等等的持有者就是这类人。还有一层，即使企业家职能和资本家职能事实上是多数结合在一起的，在理论上仍然有必要将两者加以区别。

就利润而论，把它解说作企业的利润时，英国学派没有能看到，这是跟可能遭受的损失关联着的，是要冒风险的，是依特殊情况而不是正常情况为转移的，在理论上是应当把它搁在一边的。利润被解说作资本的利息时的定义是"资本家储蓄其资本时的节制所得的报酬"。这里准备说明一下，英国学派是怎样分别确定在利润的同一名称下提出的这两种事物的。以下举述英国学派的理论时，仍以穆勒的说法为依据。

367. 穆勒以李嘉图的地租理论为依据,一开始就——或者至少作为过后的补述——作出了这样的提示:构成资本的垫支的只是工资,也就是说,地租不应列入农产品的生产成本。他说:

我曾经应许,要在适当场合表明,这是一个正确的假定,即,实际上地租并不是生产费或资本家的垫支的任何组成部分。这一假设的依据现在已经显得很清楚。诚然,一切佃农和许多其他各类生产者是要支付地租的。但是现在我们可以看到,任何耕种者支付了地租时,作为他所付地租的报酬,就取得了具有较高力量的手段,其力量高于不付地租者所拥有的同样手段的力量。手段的优越程度与所付的地租恰好成比例。假使有一种蒸汽机,其品质特优,优于现有的一切其他蒸汽机,但是由于受到自然法则的限制,不足应付需求,只有少数几个人拥有,这时不能把某一生产者对这些蒸汽机之一所愿意支付的代价看成是他的额外支出,因为通过这一蒸汽机的使用,可以使他在其他支出中获得跟他所花费相等的节省;没有这一蒸汽机,他就不能获得同样的工作量,除非支出相等于这一代价的额外费用。对土地说来,情形也是这样。生产的真正费用是对最差的土地说来所必需的费用,或者是,在最不利的情况下所使用的资本。我们已经看到,这样的土地或这样的资本是不支付地租的;但是,它所必需支付的费用,使一切其他土地或农业资本必须支付其形式为地租的等值费用。任何支付地租的人,都会在额外利益上收回其全部代价,他支付了地租之后,跟他的那些不支付地租而所拥有的是质量较差的手段的同类生产者相比,并不会使他处于相形见绌

的地位，而是处于同等的地位。①

这样，就从生产费用中将地租除去，剩下的费用，除利息外只是工资，而按照英国学派，工资率是取决于资本对人口的比率的。因此，利息（也就是英国学派所说的利润，这是包括严格意义下的利息和企业的利润的）很容易确定。穆勒作出的结论是：

> 因此，可以认为资本家是作出了全部垫支，并且取得了全部产值的。构成他的利润的是产值对垫支的超过量；他的利润率是这一超过量对垫支量的比率。②

简单说来，这就是确定生产服务价格的英国理论。资本家就是企业家，他们把可归因于土地的相对优越程度的产值的超过量，用地租形式付给地主，他们将工资基金用工资形式分配给工人，剩下的最后产值是资本家的，由他们自由支配。一切支出经除去以后，留下给资本家——企业家的，不论是什么，它所体现的，既是资本的利息，又是企业的利得，总称为利润。现在必须用数学方式讨论，以便证明这个理论是何等虚妄。

368. 假定以 P 为一个企业的产品所获得的总价格；分别以 S，I 和 F 为企业家在生产过程中在工资、利息和地租方面的花费，用以偿付个人能力、资本和土地的服务。我们应当记得，按照英国学派的理论，产品的售价取决于生产成本，这就是说，它等于所使用的生产服务的成本。这就使我们得出方程

$$P=S+I+F,$$

① 穆勒：《政治经济学原理》，第 2 册，第 16 章，第 6 节。

② 穆勒：《政治经济学原理》，第 2 册，第 15 章，第 5 节。

而 P 是确定了的。尚待确定的只是 S,I 和 F。当然，如果不是由产品的价格确定生产服务的价格而是由生产服务的价格确定产品的价格，那就必须告诉我们，确定服务价格的是什么。英国经济学家要想说明的正是这个。为此，他们建立了一个地租理论，按照这个理论，地租不包括在生产费用之内，这就使上面的方程变成

$$P=S+I.$$

他们这样做之后，就用工资理论直接确定 S。最后他们作出结论，"利息或利润的总量是产品所获得的总价格对花费在生产上的工资的超过量"，换句话说，取决于方程

$$I=P-S.$$

现在很清楚，英国经济学家已经完全被价格确定问题所难倒；因为不可能同时既使 I 确定 P，又使 P 确定 I。用数学语言说，不可能用一个方程来确定两个未知量。这一异议的提出，跟我们对英国学派还没有确定工资就先将地租排除的那种处理方式的见解，并无任何关系。

369. 这就是这些经济学家在确定生产服务价格的问题上所处的困境。萨伊在《政治经济学》第 1 册第 5 章写道：

> 一个勤劳的人可以把他的勤劳出借给另一个只具有土地和资本的人。
>
> 资本的所有人可以把他的资本出借给只具有土地和勤劳的人。
>
> 地主可以把他的地产出借给只具有资本和勤劳的人。
>
> 出借的不管是勤劳、资本还是土地，由于三者凑合起来就可以创造价值，因此其使用也具有价值，一般对使用是要给以

报酬的。

对出借勤劳所付给的代价叫做工资。

对出借资本所付给的代价叫做利息。

对出借土地所付给的代价叫做地租。

萨伊对于三种生产服务在生产过程中的结合具有相当清晰和正确的观念。他所使用的一些术语是恰当的，因此我们自己也加以采用。但是在他的著述中有很大缺陷，必须加以弥补。首先，萨伊没有充分了解企业家的特有职能。实际上这一人物在他的理论中是不存在的。其次，他对于工资、利息和地租所以会获得报偿的服务，没有作出适当解释；他说明怎样确定这些服务的价格时，也并不能比重农主义者所作出的有所推进。在这个方面，他应当提出关于价值和关于交换结构的一个令人满意的理论，应当提出关于资本及收入和关于生产结构的一个使人可以接受的理论，应当提出关于企业家和关于产品及服务市场的定义。近五十年来，法国学派没有按照这些路线作出任何贡献，关于纯粹经济学，他们在学说上一点也没有增加什么，事实上他们依然没有懂得利息、工资和地租是怎样确定的。

要提供这方面缺乏能力的表现的证据，只须举布特朗的作品《地租论》为例，这是曾经在伦理学与政治学学院得奖的。这位作家一上来就表明，产品的售价取决于生产成本。接着他给地租下的定义是“产品价格对于在其生产中使用的利息和工资的超过量”。如果他承担的任务是提出一个工资理论，他就显然会把工资说成是“产品价格对于在其生产中使用的利息和地租的超过量”。如果学院在这次竞赛中选择的题目是利息理论，他就必然会借助于将利息说成是“产品售价对于在其生产中使用的地租和工资的超过量”而得奖。

370. 我们对于这类不能令人满意的理论，用另一套理论来代替。构成这个理论体系的是三个主要成分：(1)对交换中自由竞争结构的表述(有效供给和有效需求，上升价格、下降价格和现期平衡价格)，见第二和第三篇；(2)对生产中自由竞争结构的表述(土地和土地服务、个人和人力服务、狭义资本和资本服务，地主、工人和资本家，企业家，利润、损失和售价与生产成本之间的均等)，见第四篇；(3)对资本形成和信用中自由竞争结构的表述(新狭义资本和收入对消费的超过量，得自新资本品的总的净收入对收入比消费总超过量的比率)，见第五篇。根据这些基本概念，使我们有了：(1)一个服务的市场，在这个市场里分别在竞争形态下提供土地、人力和狭义资本的服务的是地主、工人和资本家，在竞争形态下需求这类服务的，不仅是处于生产者立场的企业家，还有处于消费者立场的地主、工人和资本家；(2)一个产品的市场，在这个市场里，竞相提供消费品的是企业家、竞相需求消费品的是地主、工人和资本家；(3)一个资本品的市场，在这个市场里，竞相提供新狭义资本品的是企业家，竞相需求新狭义资本品的是资本家—储蓄者。因此，也使我们有了：(1)服务的价格，即地租、工资和利息；(2)产品的价格；(3)净收入率，也就是狭义的土地资本、人力资本和资本品的价格。支配着在企业家方面对服务的需求和消费品及新资本品的供给的，是他们赚取利润和避免损失的愿望。支配着在地主、工人和资本家方面服务的供给和对消费品及新资本品的需求的，是他们求得最大满足的愿望。

也许有人要发生疑问——事实上已经出现这种情况——在提出看来是这样简单明了的一个理论时，使用数学符号是否有真正必要，是否会害多于利。下面是我的答复。

表述一个理论是一回事；证明一个理论是另一回事。我晓得，在经济学里有些所谓证明，实际上只是无依据的论断，而一经提出以后即一再得到应和。正是由于这个原因，我认为经济学是不会成为一门科学的，除非使经济学家不得不承认，他们一向所沾沾自喜的只是些强词夺理的说法。举例说，为了要证明商品价格——换句话说，是用以交换其他商品的通货的量——实际上系起因于这样那样的假设或条件，我认为就有绝对必要：(1)在符合这些假设或条件的情况下，提出一个方程系，方程数目与未知量数目恰恰相等，而未知量是方程的根；(2)证明先后发生的实际事态这是为了为这个方程系提供一个实验解法。关于首先是交换，其次是生产，最后是资本形成这些方面，我就是这样做的。由于使用了数学的语言和方式，使我得以证明不仅是现期平衡价格的确定定律，还有这些价格的变动定律。由此使我得以分析事实，从而把自由竞争原则放在稳固的基础上。我深信，阐述一种理论跟研究理论的有理结构并不是同一件事。虽然阐述和有理分析在我的作品中是混合在一起的，但是，如果有必要，也可以把它们分开来。如果是经济学家而不是数学家的那些读者，略去书中有理证明的部分而只是使用其中阐述的部分，我并不反对。我们当中只有少数人能够阅读牛顿的《自然哲学的数学基础》或者拉普拉斯的《天体力学》；然而通过有资格的科学家的说词，我们都可以领会以万有引力定律为依据的对宇宙中天体现象的一般阐述。那么，对于以自

由竞争原则为依据的对人类中经济现象的阐述，为什么就不能同样地领会呢？理论的证明一经确立以后，并没有理由不把它认为事理之当然，也没有理由在应用经济学或实用经济学一些问题的研究中不可以使用其间的一些论断。就我而论，我认为，为了提出一个社会财富真正的科学理论纲要，有必要把证明和论断同时列举出来。

第八篇

价格规定；独占；赋税

第四十一章　价格规定和独占

371. 到此为止,我们所得出的一切结论总是联系到唯一的一个假设的,这个假设就是在交换、生产和资本形成中绝对的自由竞争。因此,我们所论证的只是自由竞争的效应。不管经济学家们也许会说的或经常似乎在说的是些什么,自由竞争并不是经济组织的唯一可能实行的制度,此外还有别的制度,如公共管理、价格规定、特权、独占,等等。为了要在自由竞争与其他制度之间作出选择,或者是——假使我们存有这样的意向的话——为了要有根有据地表明自由竞争优于其他制度,就得也研究一下其他制度的效应。即使与实际问题全然无关,只是为了满足我们科学上的好奇心,也应当探究一下社会组织各种可能实行的制度的自然和必然的后果。

372. 我们对于财富的生产或流通的自由放任方面的限制和财富分配方面国家的干预,现在得划出一条清楚的界线。最高价格和最低价格、寓禁关税或保护关税、独占和纸币的发行属于前一范畴;而赋税和行政费则属于后一范畴。纯粹经济学这一部分的题材是多种多样的,这里完全没有谈到,但是对于一般情况有了较充分的了解之后就可以循序渐进,对各种特有情况作进一步详细的研究。这里所能进行的只是提出少数几个突出问题,从而说明应当怎样对待这类问题。这类问题的阐明,对应用经济学和社会经济学各方面的钻研说来是有它的重要意义的。

但是,要了解各种干扰力量对自由竞争结构的效应,并无须逐项详述。那些互相抵消的变化,以及与主要变化对照下那些属于次要的或比较细微的变化,都可以置之不顾。关于这一点,上面第229和230节里的价格曲线是很有帮助的。

373. 假定某一生产服务或某一产品的价格已经加以管制。这时对下列两种情况就必须加以区别:(1)一种是最高价格的情况,禁止某一服务或产品的售价高于某一规定价格,这个价格是硬性规定的,其价低于在自由竞争下确定的水平;(2)一种是最低价格的情况,禁止某一服务或产品的售价低于某一规定价格,这个价格也是硬性规定的,其价高于在自由竞争下确定的水平。要强制执行这样的限制,在实践中一般是很困难的,但也并不是不可能的。不管怎样,这里要研究的是以人为价格代替自然价格时的效应,跟执行这样一种价格的方式方法问题全然无关。下面准备先研究生产服务价格规定的后果,然后研究产品价格规定的后果。

374. 假定分别以 $\delta_t(p_t)$ 和 $\omega_t(p_t)$ 为生产服务(T)(即土地服务)的购买函数和销售函数,并以图34内的曲线 T_dT_p 和 MN 表示这些函数。如果(T)的价格已规定最高为 $p'_t<p_t$ 或规定最低为 $p''_t>p_t$,则在规定最高价格的情况下,方程

$$\delta_t(p_t)=\omega_t(p_t)$$

将由不等式

$$\delta_t(p'_t)>\omega_t(p'_t)$$

代替，用几何表示时，只要使有效需求超过有效供给一般就会促使价格上升的这一可能性排除，纵标 p'_tT' 即将高于纵标 p'_tt'；在规定最低价格的情况下，上列方程将由不等式

$$\delta_t(p''_t)<\omega_t(p''_t)$$

代替，用几何表示时，只要使有效供给超过有效需求一般就会促使价格下降的这一可能性排除，纵标 p''_tT'' 即将低于纵标 p''_tt''。在规定最高价格的情况下，不是有一部分企业家将无法购得任何土地服务，就是他们都将不得不勉强使用少于他们所要使用的土地服务。这时如果购得任何土地服务，就会获得利润，因为产品的售价将高于其生产成本。在规定最低价格的情况下，不是有一部分地主将无法售出任何土地服务，就是他们都将无法售出如他们所要售出的那么多的土地服务。同样情况，如果为利息规定了一个最高率，则企业家尽管在借得资本后有利可图，将无法借到如他们所要借入的那么

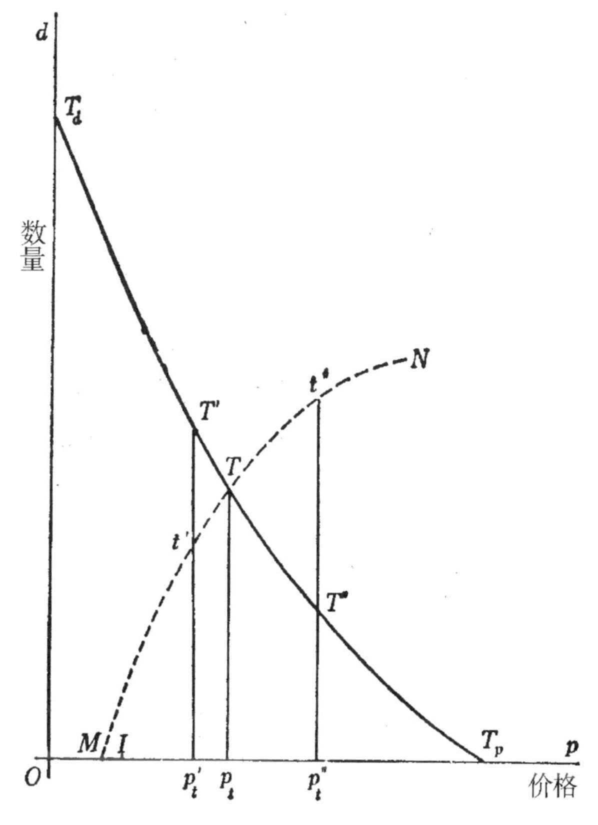

图　34

多的资本。最后，如果国家用法律规定最低工资，或者是某些私营机构使用威胁和强暴手段作同样的规定，那么不是有一部分工人将无法售出任何劳动，就是他们都将无法售出如他们所要售出的那么多的劳动——这跟是在低工资下多做几小时对工人有利呢还是在高工资下少做几小时对工人有利的问题全然无关。这就使我们要考虑到独占理论，因为价格规定理论就是在一点上跟独占理论联系起来的。我们已经看到，在价格规定的情况下，是硬性规定商品的价格，再据以确定销售的量；我们随即会看到，在独占的情况下，是硬性规定销售的量，再据以确定商品的价格。不论在哪一情况下，目的也许是在于将与价格相乘下的销售量扩大到最大限度。这也许是国际劳工协会的一个主导原则，但是对于这一原则，该组织的反对者既没有能加以驳倒，其拥护者也没有能作出有力的抗辩。

375. 如果产品(B)的价格经规定最高为 $p'_b < p_b$ 或规定最低为 $p''_b > p_b$，则在规定最高价格的情况下，方程

$$b_t p_t + b_p p_p + b_k p_k + \cdots = p_b$$

将由不等式

$$b_t p_t + b_p p_p + b_k p_k + \cdots > p'_b$$

代替，因为(B)的价格不可能有任何上升，否则当成本超过售价时，由于企业家的退出，价格上升将是正常情况；在规定最低价格的情况下，方程将由不等式

$$b_t p_t + b_p p_p + b_k p_k + \cdots < p''_b$$

代替，因为(B)的价格不可能有任何下降，否则当售价超过成本时，由于新企业家的投入，价格下降将是正常情况。在规定最高价

格的情况下，企业家不愿遭受如图35内面积 $p'_bB'b'p_b$ 所示的损失 $D_b(p_b-p'_b)$，将完全停止生产。在规定最低价格的情况下，那些仍然能出售其产品的企业家将享受如面积 $p_bb''B''p''_b$ 所示的利润 $D''_b(p''_b-p_b)$。据此，如果对面包价格规定了一个最高限度，

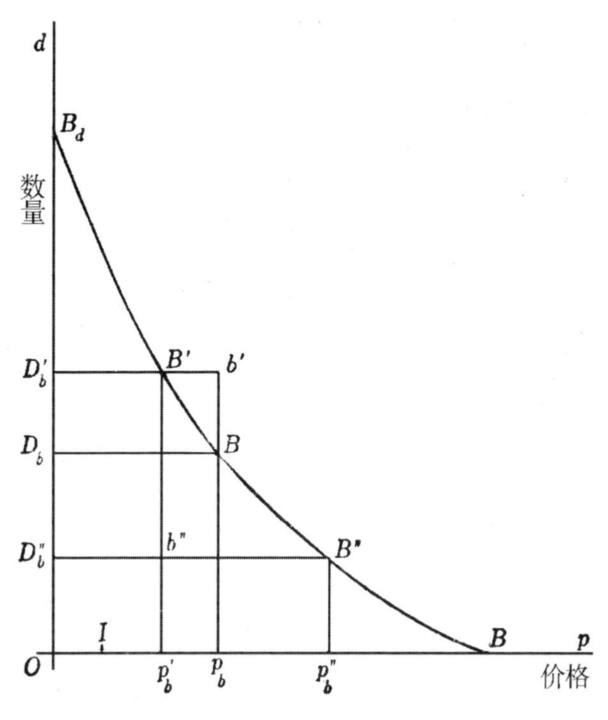

图　35

就不会再有烘面包的；如果规定了一个最低限度，烘面包的就享有利润。在这类情况下，并没有任何理由要硬性设定一个最高价格或最低价格。但是，如果由政府自己担任作为一个企业家的任务，从而或者是规定一个最低价格，以便取得利润，用以代替赋税，或者是规定一个最高价格，因此遭受的损失则用这一种或那一种税收来补偿——这时就跟前面所说的情况不同了。这样的设施，结果究竟是否能令人满意呢？不管怎样，我们总不应该把它说成是不可能的，从而避开对它作出批判分析的责任，就某一个国家说，由其政府在亏本的情况下制造生活必需品、在赚钱的情况下制造奢侈品的事例是完全可以设想的；但在应用经济学和社会经济学中

尚待证明的是，这样一种制度对公共福利与社会正义的不相适应。

376. 用数学方式阐述经济学上的独占理论的有库尔诺（见其著作《财富理论中数学原理的研究》，第5章，出版于1838年）和杜皮特（见其两篇论文，一篇题为《公共土木工程中关于计量的问题》，出版于1844年，还有一篇题为《交通干线上征收通行税的影响》，出版于1849年，均载《土木工程年鉴》）。不幸的是，经济学家对这一理论往往认为不值得作深切研究，结果使他们对独占这一问题的观念陷入一片混乱，这种思想上的混乱就如实地反映到用词上的纠缠不清。他们把独占这个名称给予了不是在统一管理下的而是在若干人各自管理下的那类企业（即行业）。依此类推，他们甚至把独占这个词应用到某些数量有定限的生产服务——例如土地——的占有。但是一切生产服务的数量都是有定限的；因此，如果把地主说成是对土地有独占权，那么工人对个人能力和资本家对资本品也是有独占权的。将独占这个词的含义扩大到这样程度，把一切都包括在内，就使它不再具有任何意义。这时它已失去了它的原来含义，所表示的只是价值与财富的数量有定限这一事实的意义。这样，就不再有适当的词可以用来表示对生产服务或产品实行单一的管理这一观念。但是，这恰恰就是在我们目前研究中具有首要意义的一个观念，因为，由此使下面两个自由生产的条件归于无效：产品售价与其生产成本之间的均等的条件，和各种产品在市场上有一个一致价格的条件。在研究独占关系到这两个条件的后果时，最好是借用一个事例来进行观察。

377. 假定某一企业家，由于这样那样的原因，对某一产品享有独占权（这里是按照我们的意义使用这个词的）。他有权随意规

定他的产品的价格;但是他不能控制在任一价格下产品的需求量、销售量和消费量。在这个方面只有一点是肯定的:产品价格越高,需求越减;价格越低,需求越增。我们可以完全肯定地说,价格上升则需求减退,价格下降则需求增长,对任何产品说来都是这样。因产品的不同而有差异的只是,需求随着价格的上升或下降而增长或减退的定律。库尔诺和杜皮特把这个定律叫做各种产品的需求、销售或消费定律。就每一种产品说来,一方面其价格有一个最高限度,这就是需求量达到零的时候的价格;另方面其需求量也有个最大限度,这就是价格为零的时候的需求量。这个最大需求量就是,当产品可以免费取得而又人人都已获得满足时所要取得和消费的这一产品的量。假定某一独占产品,当其价格为每单位 100 法郎时其需求量为零,当价格为零时,需求量为50 000单位。并且假定,在 100 法郎与零之间,当价格依次为 50、20、5、3、2、1 和0. 50法郎时,与之对应的在零与 50 000 单位之间的需求量,分别为 10、50、1 000、2 500、5 000、12 000 和 20 000 单位,如下表所示:

价　格 (以法郎计)	需求量 (单位数)	总收入 (以法郎计)	生产费 (以法郎计)	净收入 (以法郎计)
100	0	0	0	0
50	10	500	20	480
20	50	1 000	100	900
5	1 000	5 000	2 000	3 000
3	2 500	7 500	5 000	2 500
2	5 000	10 000	10 000	0
1	12 000	12 000	24 000	—12 000
0. 50	20 000	10 000	40 000	—30 000
0	50 000	0	100 000	—100 000

在这样情况下，这一企业家的总收入将分别为 0、500、1 000、5 000、7 500、10 000、12 000、10 000 和 0 法郎。据此，当一开始价格达到最高限度与零单位的需求量对应时，总收入为零，以后逐级增加到最大值，最后当价格为零而需求量达到最大限度时，总收入又降到零。就这里设定的例子说，当价格为 1 法郎时，总收入达到最高度，其时的需求量为12 000单位。假使这个企业家是不需要使用生产费的，他就会选定 1 法郎作为他产品的售价；在这一价格下，他可以获得最大利润。可是他将怎样发现这个价格呢？最简单的方式是摸索。他首先会试用最高价格，这时他会看到需求量极小，甚至是零，因此他的收入也极少，甚至是零。然后他逐渐降低价格，这时他就会看到需求量和收入都在逐渐增加。这样，他就会得出 1 法郎这个价格。如果将价格继续降低，他就会看到，需求量虽然在增加，而他的收入则开始减少。这时他就会立即将价格重新提高到 1 法郎，把它固定在那里。这种经营方式并不困难，事实上在通常营业中一直在进行的就是这个方式。

378. 但一般说来，作为一个企业家总是要负担些生产费用的。有些是间接费用，有些是直接费用；说得再明确些，有些费用大体上是固定的，而还有一些则与销售量大体上成比例。后一费用增加时，与销售量也许恰恰成比例，也许成递增或递减的比例，一切须取决于所举示的某一行业的特有情况。为求简便，假定这里所考虑的产品在制造中所需的费用与销售量始终成比例，其数为每单位 2 法郎。据此，与上表所列各价格相对、并与各该需求量结合考虑时的总费用，应分别为 0、20、100、2 000、5 000、10 000、24 000、40 000 和 100 000 法郎。结果，对应的净收入，即总收入对生产费的超过量，将分别为 0、480、900、3 000、2 500、0、－12 000、－30 000和－100 000法郎。这就表明，就这个例子说，当价格为每单位 5 法郎、需求量为 1 000 单位时、可以获得最大净收入。这个时候的净收入是3 000法郎。因此，这个企业家将以 5 法郎为其规定的价格。他会在与上面所说相同的摸索方式下发现这个价格。

379. 为使讨论内容简化，经假定这个企业家没有固定的间接费用负担。假如有这样的负担，其数假定达 1 000 法郎，则我们就得从各种价格下赚得的净收入各除去1 000法郎；由此将使最大净收入如数降低，并不变更这一最大值的位置。使利润得以增加到最大限度的价格仍然不变。必须注意，产生最大总利润的价格，与总固定费用是无关的。

380. 这个企业家既然发现了产生最大利润的价格是 5 法郎，只要他对产品有独占权，他就会牢守着这个价格。如果产品并不是被独占的，当企业获得利润时就会吸引竞争者，其销售量和消费量将增加到 5 000 单位，其价格将下降到与生产费用相等的 2 法郎。因此，独占的结果是，使消费者只享有产品按 5 法郎计的1 000单位，而不是享有产品按 2 法郎计的 5 000 单位。这就可以看出独占与自由竞争之间的差异。将自由放任原则应用到在无限制竞争的制度下经营的一个行业时，就使消费者可以获得他们的欲求的尽可能大的满足，这是与市场中每种产品价格一致的条件相适应的，在每种情况下价格都等于生产成本，因此生产者既不获利，也不亏本。将同样的自由放任原则应用到独占的行业时，就使消费者只能得到这样的最大满足：这一最大满足所适应的是售价高于生产成本和生产者获得尽可能大的利润的双重条件。我们随即会看到，在独占情况下价格一致性会得到什么样的结果。在无限制的竞争下，企业家是我们可以置之不顾的一个居间者，地主、工人和资本家可以在以等值相易的基础上互相交换生产服务。在独占的情况下，由企业家参与其间时所起的作用，不仅在于把各种生产服务结合起来使之转变成产品，而且为他自己的利益，勒取了交换财富中的一个部分。

381. 独占价格产生最大利润的理论，既可以应用到服务，也可以应用到产品。如果从库尔诺的表明销售量是价格的函数的那个方程

$$D=F(p)$$

开始，我们还可以再进一步，对理论作出更加抽象、更加科学的表达。库尔诺写道：

> 由于函数 $F(p)$ 是连续的，因此表示一年销售量的总值的函数 $pF(p)$ 也必然是连续的。如果 p 等于零，这个函数也就等于零，因为即使假定某一物品完全可以免费取得，其消费仍然是有定限的；或者换句话说，对符号 p 在理论上总有可能给定那样小的一个值，以致乘积 $pF(p)$ 跟零相差无几。如果 p 变成了无限大，函数 $pF(p)$ 也将消失；或者换句话说，对 p 在理论上总有可能给定那样大的一个值，以致对该物品不再有需求，使之停止生产。由于函数 $pF(p)$ 是先提高然后随着 p 的提高而下降的，因此总有一个 p 的值会使这个函数达到最大值，决定这个值的方程是
>
> $$F(p)+pF'(p)=O, \tag{1}$$

按照拉格兰奇的表示法，F'表示的是函数 F 的微分系数。

如果设定一条曲线 anb（见图 36），其横坐标 Oq 和纵坐标 qn 所表示的是变量 p 和 D，则方程（1）的根将是点 n 的横坐标，由这一点开始，用切线 nt 和矢径构成的三角 Ont 是等腰的，因此得出 $Oq=qt$。[①]

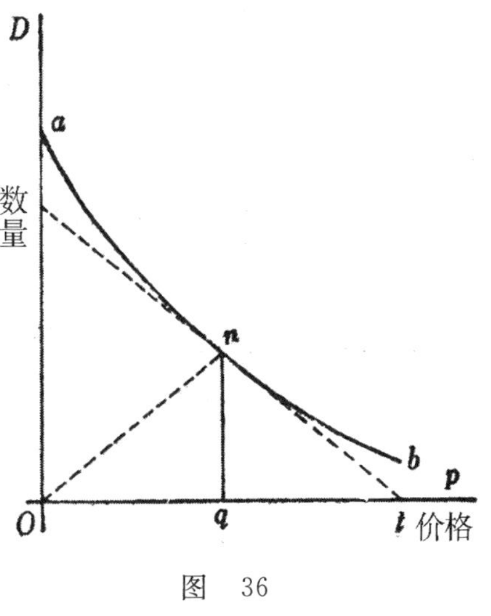

图　36

事实上，函数的最大值系取决于其导数等于零的根。像 $pF(p)$那样的一个积的导数，等于两个积之和：因数 $F(p)$乘以 p 的导数，加上因数 p 乘以 $F(p)$的导数。p 的导数等于 1。

曲线 $D=F(p)$在坐标为(D,p)这一点的切线方程为

$$y-D=F'(p)(x-p).$$

如果将得自方程（1）的值 $F'(p)=-\dfrac{F(p)}{p}$代入这个方程，然后通过使 $y-O$，在 x 轴上试求这个切线的截段，则得 $x=2p$.

库尔诺是根据一个最大值的确定建立他的独占理论的。他从出于大自然的供应、不需代价的物产转到制造品，从最大总收入转到最大净收入，然后从一个独占者的情况转到两个独占者的情况，最后则从独占转到无限制竞争。在我则认为比较可取的办法是先从无限制竞争开始，以此作为一般情况，然后进而研究独

① 库尔诺：《财富理论中数学原理的研究》，第 4 章。

占，以此作为一个特殊例子。循着这样的路线前进，就使我能够在第154和230节里，把关于交换和生产的有理的和高度正确的方程跟经验的和近似的（作为价格的一个函数的）销售方程联系起来。

382. 我们已经看到，独占是怎样破坏产品售价等于其生产成本这个条件的；现在还有待于了解的是独占怎样破坏市场中价格的一致性这个条件。

让我们仍然回到前面所考虑的例子；并且为求其简化，假定消费者各自只需用一个单位的商品。在每单位50法郎的价格下可以售出的是10个单位；因此，就按每单位20法郎出售的50单位说，其中以20法郎为最高价格、无论如何只能按这个价格出售的，至多为40单位。根据这个情况，如果从某一价格下的总需求量除去上一档价格下的需求量，这就得出了需求量的边际增量，也就是以上述某一价格为最高价格、无论如何只能按这个价格出售的那部分的数量。现在让我们假定，市场上有多种价格同时存在，总需求量内的各部分系按各自的价格出售，其间并没有一个统一的价格。如果我们仍旧保留着原有例子的价格，并且迫使每个消费者支付对他说来的最高价格，这就有可能按每单位100法郎的价格售出0单位，按价格50法郎售出10单位，按20法郎售出40单位，按5法郎售出950单位，按3法郎售出1 500单位，按2法郎售出2 500单位，按1法郎售出7 000单位，按0.50法郎售出8 000单位，按0法郎出让30 000单位，如下表所示：

这样，分别从各个部分的销售量得来的总收入当为0、500、800、4 750、4 500、5 000、7 000、4 000和0法郎。如果索取的价格

价　　格（以法郎计）	各个部分的需求量，即需求量的边际增量（单位数）	得自各个部分的总收入，即边际总收入（以法郎计）	总收入合计（以法郎计）	各个部分的生产费，即生产费的边际增量（以法郎计）	得自各个部分的净收入，即边际净收入（以法郎计）	净收入合计（以法郎计）
100	0	0	0	0	0	0
50	10	500	500	20	480	480
20	40	800	1 300	80	720	1 200
5	950	4 750	6 050	1 900	2 850	4 050
3	1 500	4 500	10 550	3 000	1 500	5 550
2	2 500	5 000	15 550	5 000	0	5 550
1	7 000	7 000	22 550	14 000	−7 000	−1 450
0.50	8 000	4 000	26 550	16 000	−12 000	−13 450
0	30 000	0	26 550	60 000	−60 000	−73 450

只是50法郎和20法郎两种——即其需求量不是零的头两个价格——则总收入合计将是1 300法郎。但是，如果除这两个价格之外，将其需求量不是零的第三、第四、第五、第六和第七种价格也依次包括在内，则在各该价格下的总收入合计将分别为6 050、10 550、15 550、22 550和26 550法郎。此外还有30 000单位可以免费出让。

383. 生产成本是每单位2法郎，因此在各种价格下的需求量分别应计的生产费为0、20、80、1 900、3 000、5 000、14 000、16 000和60 000法郎。将这项费用从总收入内除去，则各个部分的需求量项下的净收入为0、480、720、2 850、1 500、0、－7 000、－12 000和－60 000法郎。这九个数值内的第六个是零；最后三个是负的，表示的是损失。因此，如果将0、0.50和1法郎这些价格一概除去，只保留其余的价格，就会得出如下的结果。如果只有50法郎和20法郎两种价格，则净收入合计将是1 200法郎。如果在这两种价格外，将5法郎和3法郎价格也一并计入，则在这些价格下的净收入合计将分别为4 050法郎和5 550法郎。据此，如果假定生产费为每单位2法郎，则最大净收入将是5 500法郎。此外还有2 500单位可以照成本出售。

384. 这类观测并不只是适合于独占情况的。很明显，即使在自由竞争下，如果一个企业家以其生产成本为下限，从而建立起一个价格等级，并且能够诱使各个消费者照付他对产品所愿意支付的最高价格，他也未尝不可通过价格差别来求取利润。这一假设情况在现实世界的工商业中时常会出现，其出现的频繁超过一般所想象的程度。将同样商品按不同价格出售，实际上就是对各级消费者索取尽可能高的价格，这种技术在生产者和商人中是有了高度发展的。往往由于消费者方面的粗心大意、虚荣心理或胸无定见而助长了这一精巧技术的演进。有的时候为了使价格有差别，从而招徕与每一档价格相配合的主顾，只须在商品的包装上变花样。时常会遇到这样的情况，实质上是同样商品，只是在式样上略加变化，就按不同的价格出售。举个例子，一个出卖巧克力糖的，把它用素净的透明纸包起来，说明这是高级品，售价是 1 磅 3 法郎；同样的巧克力糖，只是掺入了些香草精，用金色纸装潢起来，就把它说成是无上上品，售价就变成了 1 磅 4 法郎。就剧场中的座位说，高低不等的价格与生产成本根本不成比例。但是很容易看出，在自由竞争制度下，要继续耍这类巧妙的花招会越来越困难，这是因为价格上的这种差别显然大于因式样和标签的不同而引起的生产成本上的差别，而通过竞争，会使价格上的这种差别越来越缩小。以这里的巧克力糖为例，不久就会有竞争者插进来，他出卖的巧克力糖也同样是“无上上品”，而售价却是 3 法郎 80 生丁，这就使原来的那个生产者不得不减价为 3 法郎 60 生丁，竞争者接着就会把他的售价降低到 3 法郎 40 生丁，从而又迫使原来的生产者再把价格降低到 3 法郎 20 生丁。但是在独占情况下，要持续进行这种通行的和人所共知价格差别办法就再容易也没有，其间决不会遇到任何阻碍。常常会出现这样的情形，某著名作家写了一本书，轰动一时，一个出版商对它享有专利权，第 1 版用 8 开本印行，售价 7 法郎 50 生丁，然后以较小的开本续出第 2 版或第 3 版，售价 3 法郎，最后出普及本，售价降为 1 法郎。事实上纸张和印刷的代价在几个版本之间的差别是很细微的。唯一的重大差

别是,对读者说来,这一种版本可以比那一种版本早些到手。由于有些读者对这部书格外地以先睹为快,这些人就自然被列入愿意付最高代价的一类,出版商就由此获得了博取厚利的机会。在独占情况下,运用的是多样的而不是单一的价格,从而迫使消费者付出尽可能高的代价;独占的重要意义就在这里。

385. 前已指出,首先发表需求随着商品价格的上升而减退这一事实的科学理论的是库尔诺;他借助于对独占情况下最大总收入和最大净收入的数理条件的剖析,说明了这一事实的后果。关于这一点,杜皮特只是用消费定律的名义,重演了库尔诺原来在销售定律的名义下提出的一些定理和推论。杜皮特自己的贡献是在于对同一商品的多样价格所作出的观察。他在上面举示的两篇文章里,对这一现象作了极其全面、精密的研究。这两篇文章可由读者自己去参阅,这里无须再有所指陈,然而必须指出的是,杜皮特在一个重大问题上犯了一个极大的错误。

386. 杜皮特写道:

> 上面提出的关于效用的种种问题,可以在极其简单的方式下用几何学来说明。
>
> 假定在一条无限的线 OP(见图 37)上截取线段 Op,Op',Op''…,用以表示一种物品的价格,以垂直线段 pn,$p'n'$,$p''n''$…分别表示按各该价格被消费的物品的单位数,这就会产生一条曲线 $Nnn'n''P$,我们把它叫做消费曲线。ON 表示的是当价格为零时的消费量;OP 表示的是当消费成为零时的价格。
>
> 由于 pn 所表示的是在价格 Op 下物品被消费的单位数,

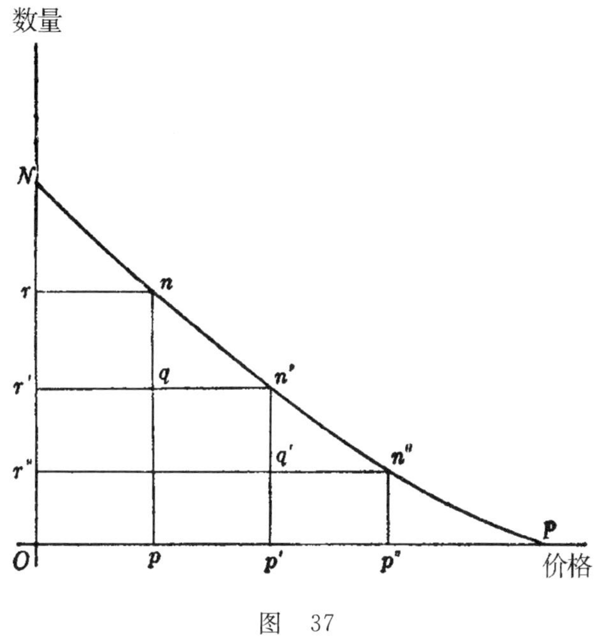

图　37

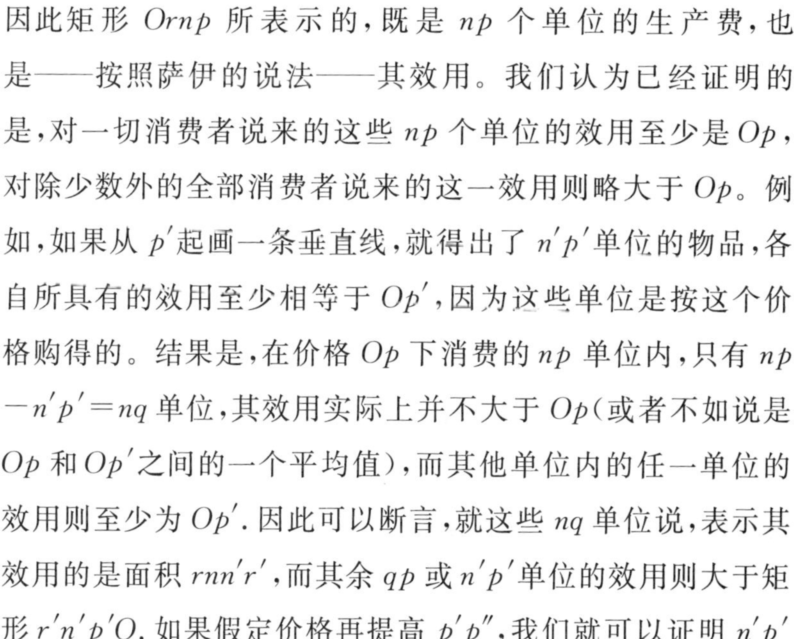
因此矩形 $Ornp$ 所表示的，既是 np 个单位的生产费，也是——按照萨伊的说法——其效用。我们认为已经证明的是，对一切消费者说来的这些 np 个单位的效用至少是 Op，对除少数外的全部消费者说来的这一效用则略大于 Op。例如，如果从 p' 起画一条垂直线，就得出了 $n'p'$ 单位的物品，各自所具有的效用至少相等于 Op'，因为这些单位是按这个价格购得的。结果是，在价格 Op 下消费的 np 单位内，只有 $np-n'p'=nq$ 单位，其效用实际上并不大于 Op（或者不如说是 Op 和 Op' 之间的一个平均值），而其他单位内的任一单位的效用则至少为 Op'. 因此可以断言，就这些 nq 单位说，表示其效用的是面积 $rnn'r'$，而其余 qp 或 $n'p'$ 单位的效用则大于矩形 $r'n'p'O$. 如果假定价格再提高 $p'p''$，我们就可以证明 $n'p'$

$-n''p''=n'q'$单位的效用相等于Op'和Op''之间的平均值，与面积$r'n'n''r''$成比例；以下可以类推。这就可以证明，表示对消费者说来的这些np单位的绝对效用的是由多种的线组成的不规则四边形$OrnP$。如果要求得相对效用，只须将生产费——即矩形$rnpO$——减去。按照我们的理论，剩下的由多种的线组成的三角形npP所表示的是，np单位的消费者于支付代价以后所保有的效用。很明显，在直线np之右的这个由多种的线组成的三角形的面积，跟这一直线之左的矩形的面积并无任何关系。

如果所考虑的物产是一种天然物产，取得时不需要任何费用，则用以表示其效用的是那个较大的用多种的线组成的三角形NOP。

我们看到，当一种商品的价格上升时，其效用即随之降低，但降低得越来越慢，当其价格下降时，其效用即随之提高，但提高得越来越快，因为用以表示效用的是一个三角形，而这个三角形是在缩短着或延长着的。[①]

387. 这一几何阐述极其明确地表达了杜皮特的效用理论。他不像萨伊那样地用消费者知道了价格时实际所作出的金钱上的牺牲来衡量效用，而是用消费者所愿意作出的牺牲来衡量效用。一个消费者为了要取得产品的一个单位所愿意作出的金钱上的最大牺牲，是对这个消费者说来的产品的这一单位的效用的尺度，由此表明，将一切消费者总起来说时，他们为了要取得可供出售产品

① 载《土木工程年鉴》，第2辑，1844年下半年，第373页。

的最多单位所愿意作出的金钱上的最大牺牲的总和，是对全体消费者或整个社会说来的这一产品的效用的尺度。因此，总效用的尺度在几何学上用处于需求曲线之下的面积表示(这一需求曲线是价格的函数)，在算术上则用总收入合计表示(这个总收入合计，是如上面所说那样，通过将各部分总收入相加起来的方式求得)。不幸的是，所有这些说法都是错误的；杜皮特的理论并不比萨伊的高明。诚然，一个消费者为了要获得——比方说——一瓶葡萄酒所愿意作出的金钱上的最大牺牲，部分系取决于对他说来的这瓶酒的效用；因为这一最大牺牲是随着效用的增减而增减的。但是杜皮特没有能看到，这一最大牺牲部分也取决于对这个消费者说来的面包、肉、衣服和家具的效用；因为随着他从其他商品得来的效用的增加或减少，会使他对这瓶酒所愿意作出的最大牺牲减少或增加。并且，杜皮特也没有能看到，这一金钱上的最大牺牲，部分还须取决于这一消费者所占有的以金钱衡量的财富的数量；因为随着这一数量是较大还是较小，他对这瓶酒所愿意作出的牺牲也会有所增加或减少。一般说来，一个消费者于取得产品的一个单位时所愿意作出的金钱上的最大牺牲，不但须取决于这一商品的效用，还须取决于市场中一切其他商品的效用，以及这一消费者的财力。我们对于效用、有效需求、有效供给和现期价格各种现象之间的相互关系已经给予充分注意，关于这类论证这里无须重复。因此，无须再讨论下去，我们对杜皮特在他两篇论文里的一些说法，这就可以断然予以否定——这两篇论文所叙述的，主要是当价格变动时以及随着价格的不同而需求量有变动时效用的变动。无可否认，这些论点是杜皮特理论的主要部分；但同样无可否认的

是,这些论点都是建立在混乱的思想基础上的;这是由于他对于一方是效用曲线或欲望曲线,另一方是需求曲线这两者之间全然没有能加以区别。

第四十二章　赋税

388. 关于我们的独占理论,如果要求其完整,就应当说明一下,为什么持有服务或产品准备出售的那些人往往会联合起来,以便取得独占地位,从而求取利润。并且,对财富的生产和流通的各种组织方式的效应,如果要作出进一步充分的讨论,就应当分析一下寓禁关税、保护关税和纸币的效应。但是,所有这类问题都应当放在应用经济学里去研究,我们打算在那里讨论自由放任原则的一些例外情况和这一原则的特殊应用。关于企业联合的问题,当在另一研究中谈到矿山和铁路等大企业专营时讨论;关于寓禁关税和保护关税,当在谈到对外贸易的自由时讨论;关于纸币问题,当在论述纸币自由发行的一般问题时合并讨论。目前要研究的是,关于财富分配的各种制度的效应。

389. 我们在叙述交换、生产和资本形成的结构时,不但为产品、服务和资本品的市场假定了完全自由竞争,而且还略去了两个问题:其一是占用服务的方式,关于这一点,我们没有作出具体假设;其二是政府的任务,以及其服务和需要。很明显,一个经济体系而没有一个权力机构以保持秩序和治安、主持公道、保证国防，并执行许多其他任务是不能发挥作用的。但政府并不是个企业家；它既不根据自由竞争原则（使售价相等于生产成本），也不根据独占原则（追求最大净收入），在市场上出售其服务。它往往是在亏本的情况下出售其服务的，有时甚至免费提供服务。我们在随后出版的一个著作中会看到，这是理所当然的，因为政府的服务是为集体消费打算而不是为个人消费打算。关于对政府需要，即公共消费的供应，有两种方式可以考虑：其一是，让政府跟个人一道参与社会财富的分配，就是说，让政府保有它自己的一份财产；其二是，用课税办法征收个人的收入。两种制度是哪个好些呢？能不能把两者融合成一个制度呢？我们当在社会经济学中讨论这类问题。那时的任务将是，同时提出一个财产理论和一个赋税理论。目前需要探讨的只是各种赋税的自然效应和必然效应。即使认为赋税应当取消，只是为了了解取消赋税这一行动的性质和原因，确定一下赋税的效应也是有帮助的。况且，有些问题，除为了实际应用之外，即使单单为了科学，也当然应该予以研究；这里摆在我们面前的，即这类问题之一。所有对纯粹经济学有所写作的那些经济学家，如李嘉图、詹姆斯、穆勒和特蕾西，对赋税问题都曾用专章讨论。

390. 让我们再考虑一下在上面第 319 节经济表内提到的那个假设的国家。这个国家的土地总值 800 亿，一年所产生的地租值 20 亿；其个人能力的总值 500 亿，产生工资 50 亿；其狭义资本总值 600 亿，产生利息 30 亿。现在假定这个国家要应付的一个问题是，一年得提出 10 亿供作公共消费，即公共利益项下的支出。

经检查以后，对政府的需要来说，也许认为这个数字过大或过小；但这些都是纯粹经济学范围以外的问题。这里的基本问题是，通过尽可能简单的计算，得出在概念上明确的结论。因此以10亿这个数字为例，为的只是便于分析。

391. 要对赋税问题得出正确的解释，就得先进行某些初步观察。

首先是不论在公共或私人方面，决不可把资本用于消费。很有可能，有些人会消费他们的资本，这是他们的自由；但是幸而使这一令人认为遗憾的事实可以得到补偿的是，还有别的人会从他们的收入中进行储蓄。可是政府却不应当蓄意摧毁国家财富的根源。土地、个人能力和狭义资本品所构成的是可供生产的资源，土地服务、劳动服务和资本服务所构成的是可供消费的资源；赋税只应当从后一类资源汲取。

392. 其次是，我们已经看到，收入或服务一共有三个类型：土地服务，出于个人能力的劳动，和狭义资本品的服务。这些服务有时是以消费服务的形式被直接消费的，有时是以生产服务的形式互相结合起来的，目的在于生产某一数量的以收入品与新狭义资本品组成的产品。消费服务和产品的总值是100亿，其中由土地服务而来的占2/10，即20亿，由劳动而来的占5/10，即50亿，由资本品服务而来的占3/10，即30亿。在消费服务——即，须纳税的那些收入项目——内不可不计入的是，来源于那些不工作的有闲阶级成员的个人能力的收入，来源于那些不将土地出租给别人的地主的土地的收入，以及那些不将资本品出借给别人的资本家的资本品的收入。我们认为赋税只能对收入征收，可是必须对一切种类的收入征收。不论是政府或通常的理论家,都没有从这个角度来看问题;他们只是以凭经验作出的分类为依据,决定向工人征税,却从来没有想到把懒汉看成是个人能力的所有者而向他们征税。

在这里所考虑的经济中有三类消费者:地主、工人和资本家,与之对应的是三种生产要素。地主以值 20 亿的土地服务所换得的是,其形式为各种服务或产品的 20 亿地租;工人以值 50 亿的劳动所换得的是,其形式为各种服务或产品的 50 亿工资;资本家以值 30 亿的资本服务所换得的是,其形式为各种服务或产品的 30 亿利息。数值 2,5 和 3 所表示的是消费以及生产的比例。这里对企业家不加考虑,因为他们站在企业家的立场上并无所得,他们是以地主、工人或资本家的身分作为课税对象的。

我们现在可以看出,不管政府所采用的是哪一种课税制度,可以把各种可能实行的课税方式分成四类。事实上可供政府选择的有两种办法:或者是在生产服务对消费品和消费服务的交换完成之前课税,或者是在这一交换完成之后课税。如果课税在这一交换之后,那就是向各种对象直接征收——或者是向地主收取一部分地租,或者是向工人收取一部分工资,再不然就是向资本家收取一部分利息。这就构成了一共是三种的直接课税。否则,如果课税在这一交换之前,那就必须将政府所据以征收的社会收入看成是由消费品和消费服务构成的 100 亿总计,而不是 20 亿地租、50 亿工资和 30 亿利息的组合。这就表明,政府应征的税是预先向企业家收取的;不用说,企业家会把这一税额增加到售给地主、工人和资本家的产品的价格上去,从而得到补偿。这样,地租、工资和利息就间接打了折扣。这就构成了间接课税。直接税是向服务征收的;间接税是向产品征收的。这里所说的只是对财产的课税,而不是对个人的课税,因为后一类税无法估定,其影响范围也无法追究。

393. 最后还应当看到,有些问题这里没有计及,例如政府征收这四类赋税的这一类或那一类的权限问题,又如采取其中的任一方式时对政府说来孰优孰劣的问题以及执行时孰难孰易的问题。这就是说,我们在上面关于价格规定的讨论中所没有加以考虑的问题,这里也同样没有加以考虑。实际上,对土地直接课税虽然需要很大的劳力和费用,但是容易管理;如果对工资直接课税(且莫说对公务员的薪金课税),或是对资本的收入直接课税(且莫说对房租或公债利息课税),那就不管为此花上多少劳力或费用,对税额也无法作出准确评定。征收间接税,对某些产品说来是容易的,对另一些产品说来却困难很大。这些都是实践上的问题,这里不打算考虑。假定政府不但有权征收三种直接税,也有权征收间接税,从而先后采用了所有这四种方式,那会发生什么样的后果呢?严格说来,这才是这里所要注意的问题。

394. 在我们那个假设的国家,一年工资总支出是50亿。假定其政府决定单向来源于个人能力的收入征收比例税10亿,则其直接效果是,每个工人的工资的1/5将移转给政府。我们已经看到,劳动的价格系取决于用于消费和用于生产的劳动服务的供给和需求。课税的结果并不会在任何方面变更这类条件。政府只是代替了工人从事于消费这价值10亿的商品和服务。这时无法断定,哪一类服务或商品的需求会比以前增长,或比以前减退。同样无法预示的是，劳动的供给由此会增加还是减少；即使供给有所增加或减少，仍然无法预示的是工资总支出由此会有所扩大还是缩小。因此，我们不得不或者是放弃关于这类演变结果的考虑，或者是认为这类演变结果会互相抵消，从而假定工资率在征税以后跟征税以前的一样。既然是这样，工人就不可能借助于提高劳动价格，将所负担的税转嫁予别人。每个工人这就绝对地丧失了他的收入的 1/5。例如，如果一个工人一天工作十小时，工资 5 法郎，这就可以说，或者是政府每天从他那里拿去了 1 法郎，或者是他每天为政府工作两小时。只是在一种情况下这种课税会引起不同的效果，那就是工人所得的工资仅仅足以维持其绝对最低的生活。这时对工资征税势必促使工人人数减少，结果将使生产服务市场上劳动的有效供给发生变化。如果这一供给量减少，工资将上升，这时所课的税，实际上将被包括在产品的生产成本之内。因此，在这一情况下的纳税人是制成品的消费者。但是，在一切其他情况下，负担将落到工人的身上。

395. 现在试将其中比较重要的一些结论用数学语言来表达。我们看到，主要的一点是，一般说来，对工资征收直接税会构成的结果是，由政府占用工人的个人收入的一个确定部分。

如果以 s 为对总收入的税率，则任何总工资（假定为 p_p）就变成

$$p'_p = p_p(1-s).$$

396. 对地租征收的直接税即土地税，这跟向来所征收的以及直到现在依然在征收的土地税不同，税收的来源完全是出于土地的收入，而不是出于与耕地相结合的那类狭义资本品的收入。根

据上面作出的关于对工资课税的论证表明,对地租课税的结果是,地主收入的一部分将移转给政府,可是他们不可能借助于提高土地服务的价格,将所负担的税额转嫁予其产品的消费者。李嘉图在他的《政治经济学及赋税原理》的第十章里,对这一原则即使没有作出有力的证明,也至少作了正确的表述。特蕾西在他的《论政治经济学》第12章里,以李嘉图的论证为出发点,同样有理性地说明,对土地长期征税,就在一切方面等于没收了土地的与税率相当的一个部分。

用他自己的话说:

> 至于对土地课税,那是很明显的,当实行课税时,实际上是由拥有土地的人支付的,他无法把负担转移给任何别的人。因为税收并不能帮助他增加产量,它既不会促进对农产品的需求,也不会提高土地的肥力,更不会在任何方式下降低生产成本。这个说法是每个人都同意的。但没有受到充分注意的一点是,主要倒不是在于应当把上述地主看成是丧失了他一部分的每年收入,而是在于应当把他看成是丧失了按现期利息率可以生产一项收入的那部分资本。这一论证的根据在于这一点:在课税之前,某一农场产生净地租5 000法郎,农场的价值为10万法郎;在地租须年年纳税达其价值的1/5以后,如果其他情况不变,该农场在市场上的售价就只能达到8万法郎。这时财产的任何其他项目的价值都没有变动,而这一农场的价值却只能按8万法郎计算。政府在宣布征收土地收入的1/5时,事实上就等于宣布它自己是资本的1/5的所有人,因为没有一种财产的价值会高于可以由这一财产取得

的效用。当政府颁布一项新税，然后发行公债，并为了这一公债的利益而以新税的收入作担保时，掠夺的手续即安然地由此完成。在这一情况下，政府实际上是把它所夺取的资本转变成现金，然后一齐用光，而不是将从资本得来的每年收入逐渐进行花费。皮特先生对土地税的资本价值作最后一次的征收时，他干的就是这个勾当。地主觉得被解除了以后纳税的责任，因为皮特先生吃光了这项资本。

由此表明，在这一税收已经确定之后，如果全部土地都更换了业主，就没有人是真正纳税的。买主只是就剩下的部分照付代价，他们并没有损失什么；继承人所继承的只是遗留下的那部分财产，至于其余的部分势必认为是在上一代手里花费了或丧失了——的确，这是在上一代手里丧失了的。如果遗产已经一无价值而不得不放弃，那么丧失资本的是债权人，这项资本是政府从财产中取去供作公债的担保的。

由此还可以推定，如果政府将原来所长期制定的土地税豁免其全部或一部分，这对当时的地主说来，就等于是白送给他一项资本价值，他对这项资本价值的收入已经不再享有要索权。从当今的地主的立场来看，这完全是一种免费赠送，他们跟任何别的人一样，对此并无权利，因为他们购入土地时，没有一个人在交易中曾经把这项资本计算在内。

如果在实行征税时，原来是设有一定年限的，结果就不完全相同。在这样情况下，从地主方面实际所取去的是相当于一年纳税金额的规定期数的那部分资本。并且，政府于举行借贷，以这一税源作为偿付本息的担保时，其所借数额也不能超过这一应收税额;土地出售时,其价值的降低也只是以这一数额为限。在这样情况下,当最后一期税款和相应的公债息票付清以后,对双方说来,债务就不复存在。总的说来,与长期课税及长期借款的情况在原则上相同。

情形总是这样,如果对土地实行课税,就由此将与这一税收的资本价值相等的一个价额,向那时拥有土地的那些人取去,但是在全部土地的业主经更换以后,实际上就不再由任何人纳税。这个论点确是有些奇特的,但不可轻视。

我们随后会看到,特蕾西把这一论点应用到对房屋收入的课税是完全错误的,把它应用到对国家公债利息的课税是部分错误的;但是把它应用到对土地收入的课税时却完全正确,并且已经被历史证实。大家都知道,对土地收入课税,征收者无论是国家、封建主、教会或任何宗教团体,总会影响到土地资本的价值,使之准确地按照税额对地租额的比率降低。还曾经有过这样的情况,赋税并吞了全部地租;这时对地主说来的土地价值就降至于零。这就把我们导向另一论点;这是一直没有被注意到的,可是其重要意义并不亚于前一论点。

397. 在一个发展的经济体系,土地和土地服务会稳步上升;这一事实可以根据我们的社会财富理论用数学推断。由此可以断定的主要一点是,在实行课税时拥有田地的那些人所遭受的损失会不断缩减,而随后购得土地的从来没有受到这方面的任何损害的那些人,则享受土地资本和土地收入的价值不断上升的全部利益。还可以由此推定的是,在政府方面比较有利的办法是按地租的确定比例计算征税数额,而不是一次征收一笔整数,因为这样政府所收取的那个部分就可以跟地主所得的部分以等比例提高。通过比例的土地税的建立，就可以使政府或者是成为土地的共有人，或者是与各个人分享地产的利益。现在可以看出，财产问题和课税问题是互相密切地联系着的。

398. 就我们所假设的那个国家说，假使它对地租所征收的税不是一笔整数 10 亿，而是地租总额的一半，则由此产生的后果如次：

(1)在实行课税时拥有土地的地主，首先将丧失其资本的一半以及其收入的一半。政府将成为土地的共有者，持有土地的一半。

(2)通过出售、赠送或继承，全部土地的业主经更换以后，就不再有任何人纳税。

(3)由于经济发展，使地租总额由 20 亿提高到 40 亿的时候，继续保有着土地的原来所有人就完全恢复了他们的损失，新的所有人的收入则提高了一倍。

(4)政府在这方面的收入则由 10 亿增加到 20 亿。

因此，假使经济在发展中，对于土地价值和土地收入的增长有精确的计算，那就毫无疑问，在政府方面比较有利的办法是成为土地的共有人，而不是根据对土地价值的评定，一次征收一笔整数税款。以后有机会讨论地籍册时，还要谈到这个问题。

这就是根据对地租课税的研究得出的一些结论。对工资课税的效应开头时与上述的并没有什么两样，但是不久就会跟别的现象混合在一起。这是由于以下两点：(1)在禁止蓄养奴隶的国家，个人能力不能像土地那样进行买卖；(2)土地和土地服务的价值稳步上升是发展的经济体系的一个特征，但这一特征只限于这一类型的财富。

399. 据此:对地租征收直接税是由政府占有来源于土地的收入的一个确定部分;同时还占有属于地主的土地资本的一个对应部分。

如果以 s 为关于总地租或净地租或关于土地的资本价值的税率,则任何地租(假定为 p_t)就变成

$$p'_t = p_t(1-s),$$

土地的价格(假定为 P_t)就变成

$$P'_t = P_t(1-s).$$

400. 现在让我们假定对狭义资本的利息支出直接征税,从而研究其由此会发生的情况。我对这一问题的见解是,如果无例外地对一切种类的资本品的利息支出课税,则所有资本家将按照其收入的比例受到影响,就同其收入率好像是有了降低的情形一样。由于收入率降低会促使储蓄增加,也会促使储蓄减少(见第 242 节),因此对这一影响无法作进一步追究,这就不妨假定受到课税的影响的是资本家。假定是这样,我就有一个论点要提出,这个论点也可以在某一程度上应用到对土地和对个人能力的课税,但是格外适用于对来源于狭义资本品的收入的课税;这是由于:(1)要使课税的范围遍及一切资本品,即使不一定办不到,也是非常困难的;(2)资本品是产品,在通常情况下其价格必然等于其生产成本。在我意念中的一个论点是,如果只是对某些种类的资本的利息支出课税,则这样一种税必然在若干程度上是消费税。为了证明这一点,试说明一下从只对某些资本品课税转变到对一切资本品课税——其方式是起先只对一种资本品课税,随后把课税范围扩大

到一切资本品——的效应。

让我们再回到那个假设的国家，在那里生产的资本品价值600亿，每年产生利息30亿。假定这个国家决定专门向来源于生产资本品的收入征收比例税10亿，开始时征收的是房屋租金的1/3。试挑选一个业主为例，他拥有的房产值6万法郎，每年获得房租3 000法郎。现在从这3 000法郎中，每年得缴税1 000法郎。如果这一措施除直接效应外别无其他影响，则该项房产此后所产生的收入就只有2 000法郎，因此该房产的价值就不会高于4万法郎。可是我们知道，6万法郎是相当于该房产的生产成本的。如果要花费6万法郎来建造的房屋，在建成后其价值不能高于4万法郎，企业家对每一处房产就得损失2万法郎。在这种情况下，房屋的建造将立刻停止；旧屋听其败坏、坍毁，就不会有新屋可以替换。这样，出于市场定律的结果，房屋租金将逐渐上升，房产价值将逐渐提高。房租和房产都会恢复它失去的价值。生产将重新开始，一切将依然循着自然的和正常的趋势演进。从上面所谈到的那个业主的立场来看，当他的房产价值上升到6万法郎，所产生的一年利息上升到4 500法郎——其中由政府抽税1 500法郎 的时候，正常状态就可以说是已经充分恢复。那么纳税的究竟是谁呢？是租户。租户可以分为两类。有些人是为了要居住而租入房屋的；用术语来说是购入资本服务，把它当作消费品使用。还有一些人是为了工业生产上的目的而租入房屋的；用术语来说是购入资本服务，把它当作生产服务使用。就前一情况说，税款是被直接支付的；就后一情况说，税款将被包括在工业企业所付出的生产费之内，最后负担这一税额的是工业产品的买主。

因此,对房租征收的税会转化成一种消费税——至少部分是这样,因为,如果对这个问题作仔细观察就会看出,部分的负担是落在资本家身上的。由于原来用于建筑房屋的资本品的一部分将转移到种种其他用途,结果会促使来源于资本品的收入率普遍降低,而这一降低势必不利于包括房产所有人在内的一切资本家,有利于包括租户在内的一切消费者。就消费者的立场说,一方面由于房租上升而受到损失,另方面由于其他服务的价格下降而得到利益;前者的所失,究竟因后者的所得而可以获得多大程度上的补偿,是值得探讨的一个问题。

将这两点确定以后就很容易了解,如果从对房屋课税转变到对铁路课税,然后再进一步转变到没有例外的对一切种类的资本品课税,我们就可以看到,储蓄在各种类型的资本品中的原来的分配总是会恢复的,因此,说到底,房屋、铁路以及一切其他资本品的数目将与原来的数目相同。唯一持久的效应是收入率普遍的和不断的下降。因此,消费者会逐渐解除课税的负担,这个负担会终于落在单是资本家的肩上。

401. 关于对国家公债的利息长期征收直接税这一事件,值得提出来予以考虑。如果这种税实行之后,政府不再发行任何新公债,那么公债利息方面的表现就会跟自然财富(即土地)的表现极其相似,债券持有者在资本以及收入方面都将有所损失。交易所里这类债券的行市在实行课税的当天就会下降。但是,如果政府还要增发公债,则公债利息的表现就会跟生产出来的财富的表现极其相似,因为人们只会在与现期利息率相应的价格下认购新债券。如果认购者有理由相信政府对新债利息随后将征收附加税,他们当时就会将另一相应数额从购价中减去，将购价压低。等到课税成为事实的时候，由于债券价值的相应降低事前已经料及，这时就不会显著下降，甚至不再下降。

402. 上述论证的数理表达如次：

第一点：对一种利息支出征收直接税，实际上是对消费征税。

假定以 s 为对总收入的税率，并且假定，对资本实行课税的只有资本品(K)一种。因此，在最初，总利息支出(假定为 p_k)会变成

$$p'_k = p_k(1-s).$$

但是到后来资本品(K)的生产量减少了，于是总利息支出就变成

$$p''_k = p_k + sp''_k = \frac{p_k}{1-s}。$$

这时一切生产成本都将发生变化，例如 p_b 将变成

$$p'_b = b_t p_t + b_p p_p + b_k p''_k \cdots。$$

403. 第二点：对一切种类的利息支出征收直接税，会终于促成净收入率降低。

因此，实际上是，只要总利息支出仍为

$$p'_k = p_k(1-s),$$

净利息支出(假定为 π_k)就会变成大致为

$$\pi'_k = \pi_k(1-s)$$

(见第 232 和 233 节)；如果净利息支出总额为

$$(1-s)(D_k\pi_k + D_k'\pi_k' + D_k''\pi_k'' + \cdots),$$

则净收入率本身就会变成大致为

$$i' = i(1-s)$$

(见第 266 和 267 节)。

404. 现在得追究一下净收入率降低的效应。

第一点，土地的价格将变成

$$P'_t=\frac{p_t}{i}=\frac{p_t}{i(1-s)}。$$

因此：对一切种类的利息支出征收直接税会按净收入率下降的等比例提高土地的价格。

第二点，净收入率下降时，对净收入 D_e（这是净收入的价格 $p_e=\frac{1}{i}$）的需求将减退。

因此：由于对一切种类的利息支出征收直接税足以助长消费，阻挠资本形成，结果会妨碍经济发展。

405. 谈过了对利息支出课税，现在再谈一谈对产品课税。假定那个假设的国家决定对价值 100 亿的年产量而不是对价值 100 亿的服务的任何部分征收比例税 10 亿。于是其财政当局向企业家按照其产量价值的比例实行课税。由于已假定，在全面平衡下，企业家是既不获利也不亏本的，因此很明显，他们必然把这一税额看成是生产成本的增量，从而在这个限度上提高其产品价格。如果价格提高不能立即实现，则生产将停顿，产量将降低，产品价格将上升，结果仍然会实现跟上述房屋演变一样的情形。据此，总产量迟早会以 110 亿的价额售给消费者，而由消费者负担纳税义务。在这里的讨论中我们把消费服务列入产品项下，因为我们把这类服务看成是从单单一种生产服务产生的产品，而这一生产服务的所有人总是企业家。

406. 到此为止，我们只探索了对消费课税的整个影响范围的一部分。实际上不能认为一切商品和服务的价格会同样上升10%。有些商品和服务是主要的必需品，价格经这样的上升以后，其有效需求只会略见下降；还有一些是奢侈品，价格上升时，其有效需求将显著下降。因此，如果实行如这里所假定的对一切产品按照其价值比例课税，则其最显著的直接效应将是，特别使奢侈品的消费减少，因此也就是使其生产萎缩。由此可以推定，在服务市场中，那些主要用于奢侈品生产中的服务的价格势必下降。结果是，对消费课税会终于促成某些生产服务的价值降低。这就可以看出，由于对消费课税的结果是限制对商品和服务的需求，因此，如果对消费全面地课税10%，结果并不能获得所要求的10亿，如果要实现原订计划，还得提高税率。

407. 完全由任何产品（假定为(B)）的消费者缴纳的消费税的公式是

$$p_b(1+s)=b_t p_t+b_p p_p+b_k p_k+s p_b;$$

完全由于制造这一产品时使用的生产服务的所有人纳税的公式是

$$s p_b=b_t(p_t-p'_t)+b_p(p_p-p'_p)+b_k(p_k-p'_k)。$$

408. 通常情况是，既不会对一切种类的利息支出征收直接税，也不会对一切产品征收消费税。有些商品，其消费的范围既广而且有把握，就往往被选作课税对象。因此，在那个假设的国家，所要求的10亿收入，也许是来源于对盐、对各种饮料和烟草的课税。在这一情况下，课税的效应将如上面所说的那样，当然，其范围以须纳税的各该产品为限；负担这一税额的，部分是这些产品的消费者，部分是于制造这些产品时使用的生产服务的所有人。服务的所有人受到影响的程度，取决于用他们的服务所制造的产品，其性质是主要必需品还是奢侈品,还须取决于该类生产服务的专业化程度。如果对小麦课税,则面包消费者受到的压力较大,地主受到的压力较小,因为面包是主要必需品。如果对葡萄酒课税,则地主受到的压力就要大得多;这首先是由于在某一程度上说来葡萄酒是一种奢侈品,其次是由于宜于供作葡萄园的土地不宜于任何其他农艺,或者,即使能转作其他用途,如果单是为了抵消课税的影响而采取这一措施,所得并不能抵偿所失。显然,消费税的影响范围是极其复杂的,对任何某一具体产品说来的这类影响,必须进行个别研究。这是在考虑实际政策时所要进行的;但是这里所陈述的一些一般原则,对于在我们意念中的社会经济学和应用经济学的理论上的钻研说来,已经足够而有余。

附录一 关于确定价格的几何理论①

第一部分 多种商品互相交换

1. 我在写作《纯粹经济学要义》的过程中，从两种商品互相交换理论转变到多种商品互相交换理论时认识到，各个交换参与者对各个商品的需求或供给，不仅是那一商品的价格的函数，而且是一切其他商品的价格的函数。当时我觉得在进行讲解时只须采用解析的表达方式而不必借助于图解。但是随后我发现了用几何方法钻研这一理论的门径；关于这个方面，这里准备作一简要叙述。

假定在某一期间某一商人持有商品(A)，(B)，(C)，(D)…的数量 q_a，q_b，q_c，q_d…，用图 38 内的线段 Oq_a，Oq_b，Oq_c，Oq_d…表示；在这一期间这一商人对这些商品的欲望用曲线 $\alpha_q\alpha_r$，$\beta_q\beta_r$，$\gamma_q\gamma_r$，$\delta_q\delta_r$…表示。这些曲线所构成的是社会财富的整个数学理论的必要的和根本的基础，对于其性质和规律，这里准备作一说明。

我们用通常语言可以这样说："随着消费的增加，我们对事物所具有的欲望，或事物对于我们所具有的效用，会逐渐缩减。一个人吃得越多就越加不觉得饿，喝得越多就越加不觉得渴；除某些不足为训的例外，至少一般说来是这样。一个人已经备有的帽子和鞋子越多，他对于一顶新帽子和一双新鞋子

---

① 本篇系由三个部分组成。第一部分是 1890 年 10 月 17 日在巴黎土木工程师协会上宣读的一篇论文的改正本，该文曾载 1891 年 1 月该会会刊。我曾作了些修改，其中有一点格外重要，因为由此简化了最大满足这一定理的基本论证。下面两个部分转录自原载洛桑大学《建校纪念文集》(1892 年)的一篇论文；由于上述内容的变动，这里也作了一些必要的修改。载 1892 年 7 月《美国政治学与社会学学院年鉴》的一篇题名《确定价格的几何理论》的英译文，内容与这一附录基本相同。

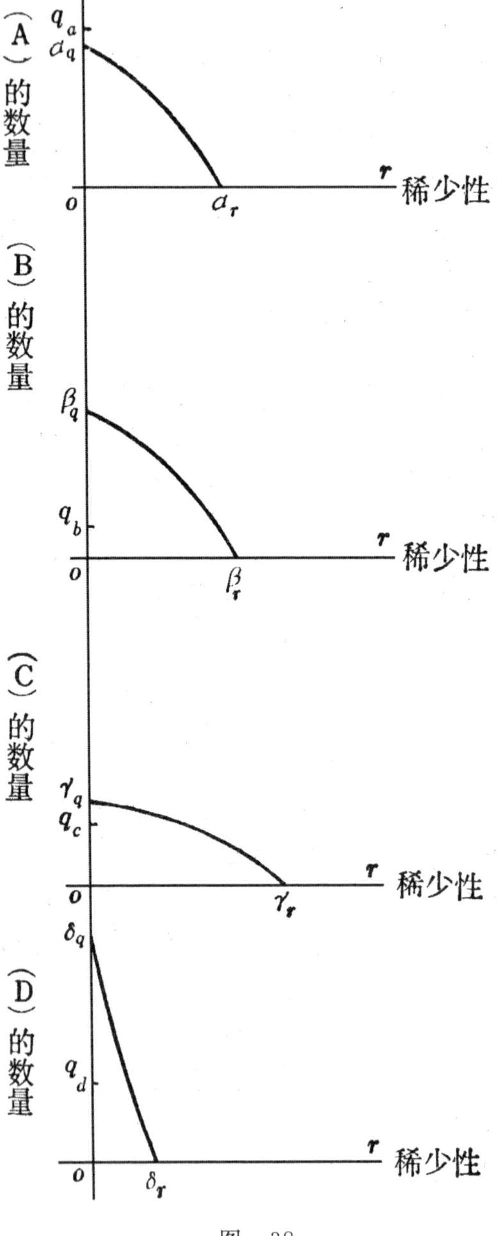

图　38

的需要就越少，他马房里的马备得越多，再物色一匹马的念头就越加淡薄——假使不计及那些感情冲动下的行为，那类行为，除非是为了要说明特殊事例，在我们的理论中是可以不计及的。”但是使用数学语言时就得这样说：“满足了的最后欲望的强度是商品消费量的一个下降函数。”于是我们用一些曲线来表示这些函数；消费量用纵标衡量，满足了的最后欲望的强度则用横标衡量。试以商品(A)为例，就消费者方面说，他的消费在开始时，对这一商品的欲望的强度为 $O\alpha_r$，他已经消费了 $O\alpha_q$ 的量之后，其强度为零，他已达到了饱和。为求简洁，我把这个满足了的最后欲望的强度叫作稀少性。英国人把它叫作最终效用程度，德国人则把它叫作最终效用(*grenznutzcn*)。这不是个可计的量；然而我们对它得构成一个概念，以便以它的缩减这一事实为依据，从而建立对纯粹经济学的一些基本规律的论证。

2. 假定分别以 p_b，p_c，

p_d…表示在市场上随机喊出的以(A)计的(B),(C),(D)…的价格。这里第一个要解决的问题是,分别确定(A),(B),(C),(D)…的数量 x,y,z,w…,这些数量有些是正的,表示的是需求量,有些是负的,表示的是供给量,这些数量将由上述这一交换参与者就其已有的数量 q_a,q_b,q_c,q_d…加上或减去,从而使他所消费的量是用线段 Oa,Ob,Oc,Od…表示的数量 q_a+x,q_b+y,q_c+z,q_d+w….除了上面作出的对一个交换参与者说来稀少性会随着消费量减少这一般假设外,现在还得作出一个一般假设,即这一参与者在交换中会追求他的欲望的尽可能大的满足。因此,他从例如商品(A)的数量 Oa 所获得满足的欲望的总和是面积 $Oa\rho_a\alpha_r$(见图 39)。有效效用是关系到消费量的稀少性的定积分。因此,归根结底,我们所要解决的问题是,根据画阴影线的一些面积 $Oa\rho_a\alpha_r,Ob\rho_b\beta_r,Oc\rho_c\gamma_r,Od\rho_d\delta_r$…之和是最大值这一条件,来确定 Oa,Ob,Oc,Od…。

为了用几何形式极其简单地提出这个解法,这里使效用曲线或欲望曲线 $\beta_q\beta_r,\gamma_q\gamma_r,\delta_q\delta_r$…作如下的变换。从原点 O 起,在水平轴上划出新横标,这些新横标等于原横标的 $\frac{1}{p}$。再在通过新横标的末端画的与直立轴平行的线上,从水平轴起划出新纵标,这些新纵标等于原纵标的 p 倍。在图 39 内,假定 $p_b=2,p_c=3,p_d=\frac{1}{2}$…。这就很容易看出,新曲线 $\beta'_q\beta'_r,\gamma'_q\gamma'_r,\delta'_q\delta'_r$…所分别表示的是用于(B),(C),(D)…的(A)的效用,或者换句话说是为了要用以购入若干的(B),(C),(D)…而对(A)所怀有的欲望。事实上是,我们如果把面积 $O\beta_q\beta_r,O\gamma_q\gamma_r,O\delta_q\delta_r$…看做是无数微小矩形的总和的极限,那就必须把面积 $O\beta'_q\beta'_r,O\gamma'_q\gamma'_r,O\delta'_q\delta'_r$…看做是,其底比原来矩形的底小 p 倍、其高比原来矩形的高大 p 倍的无数微小矩形的同样总和的极限。由于属于前一类总和的各个矩形所表示的是商品的一个增量的有效效用,因此,在既定的变换过程下,属于后一类总和的各个新矩形所表示的必然是,可以用来购入商品的那一增量的(A)的 p 增量的同样有效效用。

曲线 $\alpha_q\alpha_r,\beta'_q\beta'_r,\gamma'_q\gamma'_r,\delta'_q\delta'_r$…是依次地后者位于前者之下的。这里以 OQ_a 表示在价格 $1,p_b,p_c,p_d$…下的(A),(B),(C),(D)…的数量 q_a,q_b,q_c,q_d…(即 $q_a+q_bp_b+q_cp_c+q_dp_d$…)的以(A)计的等值;将这条线从右移向左,使之处于各个曲线之下,目的是在于使它所表示的是足以满足以其强度为次

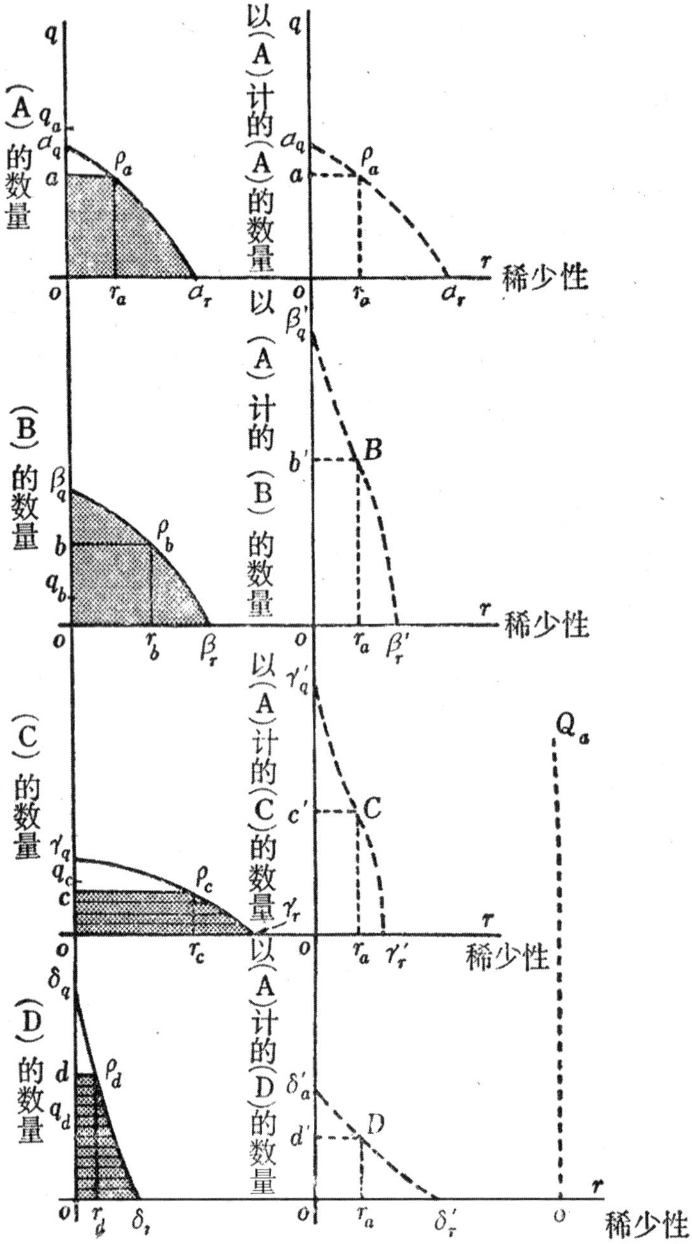

(A)的数量
以(A)计的(A)的数量
稀少性
(B)的数量
以(A)计的(B)的数量
(C)的数量
以(A)计的(C)的数量
(D)的数量
以(A)计的(D)的数量

图　39

序的各样欲望，结果是把它在各曲线间划分成若干纵标 $r_a\rho_a = Oa$，$r_aB = Ob'$，$r_aC = Oc'$，$r_aD = Od'$…，各与一个同样的横标 Or_a 对应。这个横标 Or_a 所表示的是其形式分别为（A），（B），（C），（D）…的（A）的稀少性 r_a，它相当于最大有效效用。纵标 Oa，Ob'，Oc'，Od'…所表示的是以（A），（B），（C），（D）…的形式消费的（A）的各自的数量，被消费的一些商品只是获得满足的最初欲望的强度大于 r_a 的那些商品。

如果把横标 $Or_a = r_a$，$Or_b = p_br_a$，$Or_c = p_cr_a$，$Or_d = p_dr_a$…移回到原来的曲线 $\alpha_q\alpha_r$，$\beta_q\beta_r$，$\gamma_q\gamma_r$，$\delta_q\delta_r$…，这就得出纵标 Oa，Ob，Oc，Od…，所表示的是要被消费的（A），（B），（C），（D）…的数量。[①] 于是这个交换参与者终于提供了以 q_aa，q_cc…表示的其数量为 x，z…的（A），（C）…，他所需求的是以 q_bb，q_dd…表示的其数量为 y，w…的（B），（D）…。因此，在最大满足的状态下，稀少性与价格是成比的，所依据的方程是

$$\frac{r_a}{1} = \frac{r_b}{p_b} = \frac{r_c}{p_c} = \frac{r_d}{p_d} = \cdots。$$

3. 由此可见，只要有了保有量和商品的效用，就有可能为任一交换参与者确定他对各种商品的需求或供给，这类商品所依据的是随机喊出的价格，是对他的欲望能给以最大满足的。求得了交换中一切参与者在随机价格下对商品的需求和供给之后，仍然有待于确定的是，总的有效需求和总的有效供给相等时的现期平衡价格。这第二个问题的解法也可以用几何得出。

① 也可以如我在土木工程师协会上所宣读的那篇论文中所处理的那样，通过将（B），（C），（D）…的各个变换了的效用曲线相加到（A）的原来的单独的效用曲线的方式，构成一条总曲线。换句话说就是，把与同样的横标对应的一切纵标相加起来。很容易看出，这一总曲线所表示的就是，当作（A），（B），（C），（D）…使用的（A）的总效用；换句话说，所表示的也就是这个参与者对于要用于（A），（B），（C），（D）…的（A）的总欲望。实际上，我们如果把处于各个曲线之下的一些面积看做是无数微小矩形的总和的极限，那就可以把处于总曲线之下的面积看做是，所有这些矩形，以其横的长度为次，互相重叠起来的总和的极限。我们于发现总曲线的纵标相等于 OQ_a 之后，就得出了对应横标 Or_a，它所表示的是其形式分别为（A），（B），（C），（D）…的（A）的稀少性 r_a，它相当于最大有效效用。这一图解设计不仅可以适用于多种商品互相交换的情况，也可以适用于产品与服务互相交换的情况，由此可以精确地表示在交换和生产中取得的效用的增益。

目前让我们且略去 p_c,p_d…不谈,试暂先确定 p_b。因此,我们要研究的是,p_b 变动时(p_c,p_d…假定不变)会怎样影响(B)的需求和供给。

如果 y 是正的,就是说,如果某一交换参与者在需求(B),则 p_b 的提高只能减少 y。当然,如果这个参与者在高价格下买进的数量和他在 p_b 价格下所买进的相同,他就得增加支出;这时如果不减少他对(A),(C),(D)…的持有量,这一点是办不到的。但是,这就会使这些其他商品的对他说来的稀少性提高,就会使他对最大满足条件存在着在这样程度上的距离。因此,就高于 p_b 的价格说来,y 是一个过大的需求量。这就表明,需求曲线是具有负倾角的。

如果 y 是负的,就是说如果这个参与者在供给(B),这就会有三种可能有的情况。假定他在较高价格下售出的数量和他在较低价格下售出的相同,他就可以通过交换取得一个增益的量,借此可以增加他对(A),(C),(D)…的持有量,从而降低这些商品对他说来的稀少性。这时势必发生的是下列三种情况之一:这个剩额或者是不足以恢复最大满足条件,或者是刚巧足以恢复,或者是足以恢复而有余;因此,在高于 p_b 的价格下,这个参与者必然要提供一个数量的(B),这个数量或者是大于、或者是等于、或者是小于 y。我们可以肯定,依 p_b 的上升程度为转移,他必然处于这三种情况之一。

因此,假定有一个参与者,按照以(A)计的(B),(C),(D)…的价格 p_b,p_c,p_d…,提供其数量为 o_b 的(B),同时需求或供给(A),(C),(D)…,目的是在于求得他的欲望的最大满足,则所依据的方程是

$$\frac{r_a}{1}=\frac{r_b}{p_b}=\frac{r_c}{p_c}=\frac{r_d}{p_d}=\cdots。$$

在这样情况下,如果 p_b 上升而 p_c,p_d…保持不变,如果这个参与者继续供给其数量同样为 o_b 的(B),并且——这是他必然要这样做的——用付给他的增出的量来买进(A),(C),(D)…,则由于分母 p_b 提高,比率 $\frac{r_b}{p_b}$ 势必减低,反之,由于分子 r_a,r_c,r_d…缩减,比率 $\frac{r_a}{1}$,$\frac{r_c}{p_c}$,$\frac{r_d}{p_d}$…势必减低。除非 p_b 变成无限大,否则第一个比率就不会降低到零。但是,假使:(1)价格 p_c,p_d…并不是无限大的,(2)有关商品的数目并不是无限的,(3)这个交换参与者对商品中的无论哪一种不会作无限量的消费,则在(B)的某一价格下,其他比率将变成零，这个价格不一定是无限高的，可是必须高到就付给这个参与者的增量说来，足以使他完全满足对(A)，(C)，(D)…的欲求。出现了这样的情况时，稀少性对价格的比率就分别为$\frac{0}{1}$，$\frac{r_b}{p_b}$，$\frac{0}{p_c}$，$\frac{0}{p_d}$…；这时这个参与者为了要重新买进某一数量的(B)，将不得不重新卖出他的(A)，(C)，(D)…的一部分，这就是说，他为了恢复最大满足，将不得不减低他对(B)的供量o_b.

因此，p_b的上升必然会促使这个参与者从需求的一方转变到供给的一方，还会使他的供给先增而后减。因此，从正面考虑的供给曲线是先上升然后下降。也可以假定在(B)的某一价格下，供量o_b会变成无限小；但是，要使r_a，r_c，r_d成为零，这个价格就必须是无限高的。这时将依照方程

$$\frac{0}{1}=\frac{r_b}{\infty}=\frac{0}{p_c}=\frac{0}{p_d}=\cdots$$

达到最大满足，就是说，当价格为无限高时，供量又会变成零。换句话说，供给曲线是渐近于价格轴的。

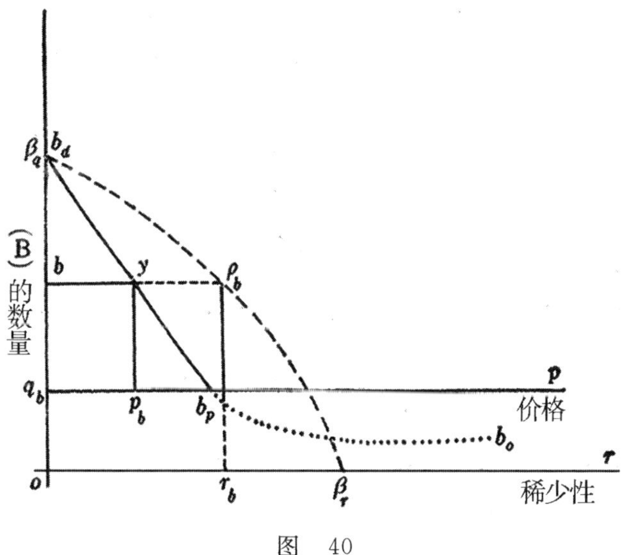

图　40

因此，当p_b从零变化到无限大时，会使这个交换参与者先从需求的一方转变到供给的一方，然后从供给的增进转变到供给的减退。当价格为零的时候，需求等于为完全满足欲望所需要的量对保有量的超过量；在无限大的价格下，则供给为零。在多种商品互相交换的情况下跟两种商品互相交换的情

况下一样，一个参与者的这类倾向都可以借助于曲线 $b_d b_p b_o$ 用几何来表示（见图 40）。与这一曲线有关的是作为价格轴的 $q_b p$ 和作为数量轴的 $b_d O$；$b_d O$ 的位于原点 q_b 之上的部分是需求量的轴，位于原点 q_b 之下的部分是供给量的轴。因此，当价格为零时，这个参与者所需求的是以 $q_b b_d$ 表示的数量的(B)；当价格为以 $q_b p_b$ 表示的 p_b 时，他所需求的是以 $p_b y = q_b b$ 表示的数量的(B)；当价格为以 $q_b b_p$ 表示的价格 b_p 时，他对(B)既无所需求，也无所供给；当价格比此为高时，用以表示他所要提供的数量的是从轴 $q_b p$ 起到曲线 $b_p b_o$ 止的垂直距离；当价格为无限大时，他关于(B)将全然无所提供，曲线 $b_p b_o$ 是渐近于轴 $q_b p$ 的。

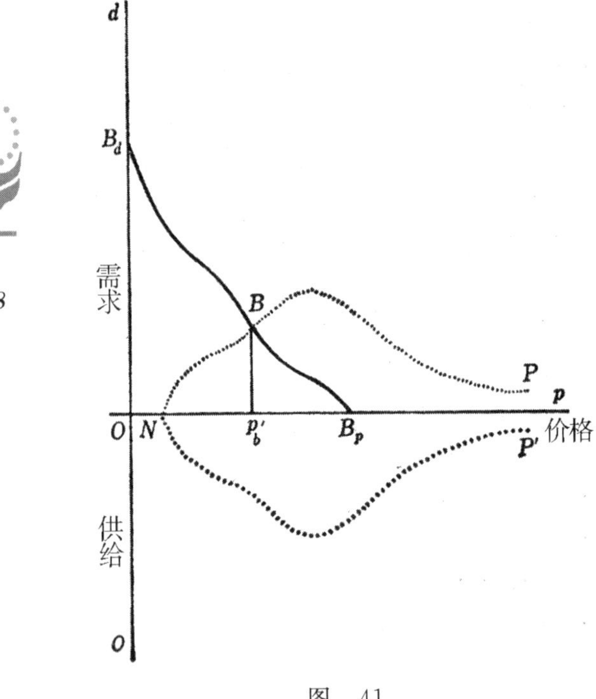

图　41

由于所有的交换参与者在倾向上并不是彼此完全相同而是互相类似的，这就很明显，就商品(B)说，必须通过将一切个体需求曲线相加起来的方式来构成一条总曲线 $B_d B_p$（见图 41），这条曲线就其全体说是始终具有负倾角的。同样情况，必须通过将一切个体供给曲线相加起来的方式来构成一条总曲线 NP'；如果将这条曲线在水平轴上向上旋转，使之处于 NP 的位置，它所表现的就是先从零上升，然后再下降到零，是渐近于价格轴的。就一时的情况说，两条曲线 $B_d B_p$ 和 NP 的交点 B 的横标 Op'_b 所表示的是现期平衡价格，在这个价格下，(B)的总有效需求和总有效供给相均等。还有一层，两条曲线 $B_d B_p$ 和 NP 的交点，不论在后一曲线的上升阶段或下降阶段都可以出现。

根据两条曲线的性质可以推定，在有效需求超过有效供给的情况下使(B)的价格上升，和在有效供给超过有效需求的相反情况下使(B)的价格下降时，就会得出(B)的一时的现期价格。从(B)的现期价格的确定转到(C)的现期价格的确定，再转到(D)…的现期价格的确定时，所遵循的是同样方式。诚然，在确定(C)的价格时也许会破坏关系到(B)的平衡，于确定(D)的价格时也许会破坏关系到(B)和关系到(C)的平衡，等等。但是，由于(C)，(D)…价格的确定，总的说来，对(B)的供求之间的关系会发生某些补偿性影响，因此，在多数情况下，随着摸索过程的不断演进，会越来越接近于平衡。这里提到了摸索理论，这是在拙著中提出的，根据这个理论，市场中达到平衡的方式是，提高那些求过于供的商品的价格，降低那些供过于求的商品的价格。

4. 通过解析表述和几何图形的同时使用，现在使我们在多种商品互相交换的情况下市场中价格的确定这一现象，同时有了个理性概念和画面表现。在我看来，我们就由此终于有了个理论。但是有些批评家则加以讥嘲，认为我花了这么多篇幅所证明的只是这一点：如果要得出现期价格，则求过于供时价格必须上升，在相反情况下价格必须下降。有一次我向这类的一个批评者反问，“那么请问，你要怎样证明这一点呢？”他有点诧异，甚至感到有点为难，回答说，“唷！这也有证明的必要吗？在我看来，这是不言而喻的。”我告诉他，“除非是条公理，没有一样是不言而喻的，而这并不是条公理。依我想来，在你意念中的大概是杰文斯在他那本《政治经济学》小册子里明白提出的推论，认为价格上升必然减少需求，增加供给，从而在求过于供的情况下促使两者趋于均等……。”“说得对。”“但是要晓得，这里面有错误。价格上升必然会减少需求，但不一定会增加供给。假如你是个卖酒的，一桶酒原来的售价是1 000法郎，一旦上涨到100万法郎时，很有可能你所提供的量会减少，再上涨到10亿法郎时，你的供量会减少得更厉害。这只是由于你宁可把酒留下来给自己喝，而不愿意使你的供额超过某一定量，用定量以外所得的收益换购你认为多余的那些事物。关于劳动的情况也是这样。完全可以设想的是，某个人，当工资一小时为1法郎时，他愿意一天工作十小时，如果工资提高到一小时10法郎，他就不愿意一天工作四小时以上，如果提高到100法郎，那就会使他一天工作不愿意超过一小时。大城市里的工人一天能赚到20或25法郎时，他们一星期出勤的日子就不会超过三天或四天——这是我

们惯见的情况。""但是，如果当真是这样，又怎么会通过价格上升而造成现期价格呢?""这就是理论所要说明的。相互间有相当距离的两个人要集合在一起可以有两种方式，或者是按相对的方向互相走拢来，或者是这个比那个走得快些而按同一方向走。供给和需求有时会借助于前一方式。有时会借助于后一方式，而使彼此趋于均等。"

对科学的一些基本规律提出严密的论证，这是值得的呢，还是不值的?天晓得，关于政治经济学现在有多少派别：演绎学派和历史学派，放任主义学派和国家干预或讲坛社会主义学派，所谓正规的社会主义学派，天主教学派，耶稣教学派，等等。在我，认为只有两个派别：一派对于他们作出的结论是不加以证明的；还有一派——我希望能看到它的成立——对结论是要提出证明的。我们先对几何和代数的基本定理加以严密论证，然后对微积分和力学的一些终于求得的定理加以严密论证，把它们应用到实验数据，这就产生了近代工业的奇迹，在经济学领域内，我们也尽可以循着同样的步骤前进；毫无疑问，如同我们在物理的和工业的体系所已经做到的那样，我们在经济的和社会的体系，在同样控制事态的演变方面，也一定会终于获得成就。

第二部分　产品与服务互相交换

5. 现在打算将叙述交换理论时所使用的纯几何方法的论证，应用到生产理论和资本形成理论上。我们在交换理论中假定商品的总量是已知因素，不是未知因素，可是在生产理论中开始时却必须把这些商品看成是与生产服务的结合而来的产品，因此，把这些制出的产品纳入问题时，就必须把它们看成是这么多的未知量，加上——这是应当这样做的——同样多的数学条件来确定它们，这就是我在这里所要做的，关于一些定义和用号，可参阅拙著《纯粹经济学要义》。

6. 假定有土地、人力和狭义资本品的服务(T)，(P)，(K)…，它们或者是可以直接用来作为消费服务的，或者是可以间接用来作为生产服务的，后者则包含在一切种类的商品(A)，(B)，(C)，(D)…中。这里要解决的第一个问题是怎样为各个消费者确定，在随机喊出的以(A)计的(T)，(P)，(K)…和(B)，(C)，(D)…的某些价格下，其形式或者为消费服务或者为产品的各种服务的需求和供给。这个问题的解决实际上须求之于交换理论。例如，假定一个消费者在某一期间拥有其数量为 q_t, q_p, p_k…的服务(T),(P),(K)…,同时他在这一期间不仅对这些服务,而且对产品(A),(B),(C),(D)…存在着某些欲望。这些欲望可以用效用曲线或欲望曲线来表示。跟以前一样,这些曲线的横标所表示的是稀少性或满足了的最后欲望的强度,这是以纵标表示的消费量的下降函数。假定分别以 $p_t, p_p, p_k \cdots \pi_b, \pi_c, \pi_d \cdots$ 表示在市场上随机喊出的以(A)计的(T),(P),(K)…和(B),(C),(D)…的价格。我们可以把除(A)以外的一切服务和产品的效用曲线或欲望曲线转变为(A)的效用曲线;(A)是我们打算于求取(T),(P),(K)…和(B),(C),(D)…时使用的,就是说,是打算用以购买(T),(P),(K)…和(B),(C),(D)…的。实现这一转变的方式是用上面的价格除横标,乘纵标,跟第 2 节里在多种商品互相交换的情况下所进行的一样。(A)的效用曲线或欲望曲线和转变了的(T),(P),(K)…及(B),(C),(D)…的效用曲线或欲望曲线,是这一个位于那一个之下的。让我们择取一个线段 $Q_a = q_t p_t + q_p p_p + q_k p_k + \cdots$,把它从右移向左,使之处于上述各曲线之下,结果是把它在所有各曲线间划分成若干纵标,各与一个同样的横标对应。这个横标所表示的是 r_a,即(A)所特有的稀少性,也就是由(A)获得满足的最后欲望的特有强度,相当于在(T),(P),(K)…(A),(B),(C),(D)…形式下考虑(A)时的(A)的最大有效效用。如果把横标 $p_t r_a, p_p r_a, p_k r_a \cdots r_a, p_b r_a, p_c r_a, p_d r_a \cdots$ 移回到原来的曲线,就得出对应纵标,这些纵标所表示的是要被消费的服务(T),(P),(K)…的数量和产品(A),(B),(C),(D)…的数量。这就很明显,在最大满足的状态下,稀少性与价格是成比例的,所依据的方程是

$$\frac{r_t}{p_t} = \frac{r_p}{p_p} = \frac{r_k}{p_k} = \cdots = \frac{r_a}{1} = \frac{r_b}{p_b} \cdots \frac{r_c}{p_c} = \frac{r_d}{p_d} = \cdots。$$

7. 这里用 $p_t, p_p, p_k \cdots \pi_b, \pi_c, \pi_d \cdots$ 表示的服务和产品的价格,经假定是随机喊出的。我们现在要假定的是,(A),(B),(C),(D)…的制出量为随机量,其量假定为 $\Omega_a, \Omega_b, \Omega_c, \Omega_d \cdots$。关于 $p_t, p_p, p_k \cdots$ 仍任其存在,不去动它,现在让我们在适合产品(B),(C),(D)…的需求相等于其供给(即制出量)的这一条件下来确定这些产品的价格。这第二个问题的解决仍然须有赖于交换理论。假定用图 42 内的纵标 $\pi_b \Delta_b$ 表示的 Δ_b 为(B)的在上述服务和产品价格下的总需求。我们从交换理论懂得,如果不计及(C),(D)…的价格,只是试图暂时确定(B)的价格,那么,当这个价格从零变化到无限大时,(B)的

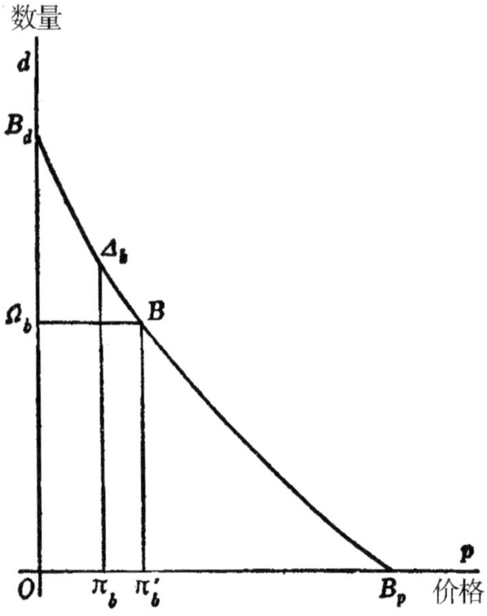

图　42

需求将按照曲线 B_dB_p 降低。因此，其间存在着一个价格 $\pi'b$，这个价格同(B)的需求与其供给 Ω_b（我们已经看到，这是跟 Ω_c，Ω_d…一道随机确定的）相均等的条件相应。π'_b 可能 $>\pi_b$（如果在 π_b 价格下(B)的需求大于供给）也可能 $<\pi_b$（如果在 π_b 价格下(B)的供给大于需求）。同样情况，我们也可以在符合(C)的需求与其供给 Ω_c 相等的条件下求得一个价格 π'_c，在符合(D)的需求与其供给 Ω_d 相等的条件下求得一个价格 π'_d 等等。我们向全面平衡摸索前进时，作第一次试验之后，可以接着作第二次、第三次等等的试验，直到求得一系列的价格 π''_b，π''_c，π''_d…，在这些价格下，(B)，(C)，(D)…的需求分别与其供给 Ω_b，Ω_c，Ω_d…相等。这就可以得出结论：在市场中使产品达到平衡的方式是，提高那些求过于供的产品的价格，降低那些供过于求的产品的价格。

8. 据此，π''_b，π''_c，π''_d…是(B)，(C)，(D)…的数量 Ω_b，Ω_c，Ω_d…的售价。但是服务(T)，(P)，(K)…的价格 p_t，p_p，p_k…会形成产品(B)，(C)，(D)…的某种生产成本，即 p_b，p_c，p_d…。[①] 在(B)，(C)，(D)…的制造中，其售价与生

---

① 诚然，这里既经假定生产成本对一切企业家说来是一样的，就也得假定，对各个企业家说来，总固定成本（即间接成本或补充成本）是以同样数额分布于产品的，这样才有可能使固定成本与比例成本（即可变成本或主要成本）处于同样地位。换句话说就是，必须假定一切企业家所制出的是等量的产品。这一假设与客观现实不相应的程度，并不亚于利益和损失都是零的那一假设；但是正与后一假设同样的合理。要晓得，如果在某一时刻，某一产量与利益或损失不存在相应情况，则其所产低于这一产量的企业家将遭受损失，势必削减其生产，最后以破产结束；而那些所产高于这一产量的

产成本之间的正的或负的差异所造成的是利得或损失，即 $\Omega_b(\pi''_b-p_b)$，$\Omega_c(\pi''_c-p_c)$，$\Omega_d(\pi''_d-p_d)$，…。现在必须在适合价格与生产成本相等的条件下确定(B)，(C)，(D)…的制出量，从而使企业家既无利得，也无损失。这第三个问题是生产理论特有的问题，也可以用几何求解如次。

假定以图 43 内的 Op_b 为表示生产成本 p_b 的横标，以 $O\pi''_b$ 为表示售价 π''_b 的横标，并且以 π''_bB' 为表示在价格 π''_b 下所需求的、随机制出的(B)的数量的纵标。假使认为 p_t，p_p，p_k … π''_c，π''_d…是已经确定的和不变的，并且容许(B)的价格作从零到无限大的变动，这就可以肯定，对(B)的需求将不断缩减，如曲线 $B'_dB'_p$ 所示。因此，其间存在着一个与售价等于其生产成本 p_b 这一条件相应的对(B)的需求 Ω'_b。Ω'_b 随着 π''_b 是$\gtreqless p_b$，会$\gtreqless\Omega_b$。同样情况，我们也可以在符合(C)的售价等于其生产成本 p_c 的条件下求得对(C)的需求 Ω'_c，在符合(D)的售价等于其生产成本 p_d 的条件下求得对(D)的需求 Ω'_d，等等。这时，如果用数量 Ω'_b，Ω'_c，Ω'_d…代替原来随机制出的数量 Ω_b，Ω_c，Ω_d…，在如前面所叙述的买卖双方竞争议价的相互作用下，将新的数量提供出售，就获得了新的售价，这类售价跟 p_b，p_c，p_d…仍然会略有差异。此后在走向平衡的价格和数量的摸索进程中，会继续

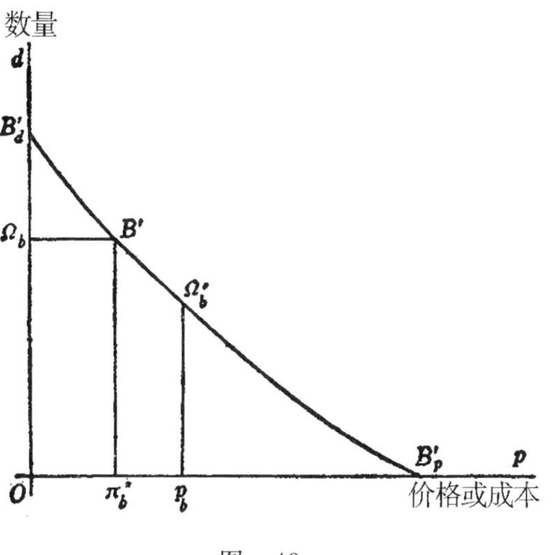

图 43

企业家将获得利润，扩大产量，从而把失败的企业家吸引到他们这个行业里来。因此，由于固定成本和可变成本所具有的某些特征，在自由竞争下，一种行业开始时是由大量的小规模企业经营的，会渐渐由为数较少的中型企业所分据，然后由为数更少的大规模企业所分据，最后的结果是独占，它先按生产成本出售，然后按能产生最大利润的价格出售。这个说法已经被事实所证明。但是就竞争的整个时期说，甚至就独占下仍然按生产成本出售的那个时期说，为了使理论简单化，这样的假设总是可以容许的：一切企业家所制出的是等量的产品；固定成本与可变成本处于同样的地位。

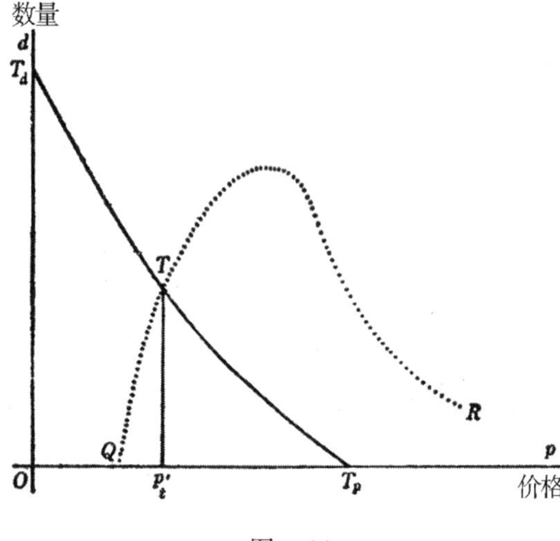

图　44

作出第二次、第三次等等的试验，直到终于求得(B)，(C)，(D)…的某些数量 D_b，D_c，D_d…，这些数量的售价将等于其生产成本 p_b，p_c，p_d…。这就可以提出生产理论所特有的如下的推断：求得产品的售价与在其制造中使用的生产服务的成本之间的均等的方式是，提高那些其售价超过其生产成本的产品的数量，降低那些其生产成本超过其售价的产品的数量。由此可以看出，严格说来，生产成本这一问题所确定的并不是产品的价格，而是产品的数量。①

9. 我们一直在假定着服务的价格 p_t，p_p，p_k…是随机确定的。因此，还有第四个即最后一个问题须待解决，这就是怎样确定这些价格，从而使需求量可以与供给量相等。到此为止，在我们的分析中，确定(T)，(P)，(K)…的供给量 U_t，U_p，U_k…的是，适合我们第一个问题的解决的最大满足条件。与这些供给量相对，需求量系由两个成分组成：第一，由消费者作为消费服务使用的需求量，即 u_t，u_p，u_k…，这跟供给量一样，是被最大满足条件所确定的；

① 我们不妨作这样一个设想，当初幸而逃到荒岛上的并不只是鲁滨逊一个，而是为数上百的海员和乘客，他们有些捞到了些大米，有些捞到了些甜酒，等等。如果所有这些人聚在海滩上成立一个市场，以便将他们各自所有的商品互相交换，这些商品就会各有其现期价格，而确定这些价格时与生产成本是完全无关的。这是个交换问题，表明商品的价格是怎样完全取决于其稀少性(即效用)和保有量的。但是，如果到后来在岛上发现了所需要的生产服务，他们就会从事于制造同样种类的商品，把它们摆在市场上出售，其中售价超过了生产成本的，就会以较大的数量生产，其中生产成本超过了售价的，产量就会逐渐减少，直到售价与生产成本达到了均等为止。这是个生产问题，表明生产成本是怎样确定产品的数量而不是确定产品的价格的。

第二，由企业家作为生产服务使用的需求量，即 $D_t, D_p, D_k\cdots$，这是由产品(A)，(B)，(C)，(D)…的制出量确定的，其需求等于其供给，其售价等于其生产成本，适合于我们第二和第三个问题的解决。这里跟在交换理论中的情形完全一样，如果一切其他情形不变，而听任价格从零变化到无限大，则可以证明的是：(1)对(T)的需求，即 D_t+u_t，将沿着曲线 T_dT_p 下降（见图 44）；(2)(T)的供给从零开始将增加，然后减少，最后回到零，所遵循的路线是曲线 QR。因此，其间存在着一个价格 p'_t，在这个价格下(T)的供给和需求是均等的。如果在价格 p_t 下(T)的需求大于供给，则这一 p'_t 将 $>p_t$；如果在 p_t 下(T)的供给大于需求，则 p'_t 将 $<p_t$。同样情况，其间会存在着一个价格 p'_p，在这个价格下(P)的供求相等；在价格 p'_k 下(K)的供求相等，余可类推。在摸索过程中，对价格 $p_t, p_p, p_k\cdots$ 作了一系列的第一次调整——其间当然包括如第二和第三问题中所描写的产品价格和制出量的相继适应——以后，接着就会发生一系列的第二次调整（这次所调整的是新价格 $p'_t, p'_p, p'_k\cdots$），然后作第三次调整，等等。因此，求得市场中服务的平衡，跟求得市场中产品的平衡的情形一样，其方式是提高那些求过于供的服务的价格，降低那些供过于求的服务的价格。①

10. 我们必须想到，所有这类活动都是同时发生的，这里只是为了便于论证，才不得不把它们想象成是相继发生的。换句话说，服务市场跟产品市场中的情形一样，当求过于供时，需求者会互相抬高价格，当供过于求时，供给者会互相压低价格；同时，当售价高于生产成本时，企业家会增加其产量，处于相反情况时，他们会减少产量。这里也幸亏有了几何的表示法，才使我们对于在自由竞争通则下出现经济平衡的一般现象，有了一个正确的和全面的写照。然而为了对问题作出严格的科学阐述，解析的表达方式仍然是必要的。从这个观点出发，对于体系中发生作用的一些因素，或者是一些量值，一经给以定义以后，就有必要将已知量和未知量区分开来；就得用方程来表示平衡的经济条件，就得有明确的了解，这些方程的数目恰恰与未知量的数目相等；就得表明，在摸索过程中相继的试验，每一步都是集中于一种解决的；

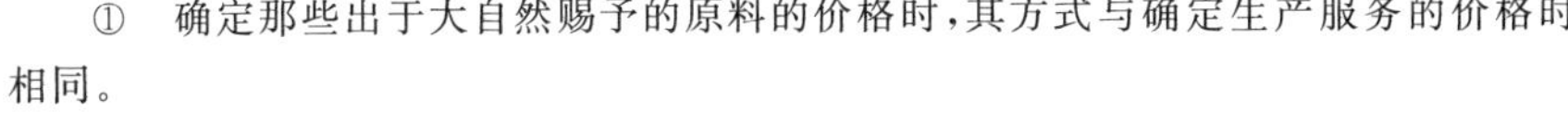

①　确定那些出于大自然赐予的原料的价格时，其方式与确定生产服务的价格时相同。

就得说明关系到作为金钱的产品(A)时平衡的特殊条件。关于这类课题,这里都没有讨论,读者可以参阅拙著《要义》的第四篇。

因此,这一附录只是个摘要,希望借此或者可以使理论的大纲显得清楚些。现在已经很明显,生产理论跟交换理论一样,开始时的问题是怎样由各个交换参与者获得欲望的最大满足,结束时的问题是怎样建立市场中供给与需求之间的均等。唯一的差别在于服务是代替商品的。实际上,在生产结构中是用服务来交换服务的。但是,我们所购入的服务,有一部分固然是由服务本身组成,而另有一部分却是由其形式为产品的服务所组成。因此,不得不将我们的理论扩大,使之包括部分服务的变换为产品。我在第二和第三问题中就是这样进行的。进行时我尽力求其简化;然而结果是,凡是提出了反对意见的几乎都提到了一点促使我注意,认为不应当把一些复杂关系都丢开。对于这类责难,我觉得很容易回答。就我个人而论,由于我是第一个用数学形式钻研纯粹理论经济学的,因此我的目的只是在于,以仅有的一些要点为依据,从事于描写和说明生产的结构。至于种种复杂情况的阐述,那是要由后起的经济学家接下去进行的工作,他们喜欢怎样进行,那是他们的事。在我看来,他们照他们的方式做去,我照我的做去,各行其是,就可以把应做的做好。

第三部分　储蓄对新资本品的交换

11. 为简化起见,现在假定,不仅在产品和服务的价格方面,而且在制造产品的数量方面,平衡已经建立。还有,关于由走向资本形成中的平衡时作出的那类调整,对交换与生产中的假设平衡可能引起的任何干扰,这里都不予计及。关于资本品的折旧和保险,这里也一概从略。

12. 资本形成中的平衡的组成部分为新资本品的产量和收入率 i。资本品的价格可以由此求得,所依据的一般公式是 $\Pi=\frac{p}{i}$. 现在假定,已生产的属于类型(K),(K′),(K″)…的新资本品的随机量为 $D_k,D_{k'},D_{k''}\cdots$,随机喊出的收入率为 i。知道了这个比率,各个交换参与者就会确定他的收入对消费的超过额,这些各个超过额的总额所构成的是总超过额 E,这就是在新资本品购置中所提供的通货的数量,也就是按照比率 i、以通货计的对新资本品的需求。另一方面，这类新资本品的生产服务的现期价格，即 p_k，$p_{k'}$，$p_{k''}$，是业经假定为已被确定的和不变的；在这样的现期价格下，属于类型(K)，(K′)，(K″)…的新资本品的数量 D_k，$D_{k'}$，$D_{k''}$…，所产生的总收入当为 $D_k p_k + D_{k'} p_{k'} + D_{k''} p_{k''} + \cdots$，其总值当为 $\frac{D_k p_k + D_{k'} p_{k'} + D_{k''} p_{k''} + \cdots}{i}$，这就是对新资本品的交换中通货的需求量，也就是按照比率 i、以通货计的对新资本品的供给。如果上面两个通货的数量(即 E 和 $\frac{D_k p_k + D_{k'} p_{k'} + D_{k''} p_{k''} + \cdots}{i}$)偶然碰巧相等，则比率 i 也就是收入的平衡率；但一般是两者不会相等的，这就得促使它们相等。现在我们可以认为当然的是，收入超过消费将在收入率为零的时候从零开始，将在零以上的某一收入率下作为一个正值出现，然后随着收入率的上升而提高，最后将趋于下降而回到零，那个时候的收入将变成无限大，就是说，在那个时候，为数极小的储蓄有可能获得为数极大的收入。换句话说，收入率如果用图 45 内的 OI 轴衡量，收入对消费的超过额就可以用曲线 ST 的一些纵标来表示，这条曲线从零上升，然后下降到零(在无限远的距离上)。至于新资本品的值，显然将随着收入率的下降或上升而上升或下降。换句话说，收入率既以 OI 轴衡量，新资本品的值就可以用曲线 UV 的一些纵标来表示，这条曲线是全部始终具有负倾角的。因此，无须作进一步讨论就可以明白，如果以通货计的新资本品求过于供，就得通过收入率的降低来提高新资本品的价格；如果以通货计的新资本品供过于求，就得通过收入率的提高来降低新资本品的价格。

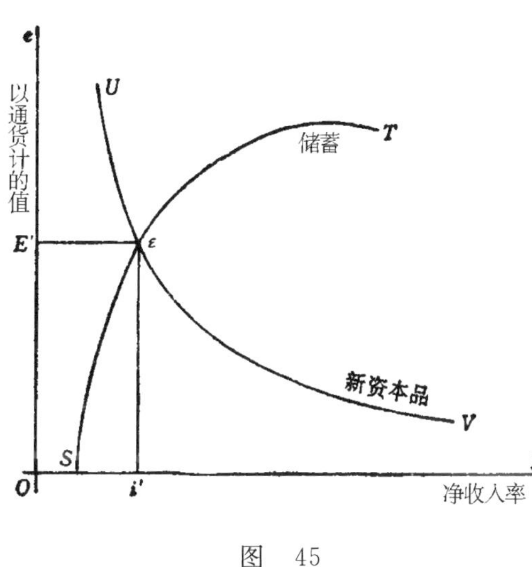

图　45

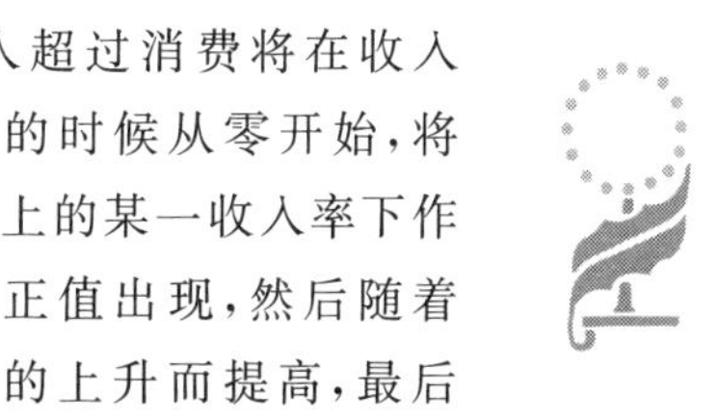

13. 这个时候必须考虑到与新资本品(K)，(K′)，(K″)…的售价 Π_k，$\Pi_{k'}$，$\Pi_{k''}$…对应的生产成本 P_k，$P_{k'}$，$P_{k''}$…。问题是怎样使售价与生产成本趋

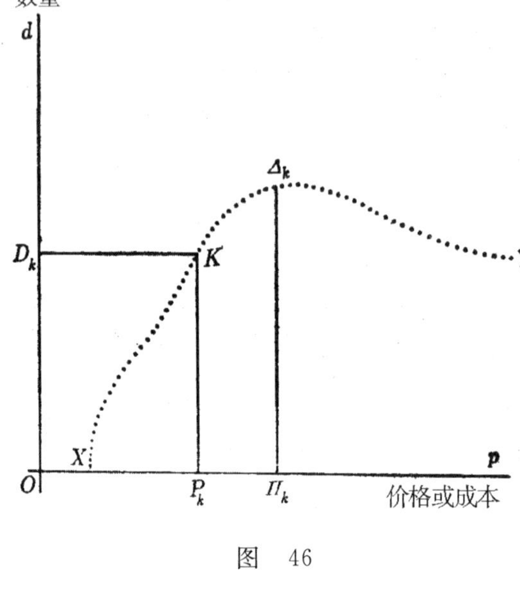

图　46

于均等；这一均等在这两者之间一般是不存在的。根据这个附录第 9 节所阐述的服务价格变动定律，如果于资本品(K)的制造中所需要的生产服务的价格，因此也就是其生产成本，无限地增长，从而使这些服务的供给，因此也就是这一资本品的制出量，将从零增加，然后(在无限远的距离上)减少到零，那我们就可以认为这一均等已经建立。换句话说，图 46 内的曲线 XY，它所表示的是作为生产成本的一个函数的新资本品制出量，是先从零上升，然后(在无限远的距离上)下降到零的。因此，如果由于一种收入率 i 的确定而产生了一个售价 $\Pi_k \gtrless P_k$，这就立即可以看出，对于其售价超过其生产成本的那些新资本品说来，必须提高在其制造中所使用的生产服务的价格，对于其生产成本超过其售价的那些资本品说来，必须中止生产。

14. 资本形成中的平衡一经建立，即可取得下列关系：

$$P_k=\Pi_k=\frac{p_k}{i},\quad P_{k'}=\Pi_{k'}=\frac{p_{k'}}{i},\quad P_{k''}=\Pi_{k''}=\frac{p_{k''}}{i}\cdots,$$

或者是：

$$\frac{p_k}{P_k}=\frac{p_{k'}}{P_{k'}}=\frac{p_{k''}}{P_{k''}}=\cdots。$$

这就是说，对一切资本化储蓄说来，收入率是一样的。至少就产生直接消费服务的资本品说来，可以在极其简单的方式下用几何证明：收益率的这一致性是从新资本品取得最大效用的条件。

关于新资本品的服务的最大效用有两个问题：一个问题是个人的收入在他的多种欲望中的分配，还有一个是，就整个经济说，收入对消费的超过量在有待于产生的无数种类的资本中的分配。第一个问题是借助于一个模式得解的，这是在交换理论中提出的，在生产理论开头时又提到，涉及的是稀少性对服务的价格的比例，如下列方程所示：

$$\frac{r_k}{p_k}=\frac{r_{k'}}{p_{k'}}=\frac{r_{k''}}{p_{k''}}=\cdots。$$

我们会一无困难地理解到，第二个问题可以借助于完全同样的模式得解(只是于变换服务的欲望曲线时，其方式不是用服务的价格 p_k，$p_{k'}$，$p_{k''}$…除其横标，乘其纵标，而是用资本品的生产成本 P_k，$P_{k'}$，$P_{k''}$…除其横标，乘其纵标)，这个模式涉及的是稀少性对这类成本的比例，如下列方程所示：

$$\frac{r_k}{P_k}=\frac{r_{k'}}{P_{k'}}=\frac{r_{k''}}{P_{k''}}=\cdots。$$

如果以前一方程系除后一方程系，则得

$$\frac{p_k}{P_k}=\frac{p_{k'}}{P_{k'}}=\frac{p_{k''}}{P_{k''}}=\cdots，$$

这就表明，从一切资本品得来的收入率的一致性是第二问题的解。

附录二 对奥斯皮茨和利本的价格理论原则的评论①

1. 按照奥斯皮茨和利本的说法，商品的价格系由图 47 内两条曲线 ON' 和 OA' 所共有的矢径 Oc 的坡度所确定。这两条曲线系分别从 ON 和 OA 导出(*abgeleiteten Kurven*)；就是说，前者的矢径同后者的切线平行。因此，不管对曲线 ON 和 ON'，以及对曲线 OA 和 OA'，加上什么样的意义，显而易见

① 原载 1890 年 5—6 月号《政治经济评论》。这里讨论的原则，见奥斯皮茨和利本著《对价格理论的研究》(莱比锡，邓克尔与亨博尔特出版社 1889 年版)，第 1 章，第 1—24 页，和相应的附录，第 431—435 页。

的是，一方面，前一对曲线可以用一条曲线 vv'(见图 48)来代替，使在这一曲线之下的面积与 ON 的纵标成比例，使它自己的纵标与对 ON' 的矢径的坡度成比例；另方面，后一对曲线可以用一条曲线 $\alpha\alpha'$(见图 48)来代替，使在这一曲线之下的面积与 OA 的纵标成比例，使它自己的纵标与对 OA' 的矢径的坡度成比例。这样，把它们的伪装撤去以后，就立即可以看出，两条曲线 vv' 和 $\alpha\alpha'$ 就是库尔诺的①和曼戈尔特的②供给曲线和需求曲线，也就是英国许多经济学家学着剑桥大学的马歇尔先生的榜样所惯于使用的。绘出的曲线 vv'，要使它的那些横标所表示的需求是用纵标表示的售价的函数；同时要使曲线 $\alpha\alpha'$ 的那些纵标所表示的生产成本是用横标表示的供给的函数。由此就可以推定，交点 p 的横标 Oa 表明需求等于供给，同一交点的纵标 $O\pi$ 表明售价等于生产成本。

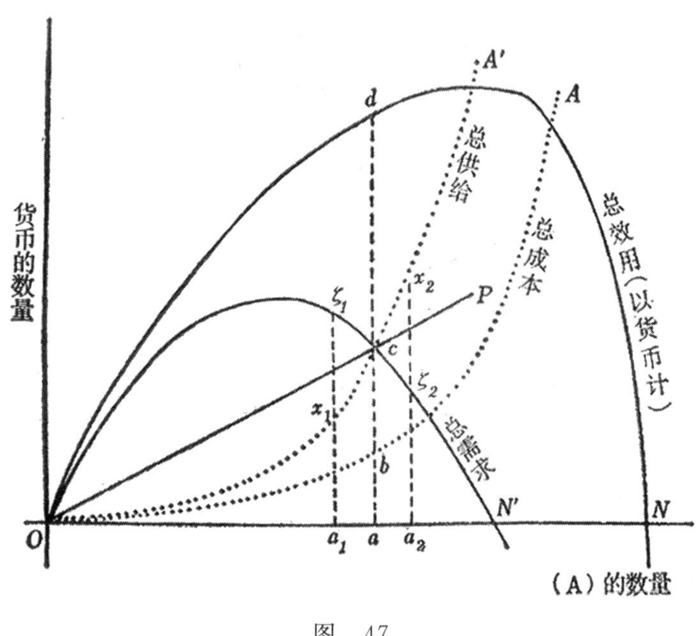

图　47

① 见《财富理论中数学原理的研究》(1838 年版)，第 4 和第 8 章。

② 见《国民经济学概论》(1863 年第 1 版)，第 62—67 节。要注意到，在作者死后出版的这部书的第 2 版内，由编者克莱因瓦赫特将曲线略去，认为这样比较恰当。

2. 我对于这类曲线的意见首先要提出的一点是，其纵标所表示的既是以货币计的价格，在构图中这就暗含着通货的使用这一假设；换句话说，所假定的是其间存在着一种商品，一切其他商品的价值都在这一商品的依据下表示，这一商品的价格是1。要晓得，事先不加以任何分析而贸然设定这样一个条件，这不是个高明的科学方式。

3. 我们不能把表明销售量是售价的一个函数的需求曲线 vv' 看成是个高度正确的曲线。任何产品的销售量，不仅是它自己的售价的一个函数，而且是一切其他产品的售价和一切生产服务的价格的一个函数。奥斯皮茨和利本假定的是，可以把其他产品的售价和一切生产服务的价格看成是不变的，只是所考虑的那一产品的售价在变动。在理论上他们完全没有理由可以这样做。产品的售价和生产服务的价格是互相关联的。任一产品的价格有了变化，生产服务的价格，因此也就是其他商品的售价，也将发生变化。奥斯皮茨和利本在他们那部书的序文里无端见责，说我把属于多变量的函数的需求，当作属于单变量的函数的需求对待，这里正好用这句话回敬。

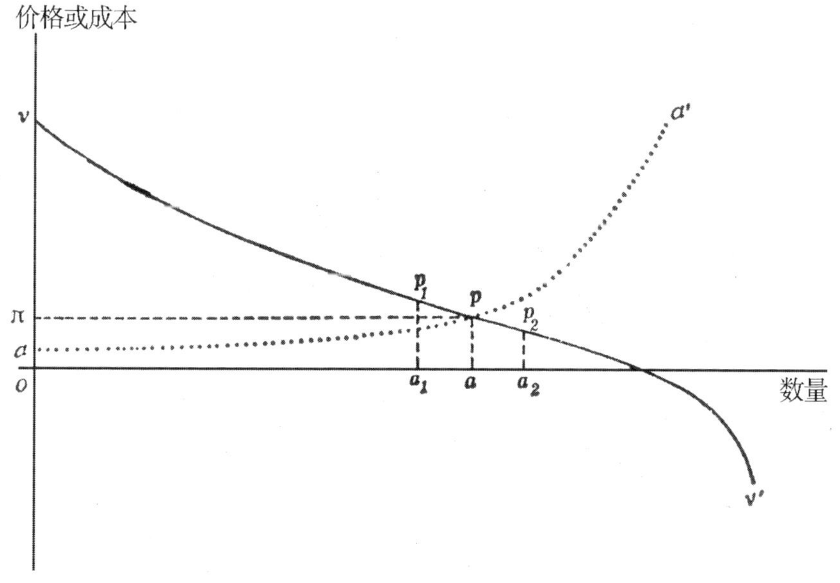

图　48

4. 需求函数的定积分所表示的并不是总效用；因此，如果图 47 内的曲线 ON' 是需求曲线（*Nachfragekurve*），那么曲线 ON 就不是总效用曲线（*Gesammtnützlichkeitskurve*）。这里奥斯皮茨和利本所犯的，正是我在《要素》第四十一章里批评杜皮特时提到的错误。据此可以看出，消费者的剩余（*Nutzen der Konsumtion*）并不是可以用他们所提出的定式衡量的。

5. 他们所提出的作为生产数量的函数的供给曲线或生产成本曲线 $\alpha\alpha'$ 也不能成立。产品的生产成本是制造这一产品中使用的生产服务的价格的一个函数；只是由于生产服务的价格上升或下降，生产成本才会随着生产的数量而上升或下降。但是，当生产服务的价格上升或下降时，在制造中使用这些服务的一切产品的生产成本也将上升或下降，这就会使整个经济平衡受到干扰。因此，在就其他产品的生产成本和生产数量来说时、经济平衡会永久保持这一假设下，为某一种产品作出这样一个生产成本曲线，使之成为这一产品的生产数量的一个函数，这在理论上是不可能的。

6. 供给函数的定积分所表示的并不是制出量的总生产成本。在自由竞争制度下，必须把数量 Oa（见图 48）中的每一个单位看成具有同样的生产成本 ap，因此，表示总成本的不是面积 $O\alpha pa$，而是面积 $O\pi pa$。结果是，如果图 47 内的曲线 OA' 是供给曲线（*Angebotskurve*），那么曲线 OA 就不是总生产成本曲线（*Gesammtherstellungskostenkurve*）。因此，要用既有的定式来衡量的生产者的剩余（*Nutzen der Produktion*）并不存在。

7. 我们还得将所作出的图式作为一个近似值来考察一下。如果同《要素》第 202 和 203 节里提到的生产方程作一对照，就可以看出，即使从这一观点来看，奥斯皮茨和利本的构图也存在着不必要的矛盾和复杂情况。

要为产品（B）画一条需求曲线，就得考虑到采自我们的方程系（2）（见第 202 节）的如下方程：

$$D_b = F_b(p_t, p_p, p_k \cdots p_b, p_c, p_d).$$

我们假定 $p_t, p_p, p_k \cdots p_c, p_d \cdots$ 是已确定的和不变的。然后为 p_b 设定一切可能有的值，并且从这个方程求得 D_b 的一切对应值。

要为这一产品画一条供给曲线，就得利用方程系（1）和（3）的一切方程，消去 $O_t, O_p, O_k \cdots$，从而求得

$$a_t D_a + b_t D_b + c_t D_c + d_t D_d + \cdots = F_t(p_t, p_p, p_k \cdots p_b, p_c, p_d \cdots),$$

$$a_p D_a + b_p D_b + c_p D_c + d_p D_d + \cdots = F_p(p_t, p_p, p_k \cdots p_b, p_c, p_d \cdots),$$
$$a_k D_a + b_k D_b + c_k D_c + d_k D_d + \cdots = F_k(p_t, p_p, p_k \cdots p_b, p_c, p_d \cdots),$$
$$\cdots\cdots\cdots\cdots$$

然后必须从方程系(4)采取方程

$$b_t p_t + b_p p_p + b_k p_k + \cdots = p_b,$$

以便代换上述方程。我们再假定 $D_a, D_c, D_d \cdots p_c, p_d \cdots$ 是已确定和不变的。为 D_b 设定一切可能有的值之后，先从上面的经上述代换以后的方程求得 $p_t, p_p, p_k \cdots$，然后求得 p_b 的一切对应值。这样作出的生产成本曲线是生产数量的一个函数，其横标是随着纵标的上升而先上升然后下降的。这个曲线是渐近于轴的本身的，而不是如奥斯皮茨和利本所想象的那样渐近于与价格轴平行的一条线的。

需求和供给两条曲线的交点所表示的是 D_b 的值，在这个值下，售价等于生产成本。

现在，一方面显而易见的是，在第二步动作中 $p_t, p_p, p_k \cdots$ 是容许变化的，结果 $p_c, p_d \cdots$——这在第一步动作中被认为是已确定和不变的——就必然要变化。另一方面，只要假定 $p_t, p_p, p_k \cdots$ 是已确定和不变的，这就足以从中推断 p_b，然后把 p_b 的这个值代入需求曲线的方程，从而求得 D_b。

假定 $p_b = O\pi = ap$(见图 48)。如果制出的量是 $Oa_1 < Oa$，则售价将是 $a_1 p_1 > O\pi$。由此将获得利润，扩大产量。如果制出的量是 $Oa_2 > Oa$，则售价将是 $a_2 p_2 < O\pi$。由此将遭受损失，缩小产量。

还有，这一需求曲线表明需求是生产成本的一个函数，同时它也是价格曲线，表明价格是供给量的一个函数。

假定以 Oa(见图 48)为供给量。如果喊出的价格是 $a_1 p_1 > ap$，则对应的需求将是 $Oa_1 < Oa$。价格必然要下降。如果喊出的价格是 $a_2 p_2 < ap$，则对应的需求将是 $Oa_2 > Oa$。价格必然要上升。

这样设想的需求曲线恰恰就是我的价格曲线。[①] 这里并不是说，就这一

① 如果假定除(B)的生产外，市场处于完全平衡状态，则曲线 vv' 所表示的也就是将附录一里的两条曲线 $B_d B_p$(见图 42)和 $B'_d B'_p$(见图 43)拧在一起的一条曲线，这一曲线的横标表示数量，纵标表示价格。

或那一特殊问题说来，利用供给曲线就一无可取之处，我所坚持的只是，就全面的和高度准确的一个确定价格的理论说来，这两条曲线都不能用来作为一个出发点。

附录三[①]　关于威克斯蒂德先生对英国地租理论的批判[②]

1. 拙著《纯粹经济学要义》第 3 版第 31 章(即第 4 版第 39 章)的内容是对英国地租理论的分析和批判，这是使我引起了最大麻烦的数理经济学中的问题之一。关于地租问题，各家议论纷纭，而都不切实际，这方面的写作之多，如果单是把它们的标题罗列起来就足足可以成一专册。上述的那一章，是用数学语言对这类讨论作出的一个简练而有力的批评；然而到目前为止，读者还很少。可是我一开头就深信，一些数理经济学家，对于目前依然在搅乱着对纯粹经济学的批评的那些无聊的老生常谈，一旦感到厌烦之后，我的这番努力总有一天会引起他们的兴趣。这就是我对威克斯蒂德先生的一篇短论会发生那样大的兴趣的原因。我满意地看到，他使用的方法跟我的完全相同，从而得出了跟我完全相同的结论。

2. 第(4)系的我的生产成本方程，是属于

$$b_t p_t + \cdots + b_p p_p + \cdots + b_k p_k + \cdots = p_b$$

形式的一个方程系，所表明的是，“产品的售价等于在其制造中所使用的生产服务的成本”(《要素》第 3 版第 199 节，即第 4 版第 203 节)。这类方程以制出的适度量即 D_b 相乘，即成为如下形式：

① 原载《洛桑学院法学系刊行文集》，1896 年(“书后”部分除外)。

② 威克斯蒂德对英国地租理论的批判，见其著作《论分配定律的协调》，伦敦，麦克米伦公司 1894 年版。

$$D_b b_t p_t + \cdots + D_b b_p p_p + \cdots + D_b b_k p_k + \cdots = D_b p_b.$$

这一方程系还得用属于

$$\phi(b_t \cdots b_p \cdots b_k \cdots) = 0$$

形式的另一方程系来补充，所表明的是各生产系数之间的关系(《要素》第 3 版第 274 节，即第 4 版第 325 节)。

威克斯蒂德先生在《论分配定律的协调》那篇文章(前言和正文第 6 节)里写出方程

$$P = F(A, B, C \cdots),$$

依据的条件是

$$mP = F(mA, mB, mC \cdots),$$

由此得出

$$P = \frac{dP}{dA}A + \frac{dP}{dB}B + \frac{dP}{dC}C \cdots$$

(他的论文第 6 节)。他用 P 表示"产品"，用 $A, B, C \cdots$ 表示"生产的要素"，把"产品"看成是"生产要素的函数"。这类方程的用号，意义不甚明确；作者故意要这样，为的是可以把 P 或者看成是一个量，或者看成是一个值，而不受拘束。但这是个小问题。如果 $P = D_b$，是生产的数量，那么他的 $\frac{dP}{dA}, \frac{dP}{dB}, \frac{dP}{dC} \cdots$ 就分别相当于我的 $\frac{p_t}{p_b} \cdots \frac{p_p}{p_b} \cdots \frac{p_k}{p_b} \cdots$；如果 $P = D_b p_b$，是产量的价值，那么他的 $\frac{dP}{dA}, \frac{dP}{dB}, \frac{dP}{dC} \cdots$ 就分别相当于我的 $p_t \cdots p_p \cdots p_k \cdots$。不论在哪一情况下，$A = D_b b_t, B = D_b b_p, C = D_b b_k \cdots$ 所根据的条件总是

$$\phi(b_t \cdots b_p \cdots b_k \cdots) = 0,$$

因此，他的方程跟我的即使有所不同，所不同的也只是在于他的方程在形式上比较笼统。

3. 威克斯蒂德先生拟定这个方程之后，就开始对英国的地租理论提出了详细批评(论文第 5 节)，其内容跟我在《要素》第 3 版第 31 章(即第 4 版第 39 章)所提出的一样。

我改动了英国理论，以便用方程

$$p_t = F(x) - xF'(x)$$

来表达，我把它看做跟方程

$$b_t p_t + \cdots + b_p p_p + \cdots + b_k p_k + \cdots = p_b$$

是一样的。

威克斯蒂德先生则从方程

$$P = \frac{dP}{dA}A + \frac{dP}{dB}B + \frac{dP}{dC}C + \cdots$$

开始，由此得出了对英国理论如下的改进：

$$p_t = F(c) - cF'(c).$$

为了使读者便于识别，这里要指出的是威克斯蒂德先生对英国理论作出的修改跟我所作出的修改两者之间存在着的细微差别。

在我对英国理论的阐述中，变量 x 是“应用于土地（T）的一个单位的以通货计的不同种类的人力资本和狭义资本品（P），（P′），（P″）⋯（K），（K′），（K″）⋯的值”，所依据的方程是

$$x = H(b_p P_p + \cdots + b_k P_k + \cdots) = \frac{H}{i}(b_p p_p + \cdots + b_k p_k + \cdots),$$

其间

$$H = \frac{1}{b_t} = \frac{1}{\theta(b_p \cdots b_k \cdots)},$$

系得自土地的量的每一单位产品的单位数（《要素》第 3 版第 306 节，即第 4 版第 358 节）。这就表明，我的 $F(x) = Hp_b$，我的 $F'(x) = i$，我的 $xF'(x) = H(b_p p_p + \cdots + b_k p_k + \cdots)$，最后，我的 $p_t = Hp_b - H(b_p p_p + \cdots + b_k p_k + \cdots)$.

在威克斯蒂德先生对英国理论的阐述中，变量 c 所表示的，以我的用号说来将是，“应用于土地（T）的一个单位的资本加劳动（K）的单位数”，所依据的方程是

$$c = Hb_k$$

（论文第 24 页）。由此推定，他的 $F(c) = Hp_b$，他的 $F'(c) = p_k$，他的 $cF'(c) = Hb_k p_k$，他的 $p_t = Hp_b - Hb_k p_k$.

因此，就威克斯蒂德先生说来跟就我自己说来的情形一样，在 $F(x)$ 或 $F(c)$ 曲线之下的整个面积所表示的是“以通货计的出产的总量”，$F(x) - xF'(x)$ 或 $F(c) - cF'(c)$ 的余下的上部面积所表示的是“以通货计量的地租总额”，而不是如英国理论所说的产品的单位。另一方面，我按照李嘉图和杰文斯他们自己的路线试图更进一步时，以应用于土地的人力资本和狭义资本

品的以通货计的值作为我的横标，以通货计的净收入率作为我的纵标，这就使我可以假设为数不论多少的服务；而威克斯蒂德先生以应用于土地的资本加劳动的单位数作为他的横标，以这一合成服务的价格作为他的纵标，这就迫使他不但须将一切种类的人力资本并成一个类目，将一切种类的狭义资本品并成另一个类目，而且不得不将这两个类目总括在一起。威克斯蒂德先生所使用的方法可以根据他的意向来说明；他的意向是：(1)用几何来表示地租变化定律，(2)倒转土地和资本加劳动这两个要素之间的关系，以便提出一个与土地理论对称的资本加劳动理论。但是，不管这个方式具有什么样的实在价值，它跟我的方式只是在形式上有所不同；因为，前面已经提到，他的批评的实质在于，根据与我的生产成本方程类似的一个方程来推断英国地租理论的公式，这跟我从我的生产成本方程来推断英国地租理论的公式的情况相同。

4. 无论我们是从这个方面着手，还是从那个方面着手，运算的目的总是一样的。运算完成之后就立即可以看出，不论是威克斯蒂德先生的还是我自己的对英国理论的数学的重新表述，既不能正确地应用到土地服务价格（p_t 或$\frac{dP}{dA}$）的确定，也不能正确地应用到人力服务价格（p_b 或$\frac{dP}{dB}$）或资本服务价格（p_k 或$\frac{dP}{dC}$）的确定。我曾说："因此，经过严峻的批判的分析之后，李嘉图理论所留下的只是这一点：地租并不是产品价格的一个组成部分，而只是它的一个结果。但是关于工资和利息也可以这样说"（《要素》第 3 版第 310 节，即第 4 版第 362 节）；这番话的意思指的就是上述情况。威克斯蒂德先生在他书里的第 47 页表示了同样的看法。他写道："我们在书本上读到：'地租不是产品的交换价值的起因而是它的结果。'的确是这样；并且由于地租定律也是工资定律和利息定律，因此，说'工资不是产品的交换价值的起因而是它的结果'也同样正确。对利息也可以这样说。"我还可以在威克斯蒂德先生的书里找到属于同样意义的好几个其他段落（第 18 页），这跟前面几段一样，就好像是从《要素》里（第 3 版第 367 页和第 369 页）翻译过来的；他尽可以把这些句子放在引号里，并趁此机会说明引自拙著。

5. 然而就作品的内容说，威克斯蒂德先生的和我的也有若干不同之处；他的著作《论分配定律的协调》出版于 1894 年，而我在拙著中从 1874—

1877 年以来所努力的就是“表明服务的某一分配怎样产生产品的某一分配”(《要素》第 3 版第 254 页，即第 4 版第 223 节)。

我于证明对地租适用的情况对工资和利息也同样适用这一点之后，还补充了一句：“因此，地租、工资、利息、产品价格和生产系数都是在同一问题以内的未知量；它们始终必须共同地被确定，不能单独地被确定”(《要素》第 3 版第 358 页，即第四版第 362 节)。结果是，我把我的表示售价与生产成本之间的均等的方程系，不但与表示服务的供求之间的均等的方程系结合在一起，而且与使服务的供给跟产品的需求联系起来的方程系结合在一起；并且表明，自由竞争是怎样通过所有这些方程的解而确定所有的未知量的。威克斯蒂德先生根本没有顾到这些。前已指出，他听任他的方程

$$P=F(A,B,C\cdots)$$

处于这样一种形式，既可以用来表示产品的量，也可以用来表示产品的值，用他的话说也就是，既可以表示“物质的产品”，也可以表示“商业的产品”。然后他说明，在什么样的限度内，就这一情况说和就那一情况说一样，函数都等于偏微分系数与自变数的乘积之和；他并且证明，结果各个要素的报酬率是就该要素的量说来的乘积的微分系数。最后他提出了一个资本加劳动的服务的报酬率的几何理论，而这个理论跟他所反驳的那个理论却是完全对称的。我不打算评价威克斯蒂德先生著作的这一部分。他在他的著作的第 3 页里说，就他所知“还没有见到那样令人满意的成就，可以称得上全面的新的分配理论，至于阐明新理论与旧理论之间的关系的，那就更加少见”；这番话不管它说得多么意味深长，在我看来，说得未必恰当。如果认为他那篇短论所提供的就可以弥补这个缺陷，我也深表怀疑。

1894 年 9 月

上面所表示的怀疑是确有根据的。我刚才见到巴罗内在一个节录里对威克斯蒂德先生的著作提出的我所没有作出判断的那部分的批评。下面是我对这个批评的了解。

威克斯蒂德先生的方程，当处于一次的和同次的情况时，就是说，跟我自己的方程相同时，他就严格确定他的命题。当然，在这一情况下，微分是分别

与其变量成比例的：由于我们已经得出

$$dP=\frac{\partial P}{\partial A}dA+\frac{\partial P}{\partial B}dB+\frac{\partial P}{\partial C}dC+\cdots,$$

这就可以断定

$$P=\frac{\partial P}{\partial A}A+\frac{\partial P}{\partial B}B+\frac{\partial P}{\partial C}C+\cdots。$$

但是，当他的方程处于既非一次又非同次的情况时，就是说，当处于生产系数将随着生产量变动的情况时，他却没有提出可以适用于这方面的证明。另一方面，巴罗内先生却提出了可以适用于这方面的一个证明，其方式是利用我的方程

$$D_b p_p=D_b b_t p_t+\cdots+D_b b_p p_b+\cdots+D_b b_k p_k+\cdots$$

或

$$P\pi=Ap_a+Bp_b+Cp_c+\cdots \tag{1}$$

和我的方程

$$\phi(b_t\cdots b_p\cdots b_k\cdots)=0.$$

这一最后方程经帕累托加以修改，插进了 D_b 之后，变成

$$\phi(b_t\cdots b_p\cdots b_k\cdots D_b)=0,$$

巴罗内先生则把它写成如下形式，

$$D_b=\phi(D_b b_t\cdots D_b b_p\cdots D_b b_k\cdots)$$

或

$$P=\phi(A,B,C\cdots). \tag{2}$$

这就是可以认为是威克斯蒂德先生的非一次和非同次的方程，其间 P 是产品的物质量而不是产品的值。

如果我们微分方程(1)和(2)，使生产成本减至最低度，则得

$$\frac{d\phi}{dA}=\frac{p_a}{\pi},\quad \frac{d\phi}{dB}=\frac{p_b}{\pi},\quad \frac{d\phi}{dC}=\frac{p_c}{\pi}\cdots. \tag{3}$$

再说，企业家会按照他的习惯，在摸索过程中，随着各生产服务的边际增量的值是小于还是大于服务的这一增量所生产的产品的边际增量的值，而增加或减少这一服务的量，直到终于达到如下的等式：

$$\Delta Ap_a=\frac{d\phi}{dA}\Delta A\pi,\quad \Delta Bp_b=\frac{d\phi}{dB}\Delta B\pi,\quad \Delta Cp_c=\frac{d\phi}{dC}\Delta C\pi\cdots$$

或者是，如上面所看到的那样，[①]

$$\frac{d\phi}{dA}=\frac{p_a}{\pi},\quad \frac{d\phi}{dB}=\frac{p_b}{\pi},\quad \frac{d\phi}{dC}=\frac{p_c}{\pi}\cdots. \tag{3}$$

根据方程(1)和(3)，我们可以得出

$$P=\frac{d\phi}{dA}A+\frac{d\phi}{dB}B+\frac{d\phi}{dC}C+\cdots。 \tag{4}$$

因此，(1)通过自由竞争，会得到最低生产成本的结果；(2)根据方程(3)，在自由竞争的支配下，各种生产成本的报酬率各自等于生产函数的偏导数，即边际生产力；(3)生产的总量系按照方程(4)在各种生产服务中进行分配。

这个三重论点构成了“边际生产力理论”。[②] 这是个极其重要的理论。首先是因为，由此把方程系(3)纳入了生产问题，其间方程的数目等于生产系数的数目，而这里是把这些系数作为未知量看待的。其次是因为，由此对英国地租理论可以作出明确的批判，表明与边际生产力的研究有关的是生产系数的确定，而不是服务价格的确定。

这也就是我在第31章(第3版第385页，即第4版第362节)里所说的。巴罗内先生根据我的经济平衡理论，对这一论点作出了合乎逻辑的有力的推

① 要阐明理论与实际之间的差别的意义，同时显示其间的协调，只须以我对新资本品的最大满足的定理所作出的证明为依据，提出在这一依据下设想的主要论点。这个论点是，如果可分配给各种生产服务的成本的偏微分增量：(1)是互相均等的(因为，不存在这一均等时，用某一些服务代替另一些服务，对企业家说来就有利可图)；(2)是相等于可分配给各种服务的收益的偏微分增量的(因为，不存在这一均等时，企业家就有必要扩大或收缩其产量)，则在平衡状态下，最低生产成本等于售价。换句话说，如果

$$\pi\triangle p=p_a\triangle A=p_b\triangle B=p_c\triangle C=\cdots,$$

或者是

$$\frac{d\phi}{dA}=\frac{p_a}{\pi},\quad \frac{d\phi}{dB}=\frac{p_b}{\pi},\quad \frac{d\phi}{dC}=\frac{p_c}{\pi}\cdots,$$

就是说，如果最后，边际生产力等于报酬率，则在平衡状态下最低生产成本与售价之间的均等就可以实现。

② 这个理论曾屡次由好几位美国经济学家提出，特别是伍德、霍布森和克拉克，发表在哈佛大学出版的《经济学季刊》以及美国经济协会的刊物上。至于巴罗内的节录，经补充后将在《经济学报》刊出。

断。可是威克斯蒂德先生就没有能够在进一步广泛的情况下建立这个论点；假使他在进行中不要伪装成对前人的成就好像一无所知，他一定会得到更多的启发。

1895 年 10 月

译名对照表

三 画

门格尔,卡尔　Menger, Carl
马歇尔,艾尔弗雷德　Marshall, Alfred

四 画

戈申　Goschen, G. J.
戈森,赫尔曼-海因里希　Gossen, Hermann-Heinrich
巴罗内　Barone, E.
巴师夏　Bastiat, F.
瓦尔拉斯,莱昂　Walras, Léon
瓦尔拉斯,奥古斯特　Walras, A. Auguste
韦斯特　West, E.
切尔努斯基　Cernuschi, H.
孔狄亚克　Condillac, E. B. de
贝尔,詹姆斯·华盛顿　Bell, James Washington
比奥戴,琼·查尔斯　Biaudet, Jean Charles

五 画

布拉马基　Burlamaqui, J. J.
布特朗　Boutron, P. A.
布朗基　Blanqui, A.
皮罗　Pirou, G.
皮琼,R.　Pichon, R.
加尔尼　Garnier, J.
冯吉,阿瑟·W　Marget, Arthur W.

艾琳,路易丝　Aline, Louise

六 画

西尼尔　Senior, N. W.
西密安　Simiand, F.
西斯蒙第　Sismondi, J. C. L.
吉约明　Guillaumin, G. U.
吉鲍德,G. 托马斯　Guilbaud, G. Th
乔治　George, C. O.
伍德　Wood, S.
休厄尔　Whewell, W.
安德逊　Anderson, J.
米拉博　Mirabeau, V. R. Marquis de
约翰逊　Johnson

七 画

杜皮特　Dupuit, J.
杜兰德-阿乔安斯,R.　Durand-Auzias, R.
杜尔哥　Turgot, A. R. J.
利本　Lieben, R.
利兰,西米恩·E.　Leland, Simeon E.
利维尔　Rivière, M.
克尼斯　Knies, K.
克拉克　Clark, J. B.
李嘉图　Ricardo, D.
麦克库洛赫　McCulloch, J. R.
库尔诺,奥古斯丁　Cournot, A. Augustin

八 画

杰文斯,W. 斯坦利　Jevons, W. Stanley

杰诺维西 Genovesi, l'Abbé A.
罗西 Rossi, P. L. E.
罗斯,查尔斯 Roth, Charles
帕累托 Pareto, V.
帕里斯 Paris
舍尔 Schelle, G.
奈木尔 Nemours, P. S.
庞巴维克 Böhm-Bawerk, E. von
拉格兰奇 Lagrange, J. de
佩罗克斯,弗朗斯瓦 Perroux, Francois

九 画

威克斯蒂德 Wicksteed, P. H.
威克赛尔,纳特 Wicksell, Knut
柯丘特 Cochut, A.
施皮格尔,亨利·威廉 Spiegel, Henry William
科克林 Coquelin, C.
哈斯巴赫 Hasbach, W.
费希尔,欧文 Fisher, Irving

十 画

特洛奈,勒 Trosne, G. F. Le
特蕾西 Tracy, A. L. C. Destutt de
贾菲,威廉 Jaffé William
贾菲,奥利夫·卡罗琳 Jaffé Olive Carolline
翁肯 Oncken, A.
埃奇沃思 Edgeworth

十一画

勒鲁瓦-博利厄 Leroy-Beaulieu, P.
勒迪克 Leduc, G.
勒德韦尔,亨利 Ludwell, Henry
萨伊 Say, J. B.
萨默顿,赫伯特 Somerton, Herbert
培根 Bacon, N. T.
屠能 Thünen, J. H. von
曼戈尔特 Mangoldt, Hans von
维塞尔 Wieser, F. von
累克西斯 Lexis, W.

十二至十三画

斯托希 Storch, H. F. von
斯密,亚当 Smith, Adam
斯特恩 Stern
斯特罗茨,罗伯特,H. Strotz, Robert H.
鲁格,F. Rouge, F.
鲁叔内特,路易丝 Ruchonnet, Louis
鲍尔 Bauer, S.
鲍杜 Baudeau, l, Abbé
蒲鲁东 Proudhon, P. J.
蒙特马提尼 Montemartini, G.

十四至十六画

魁奈 Quesnay, F.
福克斯韦尔 Foxwell
熊彼特,约瑟夫 Schumpeter, Joseph
穆勒,约翰·斯图尔特 Mill, John Stuart
穆勒,詹姆斯 Mill, James
穆尔 Moore
霍布森 Hobson, J. A.

图书在版编目(CIP)数据

纯粹经济学要义:或社会财富理论/(法)莱昂·瓦尔拉斯著;蔡受百译.—北京:商务印书馆,2017
(汉译世界学术名著丛书:120年纪念版:珍藏本)
ISBN 978-7-100-14170-3

Ⅰ.①纯… Ⅱ.①莱… ②蔡… Ⅲ.①数理学派(经济学) Ⅳ.①F091.345

中国版本图书馆CIP数据核字(2017)第137900号

汉译世界学术名著丛书
(120年纪念版·珍藏本)
纯粹经济学要义
或社会财富理论
〔法〕莱昂·瓦尔拉斯 著
蔡受百 译

商务印书馆出版
(北京王府井大街36号 邮政编码100710)
商务印书馆发行
南京爱德印刷有限公司印刷
ISBN 978-7-100-14170-3

2017年12月第1版 开本710×1000 1/16
2017年12月第1次印刷 印张36¾
定价:180.00元